国家社科基金
GUOJIA SHEKE JIJIN HOUQI ZIZHU XIANGMU
后期资助项目

基于风险维度的总量与定向调控货币政策传导效应研究

林朝颖　等著

中国财经出版传媒集团
经济科学出版社
Economic Science Press
北京

国家社科基金后期资助项目
出版说明

后期资助项目是国家社科基金设立的一类重要项目，旨在鼓励广大社科研究者潜心治学，支持基础研究多出优秀成果。它是经过严格评审，从接近完成的科研成果中遴选立项的。为扩大后期资助项目的影响，更好地推动学术发展，促进成果转化，全国哲学社会科学工作办公室按照“统一设计、统一标识、统一版式、形成系列”的总体要求，组织出版国家社科基金后期资助项目成果。

全国哲学社会科学工作办公室

前　言

为了熨平经济周期波动的波峰与波谷，货币当局通常采取逆风而行的政策思路，不论是在2008年次贷危机爆发还是在2020年新冠疫情全球蔓延、各国经济韧性接受疫情大考的重要时期，多国央行纷纷推出宽松货币政策，以刺激企业扩大投资增加产出，带动经济走出低谷。然而逆周期货币政策在关注产出“量”上增长的同时，却忽视了因风险承担对产出“质”的影响，许多国内外企业在次贷危机的宽松货币政策刺激下并未重整旗鼓反而走向倒闭。货币政策对企业是否具有风险传导效应？传统货币政策传导机制主要关注货币政策对投资、消费、产出以及通货膨胀的传导作用，次贷危机后兴起了货币政策风险承担学说，学者们开始反思，货币政策在实现经济增长与币值稳定目标的同时还肩负着维护宏观经济稳定的重要使命。现有货币政策风险承担学说的研究主要集中于货币政策对银行的风险传导效应，但银行只是风险传导的中介，货币政策对微观企业的风险传导更直接地影响着货币政策的实施效果，然而研究货币政策对企业风险传导效应的文献相对较少，尤其是货币政策对处于不同经济周期、不同区域、不同行业以及不同特性企业的风险传导效应是否相同尚待深入研究。随着经济发展模式由高速增长向高质量发展转变，我国货币政策操作的思路由促增长、稳通胀的总量调控方式转向补短板、精准灌溉为目标的定向调控方式。定向调控货币政策能否避免总量调控政策“大水漫灌”的风险，实现精准调控的目标尚有待论证。

本书从理论与实证两个方面研究总量调控与定向调控货币政策的风险传导效应，首先，阐述货币政策对企业风险传导的机理，将货币政策与经济周期两个宏观因素加入信贷市场逆向选择与道德风险模型，证明总量调控货币政策对企业的风险传导机理；通过构建包含银行信贷偏好特征以及异质性企业特征的DSGE模型，探究定向调控货币政策对小微企业的风险缓释机理。其次，检验总量调控货币政策对企业的风险传导效应，研究发现：宽松货币政策会促进企业的风险承担，紧缩货币政策会抑制企业的风险承担。不同的总量调控货币政策对企业的风险传导效应存在差异，价格型货币政策工具对企业的风险传导效应强于数量型货币政策工具，宽松货币政策环境下货币政策对企业的风险传导效应强于紧缩货币政策环境下货币政策对企业的风险传导效应。总量宽松货币政策对处于不同经济周期、行业周期、区域以及不同规模企业的风险传导效应也不尽相同。再次，从微观企业风险维度比较定向调控与总量调控货币政策的传导效应差异，结果发现：总量宽松货币政策会加速小微企业的风险承担，而定向调控货币政策中的定向降准政策对小微企业风险承担具有显著的缓解效应，支小再贷款政策在缓解小微企业风险方面难以与定向降准政策相媲美。从政策组合调控效果来看，总量宽松货币政策与定向调控货币政策的搭配组合会弱化定向调控货币政策对小微企业的风险缓解效应。最后，从系统性风险角度比较定向调控与总量调控货币政策在风险传导效应上的差异，结果发现定向宽松货币政策下银行向实体经济的系统性风险外溢与企业向银行体系的系统性风险回流的程度远不及总量宽松货币政策。在经济衰退期，普遍降准加速了银行向企业的系统性风险外溢，而定向降准缓解了系统性风险的溢出效应。

基于研究结论，本书得出以下启示：首先，对于中央银行而言，应充分发挥不同货币政策调控的优势，在总量宽松货币政策难以奏效的时期或者领域，采用精准灌溉的定向宽松货币政策，巧妙解决总量调控货币政策下促增长与控风险的两难困境，为经济的高质量发展打下坚实的基础。其次，对于财政部门而言应出台与货币政策协调配合的财政政策，对风险敏感性强但符合国家发展战略与产业发展规划方向的小企业、非国有企业以及高成长企业给予财政补贴，为其发展提供动力支持。再次，对于商业银行而言应加强风险管理体系建设，健全信贷风险的定价与评估机制，权衡定向调控后流动性增加与贷款风险加大的成本与收益，避免因追求收益引发风险的过度承担进而威胁金融与实体经济系统的安全。最后，对于小微企业而言，一方面应从微观审慎角度构建与总量调控货币政策相协调的风险管理体系，以应对宏观环境不确定性的风险；另一方面应抓住政策扶持的契机，提高自身的抗风险能力，以实现可持续健康发展。

通过研究总量调控与定向调控货币政策风险传导的微观效应与宏观效应，本书在理论上将货币政策风险承担渠道的研究视角由总量性货币政策拓展至结构性货币政策，研究对象由银行层面延伸至企业层面，研究深度从微观风险承担上升至宏观系统性风险，在一定程度上修复传统货币政策传导理论偏重经济“量”上增长而对风险承担引发的经济产出“质”的冲击关注不足的缺陷，从风险维度丰富了货币政策传导机制理论；在实践上可促进货币政策制定者在决策中纳入微观企业的风险感知及响应的考量，为货币政策工具与力度的选择提供风险维度的参考，促进各类政策工具优势的充分发挥，降低系统性风险暴发的概率。

目　　录

第一章　绪论 ······ 1

第一节　研究背景及研究意义 ······ 1

第二节　国内外文献综述 ······ 6

第三节　研究内容 ······ 31

第四节　研究方法 ······ 34

第五节　创新之处 ······ 35

第二章　概念界定与理论基础 ······ 37

第一节　风险的内涵、起源与测度 ······ 37

第二节　理论基础 ······ 43

第三章　货币政策风险传导的微观机理 ······ 49

第一节　总量调控货币政策风险传导的微观机理 ······ 49

第二节　定向调控货币政策对小微企业的风险传导机理 ······ 62

第四章　总量调控货币政策对企业风险传导的微观效应研究 ······ 77

第一节　总量调控货币政策对企业风险传导效应存在性的实证研究 ······ 77

第二节　不同总量调控货币政策对企业风险传导效应差异的实证研究 ······ 93

第三节　总量调控货币政策对不同企业风险传导效应差异的实证研究 ······ 105

第四节　总量调控货币政策对企业风险传导的渠道分析 ······ 149

第五章　定向调控货币政策对小微企业风险传导的微观效应研究 ······ 161

第一节　定向调控货币政策对小微企业信贷调控的精准性研究 ······ 161

第二节　定向调控货币政策对小微企业的风险缓解效应研究 ······ 184

第六章　系统性风险视角下的定向调控与总量调控货币政策比较研究 …… 201
第一节　文献综述 …… 201
第二节　系统性风险的内涵界定与测度方法 …… 207
第三节　定向降准与普遍降准政策的系统性风险溢出机制分析 …… 221
第四节　研究设计 …… 224
第五节　实证检验结果 …… 227
第六节　稳健性检验 …… 231
第七节　进一步研究：不同货币政策下的系统性风险回流 …… 233
第八节　主要结论与启示 …… 235
第七章　结论、启示与展望 …… 237
第一节　主要结论 …… 237
第二节　政策启示 …… 238
第三节　研究展望 …… 240

参考文献 …… 242
后记 …… 285

第一章　绪　　论

第一节　研究背景及研究意义

一、研究背景

货币当局究竟该以何种方式提振经济避免衰退？不同的理论得出的答案不尽相同。货币政策的信贷传导渠道理论表明在紧缩货币政策下，企业代理成本提高，可抵押资产价值下降，银行贷款意愿受到抑制，因此会削减投资与产出水平（Bernanke and Gertler，1995①）。若经济衰退时期实施紧缩性货币政策会加速衰退进程，会导致经济进一步恶化（Bernanke et al.，1996②），因此根据货币政策的信贷传导渠道理论，衰退时期宜采取宽松的货币政策刺激银行放贷，助力经济增长。在理论界货币当局以逆风而行的姿态促进经济走出低谷得到诸多学者的认同（Mishkin，2009③；Joyce et al.，2012④）。在实务界，逆周期的货币政策也得到了多国央行行长的支持，在次贷危机中美联储连续推出四轮量化宽松货币政策，通过公开市场操作购买国债等中长期债券，增加基础货币供给。继美国之后，欧盟多国以及日本等经济体纷纷推出量化宽松货币政策，以促进经济复苏。中国人民银行在次贷危机爆发后也增加了货币投放以对冲经济危机的负面冲击。

---

① Bernanke B. S.，Gertler M. Inside the black box：The credit channel of monetary policy transmission [J]. *Journal of Economic Perspectives*，1995，9（4）：27－48.

② Bernanke B. S.，Gertler M，Gilchrist S. The financial accelerator and the flight to quality [J]. *The Review of Economics and Statistics*，1996，78（1）：1－15.

③ Mishkin F. S. Is Monetary Policy Effective during Financial Crises? [J]. *The American Economic Review*，2009，99（2）：573－577.

④ Joyce M.，Miles D.，Scott A.，et al. Quantitative Easing and Unconventional Monetary Policy—an Introduction [J]. *The Economic Journal*，2012，122（564）：271－288.

但是从次贷危机的历史经验来看，以救市为使命的宽松货币政策实施效果不容乐观。根据美国法院行政管理局公布的统计数据，2010 年联邦法院破产申请案件数较 2009 年增加 13.8%，创下自破产新法 2005 年底实施以来的新高。Creditreform 公司研究部门公布的《欧洲企业破产报告》显示，原欧盟十五国加上挪威、瑞士共十七国在 2011 年破产企业达 17.49 万家，比 2010 年度增加近 500 家。德国安联集团发布的研究报告表明，占全球经济总量 85% 的 35 个国家和地区企业破产数量在 2010 年攀升至 36 万余家。在我国，2008～2010 年货币供给（M2）年平均增长率在 20% 以上，2010～2011 年我国长江三角洲与珠江三角洲等地许多企业却接连破产，中小企业首当其冲，许多中小企业反映"生存状况比 2008 年金融危机时期还艰难"。次贷危机后实施宽松货币政策本意是在衰退时期为企业成长注入生机与活力，缘何诸多企业在宽松货币政策后未重整旗鼓反而走向倒闭？

次贷危机唤起了学者们对货币政策信贷传导理论的再思考，货币当局因片面关注宽松货币政策对信贷、投资以及产出的正面效应却忽视其在风险维度的负面效应而饱受争议，以 Taylor 为首的一些学者认为美联储过于宽松的货币政策是引发危机的最重要原因①。次贷危机的蔓延掀起了理论界对货币政策风险传导效应讨论的热潮，Borio & Zhu（2008）提出了货币政策的风险承担渠道理论，该理论强调在宽松货币政策下金融中介对风险的容忍度会扩大，风险承担水平随之上升②。随后大量学者通过构建理论模型以及实证检验证明了货币政策对银行存在风险传导效应：Valencia（2011）认为无风险利率的降低减轻了银行自身融资成本的负担，增加了银行垄断提取的盈余，提高了银行贷款获取的收益，而且有限责任的作用机制将损失控制在有限的空间范围内，这进一步提高了贷款的回报。因此利率越低，贷款就越有利可图，银行会加大杠杆来获取额外收益。在有限责任的机制作用下，银行的逐利行为会导致其采取过度的杠杆操作，由此加大了银行的风险③。Jiménez et al.（2014）认为在低利率的宽松货币政策环境下银行会放宽对贷款客户的风险审查，而且资本充足率越低的银行风

---

① Taylor J. B. The Financial Crisis and the Policy Responses: An Empirical Analysis of What Went Wrong [R]. NBER Working Paper, No. 14631, 2009.

② Borio C., Zhu H. Capital regulation, risk-taking and monetary policy: a missing link in the transmission mechanism? [R]. BIS Working Paper, 2008.

③ Valencia F. Monetary policy, bank leverage, and financial stability [R]. IMF Working Papers, 2011.

险偏好越激进，贷款后企业违约的可能性也越大①。Paligorova & Santos （2017）在对美国过去20年的公司贷款定价政策研究之后发现，在货币政策宽松时期银行向高风险的借款者收取的贷款利差低于紧缩货币政策时期。当货币政策放松时，借款人的资产净值及信誉度会提高，银行净资产的提高降低了贷款的利率定价，因此也提高了银行的风险承担②。

在我国，货币政策的银行风险承担渠道也得到了广泛证明。于一和何维达（2011）研究货币政策对银行信贷质量与风险偏好的影响，结果发现在货币宽松的环境下，高资本充足率、收入多元化的银行对信贷质量的要求更高，但是风险偏好也更大③。张雪兰和何德旭（2012）发现货币政策立场会向银行传导风险，而且此风险传导效应受市场结构及商业银行资产负债表特征的影响④。李华威（2014）分析表明，当银行业完全竞争时，降低利率会提高银行风险承担水平，存款准备金率不会影响银行的风险承担水平；在垄断竞争时，降低利率或者存款准备金都会提升银行的风险承担水平⑤。权飞过等（2018）研究发现，银行表外业务对利益搜寻效应的强化和对央行沟通及反应函数的改变强化了货币政策银行风险承担渠道，即表外业务增加，银行风险承担水平提升，并且表外业务强化了货币政策的银行风险承担渠道，提高了商业银行的风险承担水平⑥。刘生福等（2018）实证检验了货币政策的风险承担渠道，结果表明：在流动性效应和价格效应的双重作用下，利率市场化程度加深了货币政策对银行风险承担的影响⑦。

然而银行只是风险传导的中介，货币政策对企业的风险传导更直接影响货币政策的实施效果，但与银行风险承担的研究相比，货币政策对企业

---

① Jiménez G., Ongena S., Peydró J. L., et al. Hazardous Times for Monetary Policy: What Do Twenty - Three Million Bank Loans Say About the Effects of Monetary Policy on Credit Risk - Taking? [J]. *Econometrica*, 2014, 82 (2): 463 - 505.

② Paligorova T., Santos J. A. C. Monetary policy and bank risk - taking: Evidence from the corporate loan market [J]. *Journal of Financial Intermediation*, 2017, 30: 35 - 49.

③ 于一、何维达：《货币政策、信贷质量与银行风险偏好的实证检验》，载于《国际金融研究》2011年第12期。

④ 张雪兰、何德旭：《货币政策立场与银行风险承担——基于中国银行业的实证研究(2000—2010)》，载于《经济研究》2012年第5期。

⑤ 李华威：《银行资本与货币政策风险承担渠道：理论模型与中国实证研究》，载于《金融经济学研究》2014年第3期。

⑥ 权飞过、王晓芳、刘柳：《银行表外业务、货币政策传导与银行风险承担》，载于《财经论丛》2018年第8期。

⑦ 刘生福、杨兴哲、韩雍：《利率市场化、货币政策与银行风险承担》，载于《经济经纬》2018年第4期。

的风险传导文献却略显不足。从企业微观层面上，一方面，货币政策会通过金融中介间接向企业传导风险：宽松货币政策下银行风险偏好上升，信贷门槛下降（Borio and Zhu，2008①），信贷供给增加（Jiménez and Ongena，2012②），因此企业面临的融资约束减弱，管理者风险规避程度降低，企业风险承担水平随之上升；另一方面货币政策会直接影响企业的融资成本以及可抵押资产的价值进而影响企业的资产负债状况（Gertler and Gilchrist，1994③），而资产负债状况又会影响企业的风险偏好及风险承担水平。倘若宽松货币政策会通过信贷渠道引发银行与企业之间的风险传导与联动，这将使初始风险进一步放大，风险的累积将影响经济的持续健康发展。

考虑了货币政策对企业的风险传导后增加了货币政策选择的复杂性。一方面，不同企业对货币政策的反映不同：在企业规模方面，肖争艳等（2013）认为紧缩货币政策对中小企业产出的冲击是大企业的 3 倍④。Leary（2009）指出银行依赖型和规模较小的企业融资行为会受到货币政策收紧更强的负面冲击⑤。在所有权方面，杨兴全和尹兴强（2017）指出紧缩货币政策导致民营企业的信贷资金规模显著减少，地方国有企业次之，央企则没有显著影响⑥。汪勇等（2018）发现紧缩货币政策会降低国有企业杠杆率，但会以民营企业杠杆率上升与总产出略微下降为代价⑦。另一方面不同时期货币政策对企业的调控效果也不相同：张超等（2015）发现在经济增长平稳时期，货币供给与企业投资不足以及过度投资正相关，信贷供给与投资不足负相关、与过度投资正相关。只有在经济增长乏力时，宽松货币供给才能提高企业投资效率⑧。郭平（2015）认为扩张性的货币政策在

---

① Borio C.，Zhu H. Capital regulation，risk-taking and monetary policy：A missing link in the transmission mechanism？[R]. BIS Working Paper，2008.

② Jiménez G.，Ongena S. Credit supply and monetary policy：Identifying the bank balance-sheet channel with loan applications [J]. *The American Economic Review*，2012，102（5）：2301－2326.

③ Gertler M.，Gilchrist S. Monetary Policy，Business Cycles，and the Behavior of Small Manufacturing Firms [J]. *The Quarterly Journal of Economics*，1994，109（2）.

④ 肖争艳、郭豫媚、潘璐：《企业规模与货币政策的非对称效应》，载于《经济理论与经济管理》2013 年第 9 期。

⑤ Leary M. T. Bank loan supply，lender choice，and corporate capital structure [J]. *The Journal of Finance*，2009，64（3）：1143－1185.

⑥ 杨兴全、尹兴强：《谁受到了货币政策的有效调控？——基于上市公司投资行为的研究》，载于《会计研究》2017 年第 4 期。

⑦ 汪勇、马新彬、周俊仰：《货币政策与异质性企业杠杆率——基于纵向产业结构的视角》，载于《金融研究》2018 年第 5 期。

⑧ 张超、刘星、田梦可：《货币政策传导渠道、宏观经济增长与企业投资效率》，载于《当代财经》2015 年第 8 期。

经济周期波动中的效力变动并不显著，而紧缩性的货币政策在绝大部分行业中都表现出其在经济衰退期的效力要大于经济扩张期①。

传统总量性货币政策对企业的风险传导效果尚未成定论，近年来面对总量调控货币政策难以有效发挥作用的难题，各国央行又纷纷转变政策调控思路，创新货币政策工具。中国人民银行也陆续创设了定向降准、支小再贷款等定向调控类型的货币政策。在2020年各国央行再次启动宽松货币政策，美联储实施无上限量化宽松以及零利率政策救市，中国人民银行紧急出台普惠金融定向降准，以提振经济应对危机冲击风险。央行的救市政策是会扭转危机局面，还是会引发风险的螺旋上升进而导致系统性风险的暴发，这是理论界与实务界共同关注的焦点问题。定向调控政策的扶持对象以高风险的弱势群体为主，其能否挑起重担在刺激经济增长的同时守住不发生系统性风险的底线，还是会与总量宽松货币政策如出一辙导致弱势企业的风险加剧有待进一步研究。

本书首先论证总量调控与定向调控货币政策对企业的风险传导机理，其次从微观风险维度检验两类货币政策风险传导效应的存在性与差异性，最后从宏观风险维度比较两类货币政策系统性风险外溢与风险回流的差异，从而在理论上将货币政策风险承担渠道的研究视角从总量性货币政策拓展至结构性货币政策，研究对象由银行层面延伸至企业层面，研究深度由微观企业风险升级至宏观系统性风险，在实践上促进货币政策制定者在决策中纳入微观企业的风险感知及响应的考量，为中央银行合理选择货币政策工具与力度提供风险维度的决策参考依据。

二、研究意义

本书在货币政策银行风险承担渠道理论的基础上研究总量调控货币政策对企业风险传导的机理与效应，并将视角拓展至定向调控货币政策，论证定向调控政策定位的精准性以及风险传导效应的存在性与差异性，最后比较定向调控与总量调控货币政策在系统性风险溢出与系统性风险回流效应的差异。本书的理论意义在于：

第一，研究总量调控货币政策对企业的风险传导机理与效应，将货币政策风险承担渠道理论由银行层面拓展至企业微观层面，可在一定程度上修复传统货币政策传导理论偏重经济“量”上增长而对风险承担引发经济

① 郭平：《经济周期波动中的货币政策效力变动——基于39个工业行业数据的实证研究》，载于《上海金融》2015年第2期。

产出“质”的冲击关注不足的缺陷。

第二，研究总量调控货币政策对不同经济周期、不同区域、不同行业以及不同特性企业风险传导效应的差异，可从风险维度丰富货币政策传导非对称性理论，为宏观货币政策选择探求其微观基础。

第三，研究定向调控货币政策风险传导的机理，从风险传导微观效应角度比较总量与定向调控货币政策的差异，并从系统性风险外溢以及系统性风险回流两个层面阐述总量与定向调控货币政策在风险传导宏观效应的差异，从结构性货币政策角度丰富了货币政策风险传导机制理论。

自新冠疫情暴发以来，人民银行不断完善定向调控货币政策工具体系，以实现调整信贷结构的同时避免大水漫灌的风险，在此背景下研究总量调控与定向调控货币政策风险传导效应的应用价值表现为：

第一，宏观货币政策的选择须建立在微观主体行为的正确判断之上，本书以企业为研究对象，比较总量与定向调控货币政策在微观风险调控效果方面的差异，可推动货币政策制定者在决策中纳入微观企业的风险感知及响应的考量，为货币政策工具与力度的选择提供风险维度的参考。

第二，在我国小微企业是促进国民经济高质量发展的重要基石，是社会就业的主要渠道，发展小微企业对国计民生有重要的意义。本书研究定向调控货币政策对小微企业信贷调控的精准性以及风险缓解的有效性，有助于促进货币政策精准发力小微企业高质量发展，在优化经济结构的同时维护社会的和谐稳定。

第三，从系统性风险角度探讨总量调控与定向调控货币政策的宏观风险传导机制与效应的差异，有助于货币当局在“多目标、多工具”背景下游刃有余地进行货币政策选择，充分发挥各类政策工具的优势，降低系统性风险暴发的概率。

第二节　国内外文献综述

本节对货币政策传导机制进行文献回顾。货币政策按照政策调控目标的差异可分为总量调控货币政策与定向调控货币政策。本节首先从总量调控货币政策入手，基于融资、投资以及风险维度对总量调控货币政策的微观传导机制进行文献归纳，为后文论证总量调控货币政策对企业风险传导的微观效应提供理论依据；其次，概括总结定向调控货币政策的信贷传导机制研究，了解研究现状与不足，为后文研究定向调控货币政策对企业风险传导的微观效应寻找到切入点；最后，对货币政策传导机制的异质性文献进行梳理，为探讨货币政策风险传导的纵向与横向维度的异质性提供研究思路。

一、总量调控货币政策微观传导机制文献回顾

（一）总量调控货币政策对融资的影响机制研究

总量调控货币政策主要通过融资规模、融资成本、融资约束、融资结构影响企业融资。在融资规模方面，叶康涛和祝继高（2009）基于中国上市公司季度数据研究了紧缩的货币政策对信贷资金配置的影响，结果发现银根紧缩导致高成长企业融资规模减小，而且信贷资金会更多地流向劳动密集型企业与国有企业，说明紧缩性货币政策降低了信贷资金配置规模①。同样是研究货币政策松紧状态下的信贷资金配置效率，饶品贵和姜国华（2013）通过研究紧缩货币政策和宽松货币政策对微观企业债务融资的影响，结果发现在紧缩货币政策下非国有企业经济效益与信贷融资增量之间的正相关关系更强，但由于银行信贷配给，非国有企业较难获得充足的信贷融资规模，即银行的信贷资金配置效率较低②。张成思等（2021）利用上市公司年报的文本信息构建了中国微观企业的宏观经济感知指数，并结合三期理论模型分析了不同宏观经济感知情况下货币政策对微观企业融资行为的影响，研究结果表明，在宽松的货币政策环境下，对宏观经济感知更乐观的企业相较于其他企业的融资规模增加，根据所有制对企业进行区分后发现，持有积极态度的民营企业只有在货币政策处于扩张时才会增加融资规模并提高杠杆率，而对于国有企业来说宏观经济感知对企业融资规模的作用效果受到货币政策环境的影响较弱③。

在融资成本方面，李志军和王善平（2011）研究信息披露质量对公司债务融资的影响，发现相较于信息披露质量差的公司，在紧缩货币政策下，信息披露质量较好的企业能够获得较多的银行资金，而且融资成本也会降低，这可能是因为高质量的信息披露降低了企业和银行之间的信息不对称程度，提高了贷款企业的信息透明度，进而降低了银行的信用风险和

---

① 叶康涛、祝继高：《银根紧缩与信贷资源配置》，载于《管理世界》2009 年第 1 期。

② 饶品贵、姜国华：《货币政策对银行信贷与商业信用互动关系影响研究》，载于《经济研究》2013 年第 1 期。

③ 张成思、孙宇辰、阮睿：《宏观经济感知、货币政策与微观企业投融资行为》，载于《经济研究》2021 年第 10 期。

监督成本，因此企业融资成本也随之降低①。郑军等（2013）通过研究企业内部控制质量和区域金融发展状况对企业获取银行贷款的影响，发现当货币政策处于紧缩时期，企业的债务融资成本会增加，这一结果在非国有企业中表现尤为显著，此外，在金融发展水平较高的地区，企业高质量的内部控制可以缓解紧缩的货币政策导致企业债务成本增加的问题，而且相较于国有企业，非国有企业内部控制质量的提高更能显著降低企业的债务成本②。赵振洋等（2017）在研究宏观货币政策对A股上市公司的债务融资成本的影响中引入了会计稳健性，发现在紧缩性的货币政策环境下，会计稳健性较高的企业相较于会计稳健性较低的企业而言债务融资成本更低，这种关系对于不同所有权和不同地区的企业具有差异性，紧缩货币政策能够更加显著地降低会计稳健性高的非国有企业的债务融资成本，而国有企业受此影响并不显著，此外对于东部地区的企业，在货币政策紧缩时期，提高会计稳健性能够使得企业承担更低的债务融资成本③。

在融资约束方面，饶品贵和姜国华（2011）分别运用再贷款率、再贴现率和法定存款准备金率衡量货币政策的松紧，研究货币政策的变动如何影响企业会计政策和获取银行信贷两者的关系，发现在紧缩性货币政策下，会计政策不够稳健的企业相较于会计政策更加稳健的企业而言融资约束的严重程度更高④。黄志忠和谢军（2013）以沪深上市公司为样本进行研究，发现宽松货币政策改善了企业外部融资条件，减弱了内部现金流对企业经营投资的限制，缓解了企业融资约束，并且区域金融市场的完善有助于增强宽松货币政策对企业投资的促进作用，进一步缓解企业融资约束⑤。肖健（2020）从信贷资源配置的角度进行研究，分析货币政策对企业融资约束产生的影响，结果表明在紧缩性的货币政策环境下，企业所面临的融资约束显著上升，原因在于紧缩的货币政策显著提高了获取银行信贷资金的难度，降低了企业的银行信贷资源可得性，反之，在宽松货币政

① 李志军、王善平：《货币政策、信息披露质量与公司债务融资》，载于《会计研究》2011年第10期。

② 郑军、林钟高、彭琳：《货币政策、内部控制质量与债务融资成本》，载于《当代财经》2013年第9期。

③ 赵振洋、王丽琼、杨建平：《宏观货币政策、会计稳健性与债务融资成本——基于中国A股上市公司的实证研究》，载于《会计与经济研究》2017年第6期。

④ 饶品贵、姜国华：《货币政策波动、银行信贷与会计稳健性》，载于《金融研究》2011年第3期。

⑤ 黄志忠、谢军：《宏观货币政策、区域金融发展和企业融资约束——货币政策传导机制的微观证据》，载于《会计研究》2013年第1期。

策下，企业获取银行信贷资源的难度降低，信贷可得性显著上升，因而其面临的融资约束得到缓解①。

在融资结构方面，马文超和胡思玥（2012）从有约束企业和无约束企业的角度考察宽松或紧缩货币政策对银行信贷配给的影响，结果表明在紧缩货币政策下有约束的企业贷款减少，而无约束的企业贷款增加；而且货币政策紧缩时企业倾向于短期债务，因为无论对于债权人还是债务人而言增加长期债务均会增加其风险，反之，在宽松的货币政策下，除短期债务以外，企业还会通过长期负债的形式进行融资②。而马红和王元月（2017）基于理论和实证分析相结合的方法，研究了宏观政策和微观因素所产生的联合作用对企业融资结构的影响，也证明了宽松货币政策可以加快企业融资结构调整，尤其对于非国有企业和融资约束强的企业，宽松货币政策对融资结构的调节作用更加显著③。

（二）总量调控货币政策对投资的影响机制研究

总量调控货币政策主要通过信贷渠道、资产价格渠道以及成本渠道对企业投资实现传导作用。在信贷渠道方面，Bernanke & Gertler（1995）将信贷传导渠道划分为银行借贷渠道与资产负债表渠道：在银行借贷渠道下，货币政策通过影响代理成本，进而影响银行对企业的信贷规模，最终影响企业的投资、产出水平；在资产负债表渠道下，货币政策通过影响企业可抵押资产的价值，进而影响企业的外部融资溢价以及银行的贷款意愿，最终影响企业的投资决策与产出规模④。高歌和何启志（2021）研究发现由于传导存在时滞性，在短周期内货币政策通过利率渠道引导企业增加投资的作用较弱，而货币政策信贷渠道却能在一定程度上调控企业投资，即宽松的货币政策能够通过扩大银行信贷规模来促进企业增加投资，而紧缩的货币政策可以通过缩小银行信贷规模来抑制企业投资⑤。

在资产价格渠道方面，Tobin（1969）提出货币政策能够通过影响权

① 肖健：《货币政策、信贷资源配置与企业融资约束问题的实证研究》，载于《预测》2020年第3期。

② 马文超、胡思玥：《货币政策、信贷渠道与资本结构》，载于《会计研究》2012年第11期。

③ 马红、王元月：《宏观经济政策、融资约束与企业融资结构调整——基于我国上市公司的经验数据》，载于《财经论丛》2017年第1期。

④ Bernanke B. S., Gertler M. Inside the black box: the credit channel of monetary policy transmission [J]. *Journal of Economic Perspectives*, 1995, 9 (4): 27-48.

⑤ 高歌、何启志：《央行沟通、宏观经济环境与企业投资——利率渠道、信贷渠道与预期渠道货币政策的对比分析》，载于《金融论坛》2021年第3期。

益市场价格，进一步影响企业投资支出，这就是著名的托宾 Q 理论①。扈文秀等（2013）基于托宾 Q 理论，先分析了美国货币政策的成效，然后回顾了我国自金融危机以来的托宾 Q 值变化以及货币政策走向，结果表明，宽松的货币政策可以加强货币的流动性，促使闲散资金流入股市，进而推动股价上涨。同时，利率的下调降低了企业的经营成本，增加了企业利润，进一步推动了股价上涨，托宾 Q 值随之增大，企业投资的信心增强，进而扩大投资与产出。相反，紧缩的货币政策会抑制货币的流通，流入股市的资金不足，股价下跌，托宾 Q 值随之减小，企业投资意愿减弱，不得不削减投资支出②。Breitenlechner M. et al.（2022）基于结构情景分析和应用于贝叶斯代理结构向量自回归模型的最小相对熵方法，量化了美国货币政策的溢出效应，发现紧缩的货币政策环境下，美国公司的海外销售减少，进而降低了公司的估值和现金流，最终导致投资减少③。

在成本渠道方面，Sellon（2004）采用 IRF 方法和向量误差修正模型讨论了当政府采取紧缩的货币政策，以此减少货币供应量时，实际利率的上升将导致企业所需承担的融资成本增加，企业投资需求相应减少④。彭方平和王少平（2007）从微观视角研究了货币政策的非线性传导效应，结果发现货币政策通过改变企业的资本使用成本，进而对企业投资产生显著的负影响，并且货币政策对国内企业投资的影响是显著非线性的，从而论证了我国货币政策的在微观层面上的有效性⑤。Abuka et al.（2019）基于乌干达的汇总数据来研究发展中国家的货币政策，结果表明货币政策的紧缩促使银行增多拒绝贷款申请的次数、提高利率和降低新贷款通过比例，而这些收紧的信贷条件加大了企业的融资成本进而抑制了企业的投资活动⑥。

---

① Tobin J. A general equilibrium approach to monetary theory [J]. *Journal of Money, Credit and Banking*, 1969, 1 (1): 15 –29.

② 扈文秀、王锦华、黄胤英：《美联储量化宽松货币政策实施效果及对中国的启示——基于托宾 Q 理论的货币政策传导机制视角》，载于《国际金融研究》2013 年第 12 期。

③ Breitenlechner M., Georgiadis G., Schumann B. What goes around comes around: How large are spillbacks from US monetary policy? [J]. *Journal of Monetary Economics*, 2022 (131): 45 –60.

④ Sellon G. H. Expectations and the monetary policy transmission mechanism [J]. *Economic Review*, 2004, 89 (4): 5 –41.

⑤ 彭方平、王少平：《我国货币政策的微观效应——基于非线性光滑转换面板模型的实证研究》，载于《金融研究》2007 年第 9 期。

⑥ Abuka C., Alinda R. K., Minoiu C., et al. Monetary policy and bank lending in developing countries: Loan applications, rates, and real effects [J]. *Journal of Development Economics*, 2019, 139: 185 –202.

（三）总量调控货币政策对风险的影响机制研究

传统货币政策传导机制理论认为货币政策通过利率、汇率、资产价格以及银行信贷规模影响投资、消费及总产出，在研究中始终假设银行以及企业的风险偏好不发生改变，而货币政策风险传导机制理论则认为货币政策会改变商业银行与企业的风险偏好及其风险承担水平，进而影响宏观调控的效果。具体研究成果如下。

1. 货币政策的风险定价渠道

货币政策的风险定价渠道最早由 Opiela 于 2007 年提出，之后学者从银行资产方即贷款的风险定价以及银行负债方即存款的风险定价两方面研究货币政策的风险定价渠道。Kishan & Opiela（2012）从银行负债方研究货币政策对银行存款风险定价的影响，结果发现紧缩货币政策下，联邦储备利率上升，银行的资产状况下降，存款人预计银行违约率增加，对存款的风险定价上升，增加了银行的融资成本，抑制了银行外部筹资的动机，减少了贷款供给①。毛德勇等（2021）认为货币政策对风险定价具有正反两方面的影响。当经济环境改善时，投资者对于理财产品风险补偿的要求降低，银行理财产品风险溢价呈下降趋势，然而宽松的货币政策也会使商业银行增加自身的风险承担意愿，最终可能导致银行理财产品的风险溢价上升②。

2. 货币政策的风险承担渠道

货币政策的银行风险承担传导渠道主要包括逐利机制、管理者情绪传递机制及央行沟通反馈机制三类。

逐利机制是指低利率条件下，相较于其他资产收益率而言信贷投资的收益率下降幅度更大，导致银行为避免利润水平急剧下滑而增加高风险信贷投资，风险承担水平上升。出于对更高收益的追求，货币政策能够影响商业银行对资产负债结构的选择，从而影响商业银行的风险承担行为。Keeley（1990）在其研究假设中提出，如果某种外部冲击（如存款保险制度）降低市场信息不对称程度、刺激银行业激烈竞争、激励银行信贷扩张以追逐高风险高收益的项目，结果将导致信贷标准下降和银行风险资产比重上升，最终将可能降低银行特许权价值及提高危机发生概率③。Rajan

---

① Kishan R. P., Opiela T. P. Monetary Policy, Bank Lending, and the Risk - Pricing Channel [J]. *Journal of Money, Credit and Banking*, 2012, 44 (4): 573 - 602.

② 毛德勇、杜亚斌、李鹏：《经济增长、货币政策与银行理财产品风险溢价》，载于《经济问题》2021 年第 10 期。

③ Keeley M. C. Deposit Insurance, Risk, and Market Power in Banking [J]. *The American Economic Review*, 1990, 80 (5): 1183 - 1200.

（2006）认为利率下降对无风险资产收益下降的影响会比对风险资产收益下降的影响程度要大，货币政策的低利率环境造成银行倾向于追求高风险收益的项目[①]。赵雯等（2020）研究长期负实际利率环境对银行风险态度的影响，结果发现此时银行的风险态度并不是中性的，长期负实际利率会放大银行的逐利机制，刺激银行大幅度提高信贷发放的力度以满足自身利益最大化的需要，并且还会减少银行债券投资，使银行的风险承担意愿上升[②]。对比那些位于更发达金融市场的银行，负的实际利率对位于中国的银行所产生的风险承担刺激作用更强，并且对于不同性质的银行，负的实际利率对银行的风险行为和风险承担水平的影响也存在显著差异。

管理者情绪传递机制指管理者的情绪、思维会对货币政策的风险承担渠道产生影响。银行管理者作为风险决策的直接制定者，其对不确定性的态度必然会对银行风险承担产生影响（Gervais et al.，2011[③]）。张迎春等（2019）利用工具变量实证分析方法，结合国内16家上市银行10年期的上半年季度数据验证了货币政策向银行风险承担传导过程中存在管理者心理偏差这一中介效应渠道，并且在宽松的货币政策环境下，管理者过度自信的心理偏差会被诱发或强化，进而对银行的风险承担产生显著的影响[④]。王璐等（2020）立足于行为金融理论的有限理性观点，采用国内商业银行10年期的季度数据，通过中介效应实证检验了管理者乐观主义、经济变化的不确定性和银行风险承担三者之间的关系，实证结果表明，经济不确定性的增加会使得管理者的乐观程度下降，而管理者的乐观程度下降又会进一步降低银行的风险承担，在经济不确定性影响银行风险承担的过程中，银行市场纪律约束起到一定的调节作用，并且该调节效应一定程度上是由管理者乐观程度渠道传导的[⑤]。

央行沟通政策的有效性也会影响货币政策的风险传导。央行沟通主要有书面沟通与口头沟通两种形式。在书面沟通方面，付英俊和夏仕龙

---

① Rajan R. G. Has Finance Made the World Riskier? [J]. *European Financial Management*, 2006, 12 (4): 499-533.

② 赵雯、谢星、封思贤：《负实际利率对银行风险行为的影响研究——基于银行风险承担渠道的分析》，载于《统计与信息论坛》2020年第7期。

③ Gervais S., Heaton J. B., Odean T. Overconfidence, Compensation Contracts, and Capital Budgeting [J]. *The Journal of Finance*, 2011, 66 (5): 1735-1777.

④ 张迎春、王璐、邓菊秋：《货币政策、管理者心理偏差与银行风险承担》，载于《财经科学》2019年第1期。

⑤ 王璐、张迎春、余丽霞：《经济不确定、银行管理者乐观主义与银行风险承担》，载于《经济理论与经济管理》2020年第1期。

（2019）根据《中国货币政策执行报告》上央行沟通的相关书面措辞构建央行沟通指数，研究了货币政策预期管理对银行风险承担的影响。分析结果表明，银行风险承担会受到央行沟通的正向影响，即银行风险承担水平随着央行书面沟通释放的政策信号而改变，书面沟通释放相同程度的紧缩信号和宽松信号对银行风险承担产生的影响有所差异，即紧缩信号的银行风险承担的抑制作用强于宽松信号对银行风险承担的激励作用①。在口头沟通方面，汪莉和王先爽（2015）通过对比2004～2013年央行进行书面沟通和口头沟通的内容和次数，发现央行通过口头沟通形式来进行预期管理的次数多于书面沟通形式，央行书面沟通偏向于表达更加稳健的货币政策取向，其谨慎保守的性质使得书面沟通的可信度及沟通效果远不如口头沟通。因此，央行更倾向采用口头沟通形式以体现货币政策目的、表达稳定金融的意愿，口头沟通形式提高了政策的透明度和可行性，其对银行风险承担的引导效果大于书面沟通②。

风险定价渠道与风险承担渠道既有区别又有联系。风险定价渠道与风险承担渠道的区别在于：风险定价渠道强调货币政策对银行资产与负债风险定价的影响，而风险承担渠道强调货币政策对银行风险偏好以及资产选择、风险承担行为的影响。联系在于，一方面，银行资产与负债的风险定价决定着银行的风险偏好及风险资产的配置；另一方面，银行的风险偏好又反过来影响着银行对资产的风险定价。在紧缩货币政策下债权人对银行负债的风险定价偏高，导致银行的融资成本上升，银行收缩贷款，风险偏好下降，而风险偏好的降低又抑制了银行资产选择上的激进行为，银行风险承担水平因此下降。在宽松货币政策下银行债权人对银行负债的风险定价降低，银行的融资成本下降，银行的风险偏好上升，资产选择行为更加激进，而出于乐观心理，银行对资产的风险定价并未得到合理提高，风险资产的配置比例上升，这进一步增加了银行风险承担的意愿与银行实际风险承担的水平。因此，银行债权人对负债的风险定价及由此决定的银行筹资能力制约着银行的风险偏好以及风险资产的选择，银行的风险偏好又反过来影响银行对资产的风险定价，风险定价渠道与风险承担渠道是互为因果且互相补充的。

---

① 付英俊、夏仕龙：《央行预期管理与银行风险承担：理论分析与经验研究》，载于《云南财经大学学报》2019年第10期。

② 汪莉、王先爽：《央行预期管理、通胀波动与银行风险承担》，载于《经济研究》2015年第10期。

二、定向调控货币政策信贷传导机制文献回顾

学者普遍认为定向调控货币政策可以通过信贷渠道影响银行的信贷投放意愿，从而对银行信贷投放总量和信贷投放流向产生重要影响，能够有效引导信贷资金精准流向经济薄弱环节，增加目标企业的贷款供给，带动企业投资并提高产出水平，最终促进经济稳健增长。较之总量调控货币政策，定向调控货币政策不仅更符合稳健货币政策“灵活适度”的目标取向，而且在解决实体经济局部失衡问题方面也更为有效，能够降低企业融资成本，激发经济活力（张炜等，2019①）。欧阳志刚和薛龙（2017）基于货币政策的信贷传导渠道研究发现，小企业由于缺乏多元的融资渠道，其外源融资主要依靠银行信贷，正因如此，相较于其他企业，其融资成本对外部融资溢价更为敏感。而货币政策之所以能够对小企业信贷实施定向调控，正是因为货币政策信贷传导具有非对称性，从而使得定向调控货币政策对小企业信贷扩张具有更强的促进作用②。姜旭和金成晓（2022）从融资约束和企业发展角度出发进行研究，结果表明定向调控货币政策更多的是通过定向信贷支持渠道对中小微企业产生影响，其不仅能够有效降低中小微企业的融资成本，也能够对中小微企业的经营状况产生立竿见影的效果③。

目前定向调控货币政策已广泛应用于解决信贷传导堵点从而有效刺激实体经济的具体实践当中。从国际上看，英格兰银行的融资换贷款计划（Funding for Lending Scheme，FLS）、美联储的扭转操作（Operation Twist，OT）和定期贷款拍卖工具（Term Auctionfacility，TAF）、欧洲央行的定向长期再融资计划（Targeted Longer - Term Refinancing Operation，TLTRO）都属于定向调控类货币政策（马理等，2015④）。从传导机制而言，上述四类定向调控货币政策工具存在一定的差异。首先，英格兰银行的融资换贷款计划（FLS）能够通过信贷传导机制直接作用于银行部门，使其降低借款成本。此项融资换贷款计划可能强化了资本充足率对外部贷款的传导

---

① 张炜、景维民、姜旭男：《中国定向货币政策效果与货币调控方式转型》，载于《财经论丛》2019 年第 11 期。

② 欧阳志刚、薛龙：《新常态下多种货币政策工具对特征企业的定向调节效应》，载于《管理世界》2017 年第 2 期。

③ 姜旭、金成晓：《新型货币政策工具对中小微企业的普惠效应与影响机制》，载于《财经科学》2022 年第 7 期。

④ 马理、刘艺、何梦泽：《定向调控类货币政策的国际比较与我国的对策》，载于《经济纵横》2015 年第 10 期。

作用，从而导致外部贷款迅速收缩，并且该计划对外部贷款的影响在其第一阶段（支持对家庭和企业的贷款）比第二阶段（只支持对企业的贷款）更大，此外该计划对银行间贷款的影响可能比国际银行对非银行贷款的影响更明显（Forbes et al.，2017①）。其次，美联储的扭转操作（OT）通过大量卖出短期国债买入长期国债，影响长期国债收益率、长期代理债券和公司债券收益率，发挥资产负债表的“组合平衡”效应，间接降低实体经济的资金成本进而对实体经济进行精准调控（Swanson，2011②）。再次，定期贷款拍卖工具是美联储在全球金融危机期间推出的首个以拍卖为基础的流动性举措，旨在改善美元货币市场的状况，并拉低大幅上升的伦敦银行间拆放款利率（Libor），其可以有效缓解银行间市场流动性不足的问题（McAndrews et al.，2017③）。虽然定期贷款拍卖工具通过降低银行的流动性担忧显著缓解了货币市场的压力，但是当宏观经济和金融市场的不确定性加剧时，它对交易对手风险溢价的影响相当有限（Wu，2011④）。最后，TLTRO 可以通过多种渠道有针对性地放松借款人所需满足的严苛贷款条件，降低贷款利率，刺激信贷数量的增加（Agarwal et al.，2015⑤）。Benetton & Fantino（2021）使用意大利银行业的数据进行研究，发现具有精准调控特征的定向型货币政策定向长期再融资操作（TLTRO）显著降低了企业的贷款利率，增加了贷款数额，但银行倾向于向低信用风险的借款企业提供更多的信贷资源和更低的借款利率⑥。卢岚和邓雄（2015）总结了欧美等国采用的 FLS、TLTRO 以及 TAF 等主要结构性货币政策工具的运行机制和模式，分析其实施效果及我国可借鉴的运作经验，认为我国目前推出的创新型结构性货币政策工具应当能够解决当前面临的“流动性结构性缺口”问题，缓解实体经济融资难融资贵现象，定向扶持“三农”和

---

① Forbes K.，Reinhardt D.，Wieladek T. The spillovers，interactions，and（un）intended consequences of monetary and regulatory policies［J］. *Journal of Monetary Economics*，2017，85：1－22.

② Swanson E. T. Let's Twist Again：A High－Frequency Event－Study Analysis of Operation Twist and Its Implications for QE2［J］. *Brookings Papers on Economic Activity*，2011：189－207.

③ McAndrews J.，Sarkar A.，Wang Z. The effect of the term auction facility on the London interbank offered rate［J］. *Journal of Banking and Finance*，2017，83：135－152.

④ Wu T. The U. S. Money Market and the Term Auction Facility in the Financial Crisis of 2007—2009［J］. *The Review of Economics and Statistics*，2011，93（2）：617－631.

⑤ Agarwal S.，Chomsisengphet S.，Mahoney N.，et al. Do banks pass through credit expansions? The marginal profitability of consumer lending during the great recession［R］. NBER Working Paper，No. 21567，2015.

⑥ Benetton M，Fantino D. Targeted monetary policy and bank lending behavior［J］. *Journal of Financial Economics*，2021，142（1）：404－429.

中小微企业①。

与国外不同，我国央行针对某些特定经济薄弱领域推出的定向调控货币政策主要有定向降准政策、再贷款政策、常备借贷便利、中期借贷便利、抵押补充贷款等，这些创新的货币政策工具在拓宽流动性供给渠道、助力经济增长上发挥了积极的作用（彭俞超和方意，2016②；许光建等，2019③）。

在我国几种主要的定向调控货币政策中，定向降准政策是定向调控类货币政策的代表，较其他定向调控货币政策的最大区别在于它具有钉住目标银行和钉住目标贷款两种政策类型。在钉住目标银行的定向降准政策下，只有政策指定范围内的银行才能获得定向降准的政策优惠；而对于钉住目标贷款的定向降准则是在政策颁布之时并未明确具体的降准银行类型，只要“三农”或小微贷款达到规定比例，商业银行即可获得定向降准的政策红利（林朝颖等，2020④）。定向降准通过差异化的存款准备金政策引导结构调整，提高信贷资源在农业、小微等经济薄弱环节的配置比例，从而发挥定向降准政策精准调控信贷流动性的作用。

定向降准政策的信贷扶持对象主要有“三农”和小微企业两个群体，现有文献主要围绕这两类对象分析定向降准信贷传导的有效性。在“三农”领域，林朝颖等（2016）研究发现相较于非农企业，定向降准政策实施之后农业企业的信贷融资显著增加⑤。郭晔等（2019）认为定向降准政策通过下调支农金融机构的存款准备金率引导市场流动性的投放方向，从而增加农村信贷市场的资源⑥。蒲红美和李进兵（2020）检验了定向降准货币政策对我国农业企业投融资行为的影响，得出定向降准货币政策的实施有助于引导信贷资源向农业企业倾斜，使其获得更多银行贷款并促进

① 卢岚、邓雄：《结构性货币政策工具的国际比较和启示》，载于《世界经济研究》2015年第6期。

② 彭俞超、方意：《结构性货币政策、产业结构升级与经济稳定》，载于《经济研究》2016年第7期。

③ 许光建、许坤、卢倩倩：《经济新常态下货币政策工具的创新：背景、内容与特点》，载于《宏观经济研究》2019年第4期。

④ 林朝颖、林楠、黄志刚等：《基于企业微观视角的定向降准惠农精准性研究》，载于《中国农村观察》2020年第6期。

⑤ 林朝颖、黄志刚、杨广青等：《基于企业视角的定向降准政策调控效果研究》，载于《财政研究》2016年第8期。

⑥ 郭晔、徐菲、舒中桥：《银行竞争背景下定向降准政策的“普惠”效应——基于A股和新三板三农、小微企业数据的分析》，载于《金融研究》2019年第1期。

农业企业投资规模扩大的结论①。张人中和马威（2022）认为定向降准政策的资金传导存在堵点，政策释放的流动性并未促使农村金融机构将农业贷款投向“三农”领域②。

在小微企业领域，定向降准的信贷传导有效性也得到了广泛的研究。宋全云等（2016）指出相较于中型企业，小型企业信贷融资成本对存款准备金率的调整更为敏感，因此定向降准政策能够避免在经济低迷时期实施总量性扩张货币政策所引发的流动性过剩，并通过调整银行贷款投向来对小微企业进行精准信贷传导，降低其信贷成本，刺激产出增长③。魏晓云和韩立岩（2018）基于动态随机一般均衡框架研究分析了定向降准政策对信贷和产出的激励机制，认为定向降准政策激励了商业银行向小微企业分配更多的信贷资源，带动了小微企业产出的增长，并通过大中小企业的互惠共生关系对总产出起到了正向促进作用④。江振龙（2021）将总量性货币政策和结构性货币政策纳入统一的政策调控效果分析框架，比较两类货币政策在缓解中小企业融资约束方面的有效性及其对经济稳定的影响，研究发现定向降准政策可以精准引导商业银行定向扩大中小企业信贷规模，缓解小微企业融资难题，增强经济稳定性，提高社会福利⑤。

虽然定向降准政策的信贷传导渠道得到了诸多学者的论证，但也有部分学者对定向降准政策在信贷传导机制中的效果持怀疑态度。楚尔鸣等（2016）认为定向降准的实施对农业贷款和投资的正向效应并不显著，虽然定向降准政策能够在一定程度上激励商业银行等金融机构增强对“三农”、民营企业和小微企业等薄弱环节和重点领域的放贷意愿，但是央行仍然无法彻底解决商业银行等金融机构变相改变资金用途参与资金套利的倾向⑥。彭俞超和方意（2016）通过 DSGE 模型分析结构性货币政策的传导机制，结果表明定向降准政策通过影响银行信贷结构间接地对产业结构

① 蒲红美、李进兵：《定向降准货币政策对农业企业投融资行为的影响研究》，载于《金融理论与实践》2020 年第 6 期。

② 张人中、马威：《定向降准的传导机制与传导效果研究》，载于《经济与管理研究》2022 年第 1 期。

③ 宋全云、吴雨、钱龙：《存款准备金率与中小企业贷款成本——基于某地级市中小企业信贷数据的实证研究》，载于《金融研究》2016 年第 10 期。

④ 魏晓云、韩立岩：《企业共生模式下定向降准政策的激励机制》，载于《系统工程》2018 年第 3 期。

⑤ 江振龙：《破解中小企业融资难题的货币政策选择与宏观经济稳定》，载于《国际金融研究》2021 年第 4 期。

⑥ 楚尔鸣、曹策、许先普：《定向降准对农业经济调控是否达到政策预期》，载于《现代财经》（天津财经大学学报）2016 年第 11 期。

产生调控作用，促进产业结构升级，精准调节金融机构的运营成本从而实现调整信贷结构的目标，但结构性货币政策的效果对现实经济背景具有很强的依赖性，虽然在特定情况下有效但并不适合将其作为常规性政策长期实施①。黎齐（2017）基于银行数据的分析认为，定向降准政策并没有将银行释放的流动性通过信贷渠道精确引导至小微、“三农”等弱势领域，即并没有向实体经济发放更多的贷款，反而导致更多的流动性流入其他行业和企业，以商业银行作为引导途径效果不佳，政策效果不及预期②。

再贷款政策是中央银行履行最后贷款人职责的措施，也是中央银行对符合定向调控信贷要求的金融机构发放贷款的措施，通常存在总量限制和使用限制。再贷款政策中的总量限制是指央行规定金融机构申请再贷款的总量不能超过一定限额；其使用限制是指各类贷款银行从央行融资后只能投向特定的政策扶持区域、产业和居民等方面（许光建等，2019③）。中国人民银行通过适时调整再贷款的总量及利率，调控基础货币，促进货币信贷总量调控目标的实现，合理引导资金流向和信贷投向。对于支小再贷款政策而言，自2014年起中国人民银行将中小金融机构再贷款更名为支小再贷款，对象调整为小型城商行、农商行等地方法人金融机构，用于支持发放小微企业贷款（马春芬，2016④）。陈磊等（2020）指出实施支小再贷款政策对小微企业信贷投放具有促进作用，同时对小微企业不良贷款率存在较强的反向抑制作用，但其政策效果具有短期性⑤。江振龙（2021）通过比较分析总量货币政策与定向调控货币政策在破解中小企业融资难题的有效性，指出再贷款政策可以精准引导商业银行定向增加中小企业信贷投放，缓解中小企业的融资困境⑥。也有学者对支小再贷款的政策功效提出了质疑，杨冰洁（2020）认为支小再贷款规模较小，其对小微

---

① 彭俞超、方意：《结构性货币政策、产业结构升级与经济稳定》，载于《经济研究》2016年第7期。

② 黎齐：《中国央行定向降准政策的有效性——基于双重差分模型的实证研究》，载于《财经论丛》2017年第4期。

③ 许光建、许坤、卢倩倩：《经济新常态下货币政策工具的创新：背景、内容与特点》，载于《宏观经济研究》2019年第4期。

④ 马春芬：《支小再贷款投放不畅》，载于《中国金融》2016年第2期。

⑤ 陈磊、柯超、姚瑶：《支农支小再贷款政策的基层实施效果研究——以江西省九江市为例》，载于《金融与经济》2020年第10期。

⑥ 江振龙：《破解中小企业融资难题的货币政策选择与宏观经济稳定》，载于《国际金融研究》2021年第4期。

企业信贷投放的总量与价格均没有明显促进作用，其政策传导效果有望增强①。对于支农再贷款政策而言，万里鹏等（2019）通过实证检验发现中部、东部地区支农再贷款政策效应不如西部，对金融机构涉农信贷投放的撬动作用不够显著②。

与上述定向调控政策不同的是，作为阶段性定向调控货币政策工具之一，常备借贷便利的政策期限最短。它是由金融机构主动发起、中央银行与金融机构进行“一对一”交易的短期流动性供给渠道。2013 年 9 月央行正式推出常备借贷便利工具，旨在探索如何构建市场利率走廊调控机制，以此有效应对流动性的季节性波动，起到促进货币市场平稳运行的作用（申琳，2015③）。常备借贷便利本质上是中央银行向金融机构发放的抵押贷款，申请常备借贷便利的合格抵押品包括高评级债券和高信用等级信贷资产，对象主要为政策性银行和全国性商业银行，期限为 1～3 个月，利率水平根据货币政策调控的需要确定，其主要功能是调节市场的短期货币供应量和利率，满足金融机构期限较长的大额流动性需求。常备借贷便利可以有效引导商业银行的信贷发放和资金流向，能在经济结构调整中发挥调节作用，精准调控信贷资源流向经济发展中的重点和薄弱环节（汪川，2015④）。孙国峰和蔡春春（2014）认为常备借贷便利是我国央行调控货币市场的重要政策工具，通过发挥其“自动稳定器”的作用，央行能够按需向银行提供充足的流动性并直接调控货币市场的利率，进而可以稳定银行预期融资成本，提高银行融资可得性⑤。成学真等（2018）认为以常备借贷便利和中期借贷便利为代表的利率导向型结构性货币政策承担了构建中国利率走廊的功能，在利率超过走廊上限时流动性供给将明显增加，从而降低社会融资成本，另外相较于定向降准政策和中期借贷便利，常备借贷便利对价格水平的影响最大，并且对价格水平起到了决定性作用⑥。唐文进和丁赛杰（2020）对不同类型定向调控货币政策的效果进行

---

① 杨冰洁：《结构性货币政策向小微企业传导的效率及可持续性研究——基于全面 FGLS 模型》，载于《上海金融》2020 年第 9 期。

② 万里鹏、曹国俊、翁炀杰：《结构性货币政策有效吗？——基于支农再贷款的实证研究》，载于《投资研究》2019 年第 7 期。

③ 申琳：《“利率走廊”能降低短期市场利率波动吗》，载于《财贸经济》2015 年第 9 期。

④ 汪川：《“新常态”下我国货币政策转型的理论及政策分析》，载于《经济学家》2015 年第 5 期。

⑤ 孙国峰、蔡春春：《货币市场利率、流动性供求与中央银行流动性管理——对货币市场利率波动的新分析框架》，载于《经济研究》2014 年第 12 期。

⑥ 成学真、陈小林、吕芳：《中国结构性货币政策实践与效果评价——基于数量型和利率导向型结构性货币政策的比较分析》，载于《金融经济学研究》2018 年第 1 期。

检验，指出由于传导渠道受阻，定向降准政策和中期借贷便利的政策功效较弱，而相较于其他定向调控货币政策，常备借贷便利通过银行信贷渠道对特征企业融资约束的缓解作用最为显著①。因此，常备借贷便利对于降低货币市场利率水平、熨平货币市场利率波动具有较为显著的正向作用，有助于减小货币市场利率异常波动风险，增加信贷可得性（潘敏和刘姗，2018②）。

中期借贷便利是人民银行用于提供中期基础货币的货币政策工具，对象为符合宏观审慎管理要求的商业银行、政策性银行。中期借贷便利采取质押方式发放，金融机构提供国债、央行票据、政策性金融债、高等级信用债等优质债券作为合格质押品。中期借贷便利能够向金融机构提供期限更长、精准性更高的融资，是用于补充和完善常备借贷便利期限结构和调控效果的阶段性定向调控货币政策工具。中期借贷便利的期限包括 3 个月、6 个月和 12 个月，利率水平由中国人民银行根据货币政策调控的需要确定。此政策通过发挥中期借贷利率的作用，引导其向符合国家政策导向的实体经济部门提供低成本资金，降低社会融资成本。王倩等（2016）认为中期借贷便利对银行贷款规模影响最大，可以促进银行向实体经济投入资金，增加银行贷款，并且其期限较长，提供资金规模较大③。徐忠（2017）指出可以通过中期借贷便利常态化操作向市场提供流动性，引导资金的流向，以此进一步完善央行对货币政策传导的调控机制，加强中期政策利率所具有的引导功能，提升我国信贷市场的利率传导效率④。笪哲（2020）基于商业银行信贷决策模型，发现中期借贷便利往往倾向于将金融资源配给于相对稳定可靠的大中型企业，对小微企业融资的影响虽然相对较弱，甚至曾在一些时期偏负面，但近年来其正向拉动作用正逐渐增强⑤。史本叶等（2020）发现运用中期借贷便利等流动性管理工具改变基础货币数量的货币政策操作在经济高增长区间比低增长区间更有效，中期

---

① 唐文进、丁赛杰：《结构性货币政策、渠道识别与特征企业融资约束》，载于《投资研究》2020 年第 5 期。

② 潘敏、刘姗：《中央银行借贷便利货币政策工具操作与货币市场利率》，载于《经济学动态》2018 年第 3 期。

③ 王倩、路馨、曹廷求：《结构性货币政策、银行流动性与信贷行为》，载于《东岳论丛》2016 年第 8 期。

④ 徐忠：《中国稳健货币政策的实践经验与货币政策理论的国际前沿》，载于《金融研究》2017 年第 1 期。

⑤ 笪哲：《结构性货币政策能纾解小微企业融资困境吗》，载于《金融经济学研究》2020 年第 2 期。

借贷便利提供的基础货币会通过银行存款派生机制全部形成货币供给，从而增加市场当中的流动性，影响实体经济①。借贷便利工具创设后，邓伟等（2021）认为商业银行持有的合格担保品规模越大，其贷款利率越低，商业银行向中央银行借款规模和商业银行贷款投放规模也随之增大，因而借贷便利工具有效降低了社会融资成本。此外借贷便利工具的创设可以通过商业银行的合格担保品渠道发挥作用，显著促进商业银行向中央银行借款，整体上推动商业银行扩大贷款投放规模，特别是向实体经济部门的贷款投放②。也有部分学者怀疑中期借贷便利政策在银行信贷传导机制中的政策功效。唐文进和丁赛杰（2020）研究认为中期借贷便利操作并未对商业银行产生“硬约束”，对于中小企业、民营企业仍然存在“不敢贷”现象，货币政策信贷渠道并不通畅，从而加剧了民营企业融资约束的困境③。王少林和符号亮（2022）从理论上分析了中期借贷便利对信贷利率与实际产出的传导机制，得出中期借贷便利仅能降低短期信贷利率，而对于长期信贷市场利率的影响方向并不确定，甚至将会提升长期信贷市场利率④。

抵押补充贷款是专门针对政策性银行的阶段性定向调控货币政策工具，旨在支持国民经济重点领域、薄弱环节和社会事业发展。在此政策下，央行以质押方式向金融机构提供期限较长的大额融资，期限为3~5年，其利率由中国人民银行根据经济增长、通胀水平和总供求情况等因素综合确定并适时做出调整。抵押补充贷款目的是为“棚户区改造”、重大水利工程建设以及人民币“走出去”等项目提供长期稳定低成本的资金。抵押补充贷款基于“特定用途、专款专用、保本微利、确保安全”的原则，对属于支持领域的贷款，按贷款本金的100%予以资金支持。此政策与其他定向调控货币政策的差异分别是：第一，它与再贷款政策的区别在于是否有抵押品要求；第二，抵押补充贷款必须用于指定领域，因而它是介于再贷款政策和借贷便利工具之间的工具补充（许光建等，2019⑤）。

---

① 史本叶、王晓娟、冯叶：《流动性管理视角下中国货币政策工具有效性研究》，载于《世界经济》2020年第9期。

② 邓伟、宋敏、刘敏：《借贷便利创新工具有效影响了商业银行贷款利率吗?》，载于《金融研究》2021年第11期。

③ 唐文进、丁赛杰：《结构性货币政策、渠道识别与特征企业融资约束》，载于《投资研究》2020年第5期。

④ 王少林、符号亮：《融资成本能评价新型货币政策工具的有效性吗》，载于《南方经济》2022年第4期。

⑤ 许光建、许坤、卢倩倩：《经济新常态下货币政策工具的创新：背景、内容与特点》，载于《宏观经济研究》2019年第4期。

姜汝楠和程逸飞（2014）指出抵押补充贷款是基础货币投放的新渠道，由于其拓宽了实体部门的融资渠道，抵押补充贷款有助于降低信用风险，并且可以通过绕开财政预算约束的方式来达到降低融资成本的目的。在向商业银行提供贷款的同时，该政策也在一定程度上引导了商业银行的中长期贷款方向和中期利率变动①。余振等（2016）的实证结果显示中国人民银行的抵押补充贷款政策效果相对显著，在部分实施阶段能有效降低中期利率水平，减少社会融资成本，给实体部门提供更加充裕的资金来源，扩大信贷规模②。李成等（2019）指出抵押补充贷款主要是通过提供期限较长且成本较低的资金来为国家的基建项目提供支持，能够影响市场的流动性从而扩大信贷规模，并且由于其提供的资金流向更加明晰且集中，因此，抵押补充贷款激励信贷的效果会明显优于短期借贷便利和中期借贷便利③。从统计数据来看，2014 年抵押补充贷款资金 3831 亿元，2015 年抵押补充贷款资金累计新增 6981 亿元，2016 年累计新增 9714 亿元（白晶洁和许道文，2017④），由此可见逐年增加的抵押补充贷款明显扩大了信贷规模。

三、货币政策传导异质效应文献回顾

随着货币理论和政策研究的发展，货币政策传导机制的研究广度和研究深度不断拓展，货币政策传导异质性的研究维度由纵向至横向不断延伸，理论界在货币政策传导的周期异质性、区域异质性、行业异质性以及规模异质性等领域涌现出丰硕的研究成果。

（一）货币政策传导的周期异质性研究

在宏观层面，现有文献主要围绕经济周期、金融周期阐述货币政策传导的周期异质性展开；在微观层面，处于生命周期不同阶段的企业对货币政策的反应也不同。

不同经济周期背景下，货币政策的传导效应不尽相同。Cover（1992）首次提出了货币政策传导的非对称效应（asymmetric effects），发现紧缩货

① 姜汝楠、程逸飞：《对央行创设 PSL 货币政策工具的思考》，载于《价格理论与实践》2014 年第 8 期。

② 余振、顾浩、吴莹：《结构性货币政策工具的作用机理与实施效果——以中国央行 PSL 操作为例》，载于《世界经济研究》2016 年第 3 期。

③ 李成、李一帆、刘子扣等：《新形势下中国新型货币政策工具的传导机制与调控效应》，载于《金融经济学研究》2019 年第 3 期。

④ 白晶洁、许道文：《我国结构性货币政策实践及效果》，载于《金融发展评论》2017 年第 6 期。

币政策对产出有显著影响，而宽松货币政策对产出影响较弱。相同幅度的货币扩张和货币收缩，在经济周期的不同阶段对于经济总产出的加速作用和减速作用有所差异①。王立勇等（2010）认为经济低增长状态下，信贷的产出扩张效应和货币、信贷的价格扩张效应较强；在经济高增长状态下，货币的产出紧缩效应和货币、信贷的价格紧缩效应较强②。此外，郑挺国和刘金全（2008）均对货币政策传导的纵向非对称性予以证实，紧缩性货币政策与扩张性货币政策在抑制经济过热和治理经济衰退的效果上存在极大的差异，低增长状态下，信贷冲击对产出具有显著的非对称效应，货币冲击仅在短期内产生非对称性效应；在高增长状态下，利率和信贷的冲击都对产出具有显著的非对称效应③。李成等（2019）证明了货币政策的周期异质性表现在调控效果的时变性和非线性上，也表现在信贷和利率渠道传导效力的动态转换上。在经济高速发展时期，货币政策信贷渠道的产出效应和价格效应均显著，而利率渠道仅产出效应显著，价格效应不显著；在经济减速发展时期，信贷渠道调控作用明显减弱，利率渠道对产出的紧缩效力明显下降，但可以很好地调控通货膨胀④。马勇和王莹曼（2022）得出了经济上行期货币政策调整对银行风险承担的影响效应要弱于经济下行时期的结论，体现出银行风险承担渠道的“逆周期性”，即从边际效应来看，经济下行期时政策利率对银行风险承担水平的边际效应要显著大于上行期⑤。

在金融周期的不同阶段，货币政策的传导效应也存在着差异。陈创练等（2020）采用逻辑平滑转换向量自回归模型来研究不同区制下不同类型货币政策对金融风险的传导效应。研究结果表明，紧缩的价格型货币政策在金融风险周期的不同风险区制内对金融风险均有抑制效果，相较于低风险区制，在高风险区制下紧缩货币政策更能够维持金融市场风险稳定并降低金融系统风险；数量型货币政策在高风险区制具有较强的金融风险调控

---

① Cover J. P. Asymmetric effects of positive and negative money-supply shocks [J]. *The Quarterly Journal of Economics*, 1992, 107 (4): 1261 – 1282.

② 王立勇、张代强、刘文革：《开放经济下我国非线性货币政策的非对称效应研究》，载于《经济研究》2010 年第 9 期。

③ 郑挺国、刘金全：《我国货币—产出非对称影响关系的实证研究》，载于《经济研究》2008 年第 1 期。

④ 李成、吕昊旻、李文乐：《经济发展周期中货币政策调控的非对称性》，载于《山西财经大学学报》2019 年第 3 期。

⑤ 马勇、王莹曼：《货币政策及其稳定性对银行风险承担的影响》，载于《金融评论》2022 年第 2 期。

效应；但在低风险区制，由于降低金融风险的目的较弱，此时的数量型货币政策可能更倾向于调控其他非金融风险因素①。解瑶姝和吴丽燕（2019）引入金融周期对货币政策进行研究，结果表明：宏观经济形势会影响货币政策对金融周期的调控效果。在金融危机期间，国内经济震荡调整，增长动力不足，利率对金融周期的敏感性更高②。

对处于生命周期不同阶段的企业而言，货币政策的传导效应也各不相同。袁卫秋等（2017）研究货币政策、企业生命周期与银行信用三者之间的关系，证明了货币政策对处于生命周期不同阶段的企业信用产生的影响具有异质性，即当企业处于成熟期和衰退期时，货币政策对其信用影响更加有效，而处于成长期的企业受货币政策的影响效果较弱，主要是因为成长期企业获取银行信用的意愿和能力均较强，受政策影响小，而成熟期和衰退期企业可以依据政策来选择使用自有资金还是银行信用为项目筹资③。

此外，在信贷渠道的阻滞期和通畅期，货币政策的传导效应各有不同。王怀明等（2016）构建了包含信贷渠道、产出与价格变量的马尔科夫区制变换向量自回归模型，实证结果显示当处于信贷渠道阻滞期时，滞后一期的信贷渠道变量对产出变量的影响不显著，对价格变量影响显著；而通畅期的信贷渠道变量对产出变量和价格变量的影响均显著，货币政策对产出与价格变量的作用力度与持续时间在畅通时期都显著强于阻滞时期，进一步表现了货币政策具有周期时变效应④。

（二）货币政策传导的区域异质性研究

货币政策传导的区域异质性主要围绕地理区域的异质性与经济区域的异质性展开论述。

我国地域辽阔，共有 34 个省级行政区，央行的货币政策制定对于不同的省份作用效果是否相同？学者们针对不同行政区域的货币政策功效差异展开了广泛的讨论。孔丹凤等（2007）对中国货币政策省际效果进行实证分析，发现沿海省份对货币政策的反应要比内陆省份强烈，同时还探讨

---

① 陈创练、单敬群、林玉婷：《中国金融风险周期监测与央行货币政策非对称性效果识别》，载于《统计研究》2020 年第 6 期。

② 解瑶姝、吴丽燕：《金融周期下中国货币政策时变反应特征与调控效应研究》，载于《统计与信息论坛》2019 年第 11 期。

③ 袁卫秋、王海姣、于成永：《货币政策、企业生命周期与银行信用》，载于《南京审计大学学报》2017 年第 3 期。

④ 王怀明、桑宇、虞晨阳：《中国货币政策信贷渠道周期时变效应研究——基于 MS - VAR 模型的分析》，载于《金融经济学研究》2016 年第 4 期。

了货币政策区域效应的影响因素，认为货币政策区域效应既随着各省国有企业比重增加而减小，也随着向工业企业提供的贷款比例和第一产业 GDP 占比增加而增大①。戴金平等（2008）认为我国以降低坏账率和提高资本充足率为核心的银行监管强化了货币政策的非对称效应②。申俊喜等（2011）运用 AD－AS 模型列出了货币政策区域异质性效应的形成机理，并基于中国 31 个省的数据进行实证研究，结果发现货币政策冲击效果具有显著的省域异质性，不同省份的物价和经济状况对货币政策的反应时间和反应程度各不相同，利率机制对于货币政策效率的省域异质性影响有限，货币配给机制与外汇管理机制是导致我国货币政策区域异质性的主要因素③。

经济区域由社会分工和经济联系所形成，货币政策对不同经济区域的传导效力也具有非对称性这个鲜明特征。区域生产力水平的差异是影响货币政策区域效应的长期因素，生产力水平越高的区域，可能受到货币政策的冲击效应越大（蒋益民和陈璋，2009④）。杨晓和杨开忠（2007）研究货币政策对东中西三大经济区域的不同影响，东部地区对货币政策最为敏感，中部、西部依次减弱⑤。张文彬（2010）提出货币政策的区域经济稳定效应差异明显，减少了大部分东部地区的经济波动，加大了大部分中西部地区的经济波动⑥。蔡婉华和叶阿忠（2016）利用 GVAR 模型研究货币政策对我国东部、中部、西部地区的影响，认为利率上涨对银行信贷扩张和经济发展起消极作用，具体的区域异质性表现为：货币政策在西部地区对信贷规模扩张和社会消费的作用效果较大，在东部地区对工业产出和固定资产投资方面的影响较大⑦。黄佳琳和秦凤鸣（2017）研究发现货币政策非对称性存在地域特征，货币政策的产出效应在东北地区和黄河中游地区最为明显，在长江中游、北部沿海、大西南和东部沿海地区产出效应相

① 孔丹凤、Bienvenido S. Cortes、秦大忠：《中国货币政策省际效果的实证分析：1980～2004》，载于《金融研究》2007 年第 12 期。

② 戴金平、金永军、刘斌：《资本监管、银行信贷与货币政策非对称效应》，载于《经济学（季刊）》2008 年第 2 期。

③ 申俊喜、曹源芳、封思贤：《货币政策的区域异质性效应——基于中国 31 个省域的实证分析》，载于《中国工业经济》2011 年第 6 期。

④ 蒋益民、陈璋：《SVAR 模型框架下货币政策区域效应的实证研究：1978～2006》，载于《金融研究》2009 年第 4 期。

⑤ 杨晓、杨开忠：《中国货币政策影响的区域差异性研究》，载于《财经研究》2007 年第 2 期。

⑥ 张文彬：《中国货币政策的区域经济稳定效应分析——基于 2000～2008 年省份月度数据的实证研究》，载于《财经研究》2010 年第 10 期。

⑦ 蔡婉华、叶阿忠：《统一货币政策的区域差异化效应研究——基于 GVAR 模型的实证检验》，载于《云南财经大学学报》2016 年第 5 期。

近，在南部沿海和大西北地区则相对较弱①。

另有学者从微观层面研究货币政策传导的区域异质性。邓创等（2016）研究三种货币政策工具调控房价的区域异质性，结果发现不管是紧缩还是宽松的价格型货币政策，利率变动对东部和中部地区房价的影响在方向上并没有显著差异，利率仅对西部地区的房价产生了反方向的调控效果。相较于我国东部和中部地区来说，西部地区的住房消费对利率变动更加敏感，而数量型货币政策工具引起的货币供给量变化仅对东部地区房价产生预期的调控效果②。徐虹等（2016）探讨经济发展水平、货币政策变动以及并购行为三者间的联系，结果显示：在实行紧缩的货币政策时期，高经济发展水平地区的上市企业更愿意同属并购，其并购后的绩效和投资效率都有所提高；而落后经济地区的同属管辖并购使得企业并购后的绩效下降，上述结果体现了紧缩的货币政策对经济发展水平不同地区的同属管辖并购绩效的影响存在明显差异③。丁攀和胡宗义（2018）认为货币政策对城乡居民收入的影响存在着区域异质性，扩张性货币政策拉高了东部地区城镇居民人均可支配收入，却降低了该地区农村居民人均纯收入；宽松货币政策提高了中部地区城镇居民和农村居民的人均收入，而对西部地区城镇居民和农村居民收入产生抑制作用④。

除了对一国之内的不同区域进行分析，学者们对货币政策在不同国家间的传导异质性也展开了广泛的研究，主要包括一国货币政策对其他国家的溢出效应研究，以及国际货币联盟中统一的货币政策对成员国的影响研究。在一国货币政策对他国溢出效应研究方面，楚尔鸣和王真（2018）发现中国的价格型货币政策对金融较开放国家的影响效果更强，数量型货币政策对金融开放较弱的国家更具影响力；对于与中国签订了货币互换协议的国家而言，中国实际利率变动对其冲击较小⑤。尤阳等（2020）实证检验美国货币政策转向前后对发达国家和发展中国家的溢出效应是否存在非对

---

① 黄佳琳、秦凤鸣：《中国货币政策效果的区域非对称性研究——来自混合截面全局向量自回归模型的证据》，载于《金融研究》2017 年第 12 期。

② 邓创、徐曼、汪洋：《货币政策房价调控效应的非对称性与区域差异分析》，载于《统计与决策》2016 年第 17 期。

③ 徐虹、林钟高、陈洁：《经济发展水平影响同属管辖并购吗——基于货币政策区域异质性效应视角的研究》，载于《财贸研究》2016 年第 5 期。

④ 丁攀、胡宗义：《中国货币政策对收入不平等的区域效应——基于 MCSGVAR 模型的实证分析》，载于《系统工程》2018 年第 10 期。

⑤ 楚尔鸣、王真：《中国货币政策溢出效应的异质性研究——基于 51 个国家的面板数据分析》，载于《国际金融研究》2018 年第 10 期。

称性，结果发现不管处于扩张期还是收缩期，美国货币政策冲击基本都有利于发达国家，而不利于发展中国家①。朱孟楠等（2020）分析中国宽松货币政策对“一带一路”共建国家或地区的溢出效应，发现共建国家或地区对短期利率的冲击反应有非对称性，这可能是由信贷渠道不通畅所致。中国宽松货币政策冲击对浮动汇率制度国家产出的溢出效应显著，对钉住汇率制度国家产出的溢出效应相对不明显②。刘凌和张晶晶（2021）发现新兴市场中不同国家的资本管制对美国货币政策冲击有着非线性的响应模式，具体表现为在资本管制力度较强的新兴国家，美国货币政策溢出效应会随着资本账户开放水平的提高而减弱，反之，对资本管制力度较弱的新兴国家而言，美国货币政策溢出效应会随着资本账户开放水平提高而增强③。

在研究统一货币政策对成员影响时，欧盟不同成员的货币政策传导异质性也是经济学家们关注的热点。常科和周念利（2009）从广义的经济结构、国内总需求结构、经济体的金融结构、经济体的开放程度及其特征等结构性因素出发，研究了这些因素如何对欧盟成员货币政策传导机制产生非对称性影响④。瞿红艳（2011）以欧元区为例研究统一的货币政策对不同国家的影响，认为最优货币区必须满足工资和价格具有弹性、财政转移具有高度流动性以及劳动力自由流动三个基本条件，这也是减少货币政策不对称冲击的三大保障机制。然而，欧元区缺乏这样的机制安排⑤。邹宗森等（2016）认为欧洲中央银行在制定货币政策时通常以欧元区国家的整体水平作为依据，设定的政策利率和目标通胀率通常会更有利于大国，而不利于经济结构与大国有较大差别并且经济周期与之不匹配的外围小国，而这些小国为了与欧盟货币政策保持同步，往往要比大国付出更多代价，即倘若统一的货币政策与本国的货币政策有冲突，便只能过分倚重财政政策进行经济调控⑥。

---

① 尤阳、马理、何云：《以邻为壑：为什么“吃亏”的总是发展中国家——美国货币政策转向的差异化溢出效应与风险防范研究》，载于《金融经济学研究》2020 年第 4 期。

② 朱孟楠、周禹、郑莉：《中国货币政策对“一带一路”沿线国家或地区经济外溢效应研究》，载于《世界经济研究》2020 年第 6 期。

③ 刘凌、张晶晶：《美国货币政策溢出效应中新兴国家资本管制的非线性影响分析——基于 PSTR 模型》，载于《经济问题探索》2021 年第 7 期。

④ 常科、周念利：《欧盟成员国货币政策传导机制的非对称性研究》，载于《生产力研究》2009 年第 5 期。

⑤ 瞿红艳：《统一货币政策与区域经济发展的不均衡性——欧元区的实践及其对我国的启示》，载于《经济体制改革》2011 年第 3 期。

⑥ 邹宗森、刘庆林、张永亮：《成员国异质性与欧洲央行的货币政策困境》，载于《财经科学》2016 年第 7 期。

（三）货币政策传导的行业异质性研究

每个行业的生产经营方式、资金流动速度各不相同，表现出明显的行业特征。各个行业对货币政策的反应程度不一，这导致统一货币政策对各个行业产生的影响存在一定的差异。

国外学者很早就开始研究货币政策传导的行业异质性。Bernanke & Gertler（1995）基于信贷传导渠道对货币政策产生的行业异质性问题进行了深入的研究，认为耐用消费品行业和非耐用消费品行业对货币政策的反应程度存在较为明显的差异①。Dornbusch et al.（1998）在对欧洲央行货币政策进行实证研究后指出，货币政策具有突出的行业效应②；Dedola & Lippi（2005）以德国、意大利、法国以及美国的二十余个制造业部门作为研究样本，对这些样本展开实证研究后指出，不同行业受政策的影响程度不同，其中，汽车行业受利率因素影响程度最深，利率因素对食品制造业带来的影响最小③。

现阶段国内对于不同行业货币政策传导效果的研究也取得了诸多成果。戴金平等（2008）发现房地产行业受货币政策的冲击最大，批发贸易零售业几乎不受贷款利率的影响④。曹永琴（2011）发现家具行业几乎不受货币供给冲击的影响，而钢铁行业受货币供给冲击的影响最大⑤。吴伟军和刘万晴（2015）以我国 17 个行业的数据为样本，分别分析货币政策对行业的长期效应与短期效应，从货币政策的三大渠道进行论证，结果表明无论是短期还是长期的货币冲击都对不同行业有着非对称性的影响，其中，行业资本密集度和负债比率与行业货币冲击敏感系数成正比，而行业的平均企业规模与行业货币冲击敏感系数成反比⑥。师磊和赵志君（2018）基于要素替代弹性异质性的视角研究货币政策对我国三大产业的非对称影响，结果发现要素替代弹性较大的第二、第三产业对货币政策敏感性更强，然而这一敏感性会随着利率的提高而降低；第一产业要素替代弹性较小，其对货币政策

---

① Bernanke B. S.，Gertler M. Inside the black box：the credit channel of monetary policy transmission［J］. *Journal of Economic Perspectives*，1995，9（4）：27－48.

② Dornbusch R.，Favero C. A.，Giavazzi F. Immediate challenges for the ECB［J］. *Economic Policy*，1998，13（26）：15－52.

③ Dedola L.，Lippi F. The monetary transmission mechanism：Evidence from the industries of five OECD countries［J］. *European Economic Review*，2005，49（6）：1543－1569.

④ 戴金平、金永军、刘斌：《资本监管、银行信贷与货币政策非对称效应》，载于《经济学（季刊）》2008 年第 2 期。

⑤ 曹永琴：《中国货币政策行业非对称效应研究——基于 30 个行业面板数据的实证研究》，载于《上海经济研究》2011 年第 1 期。

⑥ 吴伟军、刘万晴：《我国货币政策行业异质性效应的存在性及实证分析——基于面板数据模型及 VAR 模型的检验》，载于《金融与经济》2015 年第 1 期。

有着较低敏感度，且敏感度会随着利率的提高而增大①。

关于货币政策传导行业异质性的原因，不同学者也进行了广泛深入的探讨。徐涛（2007）借助理论与经验的研究方法，证实了我国货币政策传导存在行业异质效应，行业特征与财务状况是引起行业异质效应的主要原因②。张淑娟和王晓天（2016）证明了货币政策对不同产业有着非对称性影响，面对信贷冲击与货币供给冲击，反应程度由强到弱分别为第三产业、第二产业和第一产业。对于利率冲击而言，当利率提高时结果与前两者冲击结果一样，但在利率下降时，影响效果由强到弱分别为第二产业、第三产业、第一产业，影响效果发生转变的主要原因在于不同产业要素密集度以及企业类型分布存在差异③。龙薇和颜铭佳（2017）认为行业的资金成本、平均企业规模差异和需求弹性是货币政策对服务业下各子行业的产出效应存在显著非对称性的原因，各子行业产出对货币政策的反应程度、速度和持续时间上都存在差异，整体服务业响应的时间跨度为两年，交通运输、仓储和邮政业的响应时间跨度最短为 5 个季度，科学研究和技术服务业、水利、环境和公共设施管理业的响应时间跨度最长并且部分行业的响应时长超过了整体服务业的平均水平④。毛玲玲（2018）从财务角度证实了货币政策的行业非对称效应，通常是一些周期性的行业如家具业或煤炭业对货币政策冲击的反应较大，而与经济周期相关性较弱的行业如医药制造业、纺织服装业对货币政策冲击的反应较小，并且总资产规模、营运资本和资产负债率这三个财务指标能够解释差异性的成因⑤。杨柳勇和王礼月（2018）研究货币政策对不同行业债券信用价差的影响机制，证明了紧缩的货币政策对制造业和采掘业的债券信用价差影响都不显著，而对建筑业和金融业的影响均为正向显著，分析其原因可能在于不同行业的企业对资金价格的敏感度不同，建筑业和金融业的企业对资金更加敏感，当货币政策影响市场上的资金价格时，就会直接影响到建筑业和金融业的债券信用价差，却不会反映在制造业和采掘业债券信用价差上⑥。

---

① 师磊、赵志君：《我国货币政策的产业非对称效应——基于要素替代弹性视角》，载于《上海经济研究》2018 年第 7 期。

② 徐涛：《中国货币政策的行业效应分析》，载于《世界经济》2007 年第 2 期。

③ 张淑娟、王晓天：《货币政策产业效应的双重非对称性研究——基于 STVEC 模型的非线性分析》，载于《金融研究》2016 年第 7 期。

④ 龙薇、颜铭佳：《我国货币政策行业效应的非对称性研究——来自服务业的实证》，载于《价格理论与实践》2017 年第 4 期。

⑤ 毛玲玲：《货币政策传导机制中的行业非对称性研究——基于上市公司财务数据》，载于《贵州财经大学学报》2018 年第 1 期。

⑥ 杨柳勇、王礼月：《货币政策、行业异质性与债券信用价差》，载于《湖北社会科学》2018 年第 1 期。

（四）货币政策传导的规模异质性研究

商业银行等金融机构作为货币政策传导机制中的重要主体，很大程度上影响了货币政策的执行效果。银行规模不同，货币政策传导结果也可能有所差异。顾海峰和高水文（2020）在分析货币政策对盈余管理与银行流动性创造关系的调节作用时发现：在国有商业银行及股份制商业银行样本中，货币政策与银行盈余管理程度的交乘项系数显著为正，而城市商业银行和农村商业银行样本对应的交乘项系数则不显著，说明货币政策只有对规模较大的银行盈余管理与流动性创造具有正向调节作用①。王曦和金钊（2021）在研究同业市场摩擦、银行异质性与货币政策传导时，分析了我国同业市场的特点：大银行因具有高流动性和低风险偏好，常被视为资金批发者，小银行则相反，常被视为资金拆入者，证明了在面对紧缩性货币政策时，小银行同业净资产越多，其对政策的反应越弱，而大银行则相反，同业市场摩擦越大，大银行同业净资产越多，其对紧缩性货币政策的反应越强②。邓伟等（2021）基于 2009 ~ 2017 年中国银行业的面板数据研究央行的借贷便利工具对商业银行贷款期限结构的影响，结果表明央行的借贷便利操作对持有合格担保品的大规模商业银行的调控效果较好③。

规模不同的企业对银行信贷的依赖程度不同，受货币政策的影响也存在差异。大企业资金实力雄厚，对银行信贷的依赖程度较低，受货币政策的影响较小；而小规模企业获得内源资金和外源资金的能力较差，对银行依赖程度远高于大企业。因此，小规模企业受货币政策的影响程度远远超过大企业（Christiano et al.，1996④；叶蓁，2010⑤）。Bougheas et al.（2006）研究发现小企业、高风险及新成立的企业更容易受到紧缩性货币政策影响⑥。孙大超等（2014）证明了适度趋紧的货币政策对

---

① 顾海峰、高水文：《盈余管理促进了商业银行流动性创造吗？——外部审计质量和货币政策的调节作用》，载于《国际金融研究》2020 年第 9 期。

② 王曦、金钊：《同业市场摩擦、银行异质性与货币政策传导》，载于《经济研究》2021 年第 10 期。

③ 邓伟、宋敏、刘敏：《借贷便利创新工具有效影响了商业银行贷款利率吗?》，载于《金融研究》2021 年第 11 期。

④ Christiano L. J.，Eichenbaum M.，Evans C. The Effects of Monetary Policy Shocks：Evidence from the Flow of Funds［J］. *The Review of Economics and Statistics*，1996，78（1）：16 – 34.

⑤ 叶蓁：《中国货币政策产业异质性及其决定因素——基于上市公司面板数据的实证分析》，载于《财经论丛》2010 年第 1 期。

⑥ Bougheas S.，Mizen P.，Yalcin C. Access to external finance：Theory and evidence on the impact of monetary policy and firm-specific characteristics［J］. *Journal of Banking and Finance*，2006，30（1）：199 – 227.

中小企业融资能力的抑制效果比大型企业更强烈，从而使中小企业应付账款融资显著增加。这些可以归类为货币政策企业规模异质性效应的金融约束论①。舒长江等（2020）实证结果表明：紧缩性数量型货币政策工具对中小企业杠杆率有显著抑制作用，但却使得大型企业的杠杆率不降反升。将企业产权和规模联合起来研究发现扩张的数量型货币政策工具对大型国有企业杠杆率的影响不显著，而对于中小民营企业显著②。

四、文献评述

通过对相关文献的回顾和梳理发现：首先，货币政策风险传导理论的研究主要集中于银行领域，相比之下，货币政策对企业风险传导效应的研究文献比较稀少。而银行只是风险传导的中介，企业作为货币政策的最终作用对象在货币政策传导机制中扮演着重要角色。货币政策对银行风险偏好的影响能否通过信贷渠道传导至企业，进而影响企业的风险承担水平，最终影响到货币政策的实施效果仍有待检验。

其次，货币政策风险传导机制的文献中，研究对象大多选取总量调控货币政策；定向调控货币政策的研究则集中于信贷渠道的论证，由于其释放流动性有限，可能引发的风险尚未引起学者们的广泛关注。然而我国的定向调控货币政策扶持对象大多是“三农”、小微企业等弱势群体，这些领域的贷款处于银行坏账风险的高发地带，其贷款风险并不因定向调控货币政策颁布而转移，定向调控货币政策是否存在风险承担渠道？定向调控政策扶持的企业是否在定向调控政策的利好憧憬下提升了风险承担水平？这些问题有待深入研究。

最后，以往文献大多选取银行等金融机构研究货币政策对系统性风险的影响，但是很少将银行与企业纳入统一的研究框架，分析货币政策冲击下由银行向实体经济的系统性风险外溢以及实体经济向银行系统的风险回流。现有研究货币政策风险传导机制的文献多侧重微观或者宏观单一层面的风险，较少从宏观与微观两个维度深入挖掘货币政策的风险传导机制问题。

第三节　研究内容

第一章为绪论。本章首先阐述本书的选题背景与意义，其次介绍总量

① 孙大超、王博、Wang Gang：《银行业垄断是导致货币政策抑制中小企业的原因吗》，载于《金融研究》2014 年第 6 期。

② 舒长江、洪攀、张良成：《货币政策冲击对异质性企业杠杆率的微观效应》，载于《金融论坛》2020 年第 8 期。

调控货币政策微观传导机制、定向调控货币政策信贷传导机制以及货币政策传导机制非对称性的国内外研究现状，通过文献回顾梳理货币政策的研究脉络，寻找目前理论研究的不足，确定本书的研究内容与侧重点，勾勒全书的研究路线框架，提出本书的研究方法以及创新之处。

第二章为概念界定与理论基础。本章首先阐述风险的内涵、来源、类型与测度方法，其次回顾了货币政策风险传导的相关理论，为后续章节的研究夯实理论基础。

第三章为货币政策风险传导的微观机理。本章首先阐述总量调控货币政策对企业风险传导的微观机理，从事前风险甄别与事后风险监控两个角度论证总量调控货币政策通过银行向企业传递风险的机理；其次通过构建包含中央银行、商业银行、政府、家庭和企业五部门的动态随机一般均衡模型，分析定向调控货币政策对小微企业风险传导的机理，为后续章节的实证研究提供理论基础。

第四章为总量调控货币政策对企业风险传导的微观效应研究。首先实证检验总量调控货币政策与企业风险承担之间的关系，论证总量调控货币政策对企业存在风险传导效应。其次检验不同类型的总量调控货币政策对企业风险传导效应的差异，从货币政策维度论证总量性货币政策对企业风险传导的非对称效应。再次从企业角度出发研究总量调控货币政策对处于不同经济周期、不同行业周期、不同区域以及具有不同微观特性的企业风险传导效应的差异，从企业维度论证了货币政策风险传导的非对称效应。最后从银行信贷渠道出发，检验货币政策对企业风险传导的路径。

第五章为定向调控货币政策对小微企业风险传导的微观效应研究。本章首先测试定向调控货币政策信贷调控的精准性，判断定向调控货币政策是否引导信贷资源投向政策目标企业，判断风险传导效应产生的前提。其次选取以支小为直接目标的两类定向调控政策——定向降准与支小再贷款政策为对象，比较两类政策对小微企业风险承担水平的影响差异，并分析不同行业中观特征与企业微观特征的小微企业受两类定向调控政策风险传导影响的差异。

第六章为系统性风险视角下的定向调控与总量调控货币政策比较研究。本章从金融与宏观经济稳定的视角审视总量调控与定向调控货币政策在风险溢出与风险回流效应上的差异。首先选取总量调控与定向调控货币政策中传导机制最接近的定向降准与普遍降准政策作为比较参照的对象，研究两类政策的系统性风险溢出机制。其次将系统性风险细分为银行系统、金融系统以及实体经济系统三个层面的风险外溢，从银行系统出发研究总量调控与定向调控货币政策下银行向金融系统以及实体经济系统的风险溢出效应。最后从实体经济层面出发研究两类货币政策下企业向银行的系统性风险回流机制，从而为防御系统性风险的爆发、加强宏观审慎管理提供有益的政策参考。

第七章根据总量调控与定向调控货币政策风险传导机理与传导效应的差异比较，得出相应的结论，并从中央银行、商业银行、财政部门以及企业角度提出应对措施，即构建四位一体的风险管理体系，以避免货币政策引发企业风险取向趋同而致的系统性风险。

全书的逻辑思路如下（见图 1－1）：

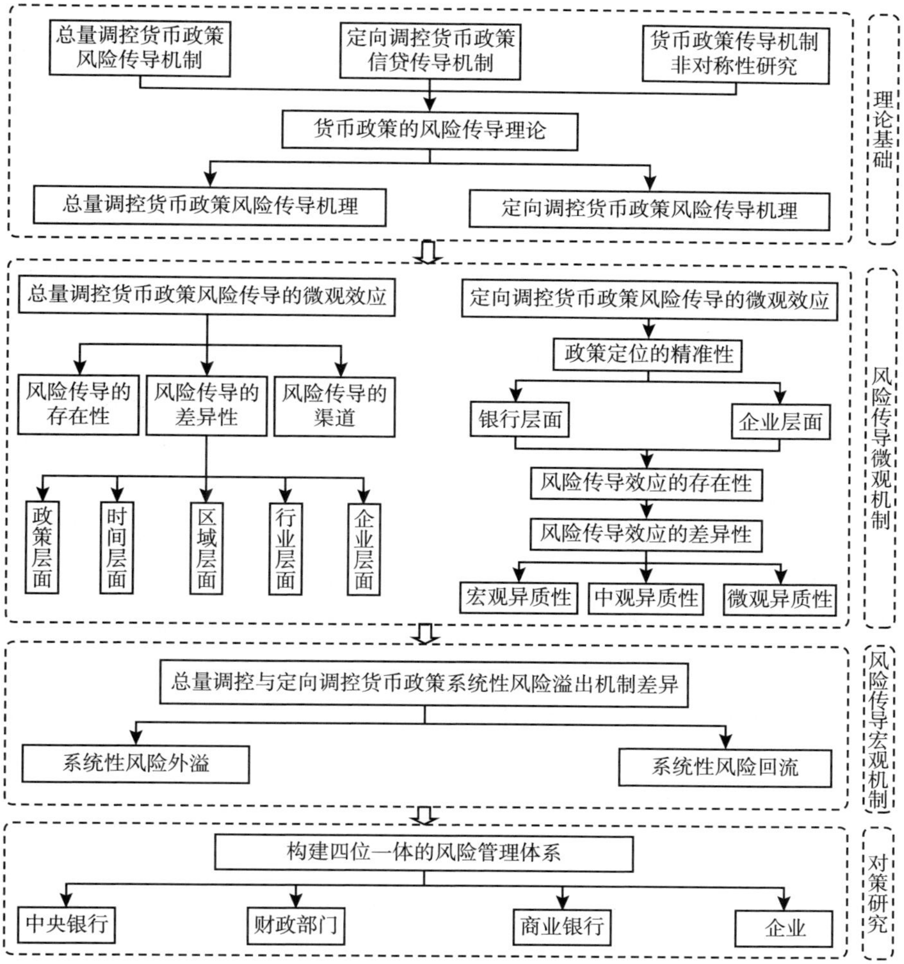

图 1－1　逻辑框架

第四节　研究方法

一、货币政策风险传导机理的研究方法

首先，在委托代理理论模型的基础上加入货币政策、借款企业风险类型与宏观经济环境因素，采用信贷市场逆向选择模型与信贷市场道德风险模型刻画银行与企业在签订信贷合约前与信贷合约后的信息不对称，采用比较静态分析方法论证逆向选择与道德风险两种情形下总量调控货币政策通过银行向企业进行风险传导的机理。其次，采用动态随机一般均衡模型（DSGE）研究定向调控货币政策向企业传递风险的机理，比较不同传导渠道下定向调控货币政策的传导效应差异。

二、总量调控货币政策对企业风险传导微观效应的研究方法

首先，采用系统 GMM 模型分析总量调控货币政策对企业风险传导效应的存在性。其次，将总量性货币政策分为数量型与价格型，采用面板门限回归模型分析不同类型货币政策风险传导的拐点，证明宽松与紧缩货币政策对企业风险传导的非对称效应，并比较不同货币政策工具对企业风险传导效应的差异。再次，从纵向与横向两个维度论证货币政策风险传导的非对称性：在时间层面，根据宏观经济增长与经济长期趋势的背离程度将样本分为经济衰退期与经济繁荣期，比较货币政策对经济周期不同阶段企业风险传导效应的差异；在区域层面，根据统计局文件将企业按照所处区域分为经济发达区域与经济欠发达区域，实证检验货币政策对经济发达程度不同的区域内企业风险传导效应的差异；在行业层面，根据行业成长性分为行业衰退期与行业繁荣期，实证检验货币政策对不同行业周期下企业风险传导效应的差异；在企业层面，将企业根据规模、所有权性质以及成长性分组，实证检验货币政策对不同类型企业风险传导效应的差异。最后基于银行信贷渠道理论，采用中介效应模型检验货币政策对企业风险传导的路径。

三、定向调控货币政策对企业风险传导微观效应的研究方法

首先，以定向调控政策的主要目标即小微企业为研究对象，采用倾向得分匹配方法配对得到与小微企业相对应的非小微企业作为研究的参照样

本，分析定向降准政策与支小再贷款政策对小微的信贷倾斜扶持效果，比较两类定向调控政策对小微信贷调控精准性的差异。其次，采用面板固定效应模型分析定向调控货币政策对小微风险传导效应的存在性与差异性，从而将货币政策风险承担渠道的论证由总量调控货币政策拓展延伸至定向调控货币政策领域。

四、系统性风险视角下的定向调控与总量调控货币政策比较研究方法

首先，以货币政策风险承担渠道理论为基础，分析定向调控与总量调控货币政策系统性风险溢出机制的差异。其次，采用 Adrian & Brunnermeier（2016）的方法测算条件在险价值之差（$\Delta Covar$）以度量系统性风险外溢程度①，实证检验定向调控与总量调控货币政策在系统性风险传导渠道、风险外溢方向以及风险冲击系数大小的差异。最后比较不同货币政策下系统性风险回流程度的差异，为央行制定策略抵御系统性风险爆发提供参考依据。

第五节　创 新 之 处

本书围绕定向调控与总量调控货币政策在风险传导机理与风险传导宏微观效应的差异展开研究，主要的创新点如下：

第一，总量调控货币政策对银行的风险传导已逐渐达成共识，然而该理论关注的焦点在于银行的风险承担，对企业微观主体的关注不足。本书构造了一个从货币政策到微观企业风险传导机制的分析框架，通过理论建模诠释货币政策通过银行向企业的风险传导机制，从微观企业风险承担角度实证检验总量调控货币政策的风险传导效应，从货币政策与企业两个维度剖析引致货币政策风险传导效应差异的具体因素，解释引致货币政策实际效力与理论效力偏离的具体原因，从而将货币政策风险承担渠道的论证由银行层面拓展延伸至企业层面。

第二，现有定向调控货币政策的研究集中在信贷传导渠道的论证，对定向调控货币政策在信贷数量与信贷结构方面的调控功效已广泛研究，而定向调控货币政策是否会与总量调控货币政策如出一辙导致风险的加速仅

---

① Adrian T.，Brunnermeier M. K. CoVaR［J］. *The American Economic Review*，2016，106（7）：1705－1741.

有较少学者关注，更鲜有文献将其与总量调控货币政策的风险传导效应加以对比。本书将总量调控与定向调控货币政策置于统一的框架深入研究不同货币政策在宏观与微观两个层面风险传导效应的差异，从而在一定程度上修复传统货币政策传导理论主要关注经济“量”上增长却忽视风险承担对经济产出“质”的影响的缺陷，促进货币政策制定者在决策中纳入宏微观风险感知及响应的考量，为货币政策工具与力度的选择提供风险维度的参考。

第三，多数文献将系统性风险定义为银行等金融机构的风险外溢，而系统性风险并非局限于金融系统，还包括实体经济系统的损失。本书将系统性风险细分为银行系统、金融系统以及实体经济系统三个层面的风险外溢，既从银行层面研究总量调控与定向调控货币政策下银行向金融系统以及实体经济系统的风险溢出效应，又从企业层面研究两类货币政策通过企业向银行的系统性风险回流机制，为防御系统性风险的爆发、加强宏观审慎管理提供有益的政策参考。

第二章 概念界定与理论基础

本章主要阐述货币政策风险传导的相关概念与理论基础，为本书后续研究进行铺垫。首先对风险的概念予以界定，其次分析风险的起源，再次探讨风险的类别和测度方式，最后从微观风险和宏观风险两个维度分别阐述货币政策风险传导理论，有助于厘清后文理论与实证研究的重要概念和讨论范围。

第一节 风险的内涵、起源与测度

一、风险的内涵

在社会的高复杂性和高不确定性下，风险是难以量化和预测的（张康之和李淑英，2022①）。一些文献从狭义上将风险定义为投资的预期收益不能实现或遭受损失的可能性。在《经济学百科全书》中，风险是投入一个项目或一项投资的资产遭受损失的可能性，它同收益率一样是判断项目投资价值的主要标准②。在《金融与投资辞典》中风险是损失或者不能获得收益的可测定的可能性③。在《辞海》中将风险定义为由于未来不确定因素的影响而产生与预期不一致的负面结果的可能性④。于惠春（2000）认为风险是在试验中可能发生的各种损失事件及其对应的概率⑤。冯必扬

① 张康之、李淑英：《风险社会中的风险认知与预测》，载于《浙江学刊》2022 年第 4 期。

② Magill Frank N：《经济学百科全书》（下卷），中国人民大学出版社 2009 年版。

③ Downes John、Goodman Jordan Elliot：《金融与投资辞典》（第 6 版），上海财经大学出版社 2008 年版。

④ 舒新城：《辞海》，上海辞书出版社 1999 年版。

⑤ 于惠春：《风险的内涵与企业的风险防范》，载于《数量经济技术经济研究》2000 年第 9 期。

（2004）认为风险不同于不确定性，损失性是风险的根本属性，因此风险的本质是损失的不确定性①。

另一部分学者从广义上定义风险，认为风险是客观存在的，不能将其等同于损失，而应认识到风险在隐含着损失的同时也蕴藏着机遇。国际标准化组织（ISO）在其2018年发布的ISO 31000《风险管理指南》中将风险定义为不确定性对目标的影响。赵其宏（2001）认为风险是对经济主体具有双重影响的一种动态行为，即同时存在使主体蒙受损失和获取收益的可能性②。也有学者将风险定义为未来结果的变异程度，平新乔（2001）认为可以用实际结果与人们对该结果期望值之间的离差来度量某一事件的风险程度大小③。《科林斯经济学辞典》将风险定义为投资未来收益的波动，承担风险是提供商品和服务以及在创新产品的过程中必不可少的部分，利润在某种程度上是风险承担成功的回报（Pass et al.，2008④）。

本书将风险界定为广义的风险，即风险具有两面性，既可能带来收益，也可能导致损失。风险具有客观性与传染性，既影响着微观个体的存亡，也决定着宏观经济系统的稳定发展。

二、风险的起源

大多数学者从信息不对称的视角对风险的起源进行研究。Knight（1921）认为不确定性是风险的基础与核心，风险是可测度的不确定性⑤。风险是由不确定性引发的，而不确定性则是由信息不对称所导致的（张亦春和许文彬，2002⑥），因而风险与信息不对称紧密相关。Eatwell et al.（1996）在《新帕尔格雷夫经济学大辞典》里提出，风险现象是具有不确定性或不完全信息的现象，因此不确定性或者信息掌握不足是风险的来源⑦。白钦先和谭庆华（2006）在研究中也提到，风险来源于知识或信息的缺乏，即信息不对称。因此信息不对称是产生不确定性与风险的根本原因⑧。

---

① 冯必扬：《社会风险：视角、内涵与成因》，载于《天津社会科学》2004年第2期。

② 赵其宏：《商业银行风险管理》，经济管理出版社2001年版。

③ 平新乔：《微观经济学十八讲》，北京大学出版社2001年版。

④ Pass C.、Lowes B.、Davies L. 罗汉译：《科林斯经济学辞典》（第三版），上海财经大学出版社2008年版。

⑤ Knight F. H. *Risk*, *Uncertainty and Profit* [M]. Boston: Houghton Mifflin Co., 1921.

⑥ 张亦春、许文彬：《风险与金融风险的经济学再考察》，载于《金融研究》2002年第3期。

⑦ Eatwell John、Milgate Murray、Newman Peter：《新帕尔格雷夫经济学大辞典》（第四卷），经济科学出版社1996年版。

⑧ 白钦先、谭庆华：《论金融功能演进与金融发展》，载于《金融研究》2006年第7期。

从本质上看，信息不对称现象的根源是信息产生的非均衡性，即不同个体拥有的私人信息差异会在社会分工的推动下不断加剧，而信息搜寻的经济成本和时间成本强化了信息不对称的“马太效应”（叶艳鸣等，2007①）。在信息的传递过程中，人们掌握信息的速度始终慢于新信息产生的速度，因此人们只能减少信息不对称但却不能完全消除它（吴梅兰和刘勤志，2006②）。企业信息不对称包括内部信息不对称和外部信息不对称。企业内部信息不对称主要源于经营权与所有权分离所形成的一系列委托、代理关系。由于委托人和代理人掌握信息程度存在差异，拥有信息优势的一方可能为谋取个人利益而损害企业利益，或是代理人为了避免投资失败、业绩下滑而放弃高风险项目。此外，企业外部信息不对称是指企业在对外经营过程中，买方较卖方而言具有不完全信息，这将导致买方企业由于处于信息劣势而面临风险。

在企业利益最大化动机驱使下，信息不对称可能导致两种问题：一是隐藏信息导致的逆向选择，这使得参与者难以高效地达成交易；二是隐藏行动带来的道德风险。逆向选择主要发生在金融机构进行事前准入调查的阶段，在信贷市场上体现为由于信贷双方信息不对称推高了贷款利率从而导致高违约风险项目驱逐低风险项目的现象（周耿等，2021③）；此外，逆向选择在金融市场中还体现为在融资时最有可能造成不利影响的融资者往往是最积极寻求资金并且获得信贷概率最高的人。Akerlof（1970）最早围绕逆向选择问题提出了经典的“柠檬市场”模型，在旧车市场中买卖双方存在严重的信息不对称，导致旧车买卖出现类似“劣币驱逐良币”的现象④。自此之后，学者们针对各类金融市场、产品市场以及投资项目决策等领域中存在的逆向选择问题展开了广泛研究。对于信贷市场而言，企业申请贷款时普遍会夸大财务数据、隐瞒整体经营状况，在信息不对称程度较高的信贷市场上，愿意支付高利率、积极申请贷款的借款人更有可能产生信用风险（陈寰和林晓慧，2017⑤）。若基于商业银行信贷对象选择的

---

① 叶艳鸣、刘金玲、金婷等：《信息不对称现象的成因分析》，载于《情报杂志》2007 年第 4 期。

② 吴梅兰、刘勤志：《关于信息不对称问题的研究》，载于《情报杂志》2006 年第 6 期。

③ 周耿、阮东喆、范从来：《信息不对称下信贷市场的惜贷与挤出效应》，载于《金融论坛》2021 年第 1 期。

④ Akerlof G. A. The Market for Lemons：Quality Uncertainty and the Market Mechanism [J]. *The Quarterly Journal of Economics*, 1970, 84 (3): 488 - 500.

⑤ 陈寰、林晓慧：《商业银行大宗商品国际贸易融资的风险防范——基于信息不对称理论的视角》，载于《财会月刊》2017 年第 17 期。

视角来看，信贷市场的逆向选择源于资金供求双方天然存在的信息不对称问题，供给方在选择需求方时往往难以准确甄别其经营和资信情况，因而需要为此承担一定的审查成本（鲍星等，2022①），并且利率和贷款准入条件无法达到信息完全对称情况下的最优水平（唐洋和钟秋月，2009②）。因此，在信息不对称所导致的逆向选择问题下，占据信息优势的一方即借款人，容易萌发欺骗意愿，利用信息不对称牟取利益（Stiglitz and Weiss，1981③），从而引发信贷风险。

信息不对称的另一种结果即道德风险，其在信贷市场中主要发生于事后资金监管过程中。信贷市场上的道德风险指的是在信贷发放后，借款人可能从事贷款人不希望其从事的风险活动（常罡，2007④）。信贷市场道德风险主要体现在信息传递、贷款损益、信贷担保等方面。从信息传递的角度看，借款人的违约风险容易被观察到，但借款人事后是否努力偿还借款无法观测，企业得到贷款后，在逐利动机的驱使下往往会将部分资金挪作他用，同时通过粉饰财务数据隐瞒资金真实用途，导致信息失真进而使风险发生概率增大，从而产生道德风险（Boot et al.，1991⑤）。从贷款损益的角度看，企业贷款后从事高风险活动给金融机构带来的收益远低于损失，借款企业将金融机构发放的贷款投入到高风险高收益的活动中，即使企业经营成功，金融机构也只能得到事先约定的贷款利息，一旦企业经营失败，金融机构要承担贷款损失（邵翠丽，2011⑥）。从信贷担保的角度看，为缓解信息不对称导致的道德风险，在信贷发放过程中，商业银行普遍将以抵押为主要形式的担保纳入贷款合约。尹志超和甘犁（2011）通过运用某国有银行企业借款信息对信贷市场信息不对称问题和贷款违约率进行实证研究，发现抵押对降低贷款违约率有显著的正向影响⑦。然而龚强

---

① 鲍星、李巍、李泉：《金融科技运用与银行信贷风险——基于信息不对称和内部控制的视角》，载于《金融论坛》2022 年第 1 期。

② 唐洋、钟秋月：《中国特色下的逆向选择及信贷配给》，载于《中国经贸导刊》2009 年第 23 期。

③ Stiglitz J. E，Weiss A. Credit rationing in markets with imperfect information [J]. *The American Economic Review*，1981，71（3）：393 – 410.

④ 常罡：《浅析信息不对称条件下银行信贷风险的防范》，载于《金融理论与实践》2007 年第 6 期。

⑤ Boot A. W. A.，Thakor A. V.，Udell G. F. Credible commitments，contract enforcement problems and banks：Intermediation as credibility assurance [J]. *Journal of Banking and Finance*，1991，15（3）：605 – 632.

⑥ 邵翠丽：《信息不对称对中小企业融资影响分析》，载于《财会通讯》2011 年第 20 期。

⑦ 尹志超、甘犁：《信息不对称、企业异质性与信贷风险》，载于《经济研究》2011 年第 9 期。

等（2021）指出由于企业可能存在欺诈抵押现象，传统的抵押担保模式可能较难降低信息不对称所引发的道德风险①。

三、风险的类型与测度

风险的类型有宏观风险与微观风险两类。在微观层面，企业会基于对未来经营活动不确定性的一系列假设对风险和收益进行评估（王菁华和茅宁，2015②）。企业当前资本投入的多寡和未来现金流的充裕与否很大程度上取决于企业投资决策，因此企业经营过程中面临的最大风险来源于投资决策，大多学者也都从投资决策角度定义企业风险承担（Wright et al.，1996③）。风险承担是企业逐利的必然结果，企业风险承担水平的高低不仅能够反映管理者对投资项目的选择（余明桂等，2013④）、企业愿意为追逐高额利润而付出代价的倾向，还能综合衡量企业发展前景（Lumpkin and Dess，1996⑤）。风险承担表现为企业在投资决策中对预期收益水平及其波动程度的选择（刘志远等，2017⑥）。企业风险承担水平越高，意味着管理者往往不愿意放弃高风险但预期净现值为正的投资项目（李文贵和余明桂，2012⑦）。较高的风险承担意味着企业更具冒险精神，更倾向于投资净现值为正且风险较大的投资项目，较低的风险承担意味着企业更加保守（李燕平和牛丹辰，2019⑧）。

现有关于企业风险承担的定义主要有三种：主观风险承担意愿、客观风险承担水平以及实际风险承担能力。三者区别在于：风险承担意愿主要表现为一种主观态度，是企业在经营环境不确定时的决策态度和倾向，包

---

① 龚强、班铭媛、张一林：《区块链、企业数字化与供应链金融创新》，载于《管理世界》2021 年第 2 期。

② 王菁华、茅宁：《企业风险承担研究述评及展望》，载于《外国经济与管理》2015 年第 12 期。

③ Wright P.，Ferris S. P.，Sarin A，et al. Impact of corporate insider，blockholder，and institutional equity ownership on firm risk taking [J]. *Academy of Management Journal*，1996，39（2）：441－463.

④ 余明桂、李文贵、潘红波：《管理者过度自信与企业风险承担》，载于《金融研究》2013 年第 1 期。

⑤ Lumpkin G. T.，Dess G. G. Clarifying the entrepreneurial orientation construct and linking it to performance [J]. *The Academy of Management Review*，1996，21（1）：135－172.

⑥ 刘志远、王存峰、彭涛等：《政策不确定性与企业风险承担：机遇预期效应还是损失规避效应》，载于《南开管理评论》2017 年第 6 期。

⑦ 李文贵、余明桂：《所有权性质、市场化进程与企业风险承担》，载于《中国工业经济》2012 年第 12 期。

⑧ 李燕平、牛丹辰：《生命周期对企业风险承担的影响研究——基于研发创新的中介效应检验》，载于《东岳论丛》2019 年第 7 期。

括风险喜好、风险中性、风险厌恶三种（李秉成等，2017①）。风险寻求和风险厌恶是风险承担意愿的两种主要行为模式，与企业目标收益密切相关，当企业经营绩效低于目标水平时，企业倾向寻求风险；当经营绩效高于目标水平时，企业倾向风险厌恶（Fiegenbaum and Thomas，1988②）。企业风险承担意愿主要受管理者对事物的认知水平以及处理能力的影响（何威风等，2016③）。客观风险承担水平则指企业在实际经营过程中承担的风险水平大小，包括企业所承担的经营风险和财务风险程度的高低，该指标能够较好地反映企业的投资决策偏好（余明桂等，2013④）。企业风险承担水平越高，意味着现有运营资产在未来持续产生的盈余价值或现有投资机会带来收入流的不确定性更大（胡育蓉等，2014⑤）。风险承担能力是指企业对风险的缓冲能力，以及企业在风险中把握机会的能力（许友传，2009⑥）。企业风险承担能力是企业对高风险、高收益项目的承受能力，对企业创新投资和未来发展有着重要影响（邹美凤等，2021⑦）。

上述三种风险承担的定义存在一定的区别，也存在一定的联系。一般来说，企业风险承担意愿影响风险承担水平，并与风险承担水平正相关。在风险承担意愿相同的情况下，风险承担能力越强的企业越倾向于参与更多高风险性投资（孙凤娥，2013⑧）。在一定条件下，企业的风险承担水平是有限的，若企业风险承担意愿和风险承担水平与其风险承担能力不匹配，企业将无法进行有效的风险控制，可能造成亏损。因此，企业风险承担水平受风险承担能力制约（李秉成等，2017⑨）。

在三种企业风险承担的类型中，本书参考余明桂等（2013）⑩，在实证研究的主检验中采用盈余的波动率度量企业的实际风险承担水平，并考

---

①⑨ 李秉成、肖翰、阮佩婷：《企业风险承担研究的文献回顾与展望》，载于《统计与决策》2017 年第 13 期。

② Fiegenbaum A.，Thomas H. Attitudes toward risk and the risk-return paradox：Prospect theory explanations［J］. *Academy of Management Journal*，1988，31（1）：85－106.

③ 何威风、刘巍、黄凯莉：《管理者能力与企业风险承担》，载于《中国软科学》2016 年第 5 期。

④⑩ 余明桂、李文贵、潘红波：《管理者过度自信与企业风险承担》，载于《金融研究》2013 年第 1 期。

⑤ 胡育蓉、朱恩涛、龚金泉：《货币政策立场如何影响企业风险承担——传导机制与实证检验》，载于《经济科学》2014 年第 1 期。

⑥ 许友传：《信息披露、市场约束与银行风险承担行为》，载于《财经研究》2009 年第 12 期。

⑦ 邹美凤、张信东、申亚静：《经济政策不确定性、内部控制与企业风险承担》，载于《统计与决策》2021 年第 5 期。

⑧ 孙凤娥：《模块化网络组织租金分配研究》，载于《中国工业经济》2013 年第 11 期。

察总量调控与定向调控货币政策对企业客观风险承担水平的影响。在稳健性检验中参考张传奇等（2019）的研究①，采用风险资产占比度量企业管理者的风险偏好，在主观维度上评价企业的风险承担意愿，并分析不同货币政策对企业高管风险承担意愿传导的差异。由于风险承担能力是企业在经营过程中逐渐形成的一种客观能力（肖翰等，2018②），需要时间的累积，短时间内无法出现显著的变化，货币政策难以改变企业承受风险的最大限度并对企业自身的风险承担能力产生影响，而且风险承担能力在研究中难以量化，因此本书不予研究。

风险在企业微观层面表现为企业风险承担，在宏观层面则表现为系统性风险。多数学者从金融机构角度研究系统性风险（朱波和卢露，2016③；Kleymenova and Tuna，2021④），然而从广义来看，系统性风险是整体金融系统受损并且对实体经济可能造成负面影响的风险（Adrian and Brunnermeier，2016⑤），可见系统性风险的研究范畴不能仅局限于金融系统，还应拓展至实体经济领域。本书拓宽了系统性风险的外延，从银行系统、金融系统以及实体经济系统三个层面测度系统性风险，并根据货币政策风险传导的路径研究不同货币政策调控模式下银行对金融系统、实体经济系统的风险外溢以及企业对银行系统性风险的回流机制。

第二节　理论基础

一、货币政策的微观风险传导理论

作为连接金融体系与实体经济的关键枢纽，银行在货币政策风险传导的过程中发挥着重要的中介作用。在宽松货币政策下，银行风险承担意愿

---

① 张传奇、孙毅、芦雪瑶：《现金流不确定性、管理者风险偏好和企业创新》，载于《中南财经政法大学学报》2019 年第 6 期。

② 肖翰、全晓雨、李秉成：《产业政策、企业风险承担能力与企业价值》，载于《财会通讯》2018 年第 27 期。

③ 朱波、卢露：《不同货币政策工具对系统性金融风险的影响研究》，载于《数量经济技术经济研究》2016 年第 1 期。

④ Kleymenova A.，Tuna A. I. Regulation of Compensation and Systemic Risk：Evidence from the UK［J］. *Journal of Accounting Research*，2021，59（3）：1123 – 1175.

⑤ Adrian T.，Brunnermeier M. K. CoVaR［J］. *The American Economic Review*，2016，106（7）：1705 – 1741.

更加强烈，基于利润最大化的利益诉求，银行对于那些高风险但却能带来高收益的信贷机会趋之若鹜。为了满足更多高风险且高收益的信贷需求，银行将降低信贷门槛，放松贷后监管，信贷供给规模相应扩大。此外，低利率会使得企业抵押品价值提升，银行利润增加，在金融加速器机制的作用下，银行风险容忍度将进一步加大，因而更倾向于为高风险企业贷款，银行风险承担水平也随之提高。Borio & Zhu（2012）提出货币政策的风险承担渠道发挥作用的方式主要有估值机制、收益追逐机制和保险机制，首先，在宽松货币政策下，利率降低会提高资产和抵押品的价值，从而提高银行的收入和利润，银行对风险感知变弱，并且其风险承受能力有所增强，激励银行提高风险承担水平；其次，当市场利率过低且无法与银行目标利率相匹配时，银行盈利能力遭受负面冲击，基于银行的“收益追逐”效应，银行倾向于通过提高风险承担水平来改善自身盈利能力；最后，当银行预期央行将降低基准利率水平时，其更易改变自身的风险承受意愿，从而承担过度风险①。高智贤等（2015）将货币政策立场与资本充足率两个要素引入信贷传导模型中，从宏观审慎视角出发分析银行信贷行为受货币政策立场的影响，研究结果表明在货币政策宽松时期，商业银行的风险偏好会提高，信贷投放量增加，经济周期性波动加剧，自身的风险承担也相应提高②；反之，在货币政策紧缩时期，商业银行风险偏好下降，信贷投放量降低，从而自身的风险承担也降低。项后军等（2018）认为风险承担渠道是由多种影响机制构成的，通过研究企业基础资产价值变化对银行风险承担的影响后发现，低利率通过类金融加速器机制提高企业抵押资产价值，从而提高银行利润，使得银行风险容忍度提高，进而导致银行风险承担水平进一步升高③。申琳等（2019）基于预期违约风险的数据，从金融周期的视角分析货币政策风险承担渠道的非线性特征，实证结果表明，在长期宽松的货币政策环境下，银行的放贷标准会降低，银行风险承担意愿会增加，高风险企业获得银行贷款的概率提高，并且在金融加速器机制的放大作用下风险传导由线性向非线性转变④。

---

① Borio C.，Zhu H. Capital regulation，risk – taking and monetary policy：A missing link in the transmission mechanism?［J］. *Journal of Financial Stability*，2012，8（4）：236 – 251.

② 高智贤、李成、刘生福：《货币政策与审慎监管的配合机制研究》，载于《当代经济科学》2015 年第 1 期。

③ 项后军、郜栋玺、陈昕朋：《基于“渠道识别”的货币政策银行风险承担渠道问题研究》，载于《管理世界》2018 年第 8 期。

④ 申琳、马丹、张苏珊：《金融周期与货币政策交互作用下的银行风险承担渠道——来自中国微观企业的经验证据》，载于《经济社会体制比较》2019 年第 3 期。

随着货币资产银行风险承担渠道理论的发展，学者们从宏观、中观以及微观层面深入剖析引致货币政策对银行风险传导异质性的原因。在宏观异质性层面，申琳等（2019）指出金融周期能够与货币政策产生交互作用，使得银行风险承担行为随之变化并呈现异质性特征①。郭田勇和贺雅兰（2019）研究我国已上市商业银行的财务数据，证明了货币政策传导过程中存在银行风险承担渠道，两者之间的互动呈现出显著的负相关关系，同时受经济发展水平的影响，货币政策对银行风险承担的影响具有异质性②。也有学者对宏观因素所引起的异质性提出质疑，谭春枝等（2020）认为经济环境会影响货币政策对银行流动性风险的传导效应，但这并不代表此效应在不同经济环境下具有异质性③。

在中观异质性层面，学者指出行业发展模式、行业结构和行业竞争度是货币政策对银行风险承担具有异质性影响的成因。顾海峰和杨立翔（2018）论证了在不同类型的互联网金融模式下，货币政策对银行风险承担的影响程度有所差异，尤其是具有信贷资源配置作用的互联网金融模式能够显著加强货币政策对银行的风险传导效应④。郭田勇和贺雅兰（2019）发现货币政策对银行风险承担的异质性影响在一定程度上受制于银行业竞争结构⑤。李双建和田国强（2020）表明银行之间竞争程度会影响货币政策的银行风险承担渠道，即银行之间竞争激烈时，宽松货币政策对银行风险承担的刺激作用会更显著⑥。唐文进和黄玲（2021）研究了具有结构性调控特征的货币政策对银行风险承担的影响，表明银行业竞争程度能够显著影响银行风险承担渠道的传导效果，即银行业竞争激烈程度的不同使得结构性货币政策对银行风险承担的影响具有异质性⑦。

在微观异质性层面，学者们认为银行的规模、资本充足率、所有权性质等微观特征是货币政策风险传导异质性的主要原因。在银行规模方面，

---

① 申琳、马丹、张苏珊：《金融周期与货币政策交互作用下的银行风险承担渠道——来自中国微观企业的经验证据》，载于《经济社会体制比较》2019 年第 3 期。

②⑤ 郭田勇、贺雅兰：《宏观审慎背景下我国货币政策传导的银行风险承担渠道研究》，载于《河北经贸大学学报》2019 年第 2 期。

③ 谭春枝、梁翠云、耿晓旭：《货币政策对流动性风险的影响——基于银行信贷行为视角》，载于《金融监管研究》2020 年第 1 期。

④ 顾海峰、杨立翔：《互联网金融与银行风险承担：基于中国银行业的证据》，载于《世界经济》2018 年第 10 期。

⑥ 李双建、田国强：《银行竞争与货币政策银行风险承担渠道：理论与实证》，载于《管理世界》2020 年第 4 期。

⑦ 唐文进、黄玲：《结构性货币政策的银行风险承担渠道——一个银行竞争视角的考察》，载于《江汉论坛》2021 年第 8 期。

徐明东和陈学彬（2012）指出银行规模越大，其风险承担水平受货币政策的影响越小①。而马勇和王莹曼（2022）基于银行规模差异对货币政策风险传导的异质性进行研究，证明了规模越大的银行，在宽松货币政策下会进行更为激进的风险承担②。在资本充足率方面，Delis & Kouretas（2011）利用欧元区银行 2001 ~ 2008 年的数据证明低利率显著增加了银行的风险承担，而且银行自有资本越充足，货币政策对银行的风险传导效应越弱③。但 Dell'ariccia et al.（2014）通过两期理论模型分析货币政策对银行风险承担的影响，其研究结果表明当银行资本结构固定时，宽松货币政策不仅会增加高资本充足率银行的风险承担，还会降低低资本充足率银行的风险承担④。在银行所有权性质方面，顾海峰和杨月（2020）选取 2008 ~ 2018 年中国 90 家商业银行数据，采用面板回归模型进行实证分析，结果显示相较于国有银行、城市和农村商业银行与上市银行，股份制银行与非上市银行风险承担对货币政策的反应更加敏感⑤。

在银行风险传导的作用下，货币政策最终将对实体企业的投融资决策乃至风险承担水平产生影响。首先，货币政策的实施会改变商业银行风险感知能力以及风险容忍程度，调节银行的信贷供给规模，影响企业的信贷可得性（Borio and Zhu，2012⑥），增强了企业扩大投资规模的动机，银行风险偏好增强以及宽松的信贷环境向企业传递宏观经济正向变化的积极信号，引导企业形成未来发展前景持续向好的乐观预期，促使企业作出更加激进的投融资决策，增加了企业的风险承担。其次在扩张货币政策下，银行可贷资金约束得到缓解，其对风险的敏感程度降低，风险容忍度提高，在收益追逐动机驱使下，银行更加愿意为高风险企业提供信贷支持（Delis et al.，2017⑦），银

① 徐明东、陈学彬：《货币环境、资本充足率与商业银行风险承担》，载于《金融研究》2012 年第 7 期。

② 马勇、王莹曼：《货币政策及其稳定性对银行风险承担的影响》，载于《金融评论》2022 年第 2 期。

③ Delis M. D.，Kouretas G. P. Interest rates and bank risk-taking [J]. *Journal of Banking and Finance*，2011，35（4）：840 - 855.

④ Dell'ariccia G.，Laeven L.，Marquez R. Real interest rates，leverage，and bank risk - taking [J]. *Journal of Economic Theory*，2014，149（1）：65 - 99.

⑤ 顾海峰、杨月：《货币政策、流动性创造与银行风险承担——银行业竞争度与景气度的调节作用》，载于《上海经济研究》2020 年第 11 期。

⑥ Borio C.，Zhu H. Capital regulation，risk-taking and monetary policy：A missing link in the transmission mechanism？[J]. *Journal of Financial Stability*，2012，8（4）：236 - 251.

⑦ Delis M. D.，Hasan I.，Mylonidis N. The Risk - Taking Channel of Monetary Policy in the U. S.：Evidence from Corporate Loan Data [J]. *Journal of Money，Credit and Banking*，2017，49（1）：187 - 213.

行信贷审查门槛的降低也刺激企业增强风险承担意愿，激励企业积极申请银行信贷并将其用于高风险投资，从而加剧了企业的风险承担。此外企业的可抵押资产价值与外部融资溢价随着利率的变化而波动，宽松货币政策削弱了银企之间的金融摩擦（陈诗一和王祥，2016①），企业外部融资溢价的回调与可抵押资产价值的提升也放大了企业的风险承担意愿，增强了企业的冒险动机，提高了企业盈利的波动性，进而导致微观企业风险的积聚与攀升。

二、货币政策的宏观风险传导理论

宽松货币政策加剧了银行和企业的微观风险承担。由于金融机构之间、企业之间以及金融机构与企业之间存在着千丝万缕的联系，微观风险的传播与共振不仅会在同一系统内扩散，还会外溢蔓延至其他系统，最终演变为系统性风险，影响到宏观经济的稳定性。

在金融系统性风险领域，Bluhm et al.（2014）基于银行间彼此紧密相连的特征，构建银行间网络模型论证了货币政策会通过改变流动性供给规模影响银行间的微观风险溢出进而引致系统性风险②。童中文等（2017）构建了动态随机一般均衡模型，研究结果表明紧缩货币政策会通过加剧金融系统的脆弱性使得系统性风险激增③。杨光等（2017）认为当触及零利率下限时，货币政策对金融系统稳定性的调控功效会大打折扣，而此时仍然实施单一的货币政策不仅无益于稳定金融系统，甚至还会放大不利冲击对金融系统的负面影响，进而引致金融系统剧烈波动④。王妍和王继红（2021）以银行同业业务为切入点，研究了结构性货币政策的风险传导效应，结果表明结构调控货币政策可以通过扩大银行同业业务规模、激励银行的套利行为显著影响金融系统的稳定性，使得银行层面的微观风险外溢至整个金融系统，最终引致系统性金融风险⑤。

---

① 陈诗一、王祥：《融资成本、房地产价格波动与货币政策传导》，载于《金融研究》2016年第3期。

② Bluhm M.，Faia E.，Krahnen J. P. Monetary Policy Implementation in an Interbank Network: Effects on Systemic Risk [J]. *SAFE Working Paper*, No. 46, 2014.

③ 童中文、范从来、朱辰等：《金融审慎监管与货币政策的协同效应——考虑金融系统性风险防范》，载于《金融研究》2017年第3期。

④ 杨光、李力、郝大鹏：《零利率下限、货币政策与金融稳定》，载于《财经研究》2017年第1期。

⑤ 王妍、王继红：《结构性货币政策、同业业务与系统性金融风险》，载于《金融经济学研究》2021年第4期。

在宏观经济的系统性风险领域，朱波和马永谈（2018）认为货币政策会影响企业融资约束，从而影响其违约概率，导致风险在行业中不断蔓延扩散，最终形成系统性风险①。方意等（2019）从时空维度探究了货币政策对系统性风险的形成机制以及溢出效应的影响，表明在时间维度上，资本缺口变化是系统性风险积聚和实现的核心机制；在空间维度上，货币政策能够通过供求关系和银行风险偏好影响同业业务的拓展以及银行间的网络结构，进而借助银行之间的关联网络实现风险传染与外溢，最终引致系统性风险②。李天宇等（2021）指出由于企业所有权性质不同所造成的抵押约束和生产效率方面的差异会导致信贷资源分配失衡，而国有企业资金使用效率较低，自有资本的增长速度无法与不断扩大的债务规模相匹配，因而杠杆率上升幅度高于民营企业，促使实体经济杠杆率发生结构性变化，并导致宏观杠杆率不断提高，加之民营企业缺乏流动性支持，其投资力度减弱，产出明显下降，进一步刺激宏观杠杆率偏离正常水平，不同所有权性质企业之间的杠杆率波动，导致微观风险在企业间不断传导、溢出，最终引致了宏观系统性风险③。

---

① 朱波、马永谈：《行业特征、货币政策与系统性风险——基于“经济金融”关联网络的分析》，载于《国际金融研究》2018 年第 4 期。

② 方意、王晏如、黄丽灵等：《宏观审慎与货币政策双支柱框架研究——基于系统性风险视角》，载于《金融研究》2019 年第 12 期。

③ 李天宇、孟宪春、冯叶：《信贷扭曲下系统性风险形成和“双支柱”政策协调问题研究——基于异质性企业的视角》，载于《中国管理科学》2021 年第 1 期。

第三章　货币政策风险传导的微观机理

本章在前文理论分析的基础上阐述了货币政策风险传导的微观机理，以构筑本书实证研究的理论基础。首先采用逆向选择模型与道德风险模型论证总量调控货币政策通过信贷渠道对企业进行风险传导的机理，其次通过动态随机一般均衡模型研究定向调控货币政策对小微企业的风险传导机理。本章在理论层面有助于打开货币政策对微观企业风险传导的“黑箱”，理清总量调控货币政策与定向调控货币政策对企业风险传导机制上的差异，为后文研究货币政策风险传导微观效应提供更加系统、完备的模型支撑和理论依据；在实践层面为央行合理搭配总量调控与定向调控货币政策工具以及微观企业抵御风险冲击提供理论借鉴。

第一节　总量调控货币政策风险传导的微观机理

企业风险传导是指由风险源所释放的风险经由一定路径与渠道，传递至企业的过程。总量调控货币政策会通过多种渠道向企业传导风险。

首先，总量调控货币政策会改变银行贷款意愿，进而影响信贷门槛，最终向企业传导风险。在紧缩货币政策下信贷市场信息不对称加剧，代理成本上升（Bernanke and Gertler，1995①），在银行流动性收紧与风险偏好下降的双重约束下，贷款意愿下降，信贷门槛抬升，对企业风险的监控加强，企业风险承担水平随之下降。反之，在宽松货币政策下，信贷市场信息不对称问题有所缓解，代理成本下降，伴随着银行流动性水平的提升与风险偏好的上升，贷款意愿有所增强，对企业的信贷门槛有所放宽

① Bernanke B. S.，Gertler M. Inside the black box：the credit channel of monetary policy transmission［J］. *Journal of Economic Perspectives*，1995，9（4）：27－48.

（Jiménez et al.，2014①），风险监控力度减弱，企业实际的风险承担水平随之上升。

其次，总量调控货币政策会影响企业的资产负债状况，进而改变企业的投融资意愿与风险承担水平。在宽松货币政策下，企业资产负债状况变好，外部融资溢价（即外部融资与内部融资的差价）减少（Bernanke and Gertler，1995②），企业投资面临的不确定性下降（Bekaert et al.，2013③），企业与被投资方之间的信息不对称问题减少，投融资意愿增强。随着投融资规模的扩大，企业的风险承担水平随之上升。反之，在紧缩货币政策下，企业外部融资溢价增加，资产负债状况变差，企业投资面临的不确定性增加，企业与被投资方之间的信息不对称问题加剧，企业投融资意愿减弱，随着投融资规模的缩减，企业的风险承担水平随之降低。

由于不同货币政策工具对企业风险传导的机理存在差异，不同货币政策对企业风险传导存在异质效应。以存款准备金率为代表的数量型货币政策工具主要通过影响银行的信贷意愿与信贷门槛改变企业的融资约束，从而间接向企业传导风险，而以利率为代表的价格型货币政策工具既能直接影响企业资产负债状况与投融资决策从而影响企业的风险承担，也能通过影响银行等金融中介的资金成本、风险偏好间接影响企业的风险承担，因此价格型货币政策工具对企业风险的传导效应可能强于数量型货币政策工具。

由于企业所处的时期、区域、行业以及企业特性因素的差异，相同的货币政策对不同企业的风险传导效应也存在差异：在不同时期，宏观经济增长速度不同，企业生存发展的经济环境各异；在不同区域，各地区经济发展并不均衡，金融结构与产业结构各异；在不同行业，各行业成长速度与成长周期各不相同，行业风险也参差不齐；在不同企业，规模大小、所有权性质以及成长性的高低都会对企业的融资、投资以及经营决策产生影响，进而影响着企业的风险承担。在上述时期、区域、行业以及企业个性因素的共同作用下，总量调控货币政策对企业风险传导效应产生差异。

基于上述机理，从委托代理理论出发，以信贷渠道为例构建数理模

---

① Jiménez G.，Ongena S.，Peydró J. L.，et al. Hazardous Times for Monetary Policy：What Do Twenty－Three Million Bank Loans Say About the Effects of Monetary Policy on Credit Risk－Taking? [J]. *Econometrica*，2014，82（2）：463－505.

② Bernanke B. S.，Gertler M. Inside the black box：the credit channel of monetary policy transmission [J]. *Journal of Economic Perspectives*，1995，9（4）：27－48.

③ Bekaert G.，Hoerova M.，Lo Duca M. Risk，uncertainty and monetary policy [J]. *Journal of Monetary Economics*，2013，60（7）：771－788.

型，论证总量调控货币政策对企业的风险传导机理。在信贷市场上，企业（代理人）相较于银行（委托人）在信息源的占有上具有明显的优势，企业对自身拥有的资产负债、未来的发展计划以及可能发生的风险比较了解，而银行只能通过间接途径获取企业及其投资项目的信息，企业作为信息优势方有可能会隐藏对自己不利的信息或者向银行提供虚假信息，也可能隐匿自己的行为改变信贷资金的用途，因此就出现了银行与企业之间的委托代理问题。在信息经济学中，签约前的信息不对称即事前信息不对称主要通过逆向选择模型刻画，签约后的信息不对称即事后信息不对称主要通过道德风险模型刻画。信贷市场逆向选择模型认为，委托人银行与代理人企业之间存在着事前信息不对称，签订信贷合约前企业对自身的风险类型、投资项目好坏等信息具有优势，银行事前信息的掌握程度不如企业，因此银行采用贷款规模、贷款到期偿付额作为一种信号形式来甄别企业的类型。信贷市场道德风险理论认为委托人银行事前知道代理人企业的风险类型、投资项目的好坏，但是银行对企业签订信贷合约后的行为难以观察与监督，尽职的企业家道德风险低，卸责的企业家道德风险高，为了避免道德风险，激励企业家只能选择尽职而非卸责，银行在制定信贷合约时须满足激励相容约束条件，即使得企业家尽职时获取的效用大等于企业家卸责时获取的效用。由于现有文献中信贷市场信息不对称的模型主要集中于银行与企业之间微观层面的讨论，对宏观环境、政策因素的分析不够透彻深入，而宏观因素与微观因素一样影响着银行与企业的效用，进而影响着银行与企业的风险承担，因此本章在以往文献的基础上加入了货币政策与经济周期两个宏观因素，通过理论模型研究总量调控货币政策通过信贷渠道对企业风险传导的机制，为后面的实证检验奠定基础。

一、信贷市场逆向选择模型

在逆向选择模型中，信息不对称出现在签订合约之前。委托人在签订合同时不知道代理人的类型，为了减弱对自己的不利影响，通过设计合同来甄别代理人的类型，获取代理人的私人信息（张维迎，1996①）。Freixas & Rochet（2008）使用信息甄别模型通过贷款规模与贷款偿付额甄别不同投资类型的借款人，以避免逆向选择问题②。本书在其模型基础之上加入借款人风险类型与宏观经济环境因素，研究信贷合约签订之前银行如何向企

---

① 张维迎：《博弈论与信息经济学》，上海人民出版社 1996 年版。

② Freixas X.，Rochet J. *Microeconomics of Banking*［M］. Cambridge：MIT Press，2008.

业提供具有不同条款的信贷合约以甄别不同风险类型的借款人，从而证明总量调控货币政策对企业风险传导效应的存在性以及不同经济周期背景下总量调控货币政策对企业风险传导效应的差异。

（一）模型参与人

1. 企业

假设有两类企业：低风险企业 L 的风险承担水平为 θ^L，高风险企业 H 的风险承担水平为 θ^H，且 $\theta^H > \theta^L$。用风险参数 θ 代表投资项目失败的概率，因此 θ 值越高，企业风险承担水平越高。用 $\theta^k(k = L, H)$ 表示企业的风险类型。企业需要投资 I^k，拥有初始资产 $A < I^k$（在本书中 A 代表企业初始规模）。为了实施项目，企业与银行签订了贷款规模为 $D^k(D^k = I^k - A)$ 的信贷合约。投资项目可能成功，获取可验证收益 R^k，也可能失败，收益为0。假设投资项目的收益 $R^k = f(I^k, G)$，即 R^k 不仅受投资金额（I^k）还受宏观经济增长速度（G）的影响（宏观经济增长速度 G 越高表示经济越繁荣，G 越低表示经济越衰退）。银行（委托人）与企业（代理人）的行动时序为：

（1）企业选择符合自身风险偏好的投资项目，获知自己的风险类型 θ^k。

（2）银行向企业提供一组信贷合约 $\{(D^k, P^k), k = L, H\}$ 供企业选择，其中，D^k 为贷款规模，P^k 为合约到期需偿付的本息，另外银行要求企业抵押担保品价值为 C。

（3）低风险企业与高风险企业根据银行的信贷合约各自决定接受或者拒绝合约。

（4）合约双方达成共识，签订合约，合约执行。

（5）合约到期，若投资项目成功，银行获得 P^k，企业获得 $f(I^k, G) - P^k$；若投资项目失败，银行对抵押担保品进行清算获得 $\delta C(0 < \delta < 1)$，企业失去 C，$(1 - \delta)C$ 为清算成本。信贷合约时序如图 3－1 所示。

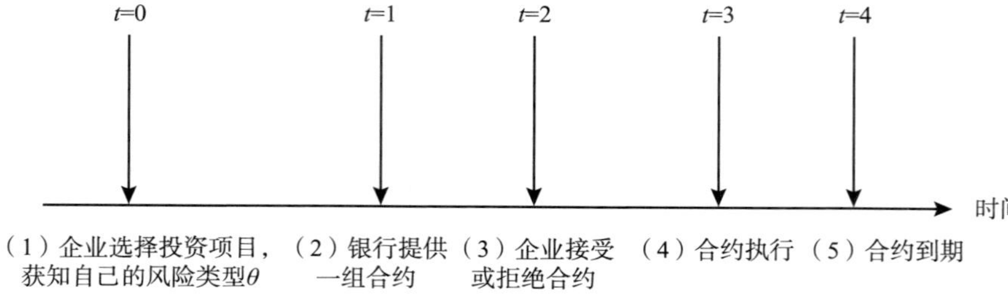

图 3－1　逆向选择下的信贷合约时序

对于高风险企业的期望效用函数为：

$$
\begin{aligned}
U_F^H &= (1-\theta^H)[f(I^H, G)-P^H]-\theta^H C \\
&= (1-\theta^H)\{f[(D^H+A), G]-P^H\}-\theta^H C
\end{aligned}
\tag{3.1}
$$

对于低风险企业的期望效用函数为：

$$
U_F^L = (1-\theta^L)[f(I^L, G)-P^L]-\theta^L C = (1-\theta^L)\{f[(D^L+A), G]-P^L\}-\theta^L C \tag{3.2}
$$

2. 银行

在我国信贷市场由银行主导，因此本书假设信贷市场属于放贷者市场，银行的市场力量强于企业，银行有权力制定信贷合约的条款，借贷双方的利益如何分配由银行决定。对于银行而言，其目标是通过影响决策变量即贷款规模 D 与合约到期需偿付的本息 P 以最大化其自身效用函数 U_B。

当银行贷款给高风险企业时效用函数为：

$$
U_B^H = (1-\theta^H)P^H+\theta^H\delta C-D^H(1+i)^n \tag{3.3}
$$

当银行贷款给低风险企业时效用函数为：

$$
U_B^L = (1-\theta^L)P^L+\theta^L\delta C-D^L(1+i)^n \tag{3.4}
$$

其中，i 为市场利率，是银行贷款资金的机会成本。

为保证低风险与高风险企业都愿意参与签订信贷合约，银行设计的信贷合约要满足参与约束条件（IR）：

$$
U_F^H \geqslant U_0 \tag{3.5}
$$

$$
U_F^L \geqslant U_0 \tag{3.6}
$$

其中，企业的保留效用为：$U_0 = A(1+i)^n$ （3.7）

为保证高风险企业不模仿低风险企业，低风险企业不模仿高风险企业，银行设计的信贷合约要满足激励相容约束条件（IC）以甄别不同风险类型的企业：

$$
(1-\theta^H)\{f[(D^H+A), G]-P^H\}-\theta^H C \geqslant (1-\theta^H)\{f[(D^L+A), G]-P^L\}-\theta^H C \tag{3.8}
$$

$$
(1-\theta^L)\{f[(D^L+A), G]-P^L\}-\theta^L C \geqslant (1-\theta^L)\{f[(D^H+A), G]-P^H\}-\theta^L C \tag{3.9}
$$

3. 中央银行

中央银行通过制定货币政策影响市场利率 i，央行实施宽松的货币政策，i 下降，央行实施紧缩的货币政策，i 上升。

（二）模型假定

（1）市场利率 i 是由货币市场资金供求所决定，在信贷合约中是外生变量。

（2）银行与企业都是风险中性的，要求的必要报酬率均为市场利率 i。

（3）企业受到有限责任的保护。

（4）项目成功获得可验证收益 R 受投资金额（$I=D+A$）与宏观经济增长速度（G）的双重影响。$R=f(I,\ G)=f$ 是投资金额 I 的凹函数。为简化模型假设企业规模 A 为常数，即银行的决策是在同等规模企业中选择不同风险的企业，$f'_I(I,\ G)=f'_D(I,\ G)$，因此，R 也是贷款规模 D 的凹函数，即 $f'_D(I,\ G)>0$，$f''_D(I,\ G)<0$。

（5）宏观经济增长速度越快，企业投资的边际收益越高，即 $f''_{DG}(I,\ G)>0$。

（6）清算成本与抵押担保规模成正比例，即 δ 为常数。

（7）企业的风险类型即 θ 为企业私人信息，而两类借款人占所有借款人的比例即高风险借款人的比例 v 与低风险借款人的比例（$1-v$）是银行与企业的共同知识，$0<v<1$。

（8）项目投资后第 n 期产生收益，信贷合约在第 n 期到期，到期一次性偿还本息。

（9）信贷市场属于放贷者市场，银行的市场力量强于企业，银行有权力制定信贷合约的条款，借贷双方的利益如何分配由银行决定。

（三）模型求解

由于银行市场力量强于借款人，银行有权力决定借贷合同的条款，使其自身的预期效用最大化。银行最优化分析：

$$\max_{\{(P^H,D^H);(P^L,D^L)\}} U_B=v[(1-\theta^H)P^H+\theta^H\delta C-D^H(1+i)^n]+(1-v)[(1-\theta^L)P^L+\theta^L\delta C-D^L(1+i)^n] \quad (3.10)$$

$$\text{s.t.}\ (IR)(1-\theta^H)\{f[(D^H+A),\ G]-P^H\}-\theta^H C\geqslant A(1+i)^n \quad (3.11)$$

$$(IR)(1-\theta^L)\{f[(D^L+A),\ G]-P^L\}-\theta^L C\geqslant A(1+i)^n \quad (3.12)$$

$$(IC)(1-\theta^H)\{f[(D^H+A),\ G]-P^H\}-\theta^H C\geqslant(1-\theta^H)\{f[(D^L+A),\ G]-P^L\}-\theta^H C \quad (3.13)$$

$$(IC)(1-\theta^L)\{f[(D^L+A),\ G]-P^L\}-\theta^L C\geqslant(1-\theta^L)\{f[(D^H+A),\ G]-P^H\}-\theta^L C \quad (3.14)$$

由式（3.13）得：

$$f[(D^H+A),\ G]-P^H\geqslant f[(D^L+A),\ G]-P^L \quad (3.15)$$

由式（3.14）得：

$$f[(D^L+A),\ G]-P^L\geqslant f[(D^H+A),\ G]-P^H \quad (3.16)$$

由式（3.15）与式（3.16）得：

$$f[(D^H+A),\ G]-P^H=f[(D^L+A),\ G]-P^L \tag{3.17}$$

由式（3.17）及假设 $\theta^H>\theta^L$ 得：

$$(1-\theta^H)\{f[(D^H+A),\ G]-P^H\}-\theta^H C<(1-\theta^L)\{f[(D^L+A),\ G]-P^L\}-\theta^L C \tag{3.18}$$

由于合同到期偿付本息 P 越大，银行的效用越高，因此银行希望 P^H、P^L 尽可能大。由于（$1-\theta^H$）$\{f[(D^H+A),\ G]-P^H\}-\theta^H C$ 与$(1-\theta^L)\{f[(D^L+A),\ G]-P^L\}-\theta^L C$ 都是 P^H、P^L 的反函数，因此式（3.11）与式（3.12）必然有一个取紧方能实现银行效用最大化。

由于式（3.18），因此式（3.11）取紧，式（3.12）非紧。由式（3.11）取紧得：

$$(1-\theta^H)\{f[(D^H+A),\ G]-P^H\}-\theta^H C=A(1+i)^n \tag{3.19}$$

因此，
$$P^H=f[(D^H+A),\ G]-\frac{A(1+i)^n+\theta^H C}{1-\theta^H} \tag{3.20}$$

由式（3.17）得：

$$P^L=f[(D^L+A),\ G]-f[(D^H+A),\ G]+P^H=f[(D^L+A),\ G]-\frac{A(1+i)^n+\theta^H C}{1-\theta^H} \tag{3.21}$$

将式（3.20）与式（3.21）代入式（3.10）得：

$$\max_{(D^H,D^L)} U_B=v\left\{(1-\theta^H)\left\{f[(D^H+A),\ G]-\frac{A(1+i)^n+\theta^H C}{1-\theta^H}\right\}+\theta^H\delta-D^H(1+i)^n\right\}$$
$$+(1-v)\left\{(1-\theta^L)\left\{f[(D^L+A),\ G]-\frac{A(1+i)^n+\theta^H C}{1-\theta^H}\right\}\right.$$
$$\left.+\theta^L\delta C-D^L(1+i)^n\right\} \tag{3.22}$$

式（3.22）的一阶条件是：

$$\frac{\partial U}{\partial D^H}=v\{(1-\theta^H)f'_D[(D^H+A),\ G]-(1+i)^n\}=0 \tag{3.23}$$

$$\frac{\partial U}{\partial D^L}=(1-v)\{(1-\theta^L)f'_D[(D^L+A),\ G]-(1+i)^n\}=0 \tag{3.24}$$

因为 $v\neq0$，由式（3.23）得：

$$f'_D[(D^H+A),\ G]=\frac{(1+i)^n}{1-\theta^H} \tag{3.25}$$

$$\theta^H=1-\frac{(1+i)^n}{f'_D[(D^H+A),\ G]} \tag{3.26}$$

因为 $1-v\neq0$，由式（3.24）得：

$$f'_D[(D^L+A),\ G]=\frac{(1+i)^n}{1-\theta^L} \tag{3.27}$$

$$\theta^L=1-\frac{(1+i)^n}{f'_D[(D^L+A),\ G]} \tag{3.28}$$

将式（3.26）对 i 求导得：

货币政策对高风险企业的风险传导系数 $\beta_1=\frac{\partial\theta^H}{\partial i}=-\frac{n(1+i)^{n-1}}{f'_D[(D^H+A),\ G]}<0$

(3.29)

将式（3.28）对 i 求导得：

货币政策对低风险企业的风险传导系数 $\beta_2=\frac{\partial\theta^L}{\partial i}=-\frac{n(1+i)^{n-1}}{f'_D[(D^L+A),\ G]}<0$

(3.30)

由式（3.29）与式（3.30）可推导得到命题3.1：

命题3.1：不论对于高风险企业还是低风险企业，货币政策越宽松，市场利率越低，企业的风险承担水平越高；反之，货币政策越紧缩，市场利率越高，企业的风险承担水平越低，即货币政策对企业具有风险传导效应。

由式（3.29）得：

$$\frac{\partial^2\theta^H}{\partial i\partial G}=\frac{n(1+i)^{n-1}}{\{f'_D[(D^H+A),\ G]\}^2}f''_{DG}[(D^H+A),\ G]>0 \tag{3.31}$$

由式（3.30）得：

$$\frac{\partial^2\theta^L}{\partial i\partial G}=\frac{n(1+i)^{n-1}}{\{f'_D[(D^L+A),\ G]\}^2}f''_{DG}[(D^L+A),\ G]>0 \tag{3.32}$$

由式（3.31）可知，随着宏观经济增长率 G 降低，$\partial\theta^H/\partial i$ 也减小，由于 $\partial\theta^H/\partial i<0$，$|\beta_1|=|\partial\theta^H/\partial i|$增大，因此对于高风险企业而言，货币政策在经济衰退期的风险传导效应强于经济繁荣期的风险传导效应。

同理由式（3.32）可知，随着宏观经济增长率 G 降低，$\partial\theta^L/\partial i$ 也减小，由于 $\partial\theta^L/\partial i<0$，$|\beta_2|=|\partial\theta^L/\partial i|$增大，对于低风险企业而言，货币政策在经济衰退期的风险传导效应强于经济繁荣期的风险传导效应。

由此可推导得到命题3.2：

命题3.2：不论对于高风险企业还是低风险企业，货币政策在经济衰退期对企业的风险传导效应强于经济繁荣期货币政策对企业的风险传导效应。

二、信贷市场道德风险模型

在道德风险模型中，信息不对称出现在签订合约之后。委托人在签订合同时知道代理人的类型，但是签订合同后不能观察到代理人的行动，因此委托人通过设计最优激励机制诱使代理人选择委托人所希望的行动（张维迎，1996①）。Tirole（2010）使用企业家道德风险模型验证了资产规模小、代理成本高的企业更容易受到银行信贷配给的约束②。本书在 Tirole 模型的基础上加入风险与货币政策两个因素，研究银行（委托人）如何设计信贷合约避免企业（代理人）的道德风险问题，进而研究货币政策对不同规模企业风险传导效应的差异。

（一）模型参与人

1. 企业

假设企业需要投资 I，拥有初始资产 $A<I$（在本书中 A 代表企业初始规模），为了实施项目，企业与银行签订了融资额为 $D(D=I-A)$ 的信贷合约。作为信贷合约的一部分，银行和企业就选择项目的风险达成一致。项目的风险越高，企业陷入困境的概率 φ 越大（$0<\varphi<1$，模型以 φ 衡量企业的风险承担水平）。企业行动时序如图 3－2 所示。

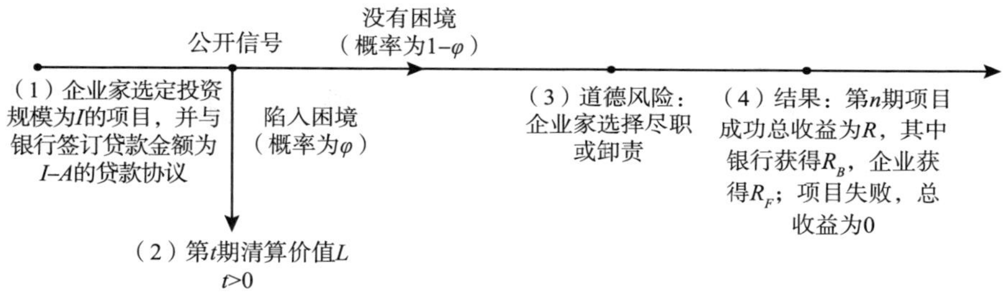

图 3－2　借款人（企业）行动时序

（1）选定投资的总规模 I，并与银行签订贷款金额为 $I-A$ 的贷款协议，贷款协议规定了项目的选择。

（2）项目投资中期（第 t 期）会出现一个公开信号显示项目是否可行：有 $1-\varphi$ 的概率项目可行，企业不会陷入困境，有 φ 的概率不管企业家的努力程度如何均得不到任何收入，企业陷入困境，资产以 L 的清算价值转售给银行。假设 φ 与企业家在项目上的努力程度无关。

（3）企业家在得到无财务困境的公开信号后选择努力水平——尽职或卸责，即出现企业对银行的道德风险。如果企业家尽职，项目成功的概率

① 张维迎：《博弈论与信息经济学》，上海人民出版社 1996 年版。

② Tirole J. *The Theory of Corporate Finance* [M]. Princeton: Princeton University Press, 2010.

为 $p^H>0$，企业家无私人收益；如果企业家卸责，项目成功的概率为 $p^L>0$，卸责产生私人收益 $B>0$，其中 $p^H-p^L=\Delta p>0$。

（4）项目投资后第 n 期产生结果：项目成功获得可验证收益 $R>0$，R 由企业和银行分享，其中企业获得 R_F，银行获得 R_B（$R_B=R-R_F$）；项目失败则收益 R 为 0，银行与企业均无获得收益。

2. 银行

在我国信贷市场一直由银行主导，并占据领导地位，企业融资仍以信贷融资为主。因此本书假设信贷市场属于放贷者市场，银行数量有限，企业是完全竞争的，银行市场力量强于企业，银行有权力制定信贷合约条款，借贷双方的利益如何分配由银行决定。企业清算时银行的收益为企业清算价值 L，企业投资成功情况下银行获得报酬 R_B。银行制定合约条款使得企业家从利益最大化的角度只会选择尽职而非卸责。

对于银行而言，其目标是通过影响决策变量即贷款金额 D 以最大化其自身期望效用函数 U_B。

$$U_B=U_{BL}+U_{BC}-D=\frac{\varphi L}{(1+i)^t}+\frac{(1-\varphi)p^H(R-R_F)}{(1+i)^n}-D \qquad (3.33)$$

其中，U_{BL} 为企业清算时银行的期望效用，U_{BC} 为企业持续经营时银行获得的期望效用，D 为银行的贷款金额，即银行的投资成本（$I-A$）。

3. 中央银行

中央银行通过制定货币政策影响市场利率 i，货币政策越宽松，i 越小，货币政策越紧缩，i 越大。

（二）模型假定

（1）企业与银行都是风险中性的，其要求的必要报酬率均为市场利率 i。

（2）企业受到有限责任的保护。

（3）只有企业家尽职时，项目才具有正的净现值，才值得投资，因此银行的信贷合约中激励企业只能选择尽职而非卸责。

（4）项目成功获得可验证收益 R 是投资 I 的函数，而且投资的边际报酬是正的，但随着投资数量的增加边际报酬递减，即 $R_I'>0$，$R_{II}''<0$。

（5）项目投资后第 n 期产生收益，信贷合约在第 n 期到期，合约到期一次性偿还本息。

（三）模型求解

首先，为了避免道德风险，激励企业家只能选择尽职而非卸责，银行在制定合约时必须使得 R_F 满足以下激励相容约束条件（IC）：

$$p^H R_F \geqslant p^L R_F+B \qquad (3.34)$$

由于 $p^H - p^L = \Delta p$，因此式（3.34）化为：

$$\Delta p R_F \geqslant B，即 R_F \geqslant B/\Delta p \tag{3.35}$$

其次，为了使企业家愿意投资于该项目，银行在制定合约时必须满足企业家努力工作时获得的预期效用超过企业的保留效用，因此企业家的参与约束条件（IR）为：

$$(1-\varphi)p^H R_F + \varphi \times 0 \geqslant U_0 \tag{3.36}$$

其中，U_0 代表企业家的保留效用。

$$U_0 = A(1+i)^n \tag{3.37}$$

将式（3.37）代入式（3.36）得

$$R_F \geqslant \frac{A(1+i)^n}{(1-\varphi)p^H} \tag{3.38}$$

由于银行市场力量强于借款人，银行有权力决定借贷合同的条款，使其自身效用最大化。银行最优化分析：

$$\max_D U_B = \frac{\varphi L}{(1+i)^t} + \frac{(1-\varphi)p^H(R-R_F)}{(1+i)^n} - D \tag{3.39}$$

$$\text{s.t.}\ (IC)\ R_F \geqslant \frac{B}{\Delta p} \tag{3.40}$$

$$(IR)\ R_F \geqslant \frac{A(1+i)^n}{(1-\varphi)p^H} \tag{3.41}$$

由于 U_B 是 R_F 的减函数，所以式（3.40）与式（3.41）两个至少有一个取紧（取等号），才能使银行的效用实现最大化。

（1）情形1：如果$\frac{B}{\Delta p} \geqslant \frac{A(1+i)^n}{(1-\varphi)p^H}$（见图3－3），即当企业规模 $A \leqslant \frac{B(1-\varphi)p^H}{\Delta p(1+i)^n}$（在本书指小规模企业），$IC$ 取紧，$R_F = \frac{B}{\Delta p}$，代入式（3.39）得：

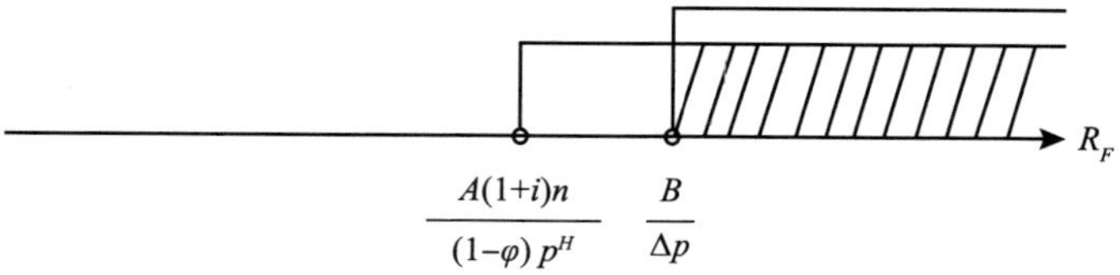

图3－3　激励相容临界点大于参与约束临界点下的企业收益

$$\max_D U_B = \frac{\varphi L}{(1+i)^t} + \frac{(1-\varphi)p^H\left(R - \frac{B}{\Delta p}\right)}{(1+i)^n} - D \tag{3.42}$$

一阶条件

$$\frac{\partial U_B}{\partial D}=\frac{(1-\varphi)p^H R_D'}{(1+i)^n}-1=0 \tag{3.43}$$

由于 $R_D'=R_I'$，因此$\frac{(1-\varphi)p^H R_I'}{(1+i)^n}=1$。 (3.44)

由于 $1-\varphi>0$，$p^H>0$，$(1+i)^n>0$，则 $R_D'=R_I'>0$，而 $R_{D^*}'=R_{I^*}'=0$（其中 D^* 代表最优贷款规模，I^* 表示最优投资规模），因此 $D\neq D^*$，$I\neq I^*$。即小规模企业由于受信贷配给的约束，投资总规模与贷款总金额均未实现最优化。

由式（3.44）可得：

$$\varphi=1-\frac{(1+i)^n}{p^H R_I'} \tag{3.45}$$

货币政策对小规模企业的风险传导系数 $\alpha_1=\frac{\partial\varphi}{\partial i}=-\frac{n(1+i)^{n-1}}{p^H R_I'}<0$

(3.46)

由式（3.46）可以推导得到命题3.3：

命题3.3：对于小规模企业而言，货币政策越宽松，市场利率 i 越小，企业风险承担水平越高；反之，货币政策越紧缩，企业风险承担水平越低，即货币政策对小规模企业具有风险传导效应。

（2）情形2：如果$\frac{A(1+i)^n}{(1-\varphi)p^H}>\frac{B}{\Delta p}$（见图3-4），即企业规模 $A>\frac{B(1-\varphi)p^H}{\Delta p(1+i)^n}$（在本书指大规模企业），$IR$ 取紧，$R_F=\frac{A(1+i)^n}{(1-\varphi)p^H}$，代入式（3.39）得：

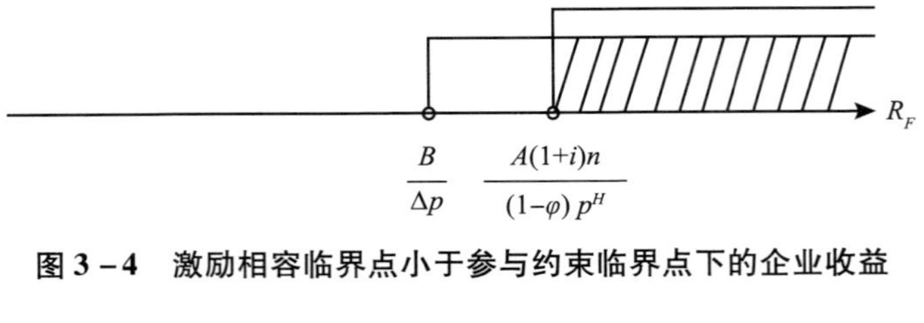

图3-4　激励相容临界点小于参与约束临界点下的企业收益

$$\max_D U_B=\frac{\varphi L}{(1+i)^t}+\frac{(1-\varphi)p^H\left[R-\frac{A(1+i)^n}{(1-\varphi)p^H}\right]}{(1+i)^n}-D \tag{3.47}$$

由于 $D=I-A$，$A=I-D$，

一阶条件

$$\frac{\partial U_B}{\partial D}=\frac{(1-\varphi)p^H R_D'}{(1+i)^n}+1-1=\frac{(1-\varphi)p^H R_D'}{(1+i)^n}=0 \tag{3.48}$$

由于 $0<\varphi<1$，$0<1-\varphi<1$，$p^H>0$，$(1+i)^n>0$，$R_I'=R_D'=0$，$I=I^*$，$D=D^*$，即大规模企业实现了投资总规模与贷款金额的最优化，投资项目收益达到最大化。

令

$$F(\varphi,\ i)=\frac{(1-\varphi)p^H R_D'}{(1+i)^n}=0 \tag{3.49}$$

$$\frac{\partial F}{\partial i}=-\frac{(1-\varphi)p^H R_D' n}{(1+i)^{n+1}} \tag{3.50}$$

$$\frac{\partial F}{\partial \varphi}=-\frac{p^H R_D'}{(1+i)^n} \tag{3.51}$$

货币政策对大规模企业的风险传导系数：

$$\alpha_2=\frac{\partial\varphi}{\partial i}=-\frac{\frac{\partial F}{\partial i}}{\frac{\partial F}{\partial \varphi}}=-\frac{n(1-\varphi)}{1+i}<0 \tag{3.52}$$

由式（3.52）可以推导得到命题3.4：

命题3.4：对于大规模企业而言，货币政策越宽松，市场利率 i 越小，企业风险承担水平越高；反之，货币政策越紧缩，市场利率 i 越大，企业风险承担水平越低，即货币政策对大规模企业具有风险传导效应。

（3）比较货币政策对两种企业的风险传导效应。

α_1 代表货币政策对小规模企业的风险传导系数，$|\alpha_1|$越大说明货币政策对小规模企业的风险传导效应越大；α_2 代表货币政策对大规模企业的风险传导系数，$|\alpha_2|$越大说明货币政策对大规模企业的风险传导效应越大。$|\alpha_1|/|\alpha_2|$表示货币政策对不同规模企业风险传导效应的对比。

$$\frac{|\alpha_1|}{|\alpha_2|}=\frac{\frac{n(1+i)^{n-1}}{p^H R_I'}}{\frac{n(1-\varphi)}{1+i}}=\frac{(1+i)^n}{(1-\varphi)p^H R_I'} \tag{3.53}$$

由于 $0<1-\varphi<1$，$0<p^H<1$，R_I'代表投资的边际收益率也是介于0与1之间，而 $(1+i)^n>1$，因此 $|\alpha_1|/|\alpha_2|>1$，$|\alpha_1|>|\alpha_2|$，由此得出命题3.5：

命题3.5：货币政策对小规模企业的风险传导效应大于其对大规模企业的风险传导效应，即货币政策对不同规模企业的风险传导存在非对称性。

三、主要结论

本章通过信贷市场逆向选择模型与信贷市场道德风险模型从事前与事后两个维度刻画银行与企业之间的信息不对称，通过将货币政策与经济周期两个宏观因素加入理论模型，研究货币政策对企业风险传导效应的存在性与差异性，结果发现：

（1）在信贷市场逆向选择与道德风险问题的双重作用下，宽松货币政策提升了企业的风险承担，紧缩货币政策则降低了企业的风险承担。

（2）货币政策对企业的风险传导效应存在差异：在经济衰退期货币政策对企业的风险传导效应强于经济繁荣期货币政策对企业的风险传导效应；货币政策对小规模企业的风险传导效应强于其对大规模企业的风险传导效应。

第二节　定向调控货币政策对小微企业的风险传导机理

在我国，定向调控货币政策主要包括定向降准、支农支小再贷款、常备借贷便利、中期借贷便利、抵押补充贷款等，政策支持对象主要针对“三农”企业、小微企业等国民经济薄弱环节，为经济高质量发展补齐短板。由于定向调控货币政策对农业的传导机制已有较多文献研究，而且农业上市公司的研究样本较少，本书重点关注定向调控货币政策对小微企业的风险传导机理。在定向调控货币政策工具箱中，定向降准和支小再贷款政策是两类以支小为直接目的的定向调控货币政策，本书选取小微企业为研究对象，基于银行信贷偏好特征与企业异质性特征构建 DSGE 模型，从信贷传导渠道与信号传递渠道探讨定向降准和支小再贷款政策对小微企业的风险传导机理。

信贷渠道是货币当局干预企业决策的主要手段（欧阳志刚和薛龙，2017①）。定向宽松货币政策有助于提高市场中的流动性，增加银行可贷资金规模，降低银行的融资成本，改变银行的信贷偏好，刺激银行优化信贷结构，扩大信贷供给，从而降低小微企业的信贷门槛与融资成本（马理等，2016②），增加小微企业的投资收益，进而降低小微企业的违约与破

---

① 欧阳志刚、薛龙：《新常态下多种货币政策工具对特征企业的定向调节效应》，载于《管理世界》2017 年第 2 期。

② 马理、何梦泽、刘艺：《基于适应性预期的货币政策传导研究》，载于《金融研究》2016 年第 8 期。

产的风险。以支小为目标的定向降准政策有两种类型：钉住目标银行的定向降准与钉住目标贷款的定向降准。钉住目标银行的定向降准在政策颁布时规定了具体的政策优惠银行，而钉住目标贷款的定向降准在政策颁布时没有规定具体的银行类型，只要小微贷款达到规定比例就可以获得定向降准政策优惠。对于钉住目标银行的定向降准政策而言，定向降准政策降低了目标银行的法定存款准备金率，扩大了银行可贷资金规模，缓解了其面临的流动性约束，影响了目标银行的信贷投放意愿，由于此类定向降准政策的目标银行的服务对象大多集中于小微企业，目标银行对小微企业的信贷供给增多，能够有效缓解小微企业长期面临的融资困境，并促使更多小微企业通过正规融资渠道筹集信贷资金，为企业把握发展机遇、提升抗风险能力提供较为稳定的资金支持，从而降低小微企业破产风险。对于钉住目标贷款的定向降准政策而言，只有小微贷款达标的商业银行方能获得政策红利，这促使其发挥自身规模、资金、人才优势，定向支持小微企业融资，降低小微企业的财务困境风险，从而推动小微企业稳定发展。除了定向降准政策外，支小再贷款政策也是定向调控货币政策工具箱中引导银行支持小微发展的重要工具，该政策降低了城市商业银行、农村商业银行、农村合作银行、村镇银行和民营银行五类金融机构向小微提供贷款的资金成本，有助于降低小微企业融资成本，改善小微企业融资环境，从而削弱小微企业的风险承担，防止小微企业风险积聚。

信号渠道也是定向调控货币政策影响实体企业经营行为的关键渠道（胡育蓉和范从来，2017①）。央行发布定向宽松货币政策会直接向小微企业传递积极信号，促使小微企业增加流动性放宽的预期，对市场持有乐观情绪，进而提升小微企业的投融资规模，这一定程度上增加了小微企业盈利波动的空间，提升了风险承担。为了考察定向调控货币政策通过信贷渠道与信号渠道对小微企业的具体影响，本书构建具备银行信贷偏好特征和异质性企业特征的DSGE模型，探究定向调控货币政策对小微企业风险承担的缓解效应。

一、模型构建与分析

（一）异质性企业与银行部门

本书将企业分为小微企业与大企业（分别用字母字 s、b 表示），假设

① 胡育蓉、范从来：《结构性货币政策的运用机理研究》，载于《中国经济问题》2017年第5期。

市场中存在异质性银行 A 和 B，A 银行主营小微企业贷款，B 银行主营大企业贷款，企业盈利主要源于生产经营与投融资业务。在生产方面，企业以工资 $w_{i,t}$ 从家庭部门雇用劳动力 $lab_{i,t}$，并以价格 $r_{i,t}^{k}$ 购买生产资本 $K_{i,t}$ 进行生产活动，为实现成本最小化需满足如下约束条件：

$$\min_{K_{i,t},lab_{i,t}} \sum_{t=0}^{\infty} \beta^{t}((1+i_{t}^{d})w_{t}\,lab_{i,t}+r_{i,t}^{k}K_{i,t}) \tag{3.54}$$

$$\text{s. t. } Y_{i,t}=A_{i,t}(K_{i,t})^{\alpha^{i}}(lab_{i,t})^{1-\alpha^{i}} \tag{3.55}$$

因此企业成本最小化一阶条件为：

$$w_{i,t}=\frac{(1-\alpha)mc_{t}A_{i,t}(K_{i,t}/lab_{i,t})^{\alpha^{i}}}{1+i_{t}^{d}} \tag{3.56}$$

$$r_{i,t}^{k}=\alpha\, mc_{t}A_{i,t}(lab_{i,t}/K_{i,t})^{1-\alpha^{i}} \tag{3.57}$$

其中，β、α^{i}（$i=s$、b）分别表示贴现率和资本对产出的贡献程度，$Y_{i,t}$、mc_{t} 分别表示企业 i 的产出水平和实际边际生产成本，i_{t}^{d} 表示存款利率，$A_{i,t}$ 为全要素技术水平，服从 $AR(1)$ 过程，即 $\log A_{i,t}=(1-\rho^{i,A})\bar{A}_{i}+\rho^{i,A}\log A_{i,t-1}+\sigma^{i,A}\varepsilon_{t}^{i,A}$。$\sigma^{i,A}>0$，$\varepsilon_{t}^{i,A}\sim N(0,\ 1)$，$\rho^{i,A}$、$\bar{A}_{i}$、$\sigma^{i,A}$、$\varepsilon_{t}^{i,A}$ 分别表示技术冲击的持续性参数、稳态、外生冲击系数及技术冲击标准差大小。

在投融资方面，企业在 t 期末以价格 Q_{t} 向资本生产者购买原始资本 $K_{i,t+1}$，市场租金利率为 r_{t+1}^{i}，并在生产结束后将折旧资本（$1-\delta$）$K_{i,t+1}$ 以价格 Q_{t} 出售给资本制造商。因此，企业在 t 期所获得的资本收益为 $r_{t}^{i}K_{i,t+1}+Q_{t}(1-\delta)K_{i,t+1}$，则企业家的资本收益率为：

$$1+R_{i,t+1}^{k}=\frac{r_{t+1}^{i}K_{i,t+1}+Q_{t+1}(1-\delta)K_{i,t+1}}{Q_{t}K_{i,t+1}}=\frac{r_{t}^{i}}{Q_{t}}+(1-\delta)\frac{Q_{t+1}}{Q_{t}} \tag{3.58}$$

本书借鉴 Bernanke et al.（1999）的模型假定，企业的资本收益率会受异质不确定性风险冲击，因此企业的有效资本收益率为 $\Phi_{i,t+1}(1+R_{i,t+1}^{k})$①。$\Phi_{i,t+1}$ 服从对数正态分布，且与 Christiano et al.（2010）保持相同设定，即 $E(\Phi_{i,t})=1$，$\Phi_{i,t}\sim F(.\ ,\ \sigma_{i,t}^{e})$②。$F(\Phi)$ 表示企业的违约风险，以此度量企业风险承担。设企业 i 在 $t+1$ 期所需生产资本由企业 t 期末的资产净值 $N_{i,t}^{e}$ 与银行贷款 $L_{i,t+1}$ 构成：

$$Q_{t}K_{i,t+1}=L_{i,t+1}+N_{i,t}^{e} \tag{3.59}$$

---

① Bernanke B. S. , Gertler M. , Gilchrist S. *The Financial Accelerator in a Quantitative Business Cycle Framework*[M]. Handbook of Macroeconomics, New York: Elsevier, 1999: 1341 – 1393.

② Christiano L. , Motto R. , Rostagno M. Financial factors in economic fluctuations [R]. ECB Working Paper, No. 1192, 2010.

企业到期所需支付贷款利息为 $R^l_{i,t+1}L_{i,t+1}$，设存在临界值 $\bar{\Phi}_{i,t+1}$，使其满足以下约束：

$$R^l_{i,t+1}L_{i,t+1}=\bar{\Phi}_{i,t+1}(1+R^k_{i,t+1})Q_tK_{i,t+1} \tag{3.60}$$

式（3.60）表示当 $\Phi_{i,t+1}=\bar{\Phi}_{i,t+1}$时，企业有效资本总回报与所需偿还的银行贷款利息相等；而当总投资回报不足以偿还贷款本息时，企业家宣布破产。反之，则表示企业能够正常经营并偿还贷款。企业的杠杆率表示为 $Le_{i,t+1}=Q_tK_{i,t+1}/N^e_{i,t+1}$。银行的收入来源有三类：一是向正常经营的企业收取贷款本息；二是从破产企业收回扣除审计成本后的清算资产；三是获得央行支付的存款准备金利息。而在支出方面，银行需要支付居民存款所需利息与央行的再贷款本息，则 B 银行对大企业的融资业务须满足方程：

$$(1-r^d_{b,t+1})\left(\int_{\bar{\Phi}_{2,t+1}}^{\infty}R^l_{b,t+1}L_{b,t+1}\mathrm{d}F(\Phi)-(1-\mu^{b,e})\int_0^{\bar{\Phi}_{b,t+1}}\Phi(1+R^k_{b,t+1})Q_tK_{b,t+1}\mathrm{d}F(\Phi)\right)$$

$$=[(1-r^d_{b,t+1})r^l_{b,t}R^r_{b,t+1}+(1-r^l_{b,t})(1+i^d_t)-(1-r^l_{b,t})r^d_{b,t+1}R^e_{b,t+1}]L_{b,t+1} \tag{3.61}$$

其中，$r^l_{b,t}$、$R^r_{b,t+1}$分别表示大企业再贷款比例与再贷款利率，$r^d_{b,t+1}$、$R^e_{b,t+1}$分别表示存款准备金率与存款准备金利率，$\mu^{b,e}$表示 B 银行对大企业的审计成本。由式（3.61）可得以下银行均衡条件：

$$Le_{b,t+1}\left[1-\frac{1+R^k_{b,t+1}}{\Lambda^{b,e}_{t+1}}(\Gamma^b(\bar{\Phi}_{b,t+1})-\mu^{b,e}G(\bar{\Phi}_{b,t+1}))\right]=1 \tag{3.62}$$

其中，$\Gamma^b(\bar{\Phi}_{b,t+1})=\bar{\Phi}_{b,t+1}(1-F(\bar{\Phi}_{b,t+1}))+G(\bar{\Phi}_{b,t+1})$，$\Lambda^{b,e}_{t+1}=r^l_{b,t}R^r_{b,t+1}+(1-r^l_{b,t})(1+i^d_t)/(1-r^d_{b,t+1})-(1-r^l_{b,t})r^d_{b,t+1}R^e_{b,t+1}/(1-r^d_{b,t+1})$，则大企业的期望净回报为：

$$U^{b,e}_{t+1}=(1-\Gamma^b(\bar{\Phi}_{b,t+1}))\frac{1+R^k_{b,t+1}}{\Lambda^{b,e}_{t+1}}Le_{b,t+1} \tag{3.63}$$

对大企业而言，在经济衰退以及央行实行总量宽松货币政策背景下，银行若调整信贷结构首先需支付大量费用以降低信贷摩擦，因此银行更倾向于信贷配给（Petersen and Rajan，1994①）。为了体现银行在总量宽松时期的信贷偏好特征，设 $R^l_{b,t+1}L_{b,t+1}=\varrho^u_{b,t+1}\bar{\Phi}_{b,t+1}(1+R^k_{b,t+1})Q_tK_{b,t+1}$。其中，$\varrho^w_{b,t+1}$表示 B 银行信贷偏好征的强弱，服从 $AR(1)$，当$\varrho^w_{b,t+1}$越接近 0

---

① Petersen M. A.，Rajan R. G. The benefits of lending relationships：Evidence from small business data [J]. *The Journal of Finance*，1994，49（1）：3－37.

时，B 银行的信贷偏好特征越显著。假设大企业每期的生存概率为 $\Omega^{b,e}$，破产企业将退出市场，并将剩余财富转移到家庭部门；同样地，每期也有新的企业进入市场，并为大企业带来恒定的初始净财富 $N^{b,e}$。因此 t 期的大企业净值积累方程如下：

$$N_{b,t}=\Omega^{b,e}(1-\Gamma^{b}(\tilde{\Phi}_{b,t+1}))(1+R^{k}_{b,t+1})Q_{t-1}K_{b,t}+N^{b,e} \tag{3.64}$$

类似地，A 银行对小微企业的融资业务满足方程：

$$(1-r^{d}_{s,t+1})\left(\int_{\tilde{\Phi}_{s,t+1}}^{\infty}R^{l}_{s,t+1}L_{s,t+1}\mathrm{d}F(\Phi)-(1-\mu^{s,e})\int_{0}^{\tilde{\Phi}_{s,t+1}}\Phi(1+R^{k}_{s,t+1})Q_{t}K_{s,t+1}\mathrm{d}F(\Phi)\right)$$
$$=[(1-r^{d}_{s,t+1})r^{l}_{s,t}R^{r}_{s,t+1}+(1-r^{l}_{s,t})(1+i^{d}_{t})-(1-r^{l}_{s,t})r^{d}_{s,t+1}R^{e}_{s,t+1}]L_{s,t+1} \tag{3.65}$$

其中，$r^{l}_{s,t}$、$R^{r}_{s,t+1}$ 分别表示小微企业的再贷款比例与再贷款利率，$r^{d}_{s,t+1}$、$R^{e}_{s,t+1}$ 分别表示存款准备金率与存款准备金利率，$\mu^{s,e}$ 表示 A 银行对小微企业的审计成本。

对小微企业而言，2014 年以来央行颁布的诸多定向调控货币政策中，对小微企业有直接影响的定向调控货币政策主要有定向降准与支小再贷款两类，政策意图在于为中小微企业提供必要的金融支持，进而引导更多信贷资金流入国民经济中高风险、低产能的小微企业，降低其信贷门槛与融资成本（Borio and Zhu，2012①；马理等，2016②）。定向调控货币政策实施前小微企业的融资成本表示为：

$$\bar{\Phi}_{s,t+1}(1+R^{k}_{s,t+1})Q_{t}K_{s,t+1}=\tilde{\Phi}_{s,t+1}(1+R^{k}_{s,t+1})Q_{t}K_{s,t+1}+COS_{s,t+1} \tag{3.66}$$

其中，$COS_{s,t+1}$ 表示定向调控货币政策对小微企业外部融资成本的减少部分。令 $\tilde{\Phi}_{s,t+1}=\varrho^{w}_{s,t+1}\bar{\Phi}_{s,t+1}$，则 $\varrho^{w}_{s,t}$ 本质上反映了银行对定向调控货币政策的配合程度。$\varrho^{w}_{s,t+1}<1$ 表示银行对小微企业放贷所带来的收益高于其所承担的坏账成本，此时银行愿配合央行执行定向调控货币政策。结合式（3.66）可求得 A 银行均衡条件与净值积累方程、小微企业效用最大化一阶条件与净值积累方程分别为：

$$Le_{s,t+1}\left[1-\frac{1+R^{k}_{s,t+1}}{\Lambda^{s,e}_{t+1}}(\Gamma(\tilde{\Phi}_{s,t+1})-\mu^{s,e}G(\tilde{\Phi}_{s,t+1}))\right]=1 \tag{3.67}$$

---

① Borio C., Zhu H. Capital regulation, risk-taking and monetary policy: A missing link in the transmission mechanism? [J]. *Journal of Financial Stability*, 2012, 8 (4): 236-251.

② 马理、何梦泽、刘艺：《基于适应性预期的货币政策传导研究》，载于《金融研究》2016 年第 8 期。

$$\frac{\Gamma'(\tilde{\Phi}_{s,t+1})}{1-\Gamma(\tilde{\Phi}_{s,t+1})}=\frac{\frac{1+R^k_{s,t+1}}{\Lambda^{s,e}_{t+1}}(\Gamma'(\tilde{\Phi}_{s,t+1})-\mu^{s,e}\varrho^w_{s,t+1}\bar{\Phi}_{t+1}F'(\tilde{\Phi}_{s,t+1}))}{\frac{1+R^k_{s,t+1}}{\Lambda^{s,e}_{t+1}}(\Gamma(\tilde{\Phi}_{s,t+1})-\mu^{s,e}G(\tilde{\Phi}_{s,t+1}))}\tag{3.68}$$

$$N_{s,t}=\Omega^{s,e}(1-\Gamma(\tilde{\Phi}_{s,t+1}))(1+R^k_{s,t})Q_{t-1}K_{s,t}+N^{s,e}\tag{3.69}$$

其中，$\Gamma(\tilde{\Phi}_{s,t+1})=\bar{\Phi}_{s,t+1}(1-F(\tilde{\Phi}_{s,t+1}))+G(\tilde{\Phi}_{s,t+1})$，$\Lambda^{s,e}_{t+1}=r^l_{s,t}R^r_{s,t+1}+(1-r^l_{s,t})(1+i^d_t)/(1-r^d_{s,t+1})-(1-r^l_{s,t})r^d_{s,t+1}R^e_{s,t+1}/(1-r^d_{s,t+1})$。$\Gamma'(\tilde{\Phi}_{s,t+1})$是$\Gamma(\tilde{\Phi}_{s,t+1})$关于违约临界值$\tilde{\Phi}_{t+1}$的一阶导数，$\Gamma'(\tilde{\Phi}_{s,t+1})=1/\varrho^w_{s,t+1}(1-F(\tilde{\Phi}_{s,t+1}))$。

（二）家庭部门

家庭部门向银行提供存款并作为产品生产商的劳动力供应来源，因此主要依靠工资收入和存款利息进行产品的消费。经济体中所有的家庭由代表性家庭来表示，代表性家庭可以无限期生存，其效用函数形式如下：

$$U^h_t=\frac{C_t^{1-\sigma^h}-1}{1-\sigma^h}+\gamma^h\ln m_t-\psi^h\frac{lab_t^{1+\frac{1}{\eta^h}}}{1+\frac{1}{\eta^h}}\tag{3.70}$$

其中，C_t代表家庭消费，m_t代表实际货币，lab_t代表家庭的劳动供给；σ^h、η^h分别表示消费的跨期替代弹性的倒数和劳动供给的Frisch弹性；γ^h、ψ^h分别表示货币持有及劳动供给对效用函数的贡献。家庭面临的预算约束如下：

$$w_t\,lab_t+\frac{m_{t-1}}{\pi_t}+\frac{(1+i^d_{t-1})}{\pi_t}+tg^h_t=c_t+t^h_t+m_t+d_t\tag{3.71}$$

其中，w_t表示实际工资，d_t是实际储蓄，i^d_t为商业银行存款利率，tg^h_t、t^h_t分别代表政府转移支付以及家庭税收。在预算约束式（3.71）下，最大化其效用函数，可得以下一阶均衡条件：

$$c_t^{-\sigma^h}=\lambda^h_t\tag{3.72}$$

$$\frac{\gamma^h}{m_t}=\lambda^h_t-\beta^h_t\lambda^h_{t+1}\frac{1}{\pi_{t+1}}\tag{3.73}$$

$$\psi^h lab_t^{\frac{1}{\eta^h}}=\lambda^h_t w_t\tag{3.74}$$

$$0=\lambda^h_t-\beta^h_t\lambda^h_{t+1}\frac{1+i^d_t}{\pi_{t+1}}\tag{3.75}$$

其中，λ^h_t是拉格朗日乘子，π_t表示通货膨胀率。

（三）最终产品生产部门

最终厂商对大小企业所生产的产品进行加工并出售，最终厂商的生产函数满足 CES 函数：

$$Y_t = [(\varsigma_y)^{\frac{1}{\alpha^y}}(Y_{s,t})^{\frac{\alpha^y-1}{\alpha^y}} + (1-\varsigma_y)^{\frac{1}{\alpha^y}}(Y_{b,t})^{\frac{\alpha^y-1}{\alpha^y}}]^{\frac{\alpha^y}{\alpha^y-1}} \tag{3.76}$$

其中，ς_y、α^y 分别是两类产品之间的比重与替代弹性，最终厂商分别以 $P_{i,t}$购买两类产品并加工成最终商品，再以 P_t 价格售卖。根据最终厂商利润最大化一阶条件和完全竞争条件，可分别求出最终厂商对两类中间产品的需求方程与总价格决定方程：

$$Y_t = \frac{1}{\varsigma_y} Y_{s,t}\left(\frac{P_{s,t}}{P_t}\right)^{\alpha^y} \tag{3.77}$$

$$Y_t = \frac{1}{1-\varsigma_y} Y_{b,t}\left(\frac{P_{b,t}}{P_t}\right)^{\alpha^y} \tag{3.78}$$

$$P_t = (\varsigma_y(P_{s,t})^{1-\alpha^y} + (1-\varsigma_y)(P_{b,t})^{1-\alpha^y})^{\frac{1}{1-\alpha^y}} \tag{3.79}$$

由于企业之间是垄断竞争关系，垄断企业具备一定的定价能力。模型价格粘性的引入方式借鉴 Calvo（1983）①，企业通过选择最优价格实现利润最大化，即：

$$\max_{P_t(i)} E_t \sum_{z=0}^{\infty} (\chi\beta)^z \frac{U'(c_{t+z})}{U'(c_t)} \iota^i [P_{i,t}^{1-\alpha^y} P_{t+z}^{\alpha^y-1} Y_{t+z} - mc_t P_{i,t}^{-\alpha^y} P_{t+z}^{\alpha^y} Y_{t+z}] \tag{3.80}$$

其中，$\iota^1 = \varsigma_y$、$\iota^2 = 1-\varsigma_y$。式（3.80）对 $P_{i,t}$求一阶导数可得以下均衡方程：

$$\hat{\pi}_t = \frac{\varsigma_p}{\varsigma_p - 1}\frac{H_t^1}{H_t^2}\pi_t \tag{3.81}$$

$$H_t^1 = U'(c_t) mc_t Y_t + \chi\beta E_t H_{t+1}^1 \pi_{t+1}^{\alpha^y} \tag{3.82}$$

$$H_t^2 = U'(c_t) Y_t + \chi\beta E_t H_{t+1}^2 \pi_{t+1}^{\alpha^y-1} \tag{3.83}$$

其中，χ 代表厂商每期不能调整价格的概率；$\beta^z U'(c_{t+z})/U'(c_t)$ 表示随机贴现因子；式（3.82）和式（3.83）是辅助变量 H_t^1 与 H_t^2 的递归形式；重定价通胀率 $\hat{\pi}_t = \hat{P}_t/P_{t-1}$。将总价格指数方程式（3.79）进行相应的处理，可表示为以下方程：

$$\pi_t^{1-\alpha^y} = (1-\chi)\hat{\pi}_t^{1-\alpha^y} + \chi \tag{3.84}$$

（四）资本制造商

资本制造商负责资本的生产工作，其归属于家庭部门。资本制造商在

---

① Calvo G. A. Staggered prices in a utility-maximizing framework [J]. *Journal of Monetary Economics*, 1983, 12 (3): 383 – 398.

$t-1$ 期末以价格 Q_{t-1} 出售原始资本 K_t，并在生产结束后以同样价格回收折旧后资本 $(1-\delta)K_t$，因此资本制造商的资本生产方程为：

$$K_{t+1} = (1-\delta)K_t + I_t \tag{3.85}$$

其中，I_t 表示投资。假设资本市场是完全竞争，则资本制造商通过选择最优投资量来实现利润最大化：

$$\max_{I_t} E_t \sum_t^{\infty} \beta^t \frac{\rho_t^I}{\rho_{t-1}^I}\left[Q_t I_t - \left(1 + f\left(\frac{I_t}{I_{t-1}}\right)\right) I_t \right] \tag{3.86}$$

其中，$f(I_t/I_{t-1})$ 表示投资调整成本，参照 Christiano et al.（2005）①的做法，将其设定为 $f(I_t/I_{t-1}) = \Theta/2(I_t/I_{t-1}-1)^2$，则有 $f(1)=f'(1)=0$，则资本生产商一阶条件为：

$$Q_t = 1 + f\left(\frac{I_t}{I_{t-1}}\right) + \frac{I_t}{I_{t-1}} f'\left(\frac{I_t}{I_{t-1}}\right) - \beta E_t \frac{\rho_{t+1}^I}{\rho_t^I} \frac{I_t}{I_{t-1}}^2 f'\left(\frac{I_t}{I_{t-1}}\right) \tag{3.87}$$

（五）政府部门与中央银行

政府从居民部门征税获得收入，用于财政支出。设政府支出占产出的比例为 ω_t^g 且服从 $AR(1)$ 过程：

$$g_t = \omega_t^g Y_t \tag{3.88}$$

央行根据市场经济情况实施相应的货币政策，服从如下的泰勒规则：

$$\log(i_t) = \rho^i \log(i_{t-1}) + (1-\rho^i)\left[\log(\bar{i}) + \xi_\pi \log(\pi_t) + \xi_y \log\left(\frac{Y_t}{Y_s}\right)\right] + \sigma^i \varepsilon_t^i \tag{3.89}$$

其中，ξ_π、ξ_y 分别表示政策利率对通货膨胀缺口与产出缺口的反应系数，$\bar{i}$ 表示政策利率的稳态值。央行实施定向宽松货币政策主要为了扶持国民经济中的薄弱环节与重点发展领域，因此本模型的定向调控货币政策将侧重于调整小微企业产出水平。参照彭俞超和方意（2016）②，定向调控货币政策规则的设定形式为：

$$\log(r_{1,t}^d) = \log(r_1^d) + (1-\rho^{rd})[\xi_{1,rd}\log(Y_{1,t}/Y_{1,s})] + \sigma^{rd}\varepsilon_t^{rd} \tag{3.90}$$

$$\log(R_{1,t}^r) = \log(R_1^r) + (1-\rho^{Rr})[\xi_{1,Rr}\log(Y_{1,t}/Y_{1,s})] + \sigma^{Rr}\varepsilon_t^{Rr} \tag{3.91}$$

式（3.90）与式（3.91）分别表述定向降准与降低支小再贷款利率两类定向宽松货币政策。

---

① Christiano L. J., Eichenbaum M., Evans C. L. Nominal rigidities and the dynamic effects of a shock to monetary policy [J]. *Journal of Political Economy*, 2005, 113 (1): 1-45.

② 彭俞超、方意：《结构性货币政策、产业结构升级与经济稳定》，载于《经济研究》2016年第7期。

（六）市场出清方程

在本模型中，金融市场出清主要是指商业银行的信贷资金主要源于居民存款、央行支小再贷款以及商业银行自有资金，劳动力市场、资本市场以及产品市场出清分别满足以下方程：

$$N_t = N_{s,t} + N_{b,t} \tag{3.92}$$

$$K_t = K_{s,t} + K_{b,t} \tag{3.93}$$

$$Y_t = C_t + I_t + g_t + f\left(\frac{I_t}{I_{t-1}}\right)I_t \tag{3.94}$$

二、参数校准和估计

（一）数据选择、方法说明与参数校准

本书利用中国宏观经济季度数据进行贝叶斯参数估计，所采用的数据来自国泰安统计数据库与中经网统计数据库。贝叶斯估计选取产出以及通货膨胀作为观测变量，并分别以国内生产总值与居民消费价格环比指数度量上述观测变量。数据选取区间为2007年第一季度至2020年第四季度，该样本区间涵盖了实行定向调控货币政策的所有年份，因此能够准确捕捉定向调控货币政策对小微企业风险承担的影响。由于社会固定投资完成额与社会消费品零售总额为月度数据，本书将每三个月数据加总后将其转换为季度数据。随后通过X－12剔除各类数据的季节性，并使用HP滤波去除数据的趋势项，保留各类变量序列的经济周期成分。

参照彭俞超和方意（2016）①，将存款准备金率平均值校准为0.1393，存款准备金利率与再贷款利率的均值分别校准为1.0044和1.0095，金融机构对央行负债与总贷款之比均值作为再贷款比例并校准为0.0273。由于模型采用的是季度数据，根据货币需求方程的稳态 $i^d = \pi/\beta - 1$，为保持季度数据和我国年利率的一致性，取 $\beta = 0.9925$，因而可得季度存款利率稳态为0.75%。企业生存概率 $\Omega^{i,e}$ 取92%（孙国峰和何晓贝，2017②），劳动供给的Frisch弹性 $\eta^h = 2$（Kolasa and Wesołowski，2020③）；γ^h 和 ψ^h 分别代表货币以及劳动供给在家庭效用中所占比例，全部设置为1。资本生产部

---

① 彭俞超、方意：《结构性货币政策、产业结构升级与经济稳定》，载于《经济研究》2016年第7期。

② 孙国峰、何晓贝：《存款利率零下限与负利率传导机制》，载于《经济研究》2017年第12期。

③ Kolasa M.，Wesolowski G. International spillovers of quantitative easing［J］. *Journal of International Economics*，2020：126.

门的折旧率 δ 设为 0.025（Wang，2021①）。劳动以及资本对产出的贡献率在国外文献中多以 2/3 和 1/3 作为校准值，而事实上由于存在资本闲置，实际有效资本小于全部资本，导致参数估计变小，这样的估计结果低估了资本的贡献度，因此本书将其校准为 0.37。商业银行对小微企业风险项目违约所支付的审计成本 $\mu^e=0.12$（孙国峰和何晓贝，2017②）。

（二）贝叶斯估计与结果分析

模型的关键参数、动态调整结构参数以及相关外生冲击对应的标准差通过贝叶斯估计方法获得。其中，通货膨胀缺口与产出缺口系数初始值分别被校准为 2 和 1，两类产品之间的替代弹性与比重初始值分别被校准为 2 与 0.5。动态调整结构参数、外生冲击对应的标准差以及关键参数的先验分布参考 Kulish et al.（2017）③ 的研究，分别服从 Beta 分布、Inverted Gamma 分布和 Normal 分布。贝叶斯估计结果如表 3 – 1 所示。

表 3 – 1　　贝叶斯估计结果

参数	经济意义	先验分布	后验均值	90% 置信区间
$\rho^{1,A}$	小微企业技术冲击持续性参数	$B(0.6,\ 0.2)$	0.86	[0.780, 0.927]
$\rho^{2,A}$	大企业技术冲击持续性参数	$B(0.6,\ 0.2)$	0.34	[0.200, 0.508]
ρ^{i}	利率冲击持续性参数	$B(0.6,\ 0.2)$	0.27	[0.080, 0.449]
χ	厂商每期不能调整价格的概率	$N(0.75,\ 0.1)$	0.67	[0.578, 0.762]
ξ_π	通货膨胀缺口敏感系数	$N(2,\ 0.25)$	2.02	[1.789, 2.305]
ξ_y	产出缺口敏感系数	$N(1,\ 0.25)$	0.47	[0.302, 0.626]
α^y	两类产品的替代弹性	$N(2,\ 0.1)$	1.99	[1.809, 2.153]
ς_y	两类产品的比重	$N(0.5,\ 0.1)$	0.44	[0.297, 0.595]
$\sigma^{1,A}$	小微企业技术冲击标准差	$INVG(0.1,\ 1)$	0.02	[0.015, 0.032]
$\sigma^{2,A}$	大技术冲击标准差	$INVG(0.1,\ 1)$	0.07	[0.050, 0.102]
$\sigma^{i,rd}$	存款准备金冲击标准差	$INVG(0.1,\ 1)$	0.12	[0.029, 0.249]
$\sigma^{i,Rr}$	再贷款利率冲击标准差	$INVG(0.1,\ 1)$	0.06	[0.025, 0.092]

① Wang R. Evaluating the Unconventional Monetary Policy of the Bank of Japan: A DSGE Approach [J]. *Journal of Risk and Financial Management*, 2021, 14 (6).

② 孙国峰、何晓贝：《存款利率零下限与负利率传导机制》，载于《经济研究》2017 年第 12 期。

③ Kulish M., Morley J., Robinson T. Estimating DSGE models with zero interest rate policy [J]. *Journal of Monetary Economics*, 2017, 88: 35 – 49.

三、定向调控货币政策对小微企业的风险传导路径

本书从信贷渠道与信号渠道探究定向降准政策与降低支小再贷款利率对小微企业风险承担的影响，并进一步探讨定向降准与支小再贷款政策组合对小微企业风险的调控效果。

（一）定向调控货币政策对小微企业风险的信贷传导渠道分析

首先，以小微企业为对象比较分析不同类型定向调控货币政策对小微企业风险的信贷传导效果差异。图 3－5 显示当小微企业受到技术的负向冲击时，央行实施定向降准与降低支小再贷款利率两类定向调控货币政策对小微企业风险承担的影响。数值模拟显示，定向降准在降低小微企业融资成本方面比降低支小再贷款利率的政策效应更显著，这表明定向降准政策对银行信贷偏好起到更好的引导作用，有效缓解了小微企业的融资困境，从而在降低小微企业风险承担方面体现出更强的政策效力。这是由于支小再贷款在使用规模、管理程序方面存在短板，政策覆盖面仅涉及城市商业银行、农村商业银行、农村合作银行、村镇银行和民营银行五类地方性银行，需要逐笔申请审批，而定向降准政策的覆盖范围除了指定商业银行，小微贷款达标银行也可以获得定向降准的政策红利，因此定向降准政策通过信贷渠道能发挥比支小再贷款政策更强的传导效应。

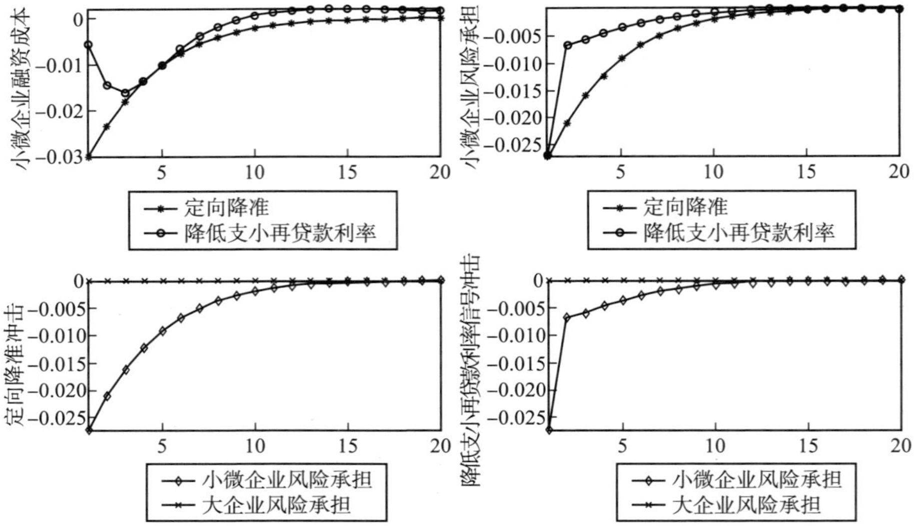

图 3－5 定向调控货币政策对企业风险的信贷渠道

其次，以大企业为参照比较定向调控货币政策对不同类型企业风险承担的影响差异。动态模拟显示，定向调控货币政策对小微企业风险承担的影响较大，而对于大企业风险承担的影响微乎其微，这表明定向宽松货币政策在引导信贷资金流向小微企业的过程中没有出现明显的政策溢出效应，即定向宽松货币政策实施后不会对大企业贷款产生显著的挤出效应。

（二）定向调控货币政策对小微企业风险的信号传导渠道分析

本部分借鉴吴化斌等（2011）①、Milani & Treadwell（2012）②、王曦等（2016）③、庄子罐等（2018）的思路④，将货币政策信号冲击设定为：

$$pl_t^i = \rho^{pl} pl_{t-1}^i + (1-\rho^{pl}) pl^i + \varepsilon_t^{pl} + \theta_{t-1}^{pl,1} + \cdots + \theta_{t-m}^{pl,m} \tag{3.95}$$

其中，pl_t^i 代表存款准备金率或再贷款利率，ε_t^{pl} 表示第 t 期的实际货币政策冲击，$\theta_{t-m}^{pl,m}$是在（$t-m$）期所拥有的信息集（$m=1, 2, 3, \cdots, t-1$），即在 $t-m$ 期所发生的信号冲击。此处将定向降准的信号冲击 $\theta_{t-i}^{pl,d}$校准为0.99（王曦等，2016⑤），鉴于降低支小再贷款利率政策覆盖面远低于定向降准，且审批流程烦琐，将降低支小再贷款利率的信号冲击 $\theta_{t-i}^{pl,r}$校准为0.0065。庄子罐等（2018）表明单期限模型对经济的拟合效果比复合期限模型更佳，且由于前瞻性预期持续期短，不具备叠加性⑥，因此本部分重点考察单期限模型。

图3－6显示了央行颁布定向调控货币政策所释放的宽松信号对企业风险承担的影响。首先，以小微企业为对象分析定向调控货币政策对风险的信号传导渠道。数值模拟显示，定向宽松政策信号有利于提振小微企业对市场的信心，扩大小微企业的资金需求与融资规模。随着小微企业融资规模的提高，财务杠杆导致的风险承担也随之上升。两类政策对比后发现，定向降准比降低支小再贷款利率政策对小微企业的信号冲击效应更强，这是由于定向降准政策的覆盖面更广，对小微企业的信号冲击效应更显著。

① 吴化斌、许志伟、胡永刚等：《消息冲击下的财政政策及其宏观影响》，载于《管理世界》2011年第9期。

② Milani F.，Treadwell J. The Effects of Monetary Policy "News" and "Surprises" [J]. Journal of Money，Credit and Banking，2012，44（8）：1667－1692.

③⑤ 王曦、王茜、陈中飞：《货币政策预期与通货膨胀管理——基于消息冲击的DSGE分析》，载于《经济研究》2016年第2期。

④⑥ 庄子罐、贾红静、刘鼎铭：《货币政策的宏观经济效应研究：预期与未预期冲击视角》，载于《中国工业经济》2018年第7期。

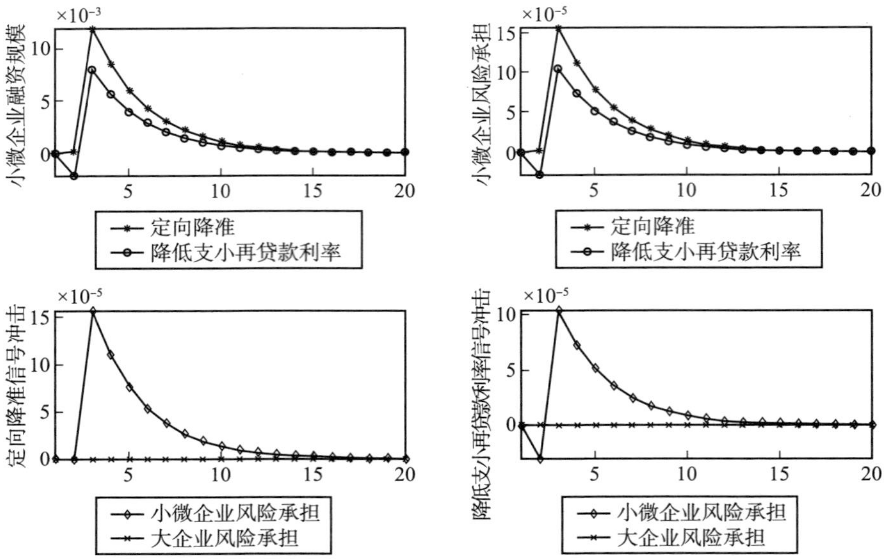

图 3－6　定向调控货币政策对企业风险的信号渠道

其次，以大企业为参照比较定向调控货币政策对两类企业风险承担的影响差异。动态模拟显示，定向宽松货币政策对小微企业的信号传递效应强于对大企业的信号传递效应，这表明大企业在市场中较易筹集到资金，其对未来经济的期望并不受定向宽松货币政策的影响，因此定向调控货币政策对其投融资规模以及风险承担不会产生显著影响。

（三）定向调控货币政策对小微企业风险承担的总体效应

由上述分析可知，定向调控货币政策具备“补短板，强弱项”的优势，是小微企业风险承担的减速器。本部分重点探究信贷渠道与信号渠道的综合作用下定向调控货币政策对小微企业风险承担的影响效果。

首先分析信号渠道与信贷渠道的综合作用下定向降准与降低支小再贷款利率两类定向调控货币政策对小微企业风险承担的影响。图 3－7 的数值模拟结果显示，定向降准政策仍然比降低支小再贷款利率更有利于降低小微企业的风险承担。其次，以大企业为参照比较两类定向调控货币政策对企业风险承担的影响差异。动态模拟显示，定向宽松货币政策对小微企业的风险缓解效应较强，而对于大企业不存在显著的风险传导效应。

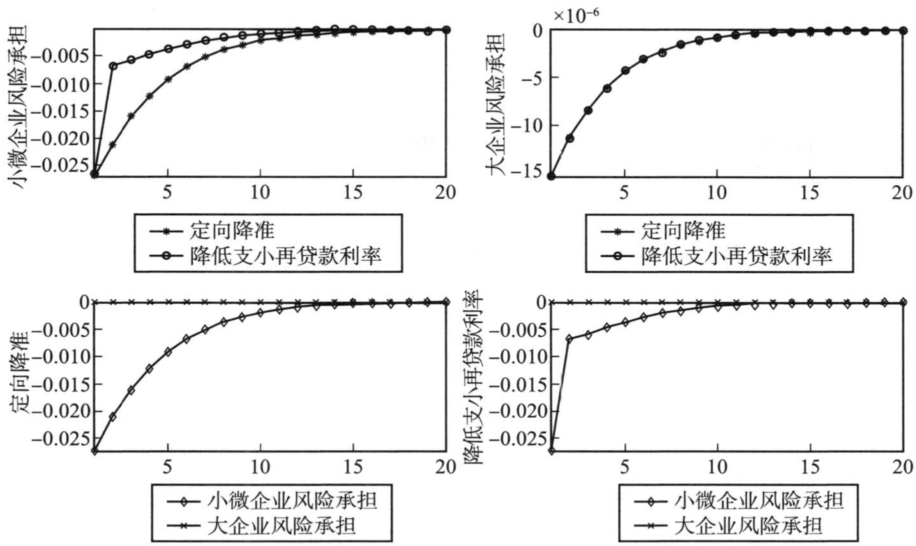

图3－7　定向调控货币政策对企业风险承担的总体效应

（四）货币政策组合对小微企业风险的调控功效

在经济新常态下，各种结构性矛盾日益凸显，在总量和结构问题同时存在、短期宏观调控和长期结构调整并行的复杂形势下，货币当局面临着多重目标协调的挑战。单一的货币政策工具难以实现货币政策调控多重目标的需要，在“多目标、多工具”背景下货币当局通常运用各种货币政策工具，以组合调控的模式实现“稳增长、控风险”等多重目标。然而总量调控与定向调控货币政策、定向调控货币政策工具之间能否协调搭配，降低小微企业违约倒闭的风险尚待考证。

图3－8报告了在信贷渠道与信号渠道的综合作用下，定向降准、降低支小再贷款利率以及定向降准总量降准政策组合对小微企业风险承担的传导效果。数值模拟结果显示：第一，由于降低支小再贷款利率对小微企业的风险传导效应不如定向降准政策，定向降准政策与降低支小再贷款利率同时实施会削弱定向降准的政策效应。第二，定向降准与总量降准的政策组合在降低小微企业风险承担的效果上弱于定向降准，说明总量调控货币政策会弱化定向调控货币政策对小微企业风险承担的调控功效。这是由于总量降准增加了银行资金的流动性，因而商业银行对定向降准的敏感性有所减弱，因此颁布定向降准政策的同时进行总量降准削弱了定向降准对小微企业风险承担的缓解效应。

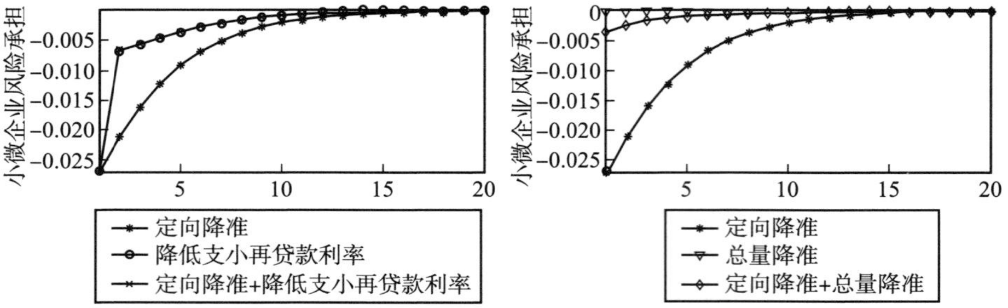

图 3－8　货币政策组合对小微企业风险承担的综合调控效果

四、主要结论

本书构建了一个包含银行信贷偏好特征以及异质性企业特征的 DSGE 模型，着重探究定向宽松货币政策对小微企业风险承担的缓解效果，得到如下结论：第一，定向调控货币政策通过信贷渠道与信号渠道影响小微企业的风险承担。在信贷渠道作用下，定向宽松货币政策降低了小微企业的风险；在信号渠道作用下，定向宽松货币政策提升了小微企业的风险。定向调控货币政策对小微企业的信贷传导效应强于信号传导效应，因此在信贷渠道与信号渠道的综合作用下，定向宽松货币政策有效缓解了小微企业的风险承担。第二，两类定向调控货币政策相比较而言，定向降准政策的覆盖面大于支小再贷款政策，因此定向降准对小微企业的风险缓释作用比支小再贷款政策更显著。第三，与小微企业相比较，定向调控货币政策对大企业风险承担的影响微乎其微。第四，在政策搭配组合方面，总量宽松货币政策会削弱定向宽松货币政策对小微企业风险的缓解效应。

第四章　总量调控货币政策对企业风险传导的微观效应研究

本章在前文货币政策风险传导机理分析的基础上，采用宏微观层面的实际数据实证检验总量调控货币政策对企业风险传导的微观效应。首先探究总量调控货币政策对企业风险传导效应的存在性及企业风险承担的经济后果；其次研究不同总量调控货币政策工具对企业风险传导的差异性；再次从时间、区域、行业、企业层面研究总量性货币政策风险传导的异质效应，从纵向与横向两个维度论证总量性货币政策对企业风险传导的差异性；最后检验总量调控货币政策对企业风险传导的渠道，从而将货币政策风险传导理论的研究从银行层面拓展延伸至企业层面，为宏观货币政策的选择提供风险维度的依据。

第一节　总量调控货币政策对企业风险传导效应存在性的实证研究

从银行角度，总量调控货币政策会通过影响银行风险偏好改变企业的风险承担：在总量宽松货币政策下银行流动性增加，风险偏好上升，信贷门槛下降，监督企业的动机减弱（Jiménez et al.，2014①）。反之在总量紧缩货币政策下随着银行流动性收紧与风险偏好下降，企业获取信贷的难度也随之增加，其面临的融资约束问题也更严峻。总量调控货币政策对金融中介风险偏好的影响有可能通过信贷途径传导至企业从而影响企业管理者的风险规避程度以及企业的风险承担行为。

① Jiménez G.，Ongena S.，Peydró J. L.，et al. Hazardous Times for Monetary Policy：What Do Twenty – Three Million Bank Loans Say About the Effects of Monetary Policy on Credit Risk – Taking? [J]. *Econometrica*，2014，82（2）：463 –505.

从企业角度，总量调控货币政策会通过利率、资产价格、汇率影响企业的融资成本、投资收益以及经营利润（Taylor，1995①；Meltzer，1995②；Obstfeld and Rogoff，1995③）。在总量宽松货币政策实施后，企业融资成本下降，投资收益上升，经营利润增加，资产负债状况变好（Gertler and Gilchrist，1994④），企业风险承担意愿得以提高，风险承担水平也会随之上升。

综上所述，不论从银行角度还是从企业角度推导，总量性货币政策均存在对企业产生风险传导效应的可能性。由于现有研究主要集中于总量调控货币政策对银行的风险传导效应，本章采用微观企业数据实证检验总量调控货币政策对企业的风险传导效应，从而为货币当局决策提供参考依据。

一、理论分析与研究假说

根据货币政策风险承担渠道理论，货币态势的变化会影响商业银行的风险态度，在总量宽松货币政策实施后，银行可贷资金增加，风险偏好上升，信贷门槛降低，银行信贷供给增加（Jiménez et al.，2014⑤）。在总量宽松货币政策实施后，银行监督企业的动机减弱，企业融资约束得到缓解，企业更容易获得信贷资金。总量宽松货币政策不仅能够有效缓解企业融资约束，还对企业的投资机会和投资支出水平起到正向调控作用（陈艳，2012⑥），投资规模的扩张提高了企业的风险承担水平。同时，在低利率环境下企业的资产净值和抵押物价值上升，利息支出减少，企业资产负债状况得到改善（Gertler and Gilchrist，1994⑦），此时企业预期自身陷入财务困境的可能性下降，对高风险项目的规避程度降低，进一步

---

① Taylor J. B. The monetary transmission mechanism: an empirical framework [J]. *The Journal of Economic Perspectives*, 1995, 9 (4): 11 -26.

② Meltzer A. H. Monetary, credit and (other) transmission processes: a monetarist perspective [J]. *The Journal of Economic Perspectives*, 1995, 9 (4): 49 -72.

③ Obstfeld M., Rogoff K. The mirage of fixed exchange rates [J]. *Journal of Economic Perspectives*, 1995, 9: 73 -96.

④⑦ Gertler M., Gilchrist S. Monetary Policy, Business Cycles, and the Behavior of Small Manufacturing Firms [J]. *The Quarterly Journal of Economics*, 1994, 109 (2).

⑤ Jiménez G., Ongena S., Peydró J. L., et al. Hazardous Times for Monetary Policy: What Do Twenty - Three Million Bank Loans Say About the Effects of Monetary Policy on Credit Risk - Taking? [J]. *Econometrica*, 2014, 82 (2): 463 -505.

⑥ 陈艳：《经济危机、货币政策与企业投资行为——基于中国上市公司数据》，载于《经济与管理研究》2012 年第 11 期。

提高了风险承担水平。企业资产负债状况的改善，也会促使银行等金融中介调低对企业违约率的估计，降低信贷标准和贷款监督力度，进而激励企业将信贷资源更多地分配于高风险项目。此外，总量调控货币政策还会向经济主体传递调整信号，通过改变引导经济主体预期的方式，影响企业的风险偏好，进而影响微观企业的经济行为（徐亚平，2009①）。当企业处于总量宽松货币政策环境下，企业管理者信心指数增加，对未来经济效益有较高的预期，企业的风险规避程度降低，促使企业承担更多的风险。由此提出如下假说：

假说 4.1：总量宽松货币政策对企业具有风险传导效应。

二、研究设计

（一）数据来源

在实证数据选取方面，本章宏观数据源于中国人民银行网站、国家统计局网站，企业微观数据源于国泰安数据库。由于大多数定向调控货币政策自 2014 年起开始颁布，为了避免定向调控货币政策的实施对总量调控货币政策效应的影响，本章选取定向调控政策颁布前即 2003 ~ 2013 年非金融类上市公司年度面板数据研究货币政策的风险传导效应。由于 ST 类企业濒临退市，其风险承担行为不同于一般企业，将其剔除。在剔除数据不完整的公司后，最后样本为 1030 家上市公司的平衡面板数据。

（二）模型设定与变量选择

基于前文理论分析及以往文献（John et al.，2008②；Faccio et al.，2011③），构建以下动态面板模型以检验总量调控货币政策对企业风险承担的影响：

$$
\begin{aligned}
Risk_{i,t} = {} & \beta_0 + \beta_1 Risk_{i,t-1} + \beta_2 MP_t + \beta_3 Roa_{i,t} + \beta_4 Growth_{i,t} + \beta_5 Leverage_{i,t} \\
& + \beta_6 Asset_{i,t} + \beta_7 Age_{i,t} + \beta_8 Topone_{i,t} + \beta_9 State_{i,t} \\
& + \beta_{10} Gdpgrowth_t + \varepsilon_{i,t}
\end{aligned}
\tag{4.1}
$$

其中，i 代表企业，t 代表观测年份，$\varepsilon_{i,t}$为随机扰动项。

式（4.1）中因变量 *Risk* 表示企业风险承担水平，根据已有文献，企

① 徐亚平：《公众学习、预期引导与货币政策的有效性》，载于《金融研究》2009 年第 1 期。

② John K.，Litov L.，Yeung B. Corporate Governance and Risk – Taking [J]. *The Journal of Finance*，2008，63（4）：1679 – 1728.

③ Faccio M.，Marchica M.，Mura R. Large shareholder diversification and corporate risk – taking [J]. *Review of Financial Studies*，2011，24（11）：3601 – 3641.

业风险承担水平的衡量指标有：（1）企业股票收益的波动率（Bargeron et al.，2010①）；（2）R&D 支出（Coles et al.，2006②）；（3）观测时段内 Roa 的波动率（Faccio et al.，2011③）。其中以股票收益的波动性衡量企业风险承担水平须建立在市场有效的假设前提下，否则股票市场的波动性并不能完全反映企业的风险承担水平；而 R&D 支出与行业特性密切相关，以其衡量所有企业的风险承担水平有失偏颇；由于企业风险承担行为对企业盈利的影响具有递延性，它不仅会影响企业当年的盈利，还会影响未来几年盈利的波动性，本书沿用 Faccio et al.（2011）④ 的方法以五年作为一个观测时段，采用滚动的方法计算 Roa 五年（即第 t 年、第 $t+1$ 年、第 $t+2$ 年、第 $t+3$ 年、第 $t+4$ 年，其中 t 表示本年）的波动率以反映第 t 年企业的风险承担水平。$Roa_{i,n}$ 为企业 i 在第 n 年的息税折旧摊销前利润除以第 n 年末资产总额的比率。计算波动率时先对企业每年的 Roa 根据行业均值调整，然后计算企业在五年内经行业调整的 Roa 的标准差。即：

$$ADJRoa_{i,n} = Roa_{i,n} - \frac{1}{x_i}\sum_{j=1}^{x_i} Roa_{j,n} \tag{4.2}$$

$$Risk_{i,t} = \sqrt{\frac{1}{N-1}\sum_{n=1}^{N}\left(ADJRoa_{i,n} - \frac{1}{N}\sum_{n=1}^{N} ADJRoa_{i,n}\right)^2 \mid N = 5} \tag{4.3}$$

其中，x_i 代表第 i 家企业所处行业的企业总数，n 代表滚动年份。

式（4.1）中分别选取 $MP1$（一年期贷款基准利率）、$MP2$（$M2$ 增长率 - GDP 增长率 - CPI 增长率）估算总量调控货币政策的松紧程度。其中 $M2$ 增长率是货币供应量的名义增长率，反映了货币的供应水平，GDP 增长率是名义 GDP 增长率，反映了经济发展所需要的货币。一年期贷款基准利率（$MP1$）越大，说明市场上资金供应趋紧，货币政策趋向紧缩，反之趋向宽松。$M2$ 与 GDP 以及 CPI 增长率的缺口（$MP2$）越大，说明总量性货币政策越宽松。本章感兴趣的是总量性货币政策的风险传导系数 β_2 的显著性及其符号。对于 $MP1$ 而言，如果总量性货币政策的风险传导系数 β_2 显著为负，则说明总量性货币政策越宽松，企业风险承担水平越高。对于 $MP2$ 而言，如果 β_2 显著为正，则说明总量性货币政策越宽松，企业

---

① Bargeron L. L.，Lehn K. M.，Zutter C. J. Sarbanes - Oxley and corporate risk - taking [J]. *Journal of Accounting and Economics*，2010，49（1）：34 - 52.

② Coles J. L.，Daniel N. D.，Naveen L. Managerial incentives and risk - taking [J]. *Journal of Financial Economics*，2006，79（2）：431 - 468.

③④ Faccio M.，Marchica M.，Mura R. Large shareholder diversification and corporate risk - taking [J]. *Review of Financial Studies*，2011，24（11）：3601 - 3641.

风险承担水平越高。

为有效识别总量调控货币政策对企业风险承担水平的影响，还控制了其他影响企业风险承担水平的宏微观变量，包括盈利水平（*Roa*）、企业成长性（*Growth*）、杠杆水平（*Leverage*）、企业规模（*Asset*）、经营期限（*Age*）、股权集中度（*Topone*）、国有股比例（*State*）及宏观经济增长速度（*Gdpgrowth*）。具体变量定义见表4－1。为避免异常值对检验结果的影响，在估计模型时对企业所有连续变量均进行了上下1%的Winsorize处理。

表4－1　变量的界定

变量名称	变量符号	变量界定
企业风险承担水平	*Risk*	五年经行业调整的 *Roa* 的波动率
总量调控货币政策 *MP*	*MP*1	一年期贷款基准利率
	*MP*2	*M*2 增长率－GDP 增长率－CPI 增长率
盈利水平	*Roa*	年息税折旧摊销前利润/年末资产总额
企业成长性	*Growth*	营业收入的年增长率
杠杆水平	*Leverage*	年末负债/年末资产
企业规模	*Asset*	ln(年末总资产)
经营期限	*Age*	ln(1＋企业成立年限)
股权集中度	*Topone*	年末第一大股东持股百分比
国有股比例	*State*	国有股东持股百分比
宏观经济增长速度	*Gdpgrowth*	实际 GDP 年增长率

（三）描述性统计

从表4－2的描述性统计结果发现，企业风险承担水平的均值为0.2224，美国、加拿大在1994～2004年企业风险承担水平的均值分别为0.088、0.094（Acharya et al.，2011①），欧洲主要国家在1999～2007年企业风险承担水平的均值为0.048（Faccio et al.，2011②），均低于本书样本企业的风险承担水平，可见我国企业风险承担还处于较高水平，这与曾

① Acharya V. V.，Amihud Y.，Litov L. Creditor rights and corporate risk-taking［J］. *Journal of Financial Economics*，2011，102（1）：150－166.

② Faccio M.，Marchica M.，Mura R. Large shareholder diversification and corporate risk-taking［J］. *Review of Financial Studies*，2011，24（11）：3601－3641.

进（2009）的研究结论类似①，即我国企业较之欧美企业更具冒险倾向。

表 4－2　　　　　　　　　各变量描述性统计结果

变量	均值	标准差	中位数	最小值	最大值
Risk	0.2224	0.6055	0.0350	0.0000	2.6660
*MP*1	0.0590	0.0070	0.0558	0.0531	0.0723
*MP*2	0.0264	0.1062	－0.0100	－0.0940	0.2610
Roa	0.0646	0.0879	0.0681	－0.4663	0.2678
Growth	0.2221	0.6173	0.1329	－0.7669	4.2972
Leverage	0.5561	0.3438	0.5280	0.0811	3.2952
Asset	21.4214	1.0926	21.3681	18.7673	24.6032
Age	2.4678	0.3367	2.4849	1.6094	3.0910
Topone	38.1256	16.0136	35.6996	9.2287	74.8237
State	28.1299	24.3196	27.9612	0.0000	75.0000
Gdpgrowth	0.0976	0.0091	0.0950	0.0870	0.1140

三、风险传导效应存在性检验

动态面板数据主要有两种估计方法，即差分 GMM 和系统 GMM。系统 GMM 由于利用了更多的样本信息，其估计效率通常高于差分 GMM，此外，系统 GMM 方法能够在一定程度上缓解内生性问题，是因为它本质上是将滞后期数大于等于两期的滞后项作为工具变量，并额外增加了矩条件，从而得到一个估计性质更优的估计量。而且系统 GMM 通过联立差分方程和水平方程较为有效地缓解了动态面板本身的估计偏误（陈强，2014②；徐国祥和张正，2020③）。因此本书采用系统 GMM 方法对式（4.1）进行估计。不论是采用 *MP*1 还是采用 *MP*2，模型的 Sargan 检验表明不能拒绝所有工具变量都有效的原假设，*AR*(2) 检验表明扰动项差分不存在二阶自相关，因此模型成立，检验结果见表 4－3。从实证结果看出，在控制了其他影响企业风险承担水平的宏微观变量后，列（1）以 *MP*1 作

① 曾进：《企业风险倾向的跨国比较——基于前景理论视角》，载于《科学学与科学技术管理》2009 年第 5 期。

② 陈强：《高级计量经济学及 Stata 应用》（第二版），高等教育出版社 2014 年版。

③ 徐国祥、张正：《我国对外直接投资如何影响出口增加值——基于我国—东道国（地区）产业结构差异的视角》，载于《统计研究》2020 年第 10 期。

为货币政策（*MP*）的代理变量，*MP* 的系数在1%水平上显著为负，取值为 -1.0316，列（2）以 *MP*2 作为货币政策（*MP*）的代理变量，*MP* 的系数在5%的水平上显著为正，取值为0.0455，说明总量调控货币政策越宽松，企业的风险承担水平越高。这可能是由于在宽松货币政策下，利率水平与银行持有的抵押品价值呈反向变化，低利率推高了抵押品价值，改善了企业资产负债表状况，提高了企业获得融资的概率，因此企业将提高投资水平，并且风险承担水平也随着投资水平的增加而提高。此外，当货币供应量增加时，银行在“收益追逐”动机驱使下，为预防企业违约付出的监管努力越少，并且可贷资金规模的扩大促使银行设定更为宽松的贷款审批条件，信贷门槛的降低也触发了企业高风险投资的动机，企业管理者在银行乐观预期的带动下主观风险偏好有所增加，从而推高了企业风险承担水平。

表4-3　　总量调控货币政策对企业风险传导效应检验结果

变量	(1) *Risk*	(2) *Risk*
$Risk_{-1}$	0.7871*** (74.87)	0.7855*** (73.36)
MP	-1.0316*** (-3.01)	0.0455** (2.40)
Roa	-0.3229*** (-4.45)	-0.3182*** (-4.44)
Growth	-0.0118 (-1.14)	-0.0121 (-1.19)
Leverage	-0.0772*** (-3.07)	-0.0700*** (-2.68)
Asset	-0.0112 (-0.68)	-0.0153 (-0.93)
Age	-0.1911*** (-4.08)	-0.1938*** (-4.08)
Topone	-0.0010 (-0.91)	-0.0002 (-0.16)

续表

变量	(1) *Risk*	(2) *Risk*
State	-0.0002 (-0.30)	-0.0003 (-0.63)
Gdpgrowth	-2.6161*** (-3.98)	-2.0711*** (-3.67)
Cons	1.1615*** (3.40)	1.1050*** (3.33)

注：*、**、*** 分别表示在10%、5%和1%的水平上显著，括号中的数值是 t 统计量值。

四、进一步研究：风险承担的经济后果

经济的长期持续发展依赖于企业对风险性项目的投资（Acemoglu and Zilibotti，1997①）。从企业微观角度，更高的风险承担意味着企业资本性支出更高，也意味着更多的R&D投入与创新的积极性（Bargeron et al.，2010②），它有利于提升企业的竞争优势，促进企业的长远发展。由于企业经营的最终目标是实现价值最大化，风险承担从经济后果上看是否有助于企业价值最大化目标的实现，尤其是不同总量调控货币政策环境下的风险承担是否有助于促进价值增值鲜有学者予以论证。为了检验总量调控货币政策、风险承担与企业价值之间的关系，研究不同总量调控货币政策环境下风险承担的经济后果，将模型设定为：

$$\begin{aligned} Q_{i,t} = & \beta_0 + \beta_1 Risk_{i,t} + \beta_2 Risk_{i,t} \times Interest_t + \beta_3 Asset_{i,t} + \beta_4 Leverage_{i,t} \\ & + \beta_5 Growth_{i,t} + \beta_6 Topone_{i,t} + \beta_7 State_{i,t} + \beta_8 CE_{i,t} \\ & + \beta_9 \, Salary_{i,t} + \varepsilon_{i,t} \end{aligned} \tag{4.4}$$

在式（4.4）中，因变量企业价值采用托宾 Q 来衡量。由于企业风险承担变量（*Risk*）是基于五年一个观测期计算的，所以 Q 取企业在每个观测期（即第 t 年、第 $t+1$ 年、第 $t+2$ 年、第 $t+3$ 年、第 $t+4$ 年）的平均值。*Interest* 为一年期贷款基准利率。为控制模型估计的结果，借鉴 Harvey

① Acemoglu D., Zilibotti F. Was Prometheus unbound by chance? Risk, diversification, and growth [J]. *Journal of Political Economy*, 1997, 105 (4): 709-751.

② Bargeron L. L., Lehn K. M., Zutter C. J. Sarbanes - Oxley and corporate risk-taking [J]. *Journal of Accounting and Economics*, 2010, 49 (1): 34-52.

et al.（2004）[①]、白重恩等（2005）[②]、Anderson et al.（2011）[③] 的做法，选取以下控制变量：企业规模（*Asset*）、杠杆水平（*Leverage*）、企业成长性（*Growth*）、股权集中度（*Topone*）、国有股比例（*State*）、资本支出与总资产的比率（*CE*）以及前三名高管薪酬（*Salary*）。

一般情况下，研究中内生性问题较为严重，但对内生变量本身不具备深入的了解时，适宜采用工具变量法来缓解模型当中存在的内生性问题。工具变量的选取关键在于工具变量须满足与被解释变量无直接相关关系，与扰动项无关，并且工具变量与它对应的关键解释变量高度相关，基于上述要求，工具变量法能够较为有效地应对由于遗漏变量、样本选择、双向因果等引致的内生性难题（陈强，2014[④]；宋敏等，2021[⑤]）。为了避免风险承担变量与企业价值之间可能存在的内生性问题，本书采用面板工具变量法进行检验。本书选择行业平均风险承担水平（*Industryrisk*）作为企业风险承担水平的工具变量，原因如下：（1）行业平均风险承担水平对企业本身的价值没有直接的影响；（2）行业平均风险承担水平与企业自身的随机误差项及其他解释变量相关性不大；（3）统计检验表明，样本数据中行业平均风险承担水平与企业风险承担水平显著正相关，即不存在弱工具变量问题。面板工具变量回归结果如表 4－4 所示。企业风险承担变量的系数在 5% 的水平上显著为负，企业风险承担与利率的交互项的系数在 5% 的水平上显著为正，这表明风险承担对企业价值的影响并不是固定不变的，而是取决于企业所处的总量调控货币政策环境，一旦宽松或紧缩的总量调控货币政策导致贷款利率变化达到一定程度时，风险承担对企业价值的作用方向会发生扭转。具体而言，当一年期贷款利率较高时，风险承担对企业价值具有正向促进作用，即企业风险承担水平越高，企业价值越高。究其原因可能是由于当贷款利率处于高位时，利率增加以及企业股息红利的减少有利于充分发挥企业杠杆作用并使其达到最佳水平，从而刺激企业通过增加杠杆来促进企业价值增值。贷款利率上限的抬升使得愿意支

---

① Harvey C. R., Lins K. V., Roper A. H. The effect of capital structure when expected agency costs are extreme [J]. *Journal of Financial Economics*, 2004, 74 (1): 3－30.

② 白重恩、刘俏、陆洲等：《中国上市公司治理结构的实证研究》，载于《经济研究》2005 年第 2 期。

③ Anderson R. C., Reeb D. M, Upadhyay A., et al. The economics of director heterogeneity [J]. *Financial Management*, 2011, 40 (1): 5－38.

④ 陈强：《高级计量经济学及 Stata 应用》（第二版），高等教育出版社 2014 年版。

⑤ 宋敏、周鹏、司海涛：《金融科技与企业全要素生产率——“赋能”和信贷配给的视角》，载于《中国工业经济》2021 年第 4 期。

付较高贷款利率的高风险企业面临的信贷配给得以缓解，此类企业的信贷可得性提高，银行贷款为其投资高风险项目尤其是开展科研活动提供了资金支持，从而有助于激发企业创新活力，培养企业竞争优势，最终提升企业价值。然而当一年期贷款利率较低时，更高的风险承担将阻碍企业价值的增值，只有当企业风险承担越少时，企业价值才越高。张一林和樊纲治（2016）从实物期权的视角研究银行贷款行为，指出企业融资成本与其现金流的匹配程度会对企业价值产生重要影响①。企业价值并不会随着贷款利率的降低而提高，实际上，如果将银行停贷视为一项实物期权，过低的贷款利率导致行权的机会成本很小，这就意味着银行随时可能基于规避企业违约风险的目的行使这一实物期权，而一旦行权，企业很可能面临现金流短缺甚至资金链断裂的危机，这会严重损害企业自身利益，倘若无法妥善解决这一问题，企业最终将被拖入破产的深渊。然而企业自身经营过程中不可避免地时刻面临着如市场环境瞬息万变、发展机遇转瞬即逝的不确定性，因此在贷款利率过低时，如果企业想要达到价值最大化的目的，就必须加强企业风险管理，避免因过度风险承担导致企业价值缩水甚至骤减的现象，所以贷款利率过低时，企业风险承担水平的下降才会为企业价值带来积极影响。

表 4－4　　总量调控货币政策、风险承担与企业价值

解释变量	回归系数	标准差	z 值	95% 置信区间	
Risk	－0.3941**	0.2070	－1.8600	－0.8083	0.0202
Risk × *Interest*	6.2783**	3.5721	1.7400	－0.8080	13.3646
Asset	－0.2412***	0.0357	－7.1000	－0.3078	－0.1746
Leverage	0.2743***	0.0572	3.1600	0.1041	0.4444
Growth	0.0148	0.0130	1.2600	－0.0082	0.0378
Topone	－0.0119***	0.0016	－7.3000	－0.0152	－0.0087
State	－0.0052***	0.0009	－7.5900	－0.0065	－0.0038
CE	－0.9263***	0.1947	－4.9600	－1.2921	－0.5605
Salary	0.0015***	0.0002	6.8700	0.0011	0.0019
Cons	7.3996***	0.7862	10.3800	6.0030	8.7963

注：*、**、*** 分别表示在 10%、5% 和 1% 的水平上显著。

---

① 张一林、樊纲治：《信贷紧缩、企业价值与最优贷款利率》，载于《经济研究》2016 年第 6 期。

五、稳健性检验

（一）替换总量调控货币政策度量指标

货币政策对企业风险传导效应检验的有效性可能受到总量调控货币政策变量选取差异的影响。本书选取另外四种总量调控货币政策代理变量，包括一年期存款基准利率（*Dr*）、7天全国银行同业拆借利率（*Chibor7d*）、30天全国银行同业拆借利率（*Chibor30d*）和90天全国银行同业拆借利率（*Chibor90d*），利用它们分别进行稳健性检验以验证总量调控货币政策对企业风险传导效应的实证结果。表4－5中的实证结果表明，四种总量调控货币政策代理变量的系数值分别为－0.0448、－0.0106、－0.0110和－0.0067，并且三种不同期限的全国银行同业拆借利率变量均在1%显著性水平上显著为负，同时*Dr*变量在5%显著性水平上显著为负，这与主检验中的实证结果保持一致，即总量宽松货币政策下，企业风险承担水平提高，而总量紧缩货币政策对企业风险承担水平有一定的抑制性作用。总量宽松货币政策能够促进企业投融资水平的提升，从资产端来看，低利率提升了资产价格和抵押品价值，从负债端来看，利息支出的降低，减轻了企业的利息负担，最终在两个方面综合作用下，企业风险承担水平进一步增加。

表4－5　总量调控货币政策对企业风险传导效应稳健性检验结果（一）

变量	(1) *Risk*	(2) *Risk*	(3) *Risk*	(4) *Risk*
Dr	－0.0448** (－2.12)			
Chibor7d		－0.0106*** (－2.78)		
Chibor30d			－0.0110*** (－2.69)	
Chibor90d				－0.0067*** (－2.76)
$Risk_{-1}$	0.7959*** (89.80)	0.7878*** (75.16)	0.7893*** (76.01)	0.7858*** (74.04)
Roa	－0.3073*** (－4.87)	－0.3241*** (－4.57)	－0.3190*** (－4.51)	－0.3169*** (－4.42)

续表

变量	(1) *Risk*	(2) *Risk*	(3) *Risk*	(4) *Risk*
Growth	-0.0116 (-1.01)	-0.0125 (-1.23)	-0.0123 (-1.28)	-0.0116 (-1.16)
Leverage	-0.0627** (-2.09)	-0.0670*** (-2.59)	-0.0592** (-2.15)	-0.0732*** (-2.88)
Asset	-0.0138 (-0.82)	-0.0151 (-0.91)	-0.0171 (-1.02)	-0.0122 (-0.75)
Age	-0.0649** (-2.03)	-0.1576*** (-3.65)	-0.1400*** (-3.25)	-0.1976*** (-4.19)
Topone	-0.0004 (-0.32)	0.0001 (0.15)	0.0004 (0.47)	-0.0005 (-0.45)
State	-0.0004 (-1.17)	-0.0003 (-0.77)	-0.0003 (-0.86)	-0.0003 (-0.54)
Gdpgrowth	1.2765 (1.50)	-1.8266*** (-3.40)	-1.4094*** (-3.00)	-2.4131*** (-3.61)
Cons	0.5429 (1.61)	1.0004*** (3.01)	0.9464*** (2.82)	1.1180*** (3.29)

注：*、**、***分别表示在10%、5%和1%的水平上显著，括号中的数值是 t 统计量值。

（二）替换风险承担变量

企业风险承担作为本书的关键变量，其度量方式的选择决定着本书实证结果的稳健性，倘若采取不同的代理指标度量企业风险承担所得到的结果没有显著差异，则可以进一步验证总量调控货币政策确实对企业风险承担造成了影响。我们运用系统GMM模型对不同的风险承担度量方式进行稳健性检验。首先，基于刘志远等（2017）的观点①，采用五年极差（*Riskextrmdiff*）度量企业风险承担变量。五年极差的计算公式 $Max(Adj\_Roa\_i, t) - Min(Adj\_Roa\_i, t)$，其中 Roa = 息税前利润/总资产，Adj_Roa =

① 刘志远、王存峰、彭涛等：《政策不确定性与企业风险承担：机遇预期效应还是损失规避效应》，载于《南开管理评论》2017年第6期。

Roa – 行业均值 *Roa*。选取五年极差（*Riskextrmdiff*）作为企业风险承担的代理变量，稳健性检验结果如表 4 – 6 列（1）所示。第（1）列 *Interest* 变量的系数为 –0. 3258，在 5% 的显著性水平上显著为负，表明在总量宽松货币政策条件下，企业客观风险承担增加，反之企业客观风险承担减小。这可能是因为宽松货币政策下，银行信贷供给能力显著增强，企业信贷可得性随之显著提高。便利的融资条件激励企业将资金投入风险更高的投资项目当中，而此类投资项目虽然可能为企业带来高额回报，但其中也蕴含着极大的不确定性，因此高风险投资规模的扩大会促使企业利润水平的波动更加剧烈，从而提高企业的客观风险承担水平。其次，基于张传奇等（2019）的观点①，采用管理者风险偏好（*Riskpreference*）的方式度量企业风险承担变量。管理者风险偏好是作为风险承担的主观变量，用企业风险资产占总资产的比重来衡量管理者风险偏好。其中，企业风险资产包括交易性金融资产、应收账款、债权投资、其他债权投资、其他权益投资工具和投资性房地产。选取管理者风险偏好（*Riskpreference*）作为企业风险承担的代理变量，稳健性检验结果如表 4 – 6 列（2）所示。第（2）列 *Interest* 变量的系数为 –0. 4004，在 1% 的显著性水平上显著为负，究其原因可能是，在总量宽松货币政策下，制约企业扩大投资规模的资金短缺问题得以缓解，管理者对宏观经济环境持续向好的态势具有积极预期，对企业发展前景更加乐观，管理者通过承担风险增加获利机会提高企业利润的动机更加强烈，管理者风险偏好增强，所以更容易选择高风险投资项目以此增加企业风险承担进而增强盈利能力，因此企业主动风险承担意愿更高。然而总量紧缩货币政策削弱了企业管理者风险承担意愿，使其缺乏风险承担动力，趋紧的信贷环境加剧了管理者主动规避风险的动机，最终导致企业风险承担意愿有所降低（张梓靖等，2020②）。此外，总量紧缩货币政策下企业遭受不确定性冲击之后违约率上升，银行风险偏好反向变化，信贷资金供给减少，企业融资约束收紧（王遥和王文蔚，2021③），因而企业主动风险承担的意愿受到抑制。

---

① 张传奇、孙毅、芦雪瑶：《现金流不确定性、管理者风险偏好和企业创新》，载于《中南财经政法大学学报》2019 年第 6 期。

② 张梓靖、邢天才、苑莹：《CEO 自信度与企业风险承担——金融衍生品交易策略的中介作用》，载于《东北大学学报》（社会科学版）2020 年第 6 期。

③ 王遥、王文蔚：《环境灾害冲击对银行违约率的影响效应研究：理论与实证分析》，载于《金融研究》2021 年第 12 期。

表 4-6　总量调控货币政策对企业风险传导效应稳健性检验结果（二）

变量	(1) *Riskextrmdiff*	(2) *Riskpreference*
Interest	-0.3258** (-2.11)	-0.4004*** (-3.91)
$Riskextrmdiff_{-1}$	0.9240*** (22.78)	
$Riskpreference_{-1}$		0.5645*** (15.91)
Roa	-0.1497*** (-3.50)	-0.0647* (-1.95)
Growth	-0.0007 (-0.24)	0.0013 (0.56)
Leverage	-0.1121*** (-4.00)	-0.0220 (-1.44)
Asset	0.0197*** (3.11)	0.0147** (2.22)
Age	-0.0321** (-2.58)	-0.0355*** (-2.91)
Topone	0.0001 (0.23)	0.0003 (1.22)
State	-0.0001 (-0.97)	-0.0001 (-0.52)
Gdpgrowth	0.2544*** (2.59)	0.2555** (2.43)
Cons	-0.2715** (-2.34)	-0.1743 (-1.36)

注：*、**、*** 分别表示在 10%、5% 和 1% 的水平上显著，括号中的数值是 t 统计量值。

（三）替换模型

面板固定效应模型可以将不随时间变化的因素作为控制变量纳入回归，从而能够较为有效地缓解不同个体之间存在不随时间变化的差异导致的内生性问题（陈强，2014①；凌珑，2022②）。因此，除了系统 GMM 估计模型以外，本书还采用面板固定效应回归对前述模型进行补充，进一步

① 陈强：《高级计量经济学及 Stata 应用》（第二版），高等教育出版社 2014 年版。

② 凌珑：《就业质量与居民主观福利——基于中国劳动力动态调查的实证研究》，载于《统计研究》2022 年第 10 期。

提高实证结果的准确性和可靠性。与此同时，稳健性检验还考虑了所有自变量都滞后一期时与没有滞后时的实证结果是否存在明显的差异，采用面板固定效应回归的检验结果如表4－7所示。其中列（1）中所有自变量取当期值，列（2）中所有自变量滞后一期。两列*Interest*变量的系数分别为－6.7902和－21.3750，均在1%的显著性水平上显著为负。检验结果显示，采用面板固定效应回归模型得到的结果与系统GMM模型相似，即*Interest*变量的系数显著为负，表明总量调控货币政策越宽松，企业风险承担越大。无论自变量是否滞后，结果均为显著，这说明总量调控货币政策既可以在当期通过影响企业管理者主观预期、风险偏好的方式改变企业风险承担，也可以在政策实施后的一段时期，借助融资利率、投资成本等途径向企业进行风险传导，影响企业的风险承担水平。

表4－7　总量调控货币政策对企业风险传导效应稳健性检验结果（三）

变量	(1) *Risk*	(2) *Risk*
Interest	-6.7902*** (-9.99)	-21.3750*** (-8.67)
Asset	-0.1175*** (-3.48)	-0.0214 (-0.57)
Age	-0.3329*** (-5.30)	0.3138*** (3.01)
Topone	-0.0052*** (-2.94)	-0.0030 (-1.37)
State	-0.0003 (-0.44)	-0.0009 (-1.09)
Gdpgrowth	2.7051*** (7.98)	-6.3660*** (-8.82)
Roa	-0.3619*** (-3.39)	-0.1133 (-0.91)
Growth	-0.0196 (-1.55)	-0.0116 (-0.91)

续表

变量	(1) *Risk*	(2) *Risk*
Leverage	-0.0396 (-0.75)	-0.1171* (-1.76)
Cons	3.9529*** (5.72)	2.0337*** (2.65)
N	7210	6180

注：*、**、*** 分别表示在10%、5%和1%的水平上显著，括号中的数值是 t 统计量值。

六、主要结论与启示

本章从企业微观角度实证检验了总量调控货币政策的风险传导效应，得出如下主要结论：

（1）总量宽松货币政策对企业风险承担具有促进作用，总量紧缩货币政策对企业风险承担具有抑制作用，总量调控货币政策的风险承担渠道在企业微观层面依然存在。

（2）当贷款基准利率较高时，企业风险承担水平的提高有助于提升企业价值，当贷款基准利率较低时，企业风险承担水平的提升抑制了企业价值的增值，即在低利率的总量宽松货币政策环境下，风险承担不具有价值增值效应，反而阻碍了企业价值的增加。

基于上述结论得出如下启示：

（1）考虑了总量调控货币政策对企业的风险传导效应之后使得总量调控货币政策传导机制的复杂性增加，也对货币当局宏观调控提出了挑战。在经济衰退时期，中央银行为促进经济复苏通常采取总量宽松货币政策，然而这种逆周期的总量宽松货币政策操作会导致企业风险承担水平增加，削弱了总量调控货币政策的理论效力，影响了宏观调控的效果。因此，货币当局在制定总量调控货币政策时应纳入微观企业风险感知及响应的考量，对可能出现的风险做出前瞻性和系统性的把握，在经济增长与风险膨胀间取得权衡。为避免由于银行与企业风险取向趋同而导致的系统性风险，应将宏观审慎政策框架由金融系统拓展至实体经济领域，对企业实施逆周期的动态监管，从防范系统性风险角度指导企业构建与总量调控货币政策相协调的风险管理体系，使得企业在总量宽松货币政策环境下能更加主动地控制风险，在总量紧缩货币政策环境下不过于保守，以维护宏观经济的长期稳定运行。

（2）为应对金融危机，我国短期贷款基准利率均在低位运行，而低利率的货币政策环境不仅会催生企业承担更多风险，而且不利于企业的成长。Taylor（2009）认为美联储持续的低利率刺激了资本市场和信贷市场的虚假繁荣，推动了风险的过度承担，引发了金融危机①。Aghion et al.（2014）认为总量调控货币政策、财政政策等宏观经济政策只能在短期带动经济增长，经济的长期增长仍需要教育、R&D 投入、金融发展等结构性转变来推进②。因此在经济下行时政府应采取多种手段激发市场活力，扩大内需，调整经济结构，转变发展方式，为企业的健康发展提供舒适的环境，而不是单纯依靠放松货币的方式来刺激经济的增长。

第二节　不同总量调控货币政策对企业风险传导效应差异的实证研究

当经济盛衰交替价格涨跌互现时，货币当局的基调会适时转变，但更多采取线性操作规则，即经济过热时推出总量紧缩货币政策，经济低迷时推出总量宽松货币政策，却忽略了总量调控货币政策对微观经济主体传导的差异。相同规模的总量调控货币政策在宽松与紧缩货币环境下对企业产出及风险承担的作用效力是不对等的，如果机械地采取线性操作规则，难免会降低总量调控货币政策的实际效力，甚至会加大经济波动的幅度，产生系统性风险。

Cover（1992）首次提出了总量调控货币政策传导的非对称效应③，之后涌现了大量关于总量调控货币政策传导非对称性的研究文献，大量学者对总量调控货币政策在产出维度传导的非对称效应进行了系统深入的研究，总量紧缩货币政策对产出的收缩效应强于总量宽松货币政策对产出的扩张效应已基本达成共识，相比之下，总量调控货币政策在风险维度传导非对称性的研究文献却较为有限：Borio & Zhu（2012）的研究表明，总量

---

① Taylor J. B. The Financial Crisis and the Policy Responses: An Empirical Analysis of What Went Wrong [R]. NBER Working Paper, No. 14631, 2009.

② Aghion P., Hemous D., Kharroubi E. Cyclical fiscal policy, credit constraints, and industry growth [J]. *Journal of Monetary Economics*, 2014, 62 (2): 41-58.

③ Cover J. P. Asymmetric effects of positive and negative money-supply shocks [J]. *The Quarterly Journal of Economics*, 1992, 107 (4): 1261-1282.

调控货币政策与银行风险承担之间的非线性关系可能与传统总量调控货币政策非对称理论相反①。徐明东和陈学彬（2012）实证研究发现总量宽松货币政策对银行风险承担的激励作用强于总量紧缩货币政策对银行风险承担的约束作用②。然而总量调控货币政策对企业风险承担的非对称影响鲜有学者研究。

2000 年 1 月至 2022 年 11 月，我国央行累计调整全体金融机构法定存款准备金率 54 次，平均调整幅度为 0.55%，累计调整一年期存贷款基准利率 54 次，平均调整幅度为 0.29%，从调整频率上看，存款准备金率大大超过利率③。因此，我国总量调控货币政策仍采用数量型为主，价格型为辅的调控模式，但是不少学者对这种调控模式持否定态度：Calvo & Vegh（1999）认为在透明性方面，数量型工具不如价格型工具，即价格型总量性货币政策工具能更好地向市场传递与政府行为相关的信息④。马文涛（2011）从总量调控货币政策工具的宏观调控绩效考察发现，在我国以货币供给量为代表的数量型工具在稳定性方面逊色于以存贷款基准利率为代表的价格型工具⑤。周浩（2012）也认为价格型总量性货币政策工具与数量型总量性货币政策工具相比具有更透明与更好控制通货膨胀的优势⑥。上述文献主要从促进宏观经济产出与抑制通货膨胀两方面比较数量型和价格型工具的宏观调控绩效，但是从微观企业出发比较两种总量调控货币政策工具风险传导非对称性的文献却罕见。

本章从总量调控货币政策的最终作用对象即企业入手，采用面板门限回归模型，分别选取数量型总量性货币政策工具中的存款准备金率以及价格型总量性货币政策工具中的利率作为门限变量，检验总量调控货币政策对企业风险承担水平的影响是否存在非线性关系，并找到不同总量调控货币政策工具风险传导的拐点，证明宽松与紧缩货币政策对企业的风险传导具有非对称效应，比较不同总量调控货币政策工具对企业风险传导效应的

---

① Borio C., Zhu H. Capital regulation, risk-taking and monetary policy: A missing link in the transmission mechanism? [J]. *Journal of Financial Stability*, 2012, 8 (4): 236 - 251.

② 徐明东、陈学彬：《货币环境、资本充足率与商业银行风险承担》，载于《金融研究》2012 年第 7 期。

③ 法定存款准备金率、存贷款基准利率数据均来自 Wind 数据库。

④ Calvo G., Vegh C. Inflation Stabilization and BOP Crises in Developing Countries [R]. NBER Working Paper No 6925, 1999.

⑤ 马文涛：《货币政策的数量型工具与价格型工具的调控绩效比较——来自动态随机一般均衡模型的证据》，载于《数量经济技术经济研究》2011 年第 10 期。

⑥ 周浩：《通货膨胀预期管理的有效性——价格型货币政策工具与数量型货币政策工具比较》，载于《财经科学》2012 年第 7 期。

差异，从而在风险维度丰富总量调控货币政策传导非对称理论，在实践上为总量调控货币政策工具的选择提供参考。

一、理论分析与研究假说

价格型总量性货币政策工具主要有存贷款基准利率、再贷款利率以及再贴现利率。一方面，利率越低，银行信贷供给越多（Jiménez and Ongena，2012①），企业风险管理效率越低（林朝颖等，2014②），贷款违约率越高，信贷风险越大（Delis and Kouretas，2011③）。因此，低利率将导致银行与企业风险承担水平同时上升，反之高利率将导致银行与企业风险承担水平同时下降。另一方面利率会直接影响企业的资产负债状况（Pesaran et al.，2006④）进而影响企业管理者的风险规避程度及企业风险承担水平。数量型总量性货币政策工具主要包括公开市场操作与存款准备金率，央行通过数量型工具影响银行的流动性，进而影响银行的贷款供给与企业的融资约束，最终影响管理者的风险规避程度及企业风险承担水平。因此，从风险传导机理来看，数量型工具主要通过影响金融中介的流动性间接影响企业的融资约束，进而向企业传导风险。而价格型工具既能直接影响企业的风险承担，又能通过银行等中介机构间接向企业传导风险，由此提出如下假说：

假说4.2：总量调控货币政策对企业具有风险传导效应，价格型总量性货币政策工具的风险传导效应强于数量型总量性货币政策工具。

传统总量调控货币政策传导理论认为，总量调控货币政策主要通过“银行信贷渠道”与“资产负债表渠道”影响经济增长，传导渠道的非对称性决定了总量调控货币政策作用效果的非对称性。银行信贷渠道从银行的角度来考察总量调控货币政策传导的非对称性，而资产负债表渠道则从企业角度考察总量调控货币政策传导的非对称性。林朝颖等（2014）认为，总量调控货币政策对企业的风险传导同样存在银行间接渠道与企业直接渠道，即总量调控货币政策不仅会通过金融中介向企业传导风险，还会

---

① Jiménez G., Ongena S. Credit supply and monetary policy: Identifying the bank balance-sheet channel with loan applications [J]. *The American Economic Review*, 2012, 102 (5): 2301-2326.

② 林朝颖、黄志刚、石德金：《货币政策对企业风险管理的影响研究》，载于《财经论丛》2014年第6期。

③ Delis M. D., Kouretas G. P. Interest rates and bank risk-taking [J]. *Journal of Banking and Finance*, 2011, 35 (4): 840-855.

④ Pesaran M. H., Schuermann T., Treutler B., et al. Macroeconomic dynamics and credit risk: a global perspective [J]. *Journal of Money, Credit and Banking*, 2006: 1211-1261.

直接影响企业的风险承担①。

从银行间接渠道来看，总量调控货币政策会影响银行的风险偏好，在总量宽松货币政策环境下，银行的风险容忍度上升，信贷门槛下降，监督企业的动机减弱，银行实际风险承担水平上升，反之银行的风险承担水平下降（Jiménez et al.，2014②）。Borio & Zhu（2012）的研究还表明，总量调控货币政策与银行风险承担之间的非线性关系可能与传统总量调控货币政策非对称理论相反③。徐明东和陈学彬（2012）实证研究发现，总量宽松货币政策对银行风险承担的激励作用强于总量紧缩货币政策的约束作用④。银行是风险传导的中介，总量调控货币政策对银行风险传导的非对称性意味着总量调控货币政策对企业的风险传导同样也存在非对称性。在宽松货币环境下总量调控货币政策对银行的风险传导效应强于紧缩货币环境下的风险传导效应，因此宽松货币环境下银行信贷门槛的降低幅度大于紧缩货币环境下银行信贷门槛的提升幅度，而银行的信贷门槛将影响企业的风险承担水平：信贷门槛降低幅度越大，企业风险承担水平的提升幅度也越高。

从企业直接渠道来看，总量宽松货币政策一方面降低了融资成本，提高了可抵押资产的价值，改善了企业的资产负债状况（Gertler and Gilchrist，1994⑤），从客观上提高了企业的风险承担水平；另一方面总量宽松货币政策降低了经济中的不确定性，提高了人们的风险偏好，从主观上增强了企业风险承担的动机。主客观因素相互叠加，增强了总量调控货币政策的风险传导效应。基于上述分析，提出如下假说：

假说4.3：总量调控货币政策的风险传导具有非对称性，在宽松货币环境下总量调控货币政策对企业的风险传导效应强于紧缩货币环境下的风险传导效应。

---

① 林朝颖、黄志刚、杨广青：《基于微观视角的货币政策风险传导效应研究》，载于《国际金融研究》2014年第9期。

② Jiménez G.，Ongena S.，Peydró J. L.，et al. Hazardous Times for Monetary Policy：What Do Twenty – Three Million Bank Loans Say About the Effects of Monetary Policy on Credit Risk – Taking？[J]. *Econometrica*，2014，82（2）：463 –505.

③ Borio C.，Zhu H. Capital regulation，risk-taking and monetary policy：A missing link in the transmission mechanism？[J]. *Journal of Financial Stability*，2012，8（4）：236 –251.

④ 徐明东、陈学彬：《货币环境、资本充足率与商业银行风险承担》，载于《金融研究》2012年第7期。

⑤ Gertler M.，Gilchrist S. Monetary Policy，Business Cycles，and the Behavior of Small Manufacturing Firms [J]. *The Quarterly Journal of Economics*，1994，109（2）.

二、研究设计

本书利用 Hansen（1999）① 的面板门限回归模型考察总量调控货币政策的门槛特征。在面板门限回归模型中，门限变量将样本分为若干组，组内的观测值是同质的，而组间的观测值是异质的（余泳泽，2012②）。本书认为总量调控货币政策在风险传导的过程中存在着“门槛”，不论是利率还是存款准备金率工具，在总量宽松货币政策环境下对企业的风险传导效应与紧缩货币政策环境下对企业的风险传导效应存在区别。为了捕捉不同总量调控货币政策工具在宽松与紧缩货币政策环境下风险传导的差异，刻画总量调控货币政策与企业风险承担之间的非线性关系，构建如下模型：

$$Risk_{i,t} = \beta_0 + \beta_1 MP_t I(MP_t \leq \gamma) + \beta_2 MP_t I(MP_t > \gamma) + \alpha' X_{i,t} + u_i + \varepsilon_{i,t} \tag{4.5}$$

其中，*Risk* 表示企业风险承担水平，定义与计算方法与第四章相同。*MP* 是总量调控货币政策工具代理变量，在我国总量调控货币政策工具包括价格型总量性货币政策工具与数量型总量性货币政策工具，价格型总量性货币政策工具主要有存贷款基准利率、再贷款利率以及再贴现利率，数量型总量性货币政策工具主要有公开市场操作与调整存款准备金率。价格型总量性货币政策工具中一年期存贷款利率被认为是最有效的（樊明太，2004③），由于相对存款利率而言，贷款利率对企业投融资的影响更大，因此本书参考徐明东和陈学彬（2012）④ 先选用一年期贷款基准利率（*Interest*）作为价格型总量性货币政策工具的代理变量，再根据多数文献的做法选取存款准备金率（*Rate*）作为数量型总量性货币政策工具的代理变量（刘海明和李明明，2020⑤；陈良源等，2021⑥）。

$I(\cdot)$ 是示性函数，当括号中条件成立的时候，$I(\cdot)$ 取值为 1，否则取 0。因此当门限变量 $MP \leq \gamma$ 时，总量调控货币政策的风险传导系数为

---

① Hansen B. E. Threshold effects in non-dynamic panels: Estimation, testing, and inference [J]. *Journal of Econometrics*, 1999, 93 (2): 345 - 368.

② 余泳泽：《FDI 技术外溢是否存在“门槛条件”——来自我国高技术产业的面板门限回归分析》，载于《数量经济技术经济研究》2012 年第 8 期。

③ 樊明太：《金融结构及其对货币传导机制的影响》，载于《经济研究》2004 年第 7 期。

④ 徐明东、陈学彬：《货币环境、资本充足率与商业银行风险承担》，载于《金融研究》2012 年第 7 期。

⑤ 刘海明、李明明：《货币政策对微观企业的经济效应再检验——基于贷款期限结构视角的研究》，载于《经济研究》2020 年第 2 期。

⑥ 陈良源、林建浩、王少林等：《央行沟通对于货币政策实际干预的预测能力研究》，载于《统计研究》2021 年第 1 期。

β_1，当门限变量 $MP>\gamma$ 时，总量调控货币政策的风险传导系数为 β_2。如果 β_1 与 β_2 显著为负且 $|\beta_1|>|\beta_2|$，说明总量调控货币政策对企业具有风险传导效应，而且在宽松货币环境下总量调控货币政策的风险传导效应强于紧缩货币环境下总量调控货币政策的风险传导效应。

X_{it}表示控制变量，在以往文献（John et al.，2008①；Faccio et al.，2011②）的基础上，还控制了如下变量：盈利水平（*Roa*）、企业成长性（*Growth*）、杠杆水平（*Leverage*）、企业规模（*Asset*）、经营期限（*Age*）、股权集中度（*Topone*）、国有股比例（*State*）及宏观经济增长速度（*Gdpgrowth*）。具体变量定义见表 4－8。为避免异常值对检验结果的影响，在估计模型时对企业所有连续变量均进行了上下 1% 的 Winsorize 处理。

表 4－8　　　　变量的界定

变量名称	变量符号	变量界定
企业风险承担水平	*Risk*	五年经行业调整的 *Roa* 的波动率
总量调控货币政策 *MP*	*Interest*	一年期贷款基准利率
	Rate	大型金融机构存款准备金率
盈利水平	*Roa*	年息税折旧摊销前利润/年末资产总额
企业成长性	*Growth*	营业收入的年增长率
杠杆水平	*Leverage*	年末负债/年末资产
企业规模	*Asset*	ln(年末总资产)
经营期限	*Age*	ln(1＋企业成立年限)
股权集中度	*Topone*	年末第一大股东持股百分比
国有股比例	*State*	国有股东持股百分比
宏观经济增长速度	*Gdpgrowth*	实际 GDP 年增长率

三、实证结果与分析

（一）门限效应检验

首先选取利率作为模型估计的门限变量与核心自变量，检验利率对企业风险承担水平的影响是否存在门限效应，使用网格搜索的方法（grid

① John K.，Litov L.，Yeung B. Corporate Governance and Risk－Taking［J］. *The Journal of Finance*，2008，63（4）：1679－1728.

② Faccio M.，Marchica M.，Mura R. Large shareholder diversification and corporate risk-taking［J］. *Review of Financial Studies*，2011，24（11）：3601－3641.

search）寻找可能存在的门限值，随后利用残差平方和最小的原则找到门限估计值，再利用自举法（bootstrap）模拟似然比检验统计量及临界值（自举次数为300次）。结果显示，利率的门限值为0.0695，F统计量为223.341，在5%的水平上显著，说明可拒绝不存在门限值的原假设，即至少存在一个门限值。双门限模型的F值为20.349，在5%水平上不显著，说明门限值的个数小于2，因此确定门限值个数为1，应建立单门限面板回归模型。

其次选取存款准备金率作为模型估计的门限变量与核心自变量，采用相同的方法检验存款准备金率对企业风险承担水平的影响是否存在门限效应。结果发现存款准备金率的门限值为0.1603，F统计量为73.819，在5%的水平上显著，说明可拒绝不存在门限效应的原假设，即至少存在一个门限值。双门限模型的F值为1.717，在5%的水平上不显著，说明样本数据门限值的个数小于2，因此也建立单门限面板回归模型。

（二）面板门限回归结果

首先选取利率作为模型估计的门限变量与核心自变量，面板门限回归结果如表4-9所示。当利率≤0.0695时总量调控货币政策对企业风险传导系数的绝对值（50.9819-0.6385）大于利率>0.0695时总量调控货币政策对企业风险传导系数的绝对值（38.8394）。由于利率越低，总量调控货币政策越宽松，在低利率环境下利率对企业的风险传导效应强于高利率环境下利率对企业的风险传导效应。根据前景理论可知大多数人会根据参考点对风险进行判断。结合这一观点，得出上述结论的原因可能在于，当利率水平高于门限值0.0695时，企业面临的信贷约束较紧，融资压力较大，因而总量宽松货币政策虽然能够在一定程度上缓解企业的融资约束，但无法转变经济主体对信贷市场可能长期处于紧缩状态的普遍预期，企业管理者往往倾向于采取更为稳妥谨慎的经营策略，规避高风险投资可能引致的风险承担。而当利率水平低于门限值0.0695时，企业面临的信贷环境较为宽松，融资压力显著减小，此时实施总量宽松货币政策更有助于向市场传递出总量调控货币政策可能转向持续宽松状态的信号，有效改变市场主体原先持有的消极预期，进而对信贷市场预期产生正向调节效应，为企业管理者建立起对信贷环境持续向好的信心，此时企业管理者的风险厌恶情绪逐渐平缓，风险承担意愿增强，因而在利率低于门限值时总量宽松货币政策会使得银行愿意并且有能力满足更多企业的信贷需求，银行通过降低信贷门槛、减弱贷后监督力度向高风险企业释放更多的贷款以谋求高额利润，充足的信贷资源也促使企业更加积极地提高风险承担水平。相较于紧缩货币政策环境，宽松货币政策环境下利率对企业的风险传导效应更强。

表 4-9　　　　利率对企业风险传导的门限回归检验结果

变量	系数	标准差	t	$P>\|t\|$	95%置信区间	
Asset	-0.1022***	0.0137	-7.4600	0.0000	-0.1291	-0.0753
Age	-0.1776***	0.0399	-4.4500	0.0000	-0.2557	-0.0994
Topone	-0.0048***	0.0008	-6.1000	0.0000	-0.0063	-0.0032
State	-0.0009**	0.0004	-2.4300	0.0150	-0.0017	-0.0002
Gdpgrowth	24.3308***	1.6558	14.6900	0.0000	21.0848	27.5768
Roa	-0.3593***	0.0762	-4.7100	0.0000	-0.5087	-0.2098
Growth	-0.0150*	0.0083	-1.7900	0.0730	-0.0313	0.0014
Leverage	-0.0531*	0.0279	-1.9000	0.0570	-0.1078	0.0016
Interest_1 (*Interest*≤0.0695)	-50.9819***	3.2940	-15.4800	0.0000	-57.4393	-44.5246
Interest_2 (*Interest*>0.0695)	-38.8394***	2.4508	-15.8500	0.0000	-43.6439	-34.0350
Cons	3.6230***	0.2723	13.3100	0.0000	3.0893	4.1567

注：*、**、*** 分别表示在10%、5%和1%的水平上显著。

其次选取存款准备金率作为模型估计的门限变量与核心自变量，面板门限回归结果如表4-10所示。当存款准备金率≤0.1603时总量调控货币政策对企业风险传导系数的绝对值（6.8401）大于存款准备金率>0.1603时总量调控货币政策对企业风险传导系数的绝对值（6.0825）。这表明在总量宽松货币政策环境下，存款准备金率对企业的风险传导效应强于紧缩货币政策环境下存款准备金率对企业的风险传导效应。得到上述结论可能是因为存款准备金率与门限值的相对大小差异会影响总量调控货币政策变动对信贷市场预期的调节效果。即当存款准备金率大于0.1603时，商业银行需要定期向央行缴纳一定比例的法定存款准备金以达到合规要求，较高水平的法定存款准备金率显著缩小了银行的可贷资金规模，抑制了银行扩大信贷供给的积极性，因而企业在信贷市场紧缩预期与信贷获取难度加大的担忧下，降低了风险厌恶倾向变动的敏感性。而当存款准备金率降至0.1603以下时，商业银行定期向央行缴纳的法定存款准备金规模减小，银行可贷资金增加，信贷供给能力增强，银行会更加积极地满足众多企业的贷款需求，从而促使企业信贷环境发生明显改善，这时企业管理者产生对未来信贷环境持续宽松的乐观预期，企业风险偏好对总量调控货币政策变动的敏感程度大幅增加，进而企业风险承担也对存款准备金率变化更为敏感。若处于低位的存款准备金率进一步调整，则存款准备金率对企业的风险传导将比存款准备金率处于高位时更加剧烈。

表 4-10　　存款准备金率对企业风险传导的门限回归检验结果

变量	系数	标准差	t	$P>\|t\|$	95% 置信区间	
Asset	-0.0932***	0.0136	-6.8700	0.0000	-0.1198	-0.0666
Age	0.6761***	0.0659	10.2700	0.0000	0.5470	0.8053
Topone	-0.0047***	0.0008	-6.0300	0.0000	-0.0062	-0.0031
State	-0.0011***	0.0004	-3.0200	0.0030	-0.0019	-0.0004
Gdpgrowth	-6.8761***	0.6609	-10.4000	0.0000	-8.1717	-5.5806
Roa	-0.3115***	0.0754	-4.1300	0.0000	-0.4593	-0.1637
Growth	-0.0162**	0.0082	-1.9600	0.0500	-0.0323	0.0000
Leverage	-0.0435	0.0276	-1.5800	0.1140	-0.0976	0.0105
Rate_1（*Rate*≤0.1603）	-6.8401***	0.3458	-19.7800	0.0000	-7.5180	-6.1621
Rate_2（*Rate*>0.1603）	-6.0825***	0.2988	-20.3500	0.0000	-6.6684	-5.4967
Cons	2.1573***	0.2839	7.6000	0.0000	1.6008	2.7138

注：*、**、*** 分别表示在10%、5%和1%的水平上显著。

总量调控货币政策对企业风险传导的非对称关系与其对银行风险传导的非对称关系是一致的。在货币政策的银行风险承担渠道理论中，总量宽松货币政策对银行风险承担的激励作用强于总量紧缩货币政策对银行风险承担的约束作用（Borio and Zhu，2012①）。在总量宽松货币政策环境下银行风险偏好的提升幅度强于总量紧缩货币政策环境下银行风险偏好的下降幅度，因此在总量宽松货币政策下银行对企业信贷规模的扩张程度可能强于总量紧缩货币政策下银行对企业信贷规模的收缩程度。受银行风险偏好的影响，总量宽松货币政策对企业风险承担意愿的促进作用也大于总量紧

① Borio C., Zhu H. Capital regulation, risk-taking and monetary policy: A missing link in the transmission mechanism? [J]. *Journal of Financial Stability*, 2012, 8 (4): 236-251.

缩货币政策对其风险承担意愿的抑制作用，进而总量宽松货币政策对企业风险承担的激励作用也强于总量紧缩货币政策对企业风险承担的抑制作用。比较表4－9与表4－10的总量调控货币政策风险传导系数发现，利率对企业的风险传导系数的绝对值明显大于存款准备金率对企业的风险传导系数的绝对值，从总量调控货币政策对企业风险传导的机理来看，这可能是由于存款准备金率影响着商业银行向央行缴纳的法定准备金数量，央行通过调控存款准备金率来改变金融中介贷款供给从而影响企业的融资约束，进而影响企业的风险偏好与风险承担行为，而利率不仅能通过改变银行的贷款收益影响其对企业的贷款供给，还能直接影响企业的融资成本与投资收益，从企业资产负债表的两端调整企业的融资条件，从而改变企业的风险偏好与风险承担水平。因此利率对企业的风险传导效应较强，而存款准备金率对企业的风险传导效应较弱。

四、稳健性检验

首先将风险承担因变量替换成 Altman（1968）z-score 的倒数 Zscorerisk①。Zscorerisk 越大，风险承担水平越高。面板门限回归结果如表4－11所示。当利率≤0.0695时，总量调控货币政策对企业风险传导系数的绝对值（64.0434）大于利率＞0.0695时总量调控货币政策对企业风险传导系数的绝对值（45.7019）。得到上述结果的原因可能在于：当利率大于0.0695时，总量宽松货币政策较难影响企业管理者对货币政策环境长期趋紧的前景预期，从而较难改变管理者的风险厌恶态度，因此在这一区间内即使利率降低也不能提高企业风险承担水平。而当利率小于0.0695时，企业管理者对总量性货币政策走向的心理预期发生转变，此时实施总量宽松货币政策有助于提升银行和企业对未来货币政策处于长期宽松状态的信心，从而对银行和企业风险承担意愿的促进作用更大，银行流动性约束得到缓解，银行厌恶风险的态度得以缓和，风险容忍度提升，从而逐步降低了贷前筛选审核和贷后监督管理的成本投入，进而提高了企业违约风险（Borio & Zhu，2008②；Jiménez et al.，2014③）。综上所

① Altman E. I. Financial ratios, discriminant analysis and the prediction of corporate bankruptcy [J]. *The Journal of Finance*, 1968, 23 (4): 589－609.

② Borio C., Zhu H. Capital regulation, risk-taking and monetary policy: a missing link in the transmission mechanism? [R]. BIS Working Paper, 2008.

③ Jiménez G., Ongena S., Peydró J. L., et al. Hazardous Times for Monetary Policy: What Do Twenty－Three Million Bank Loans Say About the Effects of Monetary Policy on Credit Risk－Taking? [J]. *Econometrica*, 2014, 82 (2): 463－505.

述，在替换被解释变量之后，主检验的结论仍然成立，即在低利率环境下利率对企业的风险传导效应强于高利率环境下利率对企业的风险传导效应。

表 4-11　　　　利率对企业风险传导的门限回归检验结果

变量	系数	标准差	t	$P>\|t\|$	95% 置信区间	
Asset	0.2562 ***	0.0358	7.1600	0.0000	0.1861	0.3263
Age	-0.3252 ***	0.0892	-3.6500	0.0000	-0.5000	-0.1504
Topone	-0.0005	0.0017	-0.2800	0.7760	-0.0039	0.0029
State	0.0009	0.0008	1.1300	0.2580	-0.0007	0.0025
Gdpgrowth	30.8137 ***	3.5896	8.5800	0.0000	23.7763	37.8511
Roa	-0.4014 *	0.2308	-1.7400	0.0820	-0.8538	0.0510
Growth	-0.0687 ***	0.0219	-3.1400	0.0020	-0.1116	-0.0258
Leverage	0.9279 ***	0.1328	6.9900	0.0000	0.6676	1.1882
Interest_1 (*Interest*≤0.0695)	-64.0434 ***	7.1044	-9.0100	0.0000	-77.9712	-50.1155
Interest_2 (*Interest*>0.0695)	-45.7019 ***	5.2854	-8.6500	0.0000	-56.0638	-35.3400
Cons	-4.0001 ***	0.6796	-5.8900	0.0000	-5.3325	-2.6677

注：*、**、*** 分别表示在 10%、5% 和 1% 的水平上显著。

其次基于钱先航和徐业坤（2014）的观点①，采用年化月个股波动率度量企业风险承担。年化月个股波动率的计算方式为，$Risk_{i,t} = \ln\left[\sqrt{\frac{1}{J}\sum_{j=1}^{J}\left(r_{itj}-\frac{1}{J}\sum_{j=1}^{J}r_{itj}\right)^2}\right]$，式中，$r_{itj}$表示企业 i 在年度 t 内第 j 月的收益率，J 表示每个会计年度内总月数。采用面板门限回归进行实证检验，检验结果如表 4-12 所示。当利率≤0.0626 时，总量调控货币政策对企业风险传导系数的绝对值（8.1255）大于利率>0.0626 时，总量调控货币政策对企业风险传导系数的绝对值（1.4244）。这可能是因为在低利率环境下，实施总量宽松货币政策可以更有效地调节企业管理者的风险预期，此时企业管理者更有可能对总量调控货币政策变动抱有乐

① 钱先航、徐业坤：《官员更替、政治身份与民营上市公司的风险承担》，载于《经济学（季刊）》2014 年第 4 期。

观估计，企业更愿意并且有能力将更多的信贷资金投向高风险高收益的项目。由于此类项目本身发展前景不明朗，具有高度的不确定性，因此企业风险承担水平逐渐变高。此外银行信贷供给增多会促使高负债企业的股东冒险动机更强（郭瑾等，2017①），进而使得股市当中的投资者对企业股票价格的预期也出现大幅波动，年化个股月波动率随之增大，企业风险承担显著升高。而在高利率环境下，企业风险预期对总量调控货币政策变动的敏感度较低，此时企业为抵御信贷条件恶化对企业发展的不利冲击，管理者往往倾向于进行风险规避，因此利率降低也无法有效刺激企业提高风险承担水平。综上，在将被解释变量替换为年化个股月波动率之后，主检验的结论仍然成立，即在低利率环境下，利率对企业的风险传导效应强于高利率环境下利率对企业的风险传导效应。

表 4－12　　利率对企业风险传导的门限回归检验结果

变量	系数	标准差	*t*	*P*＞|*t*|	95%置信区间	
Asset	0.0180	0.0122	1.4800	0.1390	－0.0059	0.0419
Age	1.0222***	0.0317	32.2600	0.0000	0.9601	1.0843
Topone	0.0004	0.0006	0.6500	0.5180	－0.0008	0.0017
State	0.0004	0.0003	1.2900	0.1950	－0.0002	0.0010
Gdpgrowth	9.6640***	0.4425	21.8400	0.0000	8.7966	10.5315
Roa	－0.2330***	0.0795	－2.9300	0.0030	－0.3888	－0.0773
Growth	0.0123	0.0071	1.7400	0.0820	－0.0016	0.0262
Leverage	0.1406***	0.0464	3.0300	0.0020	0.0497	0.2316
Interest_1（*Interest*≤0.0626）	－8.1255***	1.7953	－4.5300	0.0000	－11.6449	－4.6060
Interest_2（*Interest*＞0.0626）	－1.4244	1.4378	－0.9900	0.3220	－4.2431	1.3943
Cons	－5.6461***	0.2594	－21.7700	0.0000	－6.1546	－5.1376

注：*、**、*** 分别表示在10%、5%和1%的水平上显著。

五、主要结论与启示

本书采用面板门限回归模型研究数量型与价格型总量性货币政策工具

① 郭瑾、刘志远、彭涛：《银行贷款对企业风险承担的影响：推动还是抑制？》，载于《会计研究》2017 年第 2 期。

对企业风险传导的非对称效应，得出如下结论：

（1）不论是数量型还是价格型的总量调控货币政策工具对企业的风险传导均存在非对称效应，即宽松货币政策环境下总量调控货币政策对企业的风险传导效应强于紧缩货币政策环境下的风险传导效应。

（2）不同总量调控货币政策工具对企业的风险传导效应存在差异，价格型总量性货币政策工具对企业的风险传导效应强于数量型总量性货币政策工具对企业的风险传导效应。

基于上述结论，得出如下启示：

（1）总量调控货币政策对经济的影响不仅依赖于总量调控政策的强度和方向，还取决于所处的总量调控货币政策环境。央行可根据不同货币政策环境下微观主体对总量调控货币政策的风险敏感度的差异选择合理的总量调控货币政策工具：在宽松货币政策环境下可选择风险传导效应较弱的总量调控货币政策工具（如存款准备金率），而在紧缩货币政策环境下可选择风险传导效应较强的总量调控货币政策工具（如利率）。

（2）随着利率市场化改革的深化，货币政策调控模式由数量调控为主转向价格调控为主。鉴于微观经济主体对价格型总量性货币政策工具的风险敏感性强于数量型总量性货币政策工具的研究结论，本书赞同 Goodhart et al.（2011）的观点①，即当危机来临时，央行采取固定名义利率的价格型调控策略比控制基础货币的数量型调控策略更有助于维护金融稳定，因为与降低存款准备金率相比，降低利率会更大幅度地刺激企业的风险承担水平。

（3）中央银行在宏观调控时应保持不同总量调控货币政策工具与力度的合理搭配组合，对于风险传导效应较强的价格型总量性货币政策工具，宜搭配较小的调整幅度，对于风险传导效应较弱的数量型总量性货币政策工具，则可适当增加调整的频率与幅度，如此可降低企业在总量宽松货币政策环境下的风险承担超出风险容忍范围的可能性。

第三节　总量调控货币政策对不同企业风险传导效应差异的实证研究

已有的总量调控货币政策传导非对称性研究主要从时间、区域、行

① Goodhart C. A. E.，Sunirand P.，Tsomocos D. P. The optimal monetary instrument for prudential purposes [J]. *Journal of financial stability*，2011，7（2）：70－77.

业、企业层面研究总量调控货币政策对产出、通货膨胀传导的非对称性，本章也从上述四个层面研究总量调控货币政策对企业风险传导效应的差异：首先在时间层面，比较总量调控货币政策对经济衰退期与经济繁荣期企业风险传导效应的差异；其次在区域层面，比较总量调控货币政策对经济发达区域与经济欠发达区域企业风险传导效应的差异；再次在行业层面，比较总量调控货币政策对行业衰退期与行业繁荣期企业风险传导效应的差异；最后在企业层面，比较总量调控货币政策对不同规模、不同所有权性质以及不同成长性企业风险传导效应的差异，从而在风险维度丰富总量调控货币政策传导非对称性理论。

一、总量调控货币政策对处于不同经济周期企业风险传导效应的差异

在经济增长的不同时期，企业的风险承担水平是不同的。Bachmann & Bayer（2013）研究表明，不论从销售还是产出、雇佣员工以及生产力增长、价格变化等方面都说明企业的风险是逆周期的①。Bloom et al.（2018）发现企业销售收入的增长率是逆周期的，即经济衰退时期企业风险上升，在经济繁荣时期企业的风险下降②。

总量性货币政策在经济增长的不同时期调控效果也不同。Kuzin & Tober（2004）研究发现德国总量调控货币政策的非对称性取决于经济处于高涨期还是衰退期，经济衰退期总量调控货币政策的实施效果明显强于经济繁荣期总量调控货币政策的实施效果③。Lo & Piger（2005）研究也表明，在经济衰退阶段采取的总量调控货币政策比经济扩张阶段采取的总量调控货币政策具有更强的政策效应④。

然而总量调控货币政策对经济增长不同时期企业风险承担影响的文献却较为罕见。倘若与总量调控货币政策对经济总产出的非对称冲击类似，在经济衰退时期总量调控货币政策对企业的风险传导效应强于经济繁荣时期总量调控货币政策对企业的风险传导效应，那么在经济低迷时期推出的总量宽松货币政策将为未来的经济复苏埋下风险隐患。本书通过面板门限回归模型，

---

① Bachmann R., Bayer C. ‘Wait - and - See’ business cycles? [J]. *Journal of Monetary Economics*, 2013, 60 (6): 704 - 719.

② Bloom N., Floetotto M., Jaimovich N., et al. Really uncertain business cycles [J]. *Econometrica*, 2018, 86 (3): 1031 - 1065.

③ Kuzin V., Tober S. Asymmetric monetary policy effects in Germany [R]. DIW Discussion Papers, No. 397, 2004.

④ Lo M. C., Piger J. Is the response of output to monetary policy asymmetric? Evidence from a regime-switching coefficients model [J]. *Journal of Money, Credit and Banking*, 2005, 37 (5): 865 - 886.

研究经济增长的不同时期总量调控货币政策对企业风险承担影响的差异，并找到对应的阈值拐点，从而证明总量调控货币政策风险传导在时间层面的非对称效应。

（一）理论分析与研究假说

在市场经济条件下，宏观经济运行存在上行周期和下行周期，这种周期性运行影响着企业的经营环境。不同经济周期阶段下企业的经营环境存在显著差异。当经济处于上行时期，绝大多数企业的销售增加，企业盈利水平提升；当经济处于下行时期，绝大多数企业的销售减少，企业盈利能力萎缩（应惟伟，2008①）。Bae et al.（2002）的研究证实了宏观经济环境通过银企关系影响企业财务困境的可能性②。宏观经济的周期性运行为企业营造了不同的经营环境，而经营环境的差异影响着企业的财务状况，进而影响企业的风险承担水平。在经济衰退时期，企业经营环境恶劣，资产负债状况恶化，盈利能力不足导致偿债能力大幅度下降，信用违约概率攀升，企业面临着巨大的资金压力和倒闭的威胁，此时企业承担的风险显著加大。由此提出如下假说：

假说4.4：企业的风险承担水平是逆周期的，在经济繁荣时期企业的风险承担水平小于经济衰退时期企业的风险承担水平。

现有研究表明总量调控货币政策在经济周期的不同阶段具有非对称的传导效应。经济衰退时期的总量调控货币政策较之于经济繁荣时期更加有效，经济衰退时期的总量调控货币政策操作效果显著优于繁荣时期（Lo and Piger，2005③；曹永琴和李泽祥，2007④）。在经济繁荣时期，市场整体需求旺盛，市场价格呈上升趋势，实体企业营业收入和利润显著增加；而在经济衰退时期，市场需求不足，投资回报降低，实体企业的偿债能力和盈利水平均呈现下降态势，有些企业资金链几乎断裂，资产负债表严重恶化，内外部环境动荡导致经营风险大幅增加。Nickell et al.（2000）均指出在经

---

① 应惟伟：《经济周期对企业投资影响的实证研究——基于投资现金流敏感性视角》，载于《财政研究》2008 年第 5 期。

② Bae K.，Kang J.，Lim C. The value of durable bank relationships：evidence from Korean banking shocks［J］. *Journal of Financial Economics*，2002，64（2）：181 –214.

③ Lo M. C.，Piger J. Is the response of output to monetary policy asymmetric? Evidence from a regime-switching coefficients model［J］. *Journal of Money*，*Credit and Banking*，2005，37（5）：865 –886.

④ 曹永琴、李泽祥：《中国货币政策效应非对称性的实证研究》，载于《经济评论》2007 年第 6 期。

济下行时期企业贷款的违约概率显著攀升①。如果在经济衰退时期推行总量宽松货币政策，扩大信贷供给，降低信贷门槛，将致使许多盈利能力较弱且贷款违约率较高的企业获得资金，这不仅会影响信贷质量，同时也加大了企业的风险，在一定程度上迫使企业承担更多的风险。由此提出如下假说：

假说4.5：经济衰退时期总量调控货币政策对企业的风险传导效应大于经济繁荣时期总量调控货币政策对企业的风险传导效应。

（二）研究设计

第三章已采用信贷市场逆向选择模型论证了总量调控货币政策在经济衰退期对企业的风险传导效应强于经济繁荣期总量调控货币政策对企业的风险传导效应。为了从实证角度检验经济增长的不同时期总量调控货币政策对企业的风险传导效应是否具有显著差异，设定如下模型：

$$Risk_{i,t} = \beta_0 + \beta_1 MP_{t-1} + \beta_2 Gap_t \times MP_{t-1} + \alpha X_{i,t-1} + u_i + \varepsilon_{i,t} \qquad (4.6)$$

其中，$X_{i,t-1}$表示控制变量的向量，i 表示企业，t 表示年份。*Risk* 表示企业风险承担水平，MP_t 表示总量调控货币政策，定义与计算方法前文相同。*MP* 包括两种度量方式，一种是数量型货币政策，用存款准备金率（*Rate*）表示；另一种是价格型货币政策，用一年期贷款基准利率（*Interest*）表示。Gap_t 表示经济周期，本书沿用多数文献的做法，使用 HP 滤波测度 t 时期 GDP 实际增长率对其长期趋势的偏离成分，偏离值为负说明宏观经济处于衰退周期，*Gap* 取 1；偏离值为正说明宏观经济处于繁荣周期，*Gap* 取 0。如果 β_1 与 β_2 均显著小于 0，则表明总量调控货币政策对企业存在风险传导效应，而且经济衰退时期总量调控货币政策对企业的风险传导效应强于经济繁荣时期总量调控货币政策对企业的风险传导效应。

在以往文献（John et al.，2008②；Faccio et al.，2011③）的基础上，还控制了其他影响企业风险承担水平的宏微观变量，包括企业规模（*Asset*，用总资产取对数代表）、国有股比例（*State*，用国有股东持股比例代表）、杠杆水平（*Leverage*，用资产负债率代表）、经营期限［*Age*，用 *Ln*（1 + 企业成立年限）代表］、企业成长性（*Growth*，用营业收入增长率代表）、盈利水平（*Roa*，用年息税折旧摊销前利润/年末资产总额代表）、

---

① Nickell P.，Perraudin W.，Varotto S. Stability of rating transitions［J］. *Journal of Banking and Finance*，2000，24（1）：203－227.

② John K.，Litov L.，Yeung B. Corporate Governance and Risk－Taking［J］. *The Journal of Finance*，2008，63（4）：1679－1728.

③ Faccio M.，Marchica M，Mura R. Large shareholder diversification and corporate risk-taking［J］. *Review of Financial Studies*，2011，24（11）：3601－3641.

股权集中度（*Topone*，用第一大股东持股比例代表）。具体变量定义如表 4 - 13 所示。为避免异常值对检验结果的影响，估计模型时对企业所有连续变量进行上下 1% 的 Winsorize 处理。

表 4 - 13　　　　变量的界定

变量名称	变量符号	变量界定
企业风险承担水平	*Risk*	五年经行业调整的 *Roa* 的波动率
总量调控货币政策 MP	*Interest*	一年期贷款基准利率
	Rate	大型金融机构存款准备金率
经济周期	*Gap*	经济衰退期取 1，经济繁荣期取 0
企业规模	*Asset*	ln(年末总资产)
国有股比例	*State*	国有股东持股百分比
杠杆水平	*Leverage*	年末负债/年末资产
经营期限	*Age*	ln(1 + 企业成立年限)
企业成长性	*Growth*	营业收入的年增长率
盈利水平	*Roa*	年息税折旧摊销前利润/年末资产总额
股权集中度	*Topone*	年末第一大股东持股百分比

（三）实证结果与分析

普通面板数据主要包括三种模型：混合模型、固定效应模型及随机效应模型。不论选择存款准备金率还是选择利率作为总量调控货币政策的代理变量，模型 F 值显示固定效应模型明显优于混合模型。接着利用 Hausman 检验比较固定效应模型与随机效应模型，结果表明 Hausman 统计量 p 值均小于 1%，即固定效应模型优于随机效应模型。因此本书使用固定效应模型估计式（4.6）。

首先选取利率作为总量调控货币政策代理变量，研究不同经济周期下利率对企业风险传导效应的差异，结果如表 4 - 14 所示。利率（*Interest*）的系数在 1% 水平上显著为负，利率与经济周期交乘项（$Gap \times Interest$）的系数在 1% 水平上也显著为负，这说明利率对企业具有风险传导效应，而且经济衰退时期利率对企业的风险传导效应强于经济繁荣时期利率对企业的风险传导效应。当经济前景不明朗，经济活力下降，市场需求疲软，企业经营业绩普遍下滑时，企业对宏观政策环境的敏感度会显著提升，当实施总量宽松货币政策时，企业管理者由于迫切需要寻找新的投资机会，扩大产品销量，增强盈利能力，并且对未来的预期仍保持乐观，企业便会明显倾向于高风险的投资项目，希望通过提高风险承担来提振企业发展活力，在经济衰退的洪流中不断增强企业抵御外部负面冲击的能力，因此风险承担水平会随着货币政策的扩张而明显提升。而当实施总量紧缩货币政策时，企业管理者原先持有的乐观预期发生转变，融资环境的恶化加剧了经济不景气时管理者对未来发展前景的担忧，此时企业经营同样遭遇困境，确保资金链畅通成为避免企业落入破产泥沼的关键，因而在信贷资源极为有限的情况下，管理者主观上不会轻易承担风险，对待高风险投资机会慎之又慎，唯恐由于风险失控引发银行停贷从而导致企业资金链断裂。所以，货币政策紧缩同样会显著抑制企业风险承担水平。综上，经济衰退时期总量调控货币政策对企业的风险传导效应更加剧烈。

表 4－14　　总量调控货币政策、经济周期与企业风险承担（以利率作为货币政策代理变量）

变量	系数	标准差	t 值	$P>\|t\|$	95% 置信区间	
Interest	－7.1029***	1.2749	－5.57	0.000	－9.6045	－4.6012
Gap	1.4522***	0.1464	9.92	0.000	1.1650	1.1650
Interest × *Gap*	－20.4824***	2.0813	－9.84	0.000	1.7395	1.7395
Asset	－0.0240	0.0374	－0.64	0.521	－24.5664	－24.5664
State	－0.0010	0.0008	－1.16	0.246	－16.3984	－16.3984
Leverage	－0.1105*	0.0654	－1.69	0.091	－0.0974	－0.0974
Age	0.5677***	0.1130	5.03	0.000	0.0494	0.0494
Growth	－0.0152	0.0124	－1.23	0.220	－0.0026	－0.0026
Roa	－0.0531	0.1231	－0.43	0.666	0.0007	0.0007
Topone	－0.0043**	0.0021	－2.01	0.045	－0.2388	－0.2388
Cons	－0.1354	0.7293	－0.19	0.853	0.0178	0.0178

注：*、**、*** 分别表示在 10%、5% 和 1% 的水平上显著，括号中的数值是 t 统计量值。

其次选取存款准备金率作为总量调控货币政策代理变量，研究不同经济周期下存款准备金率对企业风险传导效应的差异，结果如表 4－15 所示。存款准备金率（*Rate*）的系数在 1% 水平上显著为负，存款准备金率与经济周期交乘项（*Gap* × *Rate*）的系数在 1% 水平上也为正，这说明存款准备金率工具对企业具有风险传导效应，而且经济衰退时期存款准备金率对企业的风险传导效应强于经济繁荣时期存款准备金率对企业的风险传导效应。

表 4-15　总量调控货币政策、经济周期与企业风险承担（以存款准备金率作为货币政策代理变量）

变量	系数	标准差	t 值	$P>\|t\|$	95% 置信区间	
Rate	-1.4199***	0.2774	-5.1200	0.0000	-1.9643	-0.8755
Gap	0.5635	0.5635	0.5635	0.5635	0.5635	0.5635
Rate × Gap	0.0561	0.0561	0.0561	0.0561	0.0561	0.0561
Asset	10.0500	10.0500	10.0500	10.0500	10.0500	10.0500
State	0.0000***	0.0000	0.0000	0.0000	0.0000	0.0000
Leverage	0.4535	0.4535	0.4535	0.4535	0.4535	0.4535
Age	0.6736	0.6736	0.6736	0.6736	0.6736	0.6736
Growth	-3.3681	-3.3681	-3.3681	-3.3681	-3.3681	-3.3681
Roa	0.3491	0.3491	0.3491	0.3491	0.3491	0.3491
Topone	-9.6500	-9.6500	-9.6500	-9.6500	-9.6500	-9.6500
Cons	0.0000***	0.0000	0.0000	0.0000	0.0000	0.0000

注：*、**、*** 分别表示在 10%、5% 和 1% 的水平上显著，括号中的数值是 t 统计量值。

在经济衰退时期总量调控货币政策的风险传导效应较强，而在经济繁荣时期总量调控货币政策的风险传导效应较弱，这也可以由 Kahneman & Tversky（1979）的前景理论来解释：在前景理论中人们在面对收益时是风险规避的，而在面对损失时是偏好风险的①。在经济衰退时期，大量企业亏损濒临倒闭，在面对损失时，企业管理者的风险偏好上升，在此背景下推出总量宽松货币政策增加了企业的流动性，企业管理者通过扩大投资扭亏为盈的动机上升，而风险承担水平也随着投资规模的扩大进一步上升。反之，在经济繁荣期，多数企业盈利丰厚，在面对收益时企业管理者规避风险的动机上升，在此背景下推出总量紧缩货币政策将进一步减少企业可用于投资风险项目的资金，企业风险承担水平随之下降。由于前景理论中价值函数是"S"形的，人们对损失的敏感度超过对收益的敏感度，因此在经济衰退期任何影响企业融资环境的总量调控货币政策变动都会对企业风险造成显著影响，企业对总量调控货币政策的风险敏感性超过在经济繁荣期企业对总量调控货币政策的风险敏感性，从而导致经济衰退期总量调控货币政策对企业的风险传导效应强于经济繁荣期总量调控货币政策对企

① Kahneman D., Tversky A. Prospect theory: An analysis of decision under risk [J]. *Econometrica: Journal of the Econometric Society*, 1979, 47 (2): 263-291.

业的风险传导效应。

（四）稳健性检验

首先，基于郑挺国和王霞（2013）的观点①，选取 GDP 增长率作为门限变量，根据 GDP 增长率的大小划分经济周期的不同阶段，对处于经济增长率不同时期总量调控货币政策的风险传导效应差异进行稳健性检验，面板门限回归结果如表 4－16 所示。当 GDP 增长率≤8.85% 时总量调控货币政策对企业风险传导系数的绝对值（41.4848）大于 GDP 增长率>8.85% 时总量调控货币政策对企业风险传导系数的绝对值（29.3381）。这是因为在经济衰退时期，销售不畅、经营受困、盈利受挫（应惟伟，2008②）、银企关系恶化（Bae et al.，2002③）等多方面因素叠加，致使企业资产负债表的资产端和负债端都出现不同程度的恶化。具体而言，一方面由于经济不景气，市场需求疲软，原有的高投资回报无法维系，支撑企业可持续经营的盈利能力受到威胁；另一方面，一旦企业投资回报降低，随之而来的不仅是盈利水平的下降，还有企业偿债能力的恶化，因此银行会从内延边际和外延边际两个层面减少信贷，既减少对经营状况恶化的现有客户的信贷发放，又对那些违约概率激增的企业提高信贷门槛、加强贷前甄别，从而加剧企业融资约束，使得企业发生财务困境的可能性大幅提升。因此相比于经济繁荣时期，经济衰退时期企业面临的宏观经济环境更加恶劣，所以企业风险承担对总量调控货币政策变动会更加敏感，总量调控货币政策对企业风险传导的效应也会更加明显。在替换衡量经济周期的变量进行稳健性检验后，实证结果仍然不变，经济衰退时期总量调控货币政策对企业的风险传导效应大于经济繁荣时期总量调控货币政策对企业的风险传导效应。

表 4－16　　总量调控货币政策、经济周期与企业风险承担
（以 GDP 增长率作为划分经济周期的依据）

变量	系数	标准差	*t* 值	*P*>|*t*|	95% 置信区间	
Asset	－0.0934***	0.0136	－6.8900	0.0000	－0.1200	－0.0668
Age	0.7166***	0.0680	10.5400	0.0000	0.5833	0.8500

① 郑挺国、王霞：《中国经济周期的混频数据测度及实时分析》，载于《经济研究》2013 年第 6 期。

② 应惟伟：《经济周期对企业投资影响的实证研究——基于投资现金流敏感性视角》，载于《财政研究》2008 年第 5 期。

③ Bae K., Kang J., Lim C. The value of durable bank relationships: evidence from Korean banking shocks [J]. *Journal of Financial Economics*, 2002, 64 (2): 181－214.

续表

变量	系数	标准差	t 值	$P>\|t\|$	95%置信区间	
Topone	-0.0048***	0.0008	-6.1700	0.0000	-0.0063	-0.0033
State	-0.0011***	0.0004	-3.0500	0.0020	-0.0019	-0.0004
Gdpgrowth	-3.8944***	0.6437	-6.0500	0.0000	-5.1563	-2.6326
Roa	-0.3074***	0.0754	-4.0800	0.0000	-0.4551	-0.1596
Growth	-0.0181***	0.0082	-2.2000	0.0280	-0.0342	-0.0020
Leverage	-0.0425	0.0276	-1.5400	0.1230	-0.0965	0.0115
Interest_1（*Gdpgrowth*≤8.85%）	-41.4848***	2.0277	-20.4600	0.0000	-45.4599	-37.5098
Interest_2（*Gdpgrowth*>8.85%）	-29.3381***	1.4468	-20.2800	0.0000	-32.1743	-26.5018
Cons	2.9201***	0.2737	10.6700	0.0000	2.3835	3.4566

注：*、**、*** 分别表示在10%、5%和1%的水平上显著，括号中的数值是 t 统计量值。

其次，选取管理者风险偏好作为风险承担的代理变量，对不同经济周期下的企业风险承担受总量调控货币政策影响差异进行分析。管理者主观风险偏好的度量方式参考张传奇等（2019）①，采用企业风险资产占总资产的比重来衡量。其中，企业风险资产包括交易性金融资产、应收账款、债权投资、其他债权投资、其他权益投资工具和投资性房地产。采用固定效应模型对实证结果进行稳健性检验，检验结果如表4－17所示。在经济衰退期，价格型总量性货币政策的风险传导系数为－0.6050，在1%的显著性水平上显著为负，数量型总量性货币政策的风险传导系数为－0.4040，在1%的显著性水平上显著为负，这表明在经济衰退期，总量宽松货币政策会显著促进企业主观风险偏好进而提高企业风险承担水平，反之，总量紧缩货币政策会显著抑制企业主观风险偏好进而降低企业风险承担水平。而在经济繁荣期，总量调控货币政策并不能显著改变企业主观风险偏好，因此总量调控货币政策也无法通过这一途径对企业传导风险。之所以企业主观风险偏好在经济衰退期更易受到总量调控货币政策的影响，原因如下：第一，经济不景气的情况下，企业一方面急于寻找高投资回报的项目抵御宏观经济下行对企业盈利能力的冲击，具有较强的风险承担动机；另一方

① 龚光明、曾照存：《公司特有风险、管理者风险特质与企业投资效率——来自中国上市公司的经验数据》，载于《经济与管理研究》2013年第11期。

面也担忧高风险给企业经营和融资带来无法承受的重压，一旦经营不善便会陷入无法挽回的破产境地，企业此时举步维艰，在积极寻求风险承担为企业谋求出路和确保风险可控避免破产之间艰难地进行权衡取舍。因此，经济衰退期倘若实施总量宽松货币政策则会为银行提供更多可贷资金，使银行主观风险偏好提高，减少贷前审查要求，企业融资约束趋于宽松，企业能够通过银行信贷投资高风险项目，为摆脱经营困境，企业主动寻求高投资回报的意愿增强，此外央行开始采用总量宽松货币政策提振经济的利好消息也减弱了企业经营者对未来不确定性的担忧，增强了企业渡过难关的信心，从而刺激了企业主观风险偏好提升，进而最终更易使企业加大风险承担力度。第二，根据 Kahneman & Tversky（1979）的前景理论①，管理者在面对经济衰退给企业带来的损失时，会更加偏好风险，增加高风险投资以提高收益。反之，在经济繁荣期，管理者通常采取顺势而为的态度，由于管理者与企业之间存在代理问题，并且企业缺乏可以有效激励管理者为企业投资高风险项目主动承担风险的激励措施，管理者存在风险厌恶，他们更倾向于在能够达成考核目标的前提下维持现状、规避风险。因此，经济衰退期管理者由于风险偏好而对总量调控货币政策变动更加敏感。换言之，从主观风险偏好的角度看，经济衰退期总量调控货币政策对企业管理者的风险传导效应强于经济繁荣期总量调控货币政策对企业的风险传导效应。

表 4 – 17　　货币政策对管理者风险偏好传导的周期异质性

变量	（1）经济衰退期 *Riskpreference*	（2）经济繁荣期 *Riskpreference*	（3）经济衰退期 *Riskpreference*	（4）经济繁荣期 *Riskpreference*
Interest	−0.6050*** （−5.15）	−0.7948 （−0.45）		
Rate			−0.4040*** （−4.02）	−0.1902 （−0.45）
Asset	0.0209*** （4.17）	0.1039*** （4.64）	0.0214*** （4.26）	0.1039*** （4.64）
Age	−0.0693*** （−5.87）	−0.0837 （−0.54）	−0.0161 （−0.84）	−0.0837 （−0.54）

① Kahneman D., Tversky A. Prospect theory: An analysis of decision under risk [J]. *Econometrica: Journal of the Econometric Society*, 1979, 47（2）: 263 – 291.

续表

变量	（1）经济衰退期 *Riskpreference*	（2）经济繁荣期 *Riskpreference*	（3）经济衰退期 *Riskpreference*	（4）经济繁荣期 *Riskpreference*
Topone	-0.0003 (-0.80)	-0.0007 (-1.08)	-0.0002 (-0.70)	-0.0007 (-1.08)
State	-0.0004*** (-2.70)	0.0003 (0.67)	-0.0004*** (-2.75)	0.0003 (0.67)
Gdpgrowth	1.9507*** (5.93)		0.3614 (0.88)	
Roa	-0.1662*** (-5.73)	0.0216 (0.23)	-0.1643*** (-5.69)	0.0216 (0.23)
Growth	-0.0031 (-1.02)	-0.0178** (-2.54)	-0.0034 (-1.12)	-0.0178** (-2.54)
Leverage	-0.0474*** (-3.32)	-0.0328 (-0.78)	-0.0466*** (-3.31)	-0.0328 (-0.78)
Cons	-0.2328** (-2.18)	-1.7981*** (-3.21)	-0.2199** (-2.06)	-1.8299*** (-3.01)

注：*、**、***分别表示在10%、5%和1%的水平上显著，括号中的数值是 t 统计量值。

（五）主要结论与启示

传统总量调控货币政策传导非对称理论认为，在经济增长的不同时期，总量调控货币政策对产出的冲击具有非对称性，在经济衰退时期总量调控货币政策具有比经济扩张时期更显著的政策效应，本书从风险维度研究总量调控货币政策在不同时期对企业传导的非对称性，得出如下结论：

（1）企业的风险承担水平是逆周期的，在经济繁荣时期企业的风险承担水平小于经济衰退时期企业的风险承担水平。

（2）经济衰退时期总量调控货币政策对企业的风险传导效应大于经济繁荣时期总量调控货币政策对企业的风险传导效应。

危机爆发后，经济衰退伴随着企业风险承担水平的上升，若货币当局在经济衰退时期推出逆周期的总量宽松货币政策促进经济复苏，不仅不会控制风险，还会进一步提升企业的风险承担水平，加剧风险的积累与传递，为经济复苏增添了变数。若在经济衰退时期推出总量紧缩货币政策虽会降低企业的风险承担，却增加了企业的融资约束，阻碍了企业产出的增长，进而放缓宏观经济复苏的步伐，这使总量调控货币政策的选择面临两难困境。如何在刺激经济增长的同时避免风险的过度膨胀，关系着金融乃至宏观经济系统的安危。因此，总量宽松货币政策只能在短期带动经济增长，但为了避免风险过度膨胀不宜长期使用。

此外，企业自身应从微观审慎角度构建与货币政策相协调的风险管理体系，在经济衰退时降低风险偏好与风险容忍度，将宏观经济与政策的不确定性纳入企业风险识别与评估的范畴，设计应对宏观环境不确定性的风险防范策略，避免逆周期宽松货币政策下的风险共振使企业走向倒闭的深渊。

二、总量调控货币政策对处于不同区域企业风险传导效应的差异

货币政策是以总量调节为主的宏观经济政策，央行的总量调控货币政策操作通常根据宏观货币调控需求而制定，较少考虑区域经济发展的需求差异。中国人民银行《2013 年中国区域金融运行报告》显示，受中央金融政策、地方经济发展以及地方政府行为的影响，我国各地区经济发展并不均衡，东部地区生产总值超过西部地区生产总值的两倍；从存贷款余额的地区分布来看，各地区金融发展也不均衡，东部地区集中了全国半数以上的金融资源，若简单采取统一的总量调控货币政策操作方法，将难以兼顾不同区域发展的需求，进而影响总量调控货币政策总体目标的实现。

Carlino & Defina（1999）使用 SVAR 模型与脉冲响应函数发现美国各州在 1958 ~ 1992 年对总量调控货币政策的敏感性存在差异，产业结构是形成差异的主要原因①。Georgopoulos（2009）发现总量调控货币政策对加拿大不同省份、不同行业的产出冲击存在差异，行业利率敏感性的差异、出口对产出贡献率的差别以及大小企业百分比的不同是导致总量调控货币政策区域传导差异的主要原因②。Massa & Zhang（2013）认为企业所在区域金融市场的状况决定了企业获取银行贷款与债券融资的可能性，这直接影响企业的投融资决策，进而影响总量调控货币政策对不同区域的传导效应③。

在我国，宋旺和钟正生（2006）利用 VAR 模型和脉冲响应函数检验证实我国东部、中部、西部地区存在显著的总量调控货币政策区域效应，

---

① Carlino G., Defina R. The differential regional effects of monetary policy: Evidence from the US states [J]. *Journal of Regional Science*, 1999, 39 (2): 339 - 358.

② Georgopoulos G. Measuring regional effects of monetary policy in Canada [J]. *Applied Economics*, 2009, 41 (16): 2093 - 2113.

③ Massa M., Zhang L. Monetary policy and regional availability of debt financing [J]. *Journal of Monetary Economics*, 2013, 60 (4): 439 - 458.

信贷渠道和利率渠道是导致我国总量调控货币政策区域效应的主要原因①。蒋益民和陈璋（2009）认为我国存在明显的总量调控货币政策区域效应，区域生产力水平、区域产业结构以及区域金融结构都是影响总量调控货币政策区域效应的重要因素②。邱崇明和黄燕辉（2014）根据省域面板数据实证研究发现，总量调控货币政策对各地区微观主体通胀预期具有不同的冲击，总量调控货币政策对东部地区省份的通胀预期有较大的影响，其次是中部地区，最后是西部地区③。

上述文献主要从宏观数据出发研究总量调控货币政策对不同区域经济总产出、通货膨胀影响的差异，然而宏观总量调控货币政策的选择须建立在对微观主体行为的正确理解之上，直接研究总量调控货币政策传导的宏观效应而将总量调控货币政策与微观企业行为的互动关系视为一个“黑箱”无法准确解释总量调控货币政策的传导机制。

党的二十大提出要“着力推进区域协调发展”，人民银行在货币政策执行报告中多次提出要“牢牢守住不发生系统性、区域性金融风险的底线”，在此背景下研究总量调控货币政策对不同区域企业风险传导效应的差异，剖析引致总量调控货币政策风险传导区域效应的原因，可弥补现有文献只关注总量调控货币政策对不同区域总产出传导的非对称性而忽略总量调控货币政策对不同区域风险传导效应差异的缺陷，从而在宏观层面为央行制定区域差异型货币政策以协调区域经济发展、避免区域金融风险爆发提供思路，在微观层面为企业选择合理的投资区域、控制企业风险提供参考依据。

（一）理论分析与研究假说

总量调控货币政策在我国存在显著的区域效应。统一的总量调控货币政策在不同的经济区域产生的调控效果往往有所差异（邵翠丽，2019④）。经济发达的地区往往经济结构更为合理，货币市场较活跃、发展程度较高，能够及时对央行的总量调控货币政策作出反馈，总量调控货币政策的冲击得以快速传递到企业和消费者，有效实现总量性货币政策调控目标（李鹏

---

① 宋旺、钟正生：《我国货币政策区域效应的存在性及原因——基于最优货币区理论的分析》，载于《经济研究》2006 年第 3 期。

② 蒋益民、陈璋：《SVAR 模型框架下货币政策区域效应的实证研究：1978 ~ 2006》，载于《金融研究》2009 年第 4 期。

③ 邱崇明、黄燕辉：《通货膨胀预期差异与货币政策区域效应——基于我国 31 个省份面板数据的实证分析》，载于《吉林大学社会科学学报》2014 年第 2 期。

④ 邵翠丽：《我国货币政策区域效应与产业结构升级的动态效应》，载于《商业研究》2019 年第 11 期。

飞和黄丽君，2016①)。经济欠发达地区货币市场相对不活跃，对总量调控货币政策的敏感性较低，无法快速将总量调控货币政策的冲击传递给企业，反馈迟缓。对于经济越发达的地区，企业和居民的资产越丰富，在“货币幻觉”的作用下，银行的风险规避程度越低（汪平安和郭晓蕾，2015②)。在总量宽松货币政策环境下，经济发展水平高的地区，投资项目的回报率高，银行追逐收益的动机更强烈，银行的风险偏好程度更高，从事高风险项目的可能性更大。银行越是偏好风险，监督企业的动机越弱，企业管理者的风险规避程度随之降低，企业风险承担水平有所提升。因此，在总量宽松货币政策条件下，经济发达的地区银行对风险损失的容忍程度较高，监督企业的动机较弱，低利率对企业风险承担水平的正向影响较强；而对于经济欠发达或经济落后的地区，银行风险厌恶程度相对较高，对企业的监督力度仍较大，低利率对企业风险承担水平的提升作用相对较弱。由此提出如下假说：

假说4.6：总量调控货币政策对不同经济区域的风险传导存在差异，对处于经济发达区域的企业风险传导效应较强，对处于经济欠发达区域企业的风险传导效应较弱。

（二）研究设计

为了从区域层面检验总量调控货币政策对企业风险传导是否具有显著的非对称性，设定如下模型：

$$Risk_{i,t}^{k} = \beta_0^k + \beta_1^k MP_t + \alpha^k X_{i,t}^k + u_i^k + \varepsilon_{i,t}^k \tag{4.7}$$

其中，$X_{i,t}^k$表示控制变量的向量，i 表示企业，t 表示年份，k 表示企业所处区域。面板固定效应模型纳入了个体固定效应，对不随时间变化的个体变量进行控制，较为有效地解决了原有面板回归模型中由不随时间变化的个体差异所引起的内生性问题（陈强，2014③)。*Risk* 表示企业风险承担水平，定义与计算方法与前文相同。*MP* 表示总量调控货币政策，沿用前文思路，选取存款准备金率（*Rate*）表示数量型总量性货币政策工具，再选用一年期贷款基准利率（*Interest*）表示价格型总量性货币政策工具。为有效识别总量调控货币政策对企业风险承担水平的影响，还控制了其他影响企业风险承担水平的宏微观变量，包括企业规模（*Asset*，用总资产取对数度量）、国有股

① 李鹏飞、黄丽君：《我国货币政策的区域非对称效应研究》，载于《学术探索》2016年第3期。

② 汪平安、郭晓蕾：《中国货币政策区域差异的非对称性与应对策略》，载于《理论探讨》2015年第5期。

③ 陈强：《高级计量经济学及Stata应用》（第二版），高等教育出版社2014年版。

比例（*State*，用国有股东持股比例度量）、杠杆水平（*Leverage*，用资产负债率度量）、经营期限［*Age*，用 ln(1 + 企业成立年限) 度量］、企业成长性（*Growth*，用营业收入增长率度量）、盈利水平（*Roa*，用年息税折旧摊销前利润/年末资产总额度量）、股权集中度（*Topone*，用第一大股东持股比例度量）以及宏观经济增长速度（*Gdpgrowth*，用实际 GDP 年增长率度量）。具体变量定义如表 4 – 18 所示。为避免异常值对检验结果的影响，估计模型时对企业所有连续变量进行上下 1% 的 Winsorize 处理。

表 4 – 18　　变量的界定

变量名称	变量符号	变量界定
企业风险承担水平	*Risk*	五年经行业调整的 *Roa* 的波动率
总量调控货币政策 *MP*	*Interest*	一年期贷款基准利率
	Rate	大型金融机构存款准备金率
企业规模	*Asset*	ln(年末总资产)
国有股比例	*State*	国有股东持股百分比
杠杆水平	*Leverage*	年末负债/年末资产
经营期限	*Age*	ln(1 + 企业成立年限)
企业成长性	*Growth*	营业收入的年增长率
盈利水平	*Roa*	年息税折旧摊销前利润/年末资产总额
股权集中度	*Topone*	年末第一大股东持股百分比
宏观经济增长速度	*Gdpgrowth*	实际 GDP 年增长率

为检验总量调控货币政策风险传导的区域异质性，根据企业注册地所属经济区域进行分组。本书采用国家统计局 2011 年 6 月 13 日发布的《东西中部和东北地区划分方法》，将我国的经济区域划分为东部、中部、西部和东北四大经济区域。根据《中国区域经济统计年鉴》2003 ~ 2013 年数据整理后得到东部地区、中部地区、西部地区以及东北地区人均生产总值分别为 41904.98 元、19371.15 元、17379.53 元以及 29140.99 元，因此按照经济发达程度排名，其顺序为东部地区、东北地区、中部地区与西部地区。若企业处于东部地区，k 取 1；处于东北地区，k 取 2；处于中部地区，k 取 3；处于西部地区，k 取 4。本书感兴趣的是总量调控货币政策风险传导系数 β_1^k 的符号与大小，如果 $\beta_1^k < 0$，而且 $|\beta_1^1| > |\beta_1^2| > |\beta_1^3| > |\beta_1^4|$，说明总量调控货币政策对不同区域的企业均具有风险传导效应，

而且总量调控货币政策对经济发达地区企业的风险传导效应强于经济欠发达地区的企业。

样本中各经济区域企业数量与占比情况如表4－19所示。样本中，东部地区企业占比最多，其次分别是西部、中部以及东北地区。

表4－19　　　　样本中各经济区域企业数量与占比

变量名称	（1）东部	（2）东北	（3）中部	（4）西部
企业家数	559	91	177	203
占样本企业总数百分比（%）	54.27	8.83	17.18	19.71

各地区企业主要变量的描述性统计特征见表4－20，从企业平均风险承担水平来看，东部地区企业风险承担水平最高，其次是东北地区，再次是西部地区，风险承担水平最低的是中部地区。

表4－20　　　　不同区域企业主要变量的描述性统计特征

变量	东部地区		东北地区		中部地区		西部地区	
	均值	标准差	均值	标准差	均值	标准差	均值	标准差
Risk	0.2688	0.6759	0.2135	0.5916	0.1329	0.4484	0.1768	0.5060
Rate	0.1018	0.0399	0.1018	0.0399	0.1018	0.0399	0.1018	0.0399
Interest	0.0590	0.0070	0.0590	0.0070	0.0590	0.0070	0.0590	0.0070
Asset	21.5394	1.0943	21.3254	1.0592	21.3995	1.0801	21.1586	1.0628
State	27.2911	24.4932	25.3282	23.5523	31.2805	24.2157	28.9487	23.9878
Leverage	0.5472	0.3397	0.5721	0.3707	0.5731	0.3575	0.5588	0.3297
Age	2.4922	0.3325	2.5125	0.3014	2.3914	0.3384	2.4472	0.3501
Growth	0.2133	0.6193	0.2041	0.6370	0.2487	0.6011	0.2312	0.6167
Roa	0.0670	0.0850	0.0567	0.0882	0.0647	0.0943	0.0617	0.0896
Topone	38.2434	16.2879	37.0512	14.9237	38.7738	15.7936	37.7178	15.8957
Gdpgrowth	0.0976	0.0091	0.0976	0.0091	0.0976	0.0091	0.0976	0.0091

（三）实证结果与分析

普通面板数据主要包括三种模型：混合模型、固定效应模型及随机效应模型。不论选择存款准备金率还是选择利率作为总量调控货币政策的代理变量，模型 F 统计值显示固定效应模型明显优于混合模型。接着利用

Hausman 检验结果发现不论是东部、东北、中部还是西部地区数据，Hausman 统计量 p 值均小于 1%，即固定效应模型优于随机效应模型。因此本书使用固定效应模型分别套用东部、东北、中部以及西部地区数据来估计式（4.7）。

首先以存款准备金率作为总量调控货币政策的代理变量，检验货币政策对不同经济区域风险传导的异质性，结果见表 4－21。存款准备金率对不同经济区域企业风险传导系数的符号均为负，可见在总量宽松货币政策下，四大经济区域企业的风险承担水平普遍上升，在总量紧缩货币政策下，四大经济区域企业的风险承担水平普遍下降，即总量调控货币政策对各经济区域企业均具有风险传导效应。从总量调控货币政策风险传导系数的绝对值来看，随着区域经济发达程度的降低，总量调控货币政策对东部、东北、中部以及西部地区企业的风险传导效应也逐渐递减，说明总量调控货币政策在区域层面风险传导存在非对称性。在 1% 的显著性水平上，总量调控货币政策对经济发达的东部地区企业的风险传导系数的绝对值最大，说明东部地区企业对总量调控货币政策的风险敏感性最强。总量调控货币政策对经济欠发达的西部地区企业的风险传导系数绝对值最小，说明西部地区企业对总量调控货币政策的风险敏感性最弱。究其原因，一方面，经济发达地区经济活动更具活力，资金交易量更大，企业可以通过银行进行融资，银行金融服务普及度更广，并且银行在风险控制、软硬信息处理方面更加成熟，因而相较于欠发达地区，经济主体通过银行贷款满足外源融资需求的意愿更强；另一方面，经济发达地区的融资方式更加多元，企业投资机会更多、融资需求旺盛，因而参与融资活动更加频繁，受总量货币政策调控的影响自然越大。正因为经济发达地区企业对总量调控货币政策更加敏感，所以当总量调控货币政策处于宽松状态时，银行出于追逐利润的动机，风险规避意识变弱，更愿意为高风险项目融资，在高利润的驱使下，银行主观上放松了对企业的贷后监督，客观上降低了高风险企业的融资门槛，助长了企业的风险偏好，企业风险承担水平也随之大幅提升。而在经济欠发达地区，经济增长缓慢，企业投资动力不足，由于信息处理能力不足，银企之间信息不对称问题突出，长期存在信贷配给现象，这极大制约了企业风险承担的意愿，企业普遍风险承担意识不强，不愿意为改变企业现状而承担额外风险，因此在经济欠发达地区，总量性货币政策对企业的风险传导效应不强。综上，经济发达地区凭借丰富的信贷资源和成熟的风险意识，使得总量调控货币政策的企业风险传导效应更加显著，而经济欠发达地区由于信息不透明尤其是逆向选择问题严重企业风险承担意愿较弱，进而总量调控货币政策的企业风险传导效应受阻。

表 4－21　　存款准备金率对企业风险传导的区域异质性检验

变量	（1）东部 *Risk*	（2）东北 *Risk*	（3）中部 *Risk*	（4）西部 *Risk*
Rate	－7.1419*** （－8.57）	－6.3644*** （－3.47）	－2.7532*** （－2.64）	－2.3338*** （－2.80）
Asset	－0.1825*** （－4.18）	0.0252 （0.23）	0.0188 （0.26）	－0.0712 （－0.96）
State	－0.0008 （－0.84）	0.0004 （0.21）	－0.0005 （－0.37）	－0.0009 （－0.74）
Leverage	－0.0527 （－0.85）	－0.1404 （－0.92）	0.0627 （0.41）	－0.0447 （－0.62）
Age	0.8282*** （5.54）	0.6969*** （2.66）	0.1002 （0.60）	－0.0232 （－0.14）
Growth	－0.0104 （－0.63）	－0.0248 （－0.50）	－0.0086 （－0.32）	－0.0370 （－1.57）
Roa	－0.4156*** （－2.96）	－0.6668** （－2.00）	－0.2700 （－1.43）	0.0215 （0.09）
Topone	－0.0047* （－1.96）	－0.0010 （－0.16）	－0.0058 （－1.58）	－0.0071** （－2.02）
Gdpgrowth	－8.6521*** （－7.06）	－7.4440*** （－3.03）	－3.8470** （－2.22）	－2.2026 （－1.53）
Cons	3.9658*** （4.51）	－0.5521 （－0.25）	0.3712 （0.25）	2.5195* （1.77）

注：*、**、*** 分别表示在 10%、5% 和 1% 的水平上显著，括号中的数值是 t 统计量值。

其次选取利率作为价格型总量性货币政策工具的代理变量，研究总量调控货币政策风险传导的区域异质性，结果见表 4－22。实证结果仍然表明，东部地区企业对总量调控货币政策的风险敏感性最强，第二是东北地区企业，第三是中部地区企业，第四是西部地区企业。经济越发达的地区，企业参与金融活动越积极，存贷款作为企业所享受的最基础的金融服务，其不论对企业的融资活动还是日常营运资金管理都至关重要，因此企业风险承担意愿对利率的变动极为敏感。总量宽松货币政策使得利率降低，企业借贷所需支付的利息减少，增强了企业的风险承担意愿，推动了企业进一步提高风险承担水平；与之相反，总量紧缩货币政策推高利率，企业融资约束加剧，资金短缺致使企业风险承担不断下降。因此，当以利率作为总量调控货币政策代理变量时，总量调控货币政策在经济发达地区对企业风险传导效应同样更为显著。

表 4－22　　利率对企业风险传导的区域异质性检验

变量	(1) 东部 *Risk*	(2) 东北 *Risk*	(3) 中部 *Risk*	(4) 西部 *Risk*
Interest	－8.8784*** (－8.43)	－7.6835*** (－3.43)	－3.1314*** (－2.81)	－3.0408** (－2.69)
Asset	－0.2063*** (－4.49)	0.0042 (0.04)	0.0123 (0.17)	－0.0812 (－1.09)
State	－0.0002 (－0.25)	0.0007 (0.31)	－0.0003 (－0.24)	－0.0006 (－0.51)
Leverage	－0.0448 (－0.68)	－0.1259 (－0.79)	0.0592 (0.38)	－0.0459 (－0.61)
Age	－0.3294*** (－3.95)	－0.3784** (－1.99)	－0.3142** (－2.02)	－0.3624** (－2.54)
Growth	－0.0152 (－0.88)	－0.0302 (－0.57)	－0.0095 (－0.35)	－0.0370 (－1.53)
Roa	－0.4268*** (－2.76)	－0.7830** (－2.18)	－0.3012 (－1.57)	－0.0122 (－0.05)
Topone	－0.0050** (－1.99)	－0.0004 (－0.07)	－0.0059 (－1.58)	－0.0073** (－2.04)
Cons	5.9700*** (6.20)	1.3073 (0.56)	0.9482 (0.64)	3.1323** (2.11)

注：*、**、*** 分别表示在10%、5%和1%的水平上显著，括号中的数值是 t 统计量值。

（四）稳健性检验

前文从经济区域角度论证了总量调控货币政策风险传导的异质性。除了经济发展程度的差异对总量调控货币政策的传导效果会产生影响，金融发展程度也是导致总量调控货币政策传导效应差异的重要因素。黄志忠和谢军（2013）认为区域金融市场的发展有助于强化宏观总量调控货币政策的传导机制及其对企业金融生态环境的改善功能①。张前程（2014）认为金融发展强化了总量调控货币政策对企业投资的影响，在金融发展水平高的地区总量调控货币政策对企业投资的影响力较大，在金融发展水平低的地区总量调控货币政策对企业投资的影响力较小②。为了检验区域金融发展程度对总量调控货币政策风险传导效应的影响，构建如下面板固定效应模型进行稳健性检验：

$$Risk_{i,t} = \beta_0 + \beta_1 Rate_t + \beta_2 FD_{i,t} \times Rate_t + \beta_3 FD_t + \alpha X_{i,t} + u_i + \varepsilon_{i,t} \quad (4.8)$$

该模型中 *FD* 表示企业所在城市的金融发展程度，根据以往文献采用企业所在城市年末金融机构各项贷款余额占该城市 GDP 的比重衡量该城市当年的金融发展程度，*FD* 越高说明该城市的金融发展程度越高。总量调控货币政策选取存款准备金率（*Rate*），其余变量定义与式（4.7）相同。面板固定效应模型在原有面板回归模型的基础上加入个体固定效应，对传统面板回归模型中不随时间变化因素所导致的内生性问题作出了修正。本书感兴趣的是系数 β_1 与 β_2 的符号，倘若 β_1 与 β_2 同时为负，说明金融发展程度越高的城市总量调控货币政策的风险传导效应越强。模型检验结果见表 4-23。金融发展程度越高的城市，总量调控货币政策的风险传导效应越强，因此区域金融发展程度对总量调控货币政策风险传导效应的强弱有一定的解释作用。这是由于一方面金融发展程度越高的区域，信贷技术越先进，信用体系建设越完善，借款方信用透明度更高，商业银行等金融机构既可以通过企业财务报表、违约历史记录等硬信息判断企业违约风险，还可以凭借与企业之间建立的良好信贷关系所获得的关于管理者风险偏好、企业文化等软信息评估企业的持续经营能力以及风险承担水平，因而银企信息不对称程度下降，银行向企业发放贷款的频次增加、规模增大，进而总量调控货币政策的传导机制越顺畅，总量调控货币政策的风险传导效应也越强。

表 4-23　区域金融发展对总量调控货币政策风险传导效应的影响

变量	系数	标准差	t 值	$P>\|t\|$	95% 置信区间	
Asset	-0.1131***	0.0358	-3.1600	0.0020	-0.1834	-0.0428
Age	0.5611***	0.1256	4.4700	0.0000	0.3146	0.8076
Topone	-0.0042***	0.0019	-2.2700	0.0240	-0.0078	-0.0006

① 黄志忠、谢军：《宏观货币政策、区域金融发展和企业融资约束——货币政策传导机制的微观证据》，载于《会计研究》2013 年第 1 期。

② 张前程：《金融发展、货币政策与企业投资——来自中国上市公司的经验证据》，载于《上海金融》2014 年第 1 期。

续表

变量	系数	标准差	t 值	$P>\|t\|$	95%置信区间	
State	-0.0008	0.0007	-1.2100	0.2280	-0.0022	0.0005
Gdpgrowth	-7.2309***	0.9009	-8.0300	0.0000	-8.9989	-5.4629
Roa	-0.4240***	0.1063	-3.9900	0.0000	-0.6326	-0.2155
Growth	-0.0184***	0.0143	-1.2800	0.2000	-0.0465	0.0097
Leverage	-0.0623	0.0467	-1.3400	0.1820	-0.1539	0.0292
Rate	-4.5985***	0.6218	-7.4000	0.0000	-5.8186	-3.3783
FD	0.0521	0.0443	1.1800	0.2390	-0.0347	0.1390
FD × *Rate*	-0.7470***	0.3176	-2.3500	0.0190	-1.3702	-0.1238
Cons	2.7184***	0.7278	3.7400	0.0000	1.2902	4.1467

注：*、**、*** 分别表示在10%、5%和1%的水平上显著，括号中的数值是 t 统计量值。

（五）主要结论与启示

现有文献主要从宏观经济总产出角度研究总量调控货币政策传导的区域效应，本书从风险角度研究总量调控货币政策传导的区域效应，得出如下结论：

（1）总量调控货币政策对不同经济区域的风险传导存在差异，对地处经济发达东部地区企业的风险传导效应最强，其次是东北地区，再次是中部地区，最后是西部地区。

（2）总量调控货币政策对金融发展程度较高区域企业的风险传导效应较强，对金融发展程度较低区域企业的风险传导效应较弱。

基于上述结论得出如下启示：

（1）央行可采取定向降准的思路，适当降低经济欠发达的中西部地区尤其是西北地区部分省份的存款准备金率，如此既可促进经济欠发达地区经济总产出的增长，缩小全国各经济区域在经济发展水平上的差异，又不会对中西部地区企业产生过多风险冲击。

（2）区域金融发展影响着区域经济增长的速度（姜春，2008①）。金融发展能显著缓解企业的融资约束，降低企业融资成本，促进企业扩大生

① 姜春：《时滞、回归及预调：区域金融发展与经济增长的实证研究》，载于《金融研究》2008年第2期。

产，最终推动宏观经济的增长（沈红波等，2010①）。金融越发达的区域，经济发展越快（周立和王子明，2002②），随宏观总量调控货币政策波动的风险越大。因此，应适当增加欠发达区域金融资源的配置，让银行信贷触及更多贷款群体，培养金融发展薄弱地区企业的风险承担意识，激发企业创新创造活力，进一步扩大投资规模，从而刺激企业融资需求不断扩大，倒逼地区金融机构尽快提升金融服务水平，进而缩小金融发展地区差异，以平衡地区经济发展水平与风险承担状况。

（3）企业应结合自身的风险承受能力选择合适的投资区域。对于风险承受能力较强的企业可选择总量调控货币政策风险传导效应较强的经济发达地区或金融发展程度较高的地区作为投资区域，对于风险承受能力较弱的企业，若选择经济发达地区作为投资区域，应合理进行风险管理，以将企业的风险承担水平降至风险承受范围之内。

三、总量调控货币政策对处于不同行业周期企业风险传导效应的差异

（一）引言

以总量调节为主的传统货币政策传导机制理论是建立在微观主体同质性的假定之上，然而处于不同行业的微观主体具有差异，这导致了总量调控货币政策对不同行业企业传导效应的差异。考虑了总量调控货币政策传导效应的差异，以总量调控为主的货币政策已不能达到预期目标，若继续推行“一刀切”的总量调控货币政策，必然会顾此失彼，影响宏观经济的调控效果。

Ganley & Salmon（1997）研究发现总量调控货币政策对不同行业的传导效应存在差异，利率对建筑业的影响最强，其次是制造业、服务业以及农业③。Dedola & Lippi（2005）对 OECD 五个国家行业数据进行分析，结果发现企业规模、筹资能力是解释总量调控货币政策行业效应的重要原因④。Tena & Tremayne（2009）发现英国的利率政策对不同行业产出的影

---

① 沈红波、寇宏、张川：《金融发展、融资约束与企业投资的实证研究》，载于《中国工业经济》2010 年第 6 期。

② 周立、王子明：《中国各地区金融发展与经济增长实证分析：1978 – 2000》，载于《金融研究》2002 年第 10 期。

③ Ganley J., Salmon C. The industrial impact of monetary policy shocks: some stylised facts [R]. Bank of England Working Paper, No. 68, 1997.

④ Dedola L., Lippi F. The monetary transmission mechanism: Evidence from the industries of five OECD countries [J]. *European Economic Review*, 2005, 49 (6): 1543 – 1569.

响不同，纺织行业受利率政策的影响最大①。

在我国，王剑和刘玄（2005）认为，以服务业为代表的第三产业和以工业为代表的第二产业对总量调控货币政策反应较为灵敏，以农业为代表的第一产业则对总量调控货币政策几乎没有反应②。戴金平和金永军（2006）认为，房地产行业受总量调控货币政策的冲击最大，批发贸易零售业受总量调控货币政策影响最小③。闫红波和王国林（2008）指出，总量紧缩货币政策对资本密集型行业和生产耐用消费品行业的企业融资的冲击更大④。曹永琴（2011）从总量调控货币政策传导渠道入手，理论分析了总量调控货币政策行业传导非对称性的形成机理，并根据30个典型行业面板数据实证研究发现行业运营资本比重、银行信贷依赖程度、财务杠杆水平、劳动密集程度以及行业内公司的平均规模对总量调控货币政策的行业效应形成均有较大影响⑤。

综上所述，国内外文献对于总量调控货币政策行业非对称性的研究主要集中于总量调控货币政策对行业总产出的影响方面，但是以行业周期为背景研究总量调控货币政策对行业风险传导的文献却罕见。本书采用企业微观数据研究总量调控货币政策对处于不同行业周期企业风险传导效应的差异，从而为总量调控货币政策选择提供风险维度的依据。

（二）理论分析与研究假说

行业景气具有繁荣和萧条两个基本状态，且会在两个状态间转移（张利兵等，2009⑥），企业风险承担水平会随着行业景气状态的变化而改变。在行业繁荣期，整个行业的增长率处于较高水平，行业中各企业的经营状况大多比较稳定。从客观行业环境来看，企业破产的风险大大降低；在主观风险偏好方面，企业投资决策时对不同风险水平的投资项目具有不同的偏好，从而在企业的实际风险承担水平中得以反映。行业景气度较高时期，企业大多通过顺水推舟的方式获利，企业管理者倾向于选择相对保守的投资

---

① Tena J. D., Tremayne A. R. Modelling monetary transmission in UK manufacturing industry [J]. Economic Modelling, 2009, 26 (5): 1053 – 1066.

② 王剑、刘玄：《货币政策传导的行业效应研究》，载于《财经研究》2005年第5期。

③ 戴金平、金永军：《货币政策的行业非对称效应》，载于《世界经济》2006年第7期。

④ 闫红波、王国林：《我国货币政策产业效应的非对称性研究——来自制造业的实证》，载于《数量经济技术经济研究》2008年第5期。

⑤ 曹永琴：《中国货币政策行业非对称效应研究——基于30个行业面板数据的实证研究》，载于《上海经济研究》2011年第1期。

⑥ 张利兵、王楚明、张云：《行业景气循环与最优IPO时机》，载于《中国管理科学》2009年第4期。

策略，因此企业的风险承担水平下降（Habib & Hasan，2017①）。相反，在行业衰退期，全行业处于微利甚至亏损状态，不利的行业环境对企业的生存带来挑战，客观上增加了企业破产的风险，提高了企业的实际风险承担水平。从主观风险偏好而言，在行业衰退期中的企业管理者往往为了逆境中生存提高风险偏好，投资高风险项目，提高了企业的风险承担水平。基于此，提出如下假说：

假说4.7：在行业衰退时期企业的风险承担水平普遍高于行业繁荣时期企业的风险承担水平。

由于行业景气状态的变化会引起企业风险承担水平的改变，在不同的行业景气状态下企业对总量调控货币政策的敏感程度也存在差异。在行业衰退期的企业偿债能力较弱，但为了摆脱退出市场的命运，管理者对高风险项目的投资有更强的意愿。当央行实施总量宽松货币政策之后，银行拥有了更多可贷资金，随着信贷风险门槛的降低，高风险的投资项目也更容易获得银行贷款的支持，银行的风险偏好传染至企业，内外部因素共同作用加剧了企业对高风险项目的投资偏好，随着高风险项目投资规模的增加，企业的实际风险承担水平也逐渐上升。反而言之，在行业繁荣期中的企业则通常拥有较为稳定的收入和现金流，在企业经营情况较好的状态下，优越的行业环境造成了企业客观的风险承担水平不高、企业主观的风险承担意愿也不强的局面，在此情形下推出总量宽松货币政策虽然提升了银行的风险偏好，但在企业管理者主观保守情绪的制约下，总量宽松货币政策对处于行业繁荣期企业的风险传导效应较弱，对处于行业衰退期企业的风险传导效应较强。基于此，提出如下假说：

假说4.8：在行业衰退期总量调控货币政策对企业的风险传导效应强于行业繁荣期总量调控货币政策的风险传导效应。

（三）研究设计

为了检验在行业衰退时期与行业繁荣时期总量调控货币政策对企业的风险传导效应是否具有显著差异，设定如下模型：

$$Risk_{i,t}^{k} = \beta_0^k + \beta_1^k MP_t + \alpha^k X_{i,t}^k + u_i^k + \varepsilon_{i,t}^k \tag{4.9}$$

其中，$X_{i,t}$是控制变量的向量，i代表企业，t代表年份，k代表行业景气程度。*Risk*表示企业风险承担水平，定义与计算方法与前文相同。*MP*表示货币政策，沿用前文的思路，选用一年期贷款基准利率（*Interest*）表

① Habib A., Hasan M. M. Firm life cycle, corporate risk-taking and investor sentiment [J]. *Accounting and Finance*, 2017, 57 (2): 465-497.

示价格型总量性货币政策工具，再选取存款准备金率（*Rate*）表示数量型总量性货币政策工具。本书参考薛爽（2008）① 和陈武朝（2013）② 的做法判断行业景气程度，并以此为依据将企业分为行业繁荣期（$k=1$）与行业衰退期（$k=2$）两组。确定行业景气程度的方法是：首先计算每年各行业内样本企业总资产报酬率（*Roa*）的中位数 *MRoa*，接着计算 2003～2013 年各行业 *MRoa* 的中位数 *MMRoa*，最后将 *MRoa* 与 *MMRoa* 比较，如果第 t 年的 *MRoa* 大于 *MMRoa*，则说明该年该行业处于行业繁荣期（$k=1$），否则说明该年该行业处于行业衰退期（$k=2$）。如果 β_1^1 与 β_1^2 均显著小于0，而且 $|\beta_1^1| < |\beta_1^2|$，则说明总量调控货币政策对企业存在风险传导效应，而且在行业衰退时期总量调控货币政策对企业的风险传导效应强于行业繁荣时期总量调控货币政策对企业的风险传导效应。

在以往文献（John et al.，2008③；Faccio et al.，2011④）的基础上，还控制了其他影响企业风险承担水平的宏微观变量，包括企业规模（*Asset*，用总资产取对数代表）、国有股比例（*State*，用国有股东持股比例代表）、杠杆水平（*Leverage*，用资产负债率代表）、经营期限［*Age*，用 *Ln*（1＋企业成立年限）代表］、企业成长性（*Growth*，用营业收入增长率代表）、盈利水平（*Roa*，用年息税折旧摊销前利润/年末资产总额代表）、股权集中度（*Topone*，用第一大股东持股比例代表）及宏观经济增长速度（*Gdpgrowth*，用实际 GDP 年增长率代表）。具体变量定义如表 4－24 所示。为避免异常值对检验结果的影响，估计模型时对企业所有连续变量进行上下 1% 的 Winsorize 处理。

表 4－24　　　　变量的界定

变量名称	变量符号	变量界定
企业风险承担水平	*Risk*	五年经行业调整的 *Roa* 的波动率
总量调控货币政策 *MP*	*Interest*	一年期贷款基准利率
	Rate	大型金融机构存款准备金率

① 薛爽：《经济周期、行业景气度与亏损公司定价》，载于《管理世界》2008 年第 7 期。

② 陈武朝：《经济周期、行业景气度与盈余管理——来自中国上市公司的经验证据》，载于《审计研究》2013 年第 5 期。

③ John K.，Litov L.，Yeung B. Corporate Governance and Risk－Taking［J］. *The Journal of Finance*，2008，63（4）：1679－1728.

④ Faccio M.，Marchica M.，Mura R. Large shareholder diversification and corporate risk－taking［J］. *Review of Financial Studies*，2011，24（11）：3601－3641.

续表

变量名称	变量符号	变量界定
企业规模	*Asset*	ln(年末总资产)
国有股比例	*State*	国有股东持股百分比
杠杆水平	*Leverage*	年末负债/年末资产
经营期限	*Age*	ln(1+企业成立年限)
企业成长性	*Growth*	营业收入的年增长率
盈利水平	*Roa*	年息税折旧摊销前利润/年末资产总额
股权集中度	*Topone*	年末第一大股东持股百分比
宏观经济增长速度	*Gdpgrowth*	实际 GDP 年增长率

主要微观变量描述性统计的结果如表 4-25 所示。根据企业所处行业周期将企业分为行业衰退期与行业繁荣期两组，从样本数据的描述性统计结果来看，在行业繁荣时期企业风险承担的均值为 0.1627，在行业衰退时期企业风险承担的均值为 0.2672，可见在行业衰退时期的企业风险承担水平普遍高于行业繁荣时期的企业风险承担水平。

表 4-25　　主要微观变量描述性统计

变量	全部样本			行业衰退期			行业繁荣期		
	均值	最小值	最大值	均值	最小值	最大值	均值	最小值	最大值
Risk	0.2224	0.0000	2.6660	0.2672	0.0000	2.6660	0.1627	0.0000	2.6660
Asset	21.4214	18.7673	24.6032	21.4256	18.7673	24.6032	21.4159	18.7673	24.6032
State	28.1299	0.0000	75.0000	27.4797	0.0000	75.0000	28.9969	0.0000	75.0000
Leverage	0.5561	0.0811	3.2952	0.5580	0.0811	3.2952	0.5537	0.0811	3.2952
Age	2.4678	1.6094	3.0910	2.4734	1.6094	3.0910	2.4603	1.6094	3.0910
Growth	0.2221	-0.7669	4.2972	0.1801	-0.7669	4.2972	0.2781	-0.7669	4.2972
Roa	0.0646	-0.4663	0.2678	0.0579	-0.4663	0.2678	0.0736	-0.4663	0.2678
Topone	38.1256	9.2287	74.8237	38.5493	9.2287	74.8237	37.5607	9.2287	74.8237
Gdpgrowth	0.0976	0.0870	0.1140	0.0933	0.0870	0.1140	0.1032	0.0870	0.1140

（四）实证结果与分析

普通面板数据主要包括三种模型：混合模型、固定效应模型及随机效应模型。不论选择存款准备金率还是选择利率作为总量调控货币政策的代理变量，模型 F 值显示固定效应模型明显优于混合模型。接着利用 Hausman 检验比较固定效应模型与随机效应模型，结果表明 Hausman 统计量 p 值均小于 1%，即固定效应模型优于随机效应模型。面板固定效应模型能够显著缓解不随时间变化因素所引致的内生性问题，因此，本书使用固定效应模型对式（4.9）进行估计。

首先选取利率作为总量调控货币政策代理变量，研究行业繁荣时期与行业衰退时期总量调控货币政策对企业的风险传导效应，结果如表 4-26 所示。不论在行业繁荣期还是行业衰退期，利率（*Interest*）的系数在 1% 水平上均显著为负，而且行业繁荣时期总量调控货币政策风险传导系数的绝对值（3.5606）小于行业衰退时期总量调控货币政策风险传导系数的绝对值（13.7382），组间系数存在显著差异，这表明利率对企业具有风险传导效应，而且行业衰退时期利率对企业的风险传导效应强于行业繁荣时期利率对企业的风险传导效应。

表 4-26　　行业繁荣期与衰退时期利率对企业的风险传导效应

变量	（1）衰退期 *Risk*	（2）繁荣期 *Risk*
Interest	-13.7382*** (-11.46)	-3.5606** (-2.45)
Asset	-0.0572* (-1.94)	-0.1631*** (-4.68)
Age	-0.1264** (-2.28)	-0.5898*** (-8.53)
Topone	-0.0045** (-2.50)	-0.0075*** (-4.48)
State	-0.0005 (-0.75)	0.0017** (2.00)
Gdpgrowth	5.3830*** (5.14)	10.9174*** (10.62)
Roa	-0.2864** (-2.35)	-0.2218 (-1.20)

续表

变量	（1）衰退期 *Risk*	（2）繁荣期 *Risk*
Growth	0.0100 （0.65）	-0.0082 （-0.30）
Leverage	-0.0189 （-0.38）	-0.0388 （-0.46）
Cons	2.3157 *** （3.70）	4.4656 *** （6.53）

注：*、**、*** 分别表示在10%、5%和1%的水平上显著，括号中的数值是 *t* 统计量值。

其次选取存款准备金率作为总量调控货币政策代理变量，研究行业繁荣时期与行业衰退时期总量调控货币政策对企业的风险传导效应，结果如表4-27所示。不论在行业繁荣期还是行业衰退期，存款准备金率（*Rate*）的系数在1%水平上均显著为负，而且行业繁荣时期总量调控货币政策风险传导系数的绝对值（6.4757）小于行业衰退时期总量调控货币政策风险传导系数的绝对值（7.0340），说明存款准备金率对企业具有风险传导效应，而且行业衰退时期存款准备金率对企业的风险传导效应强于行业繁荣时期存款准备金率对企业的风险传导效应。

表4-27　　行业繁荣期与衰退期存款准备金率对企业的风险传导效应

变量	（1）衰退期 *Risk*	（2）繁荣期 *Risk*
Rate	-7.0340 *** （-10.29）	-6.4757 *** （-10.40）
Asset	-0.0487 （-1.64）	-0.1301 *** （-4.00）
Age	0.7776 *** （6.71）	0.4162 *** （4.64）
Topone	-0.0041 ** （-2.28）	-0.0057 *** （-3.56）
State	-0.0010 * （-1.65）	0.0009 （1.15）

续表

变量	（1）衰退期 *Risk*	（2）繁荣期 *Risk*
Gdpgrowth	-17.0354 *** (-7.91)	2.9601 *** (4.59)
Roa	-0.2272 * (-1.85)	-0.2359 (-1.38)
Growth	0.0053 (0.35)	-0.0030 (-0.12)
Leverage	-0.0095 (-0.19)	-0.0511 (-0.66)
Cons	1.9369 *** (3.07)	2.4660 *** (3.89)
组间差异	$Prob > chi^2 = 0.0498$	

注：*、**、*** 分别表示在10%、5%和1%的水平上显著，括号中的数值是 t 统计量值。

根据样本数据的描述性统计结果，在行业衰退时期企业风险承担水平普遍高于行业繁荣时期的企业，而总量调控货币政策在行业衰退期的风险传导效应比在行业繁荣期的风险传导效应更强，这无疑加速了风险的传递，使得处于行业衰退期中的企业雪上加霜。

（五）稳健性检验

为了避免主客观风险承担度量方式不同而导致行业发展不同阶段的风险传导效应异质性检验结果存在差异，稳健性检验从主观风险偏好角度评价管理者是否主动寻求风险抑或规避风险，从而判断总量调控货币政策在不同行业周期下对企业风险承担意愿的影响差异，实证检验结果如表4-28所示。列（1）、列（3）显示在行业衰退期，贷款利率与存款准备金率系数在1%的显著性水平上均显著且小于0，列（2）、列（4）显示在行业繁荣期，两种总量调控货币政策系数均不显著。这是因为在以主观风险偏好作为企业风险承担代理变量的情况下，当行业衰退时，行业内企业的平均盈利能力变弱，实施总量宽松货币政策会促使管理者将目光转向高投资回报率的项目，银行信贷条件放宽会降低管理者对风险的重视程度，放松其对风险的警惕，高风险投资项目和低融资约束条件综合作用，刺激风险偏好的管理者拥有强烈的风险承担意愿，并最终表现为企业风险承担水平的提高。反之，当行业繁荣时，行业内企业的平均盈利能力较强，企业管理者仅需维持现状即可实现企业既定的盈利目标，其风险承担意愿较弱，风险规避意识增强，因此宽松的总量调控货币政策释放的信贷资金并不能显著刺激企业管理者改变风险规避倾向，因此在行业衰退期总量调控货币政策对企业的风险传导效应强于行业繁荣期。

表 4－28　行业繁荣时期与衰退期总量调控货币政策对管理者风险偏好的影响

变量	（1）行业衰退期 *Riskpreference*	（2）行业繁荣期 *Riskpreference*	（3）行业衰退期 *Riskpreference*	（4）行业繁荣期 *Riskpreference*
Interest	－0.9356*** （－5.61）	0.5871 （1.48）		
Rate			－0.4502*** （－4.17）	－0.1073 （－0.98）
Asset	0.0256*** （4.48）	0.0290*** （3.54）	0.0261*** （4.56）	0.0295*** （3.59）
Age	－0.0592*** （－4.44）	－0.0918*** （－5.02）	－0.0026 （－0.12）	－0.0661*** （－2.88）
Topone	－0.0001 （－0.23）	－0.0001 （－0.25）	－0.0000 （－0.14）	－0.0001 （－0.18）
State	－0.0002* （－1.79）	－0.0003* （－1.92）	－0.0003** （－2.16）	－0.0003** （－2.01）
Gdpgrowth	1.6453*** （4.53）	0.0627 （0.32）	0.2057 （0.44）	0.1184 （0.55）
Roa	－0.1478*** （－4.26）	－0.0555 （－1.38）	－0.1440*** （－4.14）	－0.0563 （－1.42）
Growth	－0.0041 （－1.40）	－0.0090** （－2.50）	－0.0044 （－1.50）	－0.0088** （－2.42）
Leverage	－0.0494*** （－2.97）	－0.0085 （－0.40）	－0.0488*** （－2.94）	－0.0094 （－0.44）
Cons	－0.3214** （－2.56）	－0.2802* （－1.76）	－0.3450*** （－2.73）	－0.3148* （－1.94）

注：*、**、*** 分别表示在10%、5%和1%的水平上显著，括号中的数值是 t 统计量值。

（六）主要结论与启示

已有的总量调控货币政策行业传导异质性研究认为，总量调控货币政策对不同行业的总投资、总产出的冲击具有非对称效应，本书从微观企业风险承担角度研究总量调控货币政策对处于不同行业周期企业风险传导的非对称性，得出如下结论：

（1）在行业衰退时期的企业风险承担水平普遍高于行业繁荣时期的企业风险承担水平。

（2）行业衰退时期总量调控货币政策对企业的风险传导效应强于行业繁荣时期总量调控货币政策对企业的风险传导效应。

基于上述结论得出如下启示：

（1）按照宏观、中观与微观三个层次划分，企业生存发展的环境可分为宏观政策环境、行业发展环境以及企业内部环境。宏观政策环境通过中观环境影响企业的微观环境，因此相较于宏观环境，中观行业环境对企业的发展具有更直接的影响作用。在行业衰退时期企业风险承担水平普遍较高，总量调控货币政策对行业衰退时期企业的风险传导效应强于行业繁荣时期，宏观风险与中观风险叠加，加速了微观企业的风险承担。因此在制定宏观调控货币政策时，应充分考虑行业异质性因素对总量调控货币政策风险传导效应的影响，根据不同行业对总量调控货币政策的风险反应灵活地制定差异化政策，以避免风险敏感较强行业对总量调控货币政策的过度反应。

（2）商业银行可根据总量调控货币政策与不同行业风险的互动关系勾勒演绎出行业风险地图，制定相应的信贷政策，对处于行业衰退时期企业贷款审批时要格外谨慎，避免衰退行业的风险扩散传播至银行引发银企风险联动。

（3）企业应对自身所处的行业周期阶段有清楚的认识，把握行业周期特征，并结合当前的宏观政策环境以及自身的成长周期，选择与之相协调的投资、融资策略以及合适的风险容忍度，以将实际风险承担控制在合理范围之内。

四、总量调控货币政策对不同特性企业风险传导效应的差异

（一）总量调控货币政策对不同规模企业风险传导效应的差异

多数学者认为总量调控货币政策对小企业的政策效果要强于大企业：Peersman & Smets（2005）和 Horváth（2006）也认为总量调控货币政策对

小规模企业的政策效果比中等及大规模企业要强①②。肖争艳等（2013）发现央行实行总量紧缩货币政策时，中小企业对货币冲击的反应更为敏感：中小企业产出的降幅约是大企业的三倍③。然而现有文献主要集中于总量调控货币政策对不同规模企业产出影响的差异，却极少关注总量调控货币政策对不同规模企业风险传导是否存在非对称性。在危机背景下为防范大型企业倒闭引发系统性风险，政府通常实行“大而不能倒”的保护策略，因此相对大企业而言中小企业破产的可能性更大（林朝颖等，2014④）。如果总量调控货币政策对小企业的风险传导效应强于对大企业的风险传导效应，那么危机背景下出台总量宽松货币政策将加速小企业风险的膨胀，若风险超出其承受能力，无疑将使小企业雪上加霜。

本书通过面板门限回归模型研究总量调控货币政策对不同规模企业风险传导效应的差异，并找到对应的阈值拐点，从而证明总量调控货币政策在企业规模层面风险传导的非对称效应。

1. 理论分析与假说

由于借贷双方存在信息不对称，在面对超额资金需求时，银行不愿提高利率，而会采取一些非利率的贷款条件使部分资金需求者退出银行借款市场，以消除信贷市场的超额需求，即出现信贷配给行为（Stiglitz & Weiss，1981⑤）。一般认为，小企业信用记录少，可抵押担保的资产有限，在资本市场面临更严重的信息不对称，银行的信贷配给往往更多地针对小企业（Whited，1992⑥），因此当总量调控货币政策由紧缩转向宽松时，总量调控货币政策对小企业的政策效果要强于大企业（Horváth，2006⑦）。龚光明和孟澌（2012）也指出，总量调控货币政策对不同融资约束程度公司投资的影响存在差异，公司所面临的融资约束程度越大，其投资行为受

---

① Peersman G.，Smets F. The Industry Effects of Monetary Policy in the Euro Area [J]. *The Economic Journal*, 2005, 115 (503): 319 - 342.

② Horváth R. Financial Accelerator Effects in the Balance Sheets of Czech Firms [R]. University of Michigan Business School Working Papers, 2006.

③ 肖争艳、郭豫媚、潘璐：《企业规模与货币政策的非对称效应》，载于《经济理论与经济管理》2013 年第 9 期。

④ 林朝颖、黄志刚、石德金：《危机前后企业风险管理及其价值增值效应比较研究》，载于《科技管理研究》2014 年第 17 期。

⑤ Stiglitz J. E.，Weiss A. Credit rationing in markets with imperfect information [J]. *The American Economic Review*, 1981, 71 (3): 393 - 410.

⑥ Whited T. M. Debt, liquidity constraints, and corporate investment: Evidence from panel data [J]. *The Journal of Finance*, 1992, 47 (4): 1425 - 1460.

⑦ Horváth R. Financial Accelerator Effects in the Balance Sheets of Czech Firms [R]. University of Michigan Business School Working Papers, 2006.

总量调控货币政策的影响也越大①。而企业的投资行为必然进一步影响其产出以及风险承担水平，因此总量调控货币政策对小企业风险承担水平的影响强于大企业。由此提出如下假说：

假说4.9：总量调控货币政策对大企业与小企业的风险传导效应存在差异，对小企业的风险传导效应强于大企业的风险传导效应。

2. 研究设计

根据第三章信贷市场道德风险模型的分析，总量调控货币政策对不同规模企业风险承担水平的影响存在门限效应，总量调控货币政策对小规模企业的风险传导效应强于其对大规模企业的风险传导效应，因此本书采用Hansen（1999）提出的面板门限模型来捕捉总量调控货币政策对企业风险承担水平的影响②。本书的面板门限回归模型可描述为：

$$Risk_{i,t} = \beta_0 + \beta_1 MP_t I(Asset_{i,t} \leqslant \gamma) + \beta_2 MP_t I(Asset_{i,t} > \gamma) + \alpha' X_{i,t} + u_i + \varepsilon_{i,t} \tag{4.10}$$

其中，*Risk* 表示企业风险承担水平，变量计算方法与前文相同，*MP* 表示货币政策变量，也沿用前文的思路，分别选取一年期贷款基准利率（*Interest*）与存款准备金率（*Rate*）作为总量调控货币政策的代理变量。选取资产规模即企业年末总资产的对数（*Asset*）作为门限变量，$I(Asset \leqslant \gamma)$ 表示当 $Asset \leqslant \gamma$ 时，I 取1，否则取0；$I(Asset_{it} > \gamma)$ 表示当 $Asset > \gamma$ 时，I 取1，否则取0。$X_{i,t}$表示控制变量，在以往文献（John et al.，2008③；Faccio et al.，2011④）的基础上，还控制了如下变量：经营期限（*Age*）、股权集中度（*Topone*）、国有股比例（*State*）、盈利水平（*Roa*）、企业规模（*Asset*）、企业成长性（*Growth*）、杠杆水平（*Leverage*）、宏观经济增长速度（*Gdpgrowth*）。具体变量定义如表4－29所示。为避免异常值对检验结果的影响，在估计模型时对企业所有连续变量均进行了上下1%的Winsorize处理。

---

① 龚光明、孟澌：《货币政策调整，融资约束与公司投资》，载于《经济与管理研究》2012年第11期。

② Hansen B. E. Threshold effects in non-dynamic panels：Estimation，testing，and inference［J］. *Journal of Econometrics*，1999，93（2）：345－368.

③ John K.，Litov L.，Yeung B. Corporate Governance and Risk－Taking［J］. *The Journal of Finance*，2008，63（4）：1679－1728.

④ Faccio M.，Marchica M.，Mura R. Large shareholder diversification and corporate risk－taking［J］. *Review of Financial Studies*，2011，24（11）：3601－3641.

表 4-29　　变量的界定

变量名称	变量符号	变量界定
企业风险承担水平	*Risk*	五年经行业调整的 *Roa* 的波动率
总量调控货币政策 *MP*	*Interest*	一年期贷款基准利率
	Rate	大型金融机构存款准备金率
企业规模	*Asset*	ln(年末总资产)
经营期限	*Age*	ln(1+企业成立年限)
股权集中度	*Topone*	年末第一大股东持股百分比
国有股比例	*State*	国有股东持股百分比
杠杆水平	*Leverage*	年末负债/年末资产
企业成长性	*Growth*	营业收入的年增长率
盈利水平	*Roa*	年息税折旧摊销前利润/年末资产总额
宏观经济增长速度	*Gdpgrowth*	实际 GDP 年增长率

微观变量的描述性统计如表 4-30 所示。结果发现，样本企业风险承担水平的均值为 0.2224，大规模企业（即资产规模大于样本均值的企业）风险承担水平的均值为 0.2043，小规模企业（即资产规模小于样本均值的企业）风险承担水平为 0.2390，可见小规模企业的风险承担水平总体高于大规模企业的风险承担水平。从盈利能力 *Roa* 来看，小企业的总资产收益率（*Roa*）小于大企业，可见小企业的盈利能力不如大企业。从偿债能力看，小企业的杠杆水平（*Leverage*）大于大企业，即小企业的偿债能力不如大企业。因此大企业从盈利能力、偿债能力以及企业规模上都比小企业更具优势。

表 4-30　　不同规模企业微观变量描述性统计结果

变量	总样本			小规模企业			大规模企业		
	均值	最小值	最大值	均值	最小值	最大值	均值	最小值	最大值
Risk	0.2224	0.0000	2.6660	0.2390	0.0000	2.6660	0.2043	0.0000	2.6660
Asset	21.4214	18.7673	24.6032	20.6076	18.7673	21.4211	22.3079	21.4226	24.6032
Leverage	0.5561	0.0811	3.2952	0.5683	0.0811	3.2952	0.5429	0.0811	1.6795

续表

变量	总样本			小规模企业			大规模企业		
	均值	最小值	最大值	均值	最小值	最大值	均值	最小值	最大值
Age	2.4678	1.6094	3.0910	2.4543	1.6094	3.0910	2.4825	1.6094	3.0910
Growth	0.2221	-0.7669	4.2972	0.1872	-0.7669	4.2972	0.2601	-0.7669	4.2972
Roa	0.0646	-0.4663	0.2678	0.0458	-0.4663	0.2678	0.0851	-0.4663	0.2678
State	28.1299	0.0000	75.0000	25.8398	0.0000	75.0000	30.6244	0.0000	75.0000
Topone	38.1256	9.2287	74.8237	35.9924	9.2287	74.8237	40.4492	9.2287	74.8237

3. 实证结果与分析

首先选取利率作为总量调控货币政策的代理变量，以资产规模作为模型估计的门限变量检验总量调控货币政策对企业风险承担水平的影响是否存在门限效应。使用网格搜索的方法寻找可能存在的门限值，之后利用残差平方和最小的原则找到门限估计值，再利用自举法模拟似然比检验统计量及临界值（自举次数为 300 次）。结果显示，单门限模型的 F 值为 43.996，p 值为 0.000，因此在 1% 的显著性水平上拒绝不存在门限值的原假设，即存在一个门限值。双门限模型的 F 值为 11.945，p 值为 0.057，没有通过 5% 的显著性检验，因此建立单门限面板回归模型。企业资产规模的门限值为 20.0402，与样本均值 21.4214 非常接近，表明用该门限值将企业划分为大规模企业与小规模企业比较合理。面板门限回归模型估计结果见表 4-31。当 $Asset \leq 20.0402$（即企业总资产规模 ≤ 505066166）时，总量调控货币政策对小规模企业的风险传导系数 β_1 在 1% 的显著性水平上为 $-10.0041 < 0$；当 $Asset > 20.0402$（即企业总资产规模 > 505066166）时，总量调控货币政策对大规模企业的风险传导系数 β_2 在 1% 的显著性水平上为 $-6.4866 < 0$。因此不论是对于小规模企业还是大规模企业，总量调控货币政策越紧缩，企业风险承担水平越小；反之总量调控货币政策越宽松，企业风险承担水平越高，总量调控货币政策对大企业与小企业都具有风险传导效应。此外 $|\beta_1| > |\beta_2|$，即总量调控货币政策对小规模企业的风险传导效应强于总量调控货币政策对大规模企业的风险传导效应，因此总量调控货币政策对不同规模企业的风险传导具有非对称性。

表 4-31　　利率对企业风险传导的门限回归结果（以企业规模为门限变量）

变量	系数	标准差	t	$P>\|t\|$	95%置信区间	
Asset	-0.1537***	0.0150	-10.2200	0.0000	-0.1832	-0.1242
Age	-0.3084***	0.0389	-7.9300	0.0000	-0.3847	-0.2321
Topone	-0.0052***	0.0008	-6.6000	0.0000	-0.0068	-0.0037
State	-0.0003	0.0004	-0.7900	0.4290	-0.0010	0.0004
Gdpgrowth	2.6321***	0.5498	4.7900	0.0000	1.5543	3.7099
Roa	-0.3541***	0.0772	-4.5900	0.0000	-0.5054	-0.2028
Growth	-0.0200**	0.0084	-2.3600	0.0180	-0.0365	-0.0034
Leverage	-0.0110	0.0286	-0.3800	0.7010	-0.0671	0.0451
Interest_1 (*Asset*≤20.0402)	-10.0041***	0.9604	-10.4200	0.0000	-11.8867	-8.1214
Interest_2 (*Asset*>20.0402)	-6.4866***	0.8065	-8.0400	0.0000	-8.0676	-4.9057
Cons	4.6606	0.2978	15.6500	0.0000	4.0769	5.2444

注：*、**、*** 分别表示在10%、5%、1%的水平上显著。

其次选取存款准备金率作为总量调控货币政策的代理变量，以资产规模作为模型估计的门限变量检验总量调控货币政策对企业风险承担水平影响的门限效应，结果显示，单门限模型的 F 值为55.614，p 值为0.001，因此在1%的显著性水平上拒绝不存在门限值的原假设，即存在一个门限值。双门限模型的 F 值为12.538，p 值为0.067，在5%的显著性水平上没有通过检验，说明模型门限值的个数小于2，因此建立单门限面板回归模型。企业资产规模的门限值仍然为20.0402，门限回归结果如表4-32所示。根据模型估计的结果，企业资产规模的门限值仍然为20.0402，当 *Asset*≤20.0402时，总量调控货币政策对小规模企业的风险传导系数 β_1 在1%的显著性水平上为 $-7.1800<0$；当 *Asset*>20.0402时，总量调控货币政策对大规模企业的风险传导系数 β_2 在1%的显著性水平上为 $-5.2099<0$，而且 $|\beta_1|>|\beta_2|$，因此总量调控货币政策对大企业与小企业都具有风险传导效应，而且总量调控货币政策对小规模企业的风险传导效应强于总量调控货币政策对大规模企业的风险传导效应。

表 4－32 存款准备金率对企业风险传导的门限回归结果（以企业规模为门限变量）

变量	系数	标准差	t	$P>\|t\|$	95%置信区间	
Asset	－0.1443***	0.0150	－9.6200	0.0000	－0.1737	－0.1149
Age	0.5458***	0.0629	8.6800	0.0000	0.4225	0.6691
Topone	－0.0050***	0.0008	－6.4500	0.0000	－0.0065	－0.0035
State	－0.0006*	0.0004	－1.6800	0.0930	－0.0013	0.0001
Gdpgrowth	－6.5660***	0.6610	－9.9300	0.0000	－7.8619	－5.2702
Roa	－0.3124***	0.0754	－4.1400	0.0000	－0.4601	－0.1646
Growth	－0.0162**	0.0082	－1.9700	0.0490	－0.0324	－0.0001
Leverage	－0.0182	0.0278	－0.6500	0.5130	－0.0727	0.0363
Rate_1（*Asset*≤20.0402）	－7.1800***	0.3734	－19.2300	0.0000	－7.9119	－6.4481
Rate_2（*Asset*>20.0402）	－5.2099***	0.2919	－17.8500	0.0000	－5.7820	－4.6378
Cons	3.3947	0.3081	11.0200	0.0000	2.7907	3.9987

注：*、**、***分别表示在10%、5%、1%的水平上显著。

4. 稳健性检验

首先，为了避免风险承担变量选择的偏差对本书研究结论的影响，依照前文的做法选取主观风险偏好作为企业风险承担的替代变量，主观风险偏好的度量方式与前文一致。通常而言管理者越偏好风险，企业的风险承担水平越高。运用面板门限模型对不同规模企业风险传导效应进行稳健性检验，检验结果如表4－33所示。当 *Asset*≤18.8370时，总量调控货币政策对小规模企业的风险传导系数 β_1 为－1.8490，在1%的显著性水平上显著为负；当 *Asset*>18.8370时；总量调控货币政策对大规模企业的风险传导系数 β_2 为－0.5867，在1%的显著性水平上显著为负，而且 $|\beta_1|>|\beta_2|$。究其原因，第一，相较于大企业，小企业通常由所有者亲自管理，管理者自身的风险偏好更容易对企业的风险承担起到决定作用，而主观风险偏好又容易受到总量调控货币政策变动的影响，总量宽松货币政策提振了管理者承担风险的信心并增强了他们的风险偏好；反之，总量紧缩货币政策使未来不确定性增大，加剧了其风险厌恶，因此小企业的风险传导系数绝对值更大。第二，由于主要外源融资渠道局限于银行信贷，并且缺乏足够的信用记录和足额抵押物，小企业往往面临银行信贷配给和较大的融资约

束，因此其对总量调控货币政策引发的信贷环境变化比大企业更加敏感，因此总量调控货币政策对小企业的风险传导效应比大企业更强。

表 4－33　　利率对管理者风险偏好传导的门限回归结果

变量	系数	标准差	t 值	$P>\|t\|$	95% 置信区间	
Asset	0.0238***	0.0029	8.2900	0.0000	0.0181	0.0294
Age	－0.0836***	0.0079	－10.6100	0.0000	－0.0991	－0.0682
Topone	－0.0003	0.0002	－1.6200	0.1050	－0.0006	0.0001
State	－0.0002***	0.0001	－2.9400	0.0030	－0.0004	－0.0001
Gdpgrowth	0.5783***	0.1116	5.1800	0.0000	0.3595	0.7971
Roa	－0.1396***	0.0157	－8.9100	0.0000	－0.1703	－0.1089
Growth	－0.0067***	0.0017	－3.9300	0.0000	－0.0101	－0.0034
Leverage	－0.0288***	0.0058	－4.9500	0.0000	－0.0403	－0.0174
Interest_1（*Asset*≤18.8370）	－1.8490***	0.2826	－6.5400	0.0000	－2.4029	－1.2950
Interest_2（*Asset*＞18.8370）	－0.5867***	0.1634	－3.5900	0.0000	－0.9071	－0.2663
Cons	－0.1479***	0.0567	－2.6100	0.0090	－0.2590	－0.0368

注：*、**、*** 分别表示在 10%、5%、1% 的水平上显著。

其次，依照前文的做法，选取存款准备金率作为总量调控货币政策的替代变量，从数量型总量性货币政策的角度分析总量调控货币政策对不同规模企业风险传导效应的差异。同样运用面板门限模型进行稳健性检验，检验结果如表 4－34 所示。当 *Asset*≤18.8370 时，总量调控货币政策对小规模企业的风险传导系数 β_1 为 －1.0891，在 1% 的显著性水平上显著为负；当 *Asset*＞18.8370 时，总量调控货币政策对大规模企业的风险传导系数 β_2 为 －0.3108，在 1% 的显著性水平上显著为负，而且 $|\beta_1|>|\beta_2|$。究其原因，存款准备金率降低代表总量宽松货币政策，银行信贷规模增加，企业融资约束减小，小企业管理者更倾向于以低成本的信贷资金承担更多风险，因此风险承担动机更强，因此小企业的风险承担水平提高幅度更大；反之，存款准备金率提高，央行收回流动性，企业融资成本攀升，小企业普遍面临信贷配给，资金缺口扩大，因而管理者面对风险承担时更加谨慎，风险承担水平下降幅度更大。稳健性检验结果与主检验相一致，即

总量调控货币政策对大企业与小企业都具有风险传导效应，而且总量调控货币政策对小规模企业的风险传导效应强于总量调控货币政策对大规模企业的风险传导效应。

表 4-34　　存款准备金率对管理者风险偏好传导的门限回归结果

变量	系数	标准差	t 值	P > |t|	95%置信区间	
Asset	0.0236***	0.0029	8.2300	0.0000	0.0180	0.0292
Age	-0.0359***	0.0130	-2.7500	0.0060	-0.0614	-0.0103
Topone	-0.0002	0.0002	-1.4400	0.1500	-0.0005	0.0001
State	-0.0003***	0.0001	-3.2800	0.0010	-0.0004	-0.0001
Gdpgrowth	-0.0239	0.1369	-0.1700	0.8610	-0.2922	0.2444
Roa	-0.1388***	0.0156	-8.8900	0.0000	-0.1695	-0.1082
Growth	-0.0065***	0.0017	-3.8000	0.0000	-0.0098	-0.0031
Leverage	-0.0278***	0.0058	-4.8100	0.0000	-0.0392	-0.0165
Rate_1 (*Asset*≤18.8370)	-1.0891***	0.1167	-9.3300	0.0000	-1.3179	-0.8603
Rate_2 (*Asset*>18.8370)	-0.3108***	0.0599	-5.1900	0.0000	-0.4283	-0.1933
Cons	-0.2075***	0.0591	-3.5100	0.0000	-0.3234	-0.0917

注：*、**、***分别表示在10%、5%、1%的水平上显著。

5. 主要结论与启示

本书使用面板门限回归模型实证检验了总量调控货币政策对不同规模企业的风险传导效应及其差异，结果表明：

（1）总量调控货币政策对大规模企业与小规模企业均具有风险传导效应；

（2）总量调控货币政策对不同规模企业的风险传导效应存在差异，总量调控货币政策对小企业的风险传导效应强于对大企业的风险传导效应。

在经济衰退时首先受到影响的就是小企业，而小企业在减少投资与产出的同时也放大了衰退的冲击作用，加速了经济的下行，加大了经济周期波动的幅度（Bernanke et al.，1996①）。考虑了总量调控货币政策对不同

① Bernanke B. S., Gertler M., Gilchrist S. The financial accelerator and the flight to quality [J]. *The Review of Economics and Statistics*, 1996, 78 (1): 1-15.

规模企业风险承担行为的影响后，总量调控货币政策选择的复杂性增加了：经济衰退时若推出总量紧缩货币政策，会导致新增信贷份额由小企业转向高质量的大企业，小企业比大企业更早而且更快缩减销售规模（Gertler and Gilchrist，1994①），使本就脆弱的小企业更加不堪一击；经济衰退时若推出总量宽松货币政策，小企业对总量调控货币政策的风险敏感度比大企业更高，加之小企业的初始风险本就高于大企业，若风险不能有效控制，很可能引发小企业的大量倒闭。因此，总量调控货币政策制定者在政策力度选择时不仅要考虑大企业的风险承担，也要密切关注小企业的风险承受能力。

为避免危机中小企业的大量倒闭，政府可出台与总量调控货币政策相协调配合的财政政策，对符合国家发展战略和产业政策的中小企业给予行政补贴，为中小企业的内生性发展提供动力机制。中小企业自身也应加强风险的全面监督与管理，从事前、事中及事后多个维度控制风险，严把风险管理的各道防线，从微观审慎的角度对风险进行全面的协调与沟通。

（二）总量调控货币政策对不同成长性企业风险传导效应的差异

在总量宽松货币政策下企业融资成本下降，融资约束得到缓解，企业投资支出增加，产出水平上升。然而收益与风险是并存的，通常情况下高收益的背后意味着高风险承担。叶康涛和祝继高（2009）发现，银根宽松阶段高成长行业更有可能得到信贷融资，然而，在银根紧缩阶段，企业信贷融资额的下降主要发生在高成长行业②，即当总量调控货币政策基调变化时，高成长企业对银行信贷的敏感性高于低成长企业。那么在风险承担方面，高成长企业对总量调控货币政策的风险敏感性是否也强于低成长企业？即总量宽松货币政策下高成长企业风险承担水平上升的幅度是否大于低成长企业，而在总量紧缩货币政策下高成长企业风险承担水平下降的幅度是否也大于低成长企业？

本书将企业分为高成长与低成长两组，分别采用系统GMM模型研究总量调控货币政策对不同成长性企业的风险传导效应差异，由此证明总量调控货币政策对不同成长性企业风险传导的非对称性。

1. 理论分析与研究假说

企业成长性是衡量企业发展速度的重要指标，体现了企业未来发展潜

---

① Gertler M.，Gilchrist S. Monetary Policy，Business Cycles，and the Behavior of Small Manufacturing Firms［J］. *The Quarterly Journal of Economics*，1994，109（2）.

② 叶康涛、祝继高：《银根紧缩与信贷资源配置》，载于《管理世界》2009年第1期。

力。成长性越高的企业可能拥有更优秀的技术资源、更有效的管理方式，面临更多的发展机会，因此成长性较高的企业越有可能选择风险较大的项目进行投资，以提高企业价值。企业的高成长性不但有利于企业规模和业务的快速增长，还能大幅提升企业获取资源的能力，而这种资源获取能力为企业的风险承担行为提供了资源保障（周泽将等，2019①）。企业成长性和企业风险承担水平之间存在显著的正向关系（John et al.，2008②）。当央行实施总量宽松货币政策时，高成长企业由于拥有更优秀的技术资源和管理方式，其风险承担水平所受的正向影响相对较大。而对于低成长性企业而言，其发展机会和内部资源较缺乏，若盲目投资于高风险项目，可能导致过度投资进而损害公司价值。企业治理水平越高，其成长性也越好（杨羽，2017③）。企业成长性越差，在一定程度反映了其治理水平较低。治理水平低下的企业，管理层为了追求私人利益，往往倾向于将企业资源投向低风险项目，从而降低企业的风险承担水平（李建红和周婷媛，2019④）。因此，在总量宽松货币政策环境下，低成长性企业资源获取能力弱于高成长性企业，再加上内部治理水平的原因，其风险承担水平所受的正向影响相对较弱。由此提出如下假说：

假说4.10：总量调控货币政策对高成长与低成长企业都具有风险传导效应，总量宽松货币政策对高成长企业的风险传导效应强于低成长企业。

2. 研究设计

在以往文献（John et al.，2008⑤；Faccio et al.，2011⑥）的基础上，构建以下面板固定效应模型：

$$Risk_{i,t} = \beta_0 + \beta_1 Rate_t + \beta_2 Roa_{i,t} + \beta_3 Growth_{i,t} + \beta_4 Leverage_{i,t} + \beta_5 Asset_{i,t} + \beta_6 Age_{i,t} + \beta_7 Topone_{i,t} + \beta_8 State_{i,t} + \beta_9 Gdpgrowth_t + u_i + \varepsilon_{i,t} \tag{4.11}$$

根据样本企业营业收入增长的速度，将营业收入增长率排名在前20%

---

① 周泽将、胡刘芬、马静等：《商誉与企业风险承担》，载于《会计研究》2019年第7期。

② John K.，Litov L.，Yeung B. Corporate Governance and Risk - Taking [J]. *The Journal of Finance*, 2008, 63 (4): 1679 - 1728.

③ 杨羽：《公司治理、多元化经营与公司成长性》，载于《财会通讯》2017年第36期。

④ 李建红、周婷媛：《公司治理、内部审计质量与企业成长性》，载于《财会通讯》2019年第9期。

⑤ John K.，Litov L.，Yeung B. Corporate Governance and Risk - Taking [J]. *The Journal of Finance*, 2008, 63 (4): 1679 - 1728.

⑥ Faccio M.，Marchica M.，Mura R. Large shareholder diversification and corporate risk-taking [J]. *Review of Financial Studies*, 2011, 24 (11): 3601 - 3641.

的样本企业归为高成长企业，将营业收入增长率排名在后20%的样本企业归为低成长企业，通过比较高成长企业与低成长企业风险传导系数 β_1 的大小差异判断总量调控货币政策对不同成长性企业风险传导效应的差异。模型中的变量定义及计算方法与前文相同。主要变量定义见表4-35。为避免异常值对检验结果的影响，在估计模型时对企业所有连续变量均进行了上下1%的Winsorize处理。

表4-35　　　　变量的界定

变量名称	变量符号	变量界定
企业风险承担水平	*Risk*	五年经行业调整的*Roa*的波动率
总量调控货币政策	*Rate*	大型金融机构存款准备金率
盈利水平	*Roa*	年息税折旧摊销前利润/年末资产总额
企业成长性	*Growth*	营业收入的年增长率
杠杆水平	*Leverage*	年末负债/年末资产
企业规模	*Asset*	ln(年末总资产)
经营期限	*Age*	ln(1+企业成立年限)
股权集中度	*Topone*	年末第一大股东持股百分比
国有股比例	*State*	国有股东持股百分比
宏观经济增长速度	*Gdpgrowth*	实际GDP年增长率

3. 实证结果与分析

选取存款准备金率作为总量调控货币政策的代理变量，在样本企业中筛选出成长性位于前20%与后20%的企业，采用面板固定效应模型研究存款准备金率对不同成长性企业风险传导的非对称效应，结果见表4-36第（1）、第（2）列。存款准备金率对高成长企业的风险传导系数为-5.4547，存款准备金率对低成长企业的风险传导系数为-4.7810，组间差异在5%的显著水平上，这表明总量调控货币政策对高成长企业的风险传导效应强于低成长企业。这是由于高成长企业具备强大的核心竞争力、更加科学的风险管理方式，央行实施总量宽松货币政策能够扩大银行可贷资金规模，此时银行通常更倾向于满足坏账风险更小的高成长企业的融资需求，这显著缓解了高成长企业的融资约束，促使高成长企业更多选择与其风险管理水平更加适配的投资项目，通过提高企业风险承担水平，培育企业增长潜力，促进企业可持续发展。而低成长企业的行业竞争力不强，缺乏行之有效的风险管理制度，银行出于风险规避的目的，较少将总量宽松货币政策释放的信贷资金投向低成长企业，因此此类企业仍面临较为严重的融资约束，较难为高风险投资提供稳定的资金支持，从而低成长企业的风险承担水平受总量宽松货币政策影响较高成长企业更弱。因此，实证结果表明假说4.10成立，即总量调控货币政策对高成长企业与低成长企业都具有风险传导效应，总量宽松货币政策对高成长企业的风险传导效应强于低成长企业。

表4-36　　总量调控货币政策对不同成长性企业的风险传导效应比较

变量	（1）低成长企业 *Risk*	（2）高成长企业 *Risk*
Rate	-4.7810*** (-4.94)	-5.4547*** (-4.81)
Asset	-0.1668** (-2.53)	-0.0353 (-0.56)
Age	0.0601 (0.36)	0.5256** (2.44)
Topone	-0.0059 (-1.45)	-0.0111*** (-3.04)
Gdpgrowth	-4.8427** (-2.40)	-6.7507*** (-3.08)
Roa	-0.5121*** (-3.43)	-0.2615 (-0.72)
Leverage	-0.0329 (-0.37)	-0.0638 (-0.48)
State	-0.0032** (-2.55)	0.0006 (0.48)
Cons	4.9002*** (3.22)	1.3768 (1.15)
组间差异	$Prob > chi^2 = 0.0389$	

注：*、**、***分别表示在10%、5%、1%的水平上显著。

4. 稳健性检验

为了进一步考察盈利成长性对货币政策风险传导效应的影响，在稳健

性检验中选取 *Roa* 年度增长率来划分企业成长性，若 *Roa* 增长率低于行业中位数则定义为低成长组，若 *Roa* 增长率高于行业中位数则定义为高成长组。运用面板固定效应模型分析总量调控货币政策对不同成长性企业风险传导效应的差异，对主检验得出的结论进行稳健性检验。检验结果如表 4 – 37 所示。列（1）和列（2）以存款准备金率作为总量调控货币政策代理变量，列（1）结果表明总量调控货币政策对低成长企业风险传导系数为 –5. 1784，列（2）的总量调控货币政策对高成长性企业的风险传导系数为 –6. 4617。列（3）和列（4）是以一年期贷款利率作为总量调控货币政策代理变量，列（3）的总量调控货币政策对低成长性企业的风险传导系数为 –5. 7370，列（4）的总量调控货币政策对高成长性企业的风险传导系数为 –6. 7924，从上述检验结果可知，无论是选取数量型总量性货币政策还是价格型总量性货币政策代理变量，高成长性企业的系数绝对值都更大，总量调控货币政策对高成长性企业的风险传导效应更强烈。这是因为相对于低成长性企业，高成长性企业的风险承担意愿通常较高，在总量宽松货币政策的利好信号刺激下，通常承担更高的风险，因此货币政策对高成长企业的风险传导效应也更强。稳健性检验结果表明假说 4. 11 仍然成立。

表 4 – 37　总量调控货币政策对不同成长性企业风险传导效应的稳健性检验

变量	（1）低成长企业 *Risk*	（2）高成长企业 *Risk*	（3）低成长企业 *Risk*	（4）高成长企业 *Risk*
Rate	–5. 1784 *** (–5. 76)	–6. 4617 *** (–8. 59)		
Interest			–5. 7370 *** (–4. 23)	–6. 7924 *** (–6. 62)
Asset	–0. 1611 *** (–3. 72)	–0. 1293 ** (–2. 53)	–0. 1769 *** (–4. 04)	–0. 1518 *** (–2. 84)
Age	0. 4454 ** (2. 33)	0. 7299 *** (4. 56)	–0. 5128 *** (–4. 83)	–0. 4614 *** (–3. 95)
Topone	–0. 0028 (–1. 20)	–0. 0062 *** (–2. 71)	–0. 0029 (–1. 21)	–0. 0067 *** (–2. 87)
Gdpgrowth	–6. 8260 *** (–4. 62)	–8. 4587 *** (–7. 37)	1. 1845 (1. 16)	1. 5442 ** (2. 34)

续表

变量	（1）低成长企业 *Risk*	（2）高成长企业 *Risk*	（3）低成长企业 *Risk*	（4）高成长企业 *Risk*
Roa	-0.1807 (-1.04)	-0.4224*** (-3.00)	-0.1985 (-1.11)	-0.5095*** (-3.45)
Leverage	0.0134 (0.09)	-0.0030 (-0.04)	0.0684 (0.43)	-0.0056 (-0.08)
State	-0.0016* (-1.70)	0.0001 (0.15)	-0.0013 (-1.34)	0.0002 (0.25)
Cons	3.9295*** (4.07)	2.9478*** (2.95)	5.6394*** (5.85)	5.1747*** (4.98)

注：*、**、*** 分别表示在10%、5%、1%的水平上显著。

5. 主要结论与启示

本书以我国非金融业上市公司为对象，研究总量调控货币政策对不同成长性企业风险传导效应的差异，得出如下结论：总量调控货币政策对高成长企业与低成长企业的风险传导效应具有非对称性。在总量宽松货币政策下，高成长企业风险膨胀的幅度大于低成长企业；在总量紧缩货币政策下，高成长企业风险收缩的幅度也大于低成长企业，即总量调控货币政策对高成长企业的风险传导效应强于低成长企业。

基于上述结论得出如下启示：通常情况下高成长企业的风险承担水平普遍高于低成长企业，总量宽松货币政策将进一步增加高成长企业的风险承担，若风险控制不当很有可能引发高成长企业的集体倒闭。因此一方面政府应加强对高成长企业的监督与调控，密切关注总量宽松货币政策下高成长企业的风险控制，避免高成长企业集体倒闭引发系统性风险；另一方面高成长企业应根据自身的可持续增长率设定合理的增长目标，避免超常增长给企业带来巨大的资金压力，在高增长的同时密切关注自身风险承担是否控制在可容忍范围之内，对可能出现的风险事前制定合理的风险应对策略。

第四节　总量调控货币政策对企业风险传导的渠道分析

近年来，伴随新冠疫情冲击与国际环境的快速变化，微观企业经营环境的不确定性进一步加剧。如何把控好企业风险承担的程度，实现经济增长与风险防范间的平衡，是亟待思考的现实问题。总量调控货币政策作为宏观调控的重要手段，深刻影响着实体经济的发展，面对不确定因素增多的外部环境，政府更加强调总量调控货币政策要靠前发力、精准调控，以兼顾提振经济与防范风险的双重目标。2021 年与 2022 年的《政府工作报告》均提及稳健的总量调控货币政策要“灵活精准、合理适度”，并且要处理好恢复经济与防范风险的关系，由此可见总量调控货币政策在提振经济与防范风险的权衡中扮演着重要角色。而总量调控货币政策能否有效发挥作用则依赖于货币当局对总量调控货币政策传导渠道的把握是否精准，以及总量调控货币政策传导渠道本身是否畅通。

总量调控货币政策的信贷传导渠道理论表明总量宽松货币政策能够有效刺激信贷规模的扩张（Bernanke and Gertler，1995①）。段军山和丁志强（2015）基于以往学者们关于总量调控货币政策信贷渠道的研究发现，总量宽松货币政策对商业银行信贷扩张具有正向推动作用②。陈雄兵和邓伟（2016）表明总量调控货币政策信贷传导具有非对称性，即总量宽松货币政策对信贷扩张的促进作用强于紧缩性总量调控货币政策对信贷收缩的刺激作用③。祝梓翔等（2020）从内生不确定性的视角出发，发现总量宽松货币政策之所以能够影响波动率，关键在于总量宽松货币政策可以显著放宽信贷约束④。

信贷扩张可能进一步引致企业风险加剧。刘海明和曹廷求（2017）基于信贷供给周期的总量与结构效应，研究信贷扩张对微观企业风险的影响，结果表明由于信贷分配方的信贷偏好会导致资源低效配置，信贷扩张更有可能促使企业总体风险积聚，并且在宏观经济环境不确定性较强时期，信贷扩张的风险传导效果较显著⑤。邵帅等（2021）研究资源产业依赖对“僵尸企业”的影响机制，指出由于资源型产业通常享有信贷优惠，

---

① Bernanke B. S.，Gertler M. Inside the black box：the credit channel of monetary policy transmission［J］. *Journal of Economic Perspectives*，1995，9（4）：27－48.

② 段军山、丁志强：《基于商业银行微观特征的货币政策信贷反应研究》，载于《国际金融研究》2015 年第 8 期。

③ 陈雄兵、邓伟：《商业银行表外业务与货币政策信贷传导》，载于《国际金融研究》2016 年第 8 期。

④ 祝梓翔、高然、邓翔：《内生不确定性、货币政策与中国经济波动》，载于《中国工业经济》2020 年第 2 期。

⑤ 刘海明、曹廷求：《信贷供给周期对微观企业风险的双向效应研究》，载于《经济科学》2017 年第 4 期。

资源产业依赖会通过刺激信贷扩张来加速“僵尸企业”滋生，进而加剧企业风险①。曾海舰等（2022）表明信贷扩张能够通过四种渠道即信贷资源非市场配置、银行竞争、投资效率以及非实体经济投资来影响企业违约风险，提高企业风险承担水平②。然而，总量宽松货币政策是否会通过信贷扩张导致企业风险承担水平提高尚待研究。因此本书从银行信贷角度出发，从“总量调控货币政策—银行信贷—企业风险承担”的路径揭示总量调控货币政策向企业风险传导的渠道，有助于在货币政策信贷渠道与货币政策风险承担渠道理论研究之间搭建桥梁，厘清总量调控货币政策向企业风险传导的微观机理，促进货币当局精准施策、有效服务实体经济发展。

一、理论分析与假说提出

我国的金融体系是以银行为主导的，银行贷款是我国企业资金筹集的重要来源。之所以企业需要进行外源融资，是因为企业在利润最大化动机的驱使下往往更愿意投资于那些净现值为正的风险项目（李文贵和余明桂，2012③），然而这些项目通常需要长期的资金支持，因此资金的充裕程度关系到企业对风险项目的投入程度，进而影响着企业的风险承担水平以及盈利能力。银行信贷供应的扩张能为企业提供更多资金，从而推动企业投资、研发等各项活动顺利开展（马光荣等，2014④）。

在总量性货币政策信贷传导渠道理论下，总量调控货币政策通过引发银行信贷供给规模的变动来影响企业投资，最终对实体经济产生影响。一般来说，总量宽松货币政策环境下，银行信贷供给规模上升，而总量紧缩货币政策环境下则相反（盛天翔和张勇，2019⑤）。当总量调控货币政策趋向宽松时，随着银行信贷供给的增加，企业更容易获取信贷资金，信贷资金的支持使得企业更容易开展风险项目投资活动，从而助推企业风险承担的提升。在总量调控货币政策趋向紧缩时，银行信贷供给规模缩小，企

① 邵帅、尹俊雅、王海等：《资源产业依赖对僵尸企业的诱发效应》，载于《经济研究》2021 年第 11 期。

② 曾海舰、罗蓝君、林灵：《信贷扩张与违约风险——来自“四万亿”经济刺激计划的经验证据》，载于《经济学》（季刊）2022 年第 5 期。

③ 李文贵、余明桂：《所有权性质、市场化进程与企业风险承担》，载于《中国工业经济》2012 年第 12 期。

④ 马光荣、刘明、杨恩艳：《银行授信、信贷紧缩与企业研发》，载于《金融研究》2014 年第 7 期。

⑤ 盛天翔、张勇：《货币政策、金融杠杆与中长期信贷资源配置——基于中国商业银行的视角》，载于《国际金融研究》2019 年第 5 期。

业难以通过银行信贷融资这一渠道获取足够的资金，在流动性问题的制约下，企业开展风险性投资活动的可能性减小，风险承担水平随之下降。由此提出如下假说：

假说4.11：总量调控货币政策可以通过银行信贷渠道影响企业风险承担，总量宽松货币政策能够通过影响信贷融资规模进而提高企业的风险承担水平，而总量紧缩货币政策则会缩减信贷融资规模进而降低企业的风险承担水平。

二、研究设计

（一）数据来源

为了避免定向调控政策实施对研究结果的影响，本节选取定向调控政策颁布之前的年份（即2003~2013年）非金融类沪深A股上市企业数据为研究样本，研究总量调控货币政策通过银行信贷向企业传导风险的渠道是否存在。数据来源为国泰安数据库、中国人民银行官网以及国家统计局官网。剔除异常样本后，获得用于实证检验的观测值总数为13633个。

（二）模型设定与变量选择

本书借鉴温忠麟等（2004）①、田国强和李双建（2020）的研究②，利用中介效应模型考察总量调控货币政策对企业风险传导的银行信贷渠道存在性，构建实证模型如下：

$$Risk_{it} = \alpha_{10} + \alpha_{11}MP_{t-1} + \alpha_{12}Control_{it-1} + u_i + \lambda_t + \varepsilon_{it} \quad (4.12)$$

$$Loan_{it} = \alpha_{20} + \alpha_{21}MP_{t-1} + \alpha_{22}Control_{it-1} + u_i + \lambda_t + \varepsilon_{it} \quad (4.13)$$

$$Risk_{it} = \alpha_{30} + \alpha_{31}Loan_{it-1} + \alpha_{32}MP_{t-1} + \alpha_{33}Control_{it-1} + u_i + \lambda_t + \varepsilon_{it} \quad (4.14)$$

其中，货币政策（MP）为核心自变量，银行信贷变量（$Loan$）为中介变量，企业风险承担（$Risk$）为核心因变量，$Control$ 表示控制变量，i 代表企业，t 代表年份。参照前文的做法，选取一年期贷款基准利率作为总量调控货币政策代理变量。基于张敦力和李四海（2012）③、于泽等

① 温忠麟、张雷、侯杰泰等：《中介效应检验程序及其应用》，载于《心理学报》2004年第5期。

② 田国强、李双建：《经济政策不确定性与银行流动性创造：来自中国的经验证据》，载于《经济研究》2020年第11期。

③ 张敦力、李四海：《社会信任、政治关系与民营企业银行贷款》，载于《会计研究》2012年第8期。

(2017)① 以及刘贯春等（2022)② 的观点，以企业借款与总负债之比作为银行信贷变量的度量方式，计算公式为 *Loan* =（长期借款 + 短期借款）/总负债。基于前文的研究，本书选取五年经行业调整的 *Roa* 的波动率度量企业风险承担。

参考温忠麟和叶宝娟（2014)③，设计如下中介效应检验流程：第一步，检验系数 α_{11} 是否显著，若显著则按中介效应立论，否则按遮掩效应立论，但不论 α_{11} 是否显著，都将继续检验系数 α_{21} 和 α_{31}；第二步，依次检验系数 α_{21} 和 α_{31}，若二者皆显著，则间接效应显著，倘若二者至少有一个不显著，则采用 Bootstrap 法检验 $\alpha_{21}\alpha_{31}$，若显著则表明间接效应显著，否则间接效应不显著，停止中介效应分析；第三步，若间接效应显著，对系数 α_{32} 进行检验，若系数 α_{32} 不显著，则代表直接效应不显著，仅存在中介效应，若系数 α_{32} 显著，则表示直接效应显著，可能存在其他中介效应，此时应当判断 $\alpha_{21}\alpha_{31}$ 与 α_{32} 的符号，若同号则存在部分中介效应，异号则为遮掩效应（见图 4 - 1）。

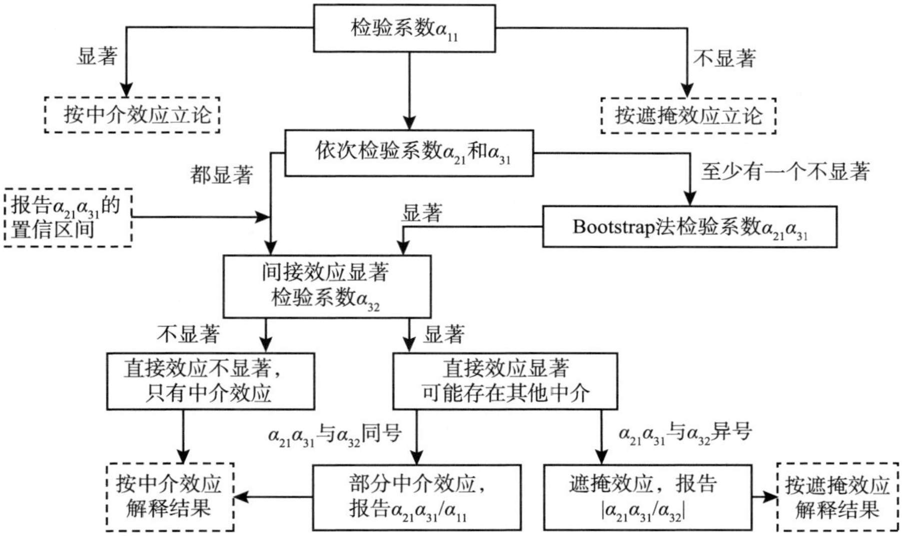

图 4 - 1　中介效应检验流程

---

①　于泽、钱智俊、方庆等：《数量管制、流动性错配和企业高额现金持有——来自上市公司的证据》，载于《管理世界》2017 年第 2 期。

②　刘贯春、张军、叶永卫：《银行贷款及其所有制结构的投资治理效应》，载于《财贸经济》2022 年第 6 期。

③　温忠麟、叶宝娟：《中介效应分析：方法和模型发展》，载于《心理科学进展》2014 年第 5 期。

具体变量定义如表4-38所示。将主要解释变量和被解释变量进行标准化处理。为避免异常值对检验结果的影响，估计模型时对经营期限、董事会人数以外的企业连续变量进行上下1%的Winsorize处理。

表4-38　　　　变量界定

变量名称	变量符号	变量界定
企业风险承担水平	*Risk*	五年经行业调整的*Roa*的波动率
总量调控货币政策	*MP*	一年期贷款基准利率
银行信贷融资规模	*Loan*	（长期借款+短期借款）/总负债
企业规模	*Asset*	ln(年末总资产)
经营期限	*Age*	ln(1+企业成立年限)
企业成长性	*Growth*	营业收入的年增长率
盈利水平	*Roa*	年息税折旧摊销前利润/年末资产总额
股权集中度	*Topten*	年末前十大股东持股百分比
投资机会	*Tbq*	托宾*Q*值
资产有形性	*Tang*	固定资产净额/总资产
董事会规模	*Board*	ln(董事会人数)
经济增长	*Gdpg*	国内生产总值增长率

三、总量调控货币政策对企业风险传导的信贷渠道检验

中介效应模型被广泛应用于因果路径的分析当中，其通过逐步回归的方式探究解释变量直接影响被解释变量或经由中介变量对被解释变量施加影响的具体路径，为揭示解释变量和被解释变量之间的内在联系提供了依据和指导。本节以银行信贷作为总量调控货币政策对企业风险传导的中介变量，检验银行信贷渠道是否存在。

总量调控货币政策对企业风险传导的信贷渠道检验结果如表4-39所示。按照中介效应检验流程，在α_{11}显著的前提下，检验α_{21}与α_{31}的显著性，若两者都显著则间接效应显著，否则需要借助Bootstrap法或Sobel法进一步检验是否存在间接效应。在间接效应显著的条件下，若α_{32}不显著则可判定直接效应不显著，只有中介效应；若α_{32}显著则还要通过观察α_{21} α_{31}与α_{32}的符号异同，只有同号时才能按中介效应报告检验结果。表4-46中第（1）~（3）列选取一年期贷款基础利率度量总量调控货币政策变量（*MP*）。在列（1）中，总量调控货币政策对企业风险承担的影响系数在

5%的显著性水平上显著，其取值为 -0.0815。列（2）总量调控货币政策对企业信贷的影响系数在1%的显著性水平上显著，大小取值为 -0.2474。列（3）中总量调控货币政策对企业风险承担的影响系数在10%的显著性水平上显著，其取值为 -0.0661，企业信贷对企业风险承担的影响系数在1%的显著性水平上显著，取值为0.0555。根据上述实证检验结果及中介效应检验流程，在总量调控货币政策变量（*MP*）系数 α_{11} 显著的条件下，α_{21}、α_{31} 和 α_{32} 均显著且 $\alpha_{21}\alpha_{31}$ 与 α_{32} 同号，可以得出中介效应占比为20.77%，因此在总量调控货币政策对企业进行风险传导的过程中，信贷渠道的中介效应存在。由此得出如下结论：总量调控货币政策通过信贷渠道对企业传导风险。这可能是由于，在总量宽松货币政策下，信贷市场上丰富的信贷资源使得更多高风险贷款需求得到满足，贷款可得性的提高既使得企业现金流更加稳定，为企业可持续经营提供了资金保障，增强了企业的风险承担意愿，也激发了企业管理者的冒险动机，促使其通过增加风险承担改善企业的经营业绩，满足股东对企业盈利增长的考核要求。企业会通过主动提高风险承担水平来谋求高额利润，巩固企业在整个行业中的竞争优势。而在总量紧缩货币政策下，信贷收缩导致企业无法为高净值的投资项目提供长期稳定的资金支持，因而融资压力和未来收益的不确定性抑制了企业管理者的冒险动机，使得企业减少了高风险项目投资支出如创新研发投入等，从而降低了企业风险承担水平。

表4-39　总量调控货币政策对企业风险传导信贷渠道的中介效应检验

变量	步骤一	步骤二	步骤三
	(1) *Risk*	(2) *Loan*	(3) *Risk*
MP	-0.0815 ** (0.0337)	-0.2474 *** (0.0247)	-0.0661 * (0.0344)
Loan			0.0555 *** (0.0172)
Size	0.0220 (0.0369)	0.2464 *** (0.0266)	0.0033 (0.0373)
Age	0.2292 (0.1549)	0.4307 *** (0.1073)	0.2030 (0.1558)
Gsales	-0.0142 (0.0146)	-0.0273 ** (0.0137)	-0.0110 (0.0146)

变量	步骤一	步骤二	步骤三
	(1) *Risk*	(2) *Loan*	(3) *Risk*
Tbq	-0.0172 (0.0150)	-0.0220* (0.0133)	-0.0153 (0.0150)
Roa	-0.1571 (0.1971)	-0.2653 (0.1767)	-0.0796 (0.1974)
Tang	0.2805** (0.1146)	0.3645*** (0.1001)	0.2465** (0.1135)
Topten	-0.0094*** (0.0017)	-0.0009 (0.0013)	-0.0093*** (0.0017)
Board	-0.0125 (0.0679)	-0.0048 (0.0578)	-0.0134 (0.0678)
Gdpg	-0.0185** (0.0074)	-0.0635*** (0.0063)	-0.0149** (0.0076)
Cons	0.2495 (0.7188)	-3.5149*** (0.5373)	0.5398 (0.7294)
YearFE	*Yes*	*Yes*	*Yes*
FirmFE	*Yes*	*Yes*	*Yes*
N	13633	13633	13633
Adj. R^2	0.0322	0.1044	0.0345

注：括号中为聚类稳健标准误，* 表示 $p<0.10$，** 表示 $p<0.05$，*** 表示 $p<0.01$。

四、稳健性检验

基于于泽等（2015）①、解维敏和桑凌（2020）② 的做法，采用企业借款与总资产之比度量银行信贷变量，计算公式为 *Loan* =（长期借款 + 短期借款）/总资产。总量调控货币政策变量与主检验保持一致，即选用一年期贷款基准利率衡量总量调控货币政策。实证结果如表 4-40 所示。表 4-40

① 于泽、陆怡舟、王闻达：《货币政策执行模式、金融错配与我国企业投资约束》，载于《管理世界》2015 年第 9 期。

② 解维敏、桑凌：《市场环境、参股银行业与企业银行贷款》，载于《系统工程理论与实践》2020 年第 4 期。

中列（1）总量调控货币政策变量与企业风险承担变量的实证检验估计系数 α_{11} 在 5% 的显著性水平上显著为负且取值为 -0.0815，表明 *MP* 即一年期贷款基准利率与企业风险承担呈负向关系，即总量调控货币政策越宽松，企业的风险承担水平越高；反之总量调控货币政策越紧缩，企业的风险承担水平越低。列（2）总量调控货币政策变量与企业信贷变量的实证检验估计系数 α_{21} 在 1% 的显著性水平上显著为负且取值为 -0.2326。列（3）总量调控货币政策变量与企业风险承担变量的实证检验估计系数 α_{32} 在 5% 的显著性水平上显著为负且取值为 -0.0701，企业信贷变量与企业风险承担变量的实证检验估计系数 α_{31} 在 5% 显著性水平上显著为正且取值为 0.0480，根据上述实证检验结果及中介效应检验流程，在总量调控货币政策变量系数 α_{11} 显著的条件下，α_{21}、α_{31} 和 α_{32} 均显著且 $\alpha_{21}\alpha_{31}$ 与 α_{32} 同号，可以得出中介效应占比为 15.93%，表明中介效应检验通过。这可能是因为总量调控货币政策扩张会促使银行信贷供给规模扩大，从而可能使企业融资环境得到改善，这时管理者风险偏好更突出、企业高风险投资活动也更频繁，企业未来收益的不确定性也更大，在企业微观层面则表现为企业盈利波动率的大幅提高，因而企业风险承担随之上升；反之，总量调控货币政策收缩会抑制银行信贷供给规模，这可能使企业陷入融资困境，此时管理者风险规避意愿强烈，企业倾向于采取更为稳健或保守的投资策略，使得企业未来收益的不确定性降低，同时在企业微观层面表现为企业盈利波动率的显著降低，企业风险承担相应下降。

表 4-40　　替换被解释变量的中介效应

变量	步骤一	步骤二	步骤三
	(1) *Risk*	(2) *Loan*	(3) *Risk*
MP	-0.0815** (0.0337)	-0.2326*** (0.0262)	-0.0701** (0.0344)
$Loan_{-1}$			0.0480** (0.0217)
Size	0.0220 (0.0369)	0.3616*** (0.0290)	-0.0005 (0.0380)
Age	0.2292 (0.1549)	0.4846*** (0.1109)	0.2013 (0.1569)
Gsales	-0.0142 (0.0146)	0.0024 (0.0147)	-0.0146 (0.0146)

变量	步骤一	步骤二	步骤三
	(1) *Risk*	(2) *Loan*	(3) *Risk*
Tbq	-0.0172 (0.0150)	-0.0149 (0.0117)	-0.0167 (0.0150)
Roa	-0.1571 (0.1971)	-1.7250*** (0.1852)	-0.0111 (0.2039)
Tang	0.2805** (0.1146)	0.2056* (0.1169)	0.2476** (0.1133)
Topten	-0.0094*** (0.0017)	-0.0042*** (0.0014)	-0.0092*** (0.0017)
Board	-0.0125 (0.0679)	0.0262 (0.0598)	-0.0111 (0.0678)
Gdpg	-0.0185** (0.0074)	-0.0561*** (0.0065)	-0.0165** (0.0075)
Cons	0.2495 (0.7188)	-6.0500*** (0.5741)	0.6605 (0.7509)
YearFE	*Yes*	*Yes*	*Yes*
FirmFE	*Yes*	*Yes*	*Yes*
N	13633	13633	13633
Adj. R^2	0.0322	0.1030	0.0338

注：括号中为聚类稳健标准误，* 表示 $p<0.10$，** 表示 $p<0.05$，*** 表示 $p<0.01$。

五、主要结论与启示

本节基于总量调控货币政策传导渠道理论，从微观层面探讨了总量调控货币政策的风险传导效应与内在机理，旨在揭开总量调控货币政策向企业风险传导的“黑箱”，为微观企业经营乃至货币当局提供决策参考。本书从银行信贷视角出发，检验了总量调控货币政策对企业风险传导的路径，得出如下结论：总量调控货币政策通过银行信贷渠道对企业传导风险，即总量调控货币政策通过银行信贷中介变量影响企业的风险承担。具体而言，总量宽松货币政策通过扩大银行信贷供给，强化了银行对于企业的资金支持，催生了企业的风险承担；反之，总量紧缩货币政策通过削减银行信贷供给，弱化了银行对于企业的资金支持，抑制了企业的风险承担。

基于本节的研究结果，分别从货币当局、行业协会、监管部门以及微观企业视角出发，提出如下政策建议，以期引导微观企业风险承担维持在合理区间，避免微观风险的累积而引致系统性风险的爆发。

（1）强化总量调控货币政策与宏观审慎政策协同作用。

货币当局在以提振经济为导向实施货币政策时，要兼顾系统性风险的防范，大力推进总量调控货币政策与宏观审慎政策的协同配合，实现提振经济与风险防范的双重目标。应进一步健全总量调控货币政策和宏观审慎政策双支柱调控框架，明晰金融监管部门职责界限，填补金融监管的空白地带。同时，央行在制定政策时要将宏观审慎目标纳入政策考量，加强总量调控货币政策与宏观审慎政策的协同性，在维持金融稳定的前提下最大限度地发挥总量调控货币政策在激活经济方面的作用。

（2）利用金融科技手段赋能信贷风险监测。

货币当局可利用金融科技手段，强化信贷风险的动态监测，把控好银行信贷规模的扩张幅度，避免企业风险的过度放大。首先，货币当局在政策执行过程中，自身可借助大数据、区块链等金融科技手段，监控银行信贷风险的变化，避免银行信贷规模的过度膨胀。其次，货币当局应发挥窗口指导作用，进一步引导银行借助金融科技手段，整合商业银行与企业间的数据，实现放贷规模与企业自身能力的匹配，避免企业在政策激励下盲目扩大借款规模，导致风险过度承担。同时，应引导银行构筑企业风险预警系统，对风险承担超出一定限度的企业及时预警，引导其风险承担回归合理区间，规避因风险扩散而引发的系统性风险。

（3）充分发挥行业协会的风险监管功能。

对于风险的监管，还可考虑引入行业协会的力量。金融监管部门可对行业协会的组织建设、行业自律规范的完善以及人才队伍的建设提供指导，充分发挥行业协会的风险监管功能，延伸监管手臂。通过指导行业协会内部风险管理组织架构的完善，奠定风险监管的制度基础。依据不同行业特质，探索构建相应的行业标准，提高行业自律能力，引导行业风险趋向合理区间。同时，还应加强行业协会骨干成员的知识技能培训，为行业协会风险监管功能的发挥提供专业支持。

（4）重视合理有序市场竞争环境的营造。

市场监管部门应加大对不良竞争企业的打击力度，强化市场监管，营造合理竞争的市场环境，避免因过度竞争引发行业间风险的加速传染，进而引致宏观系统性风险的提升。一方面，监管部门要充分发挥自身职能，引导企业合理有序竞争，对恶意竞争企业加强打击力度，确保市场环境的健康有序。另一方面，监管部门要不断完善监管信息平台的建设，注重行业的差异化监管，针对风险高发行业应提高关注度，在行业风险超过一定合理区间时，及时提出预警。

（5）完善企业内部治理与监督激励机制。

企业应发挥主观能动性，从完善企业风险管理机制、提升管理者专业素养以及加强管理者的激励监督方面入手，合理评估企业经营风险，实现理性科学决策。首先，企业应注重风险管理机制的完善，风险评估不仅要以财务报表数据为基础，还要将外部宏观环境变化纳入考量，综合评估企业经营风险情况。同时，须将风险管理贯穿生产经营活动的全过程，对企业的风险项目投资情况进行定期评估和及时预警。其次，企业要加强管理者的知识技能培训，建设专业化风险管理的人才队伍，加强企业风险识别能力，助力管理者决策。此外，企业还应完善管理者的绩效薪酬奖励制度，调动董事会的监督功能，在有效激励与合理监督的双重作用下，最大程度上提高管理者的尽职程度，实现科学决策。

第五章　定向调控货币政策对小微企业风险传导的微观效应研究

在我国小微企业是促进国民经济高质量发展的重要基石，是社会就业的主要渠道，小微企业的发展是关乎国计民生的重要问题。在疫情影响下，人民银行重启定向调控货币政策以扶持小微企业渡过难关。定向调控货币政策定位的精准性如何，能否为小微纾困解危尚待研究。本章首先以小微企业为研究主体，以非小微企业为参照，从企业微观层面比较不同定向调控货币政策对小微企业的信贷传导效应，判断定向调控货币政策释放的信贷资金能否定位精准地惠及小微；其次比较定向调控货币政策对不同类型的小微企业信贷传导精准性的差异；最后检验定向调控货币政策对小微企业风险传导效应的存在性，分析不同类型的定向调控货币政策对不同类型的小微企业风险传导效应的差异，从而将货币政策的风险承担渠道理论的论证由总量调控货币政策拓展至定向调控货币政策，为货币政策精准助力小微企业高质量发展提供理论依据。

第一节　定向调控货币政策对小微企业信贷调控的精准性研究

由于传统货币政策强调总量调控，不可避免地存在“一刀切”的问题，致使政策执行效果难以渗透至每个部门领域，特别是经济薄弱环节。总量调控货币政策虽然对宏观经济的发展能发挥一定的刺激作用，但是对小微企业的信贷引导作用有限。信贷配给因素制约着总量调控货币政策对小微企业的传导作用，这在货币紧缩时期表现尤为明显（饶品贵和姜国华，2013①）。从企业角度来看，小微企业受制于自身管理能力的不足和信息不对称，在银行风险评估中通常会获得较低的评价，故而在经济低迷时期小微企业易受到银行的信贷歧视（Dow，1996②）。从银行角度来看，Gertler & Gilchrist（1994）研究指出，商业银行对小企业的信贷融资存在周期性变化，在实施紧缩性货币政策时期常有小企业面临信贷配给的困境，由于小企业比大企业承受更多银行信贷约束，企业的债务增长幅度持续缩小③。在紧缩的总量性货币政策的调控下，信贷供给收缩，银行更倾向于为风险程度较低、抵押能力较强的大企业提供贷款，导致小微企业获取外部融资更加困难，加剧了小微企业的资金紧张程度（Liberti and Sturgess，2018④）。

为了能够弥补总量调控货币政策的这一缺陷，定向调控货币政策应运而生。2014 年以来，央行陆续推出支小再贷款、定向降准等针对小微企业融资约束问题的定向调控货币政策。自 2014 年支小再贷款政策颁布以来，支小再贷款余额迅速增加，截至 2020 年底已达 9756 亿元。就定向降准政策而言，2014 ~ 2020 年央行针对小微企业实施降准共 9 次，历年降准幅度分别为 0.5%、2%、0、0.75%、0、1% 和 2.25%。这些政策均以缓解小微企业融资困境为目标导向，致力于提供便利优惠的融资渠道。

大多数学者对定向调控货币政策的成效给予了肯定，认为定向调控货币政策能够通过定向性的引导，将政策优惠更加精准地落实到政策目标对象，实现更好的结构调控目标。张景智（2016）研究发现，定向降准政策能够引导信贷资金顺利进入特定领域进而发挥“精准滴灌”的结构调整功能，产生明显的结构效应，使国民经济中的薄弱产业环节和重点施策对象（如“三农”、小微企业等）得到更为显著的政策红利⑤。魏晓云和韩立岩（2018）采用动态随机一般均衡模型研究定向降准政策的激励机制研究发现，定向降准政策有利于增加小微企业的信贷资源，而全面降低法定存款准备金

---

① 饶品贵、姜国华：《货币政策，信贷资源配置与企业业绩》，载于《管理世界》，2013 年第 3 期。

② Dow S. C. Horizontalism：A critique ［J］. *Cambridge Journal of Economics*，1996，20（4）：497.

③ Gertler M.，Gilchrist S. Monetary Policy，Business Cycles，and the Behavior of Small Manufacturing Firms ［J］. *The Quarterly Journal of Economics*，1994，109（2）.

④ Liberti J. M.，Sturgess J. The Anatomy of a Credit Supply Shock：Evidence from an Internal Credit Market ［J］. *Journal of Financial and Quantitative Analysis*，2018，53（2）：547 – 579.

⑤ 张景智：《新型货币政策工具总量与结构效应比较研究——基于定向降准的实证》，载于《上海金融学院学报》2016 年第 4 期。

则不利于小微企业，需要兼顾二者才能有效促进实体经济增长和结构性改革①。

虽然大部分学者肯定了定向调控货币政策效果，但还有部分学者在研究中发现定向降准政策并未有效实现政策目标。黎齐（2017）采用双重差分模型对定向降准政策效果进行了研究，结果表明定向降准政策所释放的资金并没有精准流入目标行业与企业，定向降准政策的连续实施也没有使原有的政策效果得到改善②。因此，学者对定向降准政策能否真正精准定位的问题产生了担忧，陈萍（2014）对定向降准政策所释放资金的实际流向提出质疑，认为降准政策颁布之后商业银行中增加的可贷资金未必会流入目标的产业和企业，政策的实际效果可能不及其指导意义③。马方方和谷建伟（2016）根据当前中国经济运行的特征，系统性地分析了定向调控类货币政策的传导机理和对不同目标的影响效果，认为定向调控货币政策在应对当前中国经济下行和产业结构失衡的问题上颇有成效，但却难以保证商业银行能够合理地将资金和政策目标领域进行有效的匹配④。政策实施的精准性直接影响到货币政策的实施效果，定向调控货币政策是否能够真正实现定向引导、精准落地，决定着政策实施的实际效果，进而影响政策目标的实现。因而研究定向降准和支小再贷款等定向调控政策的正向激励效果与信贷调控的精准性具有重要的现实意义。

一、文献回顾

（一）定向降准政策研究现状

为了避免总量调控货币政策难以促进信贷资源向小微企业倾斜的问题，货币当局的调控思路从宏观总量“漫灌”转变成为对经济薄弱环节进行定向“滴灌”和“微调”。2014 年 4 月开始，中国人民银行推出了多轮定向降准货币政策。目前有关定向降准政策的研究主要围绕其传导渠道和有效性展开。在政策传导渠道方面，定向降准政策传导以银行信贷传导渠道为主。王倩等（2016）从银行流动性角度分析，认为定向调控货币政策

---

① 魏晓云、韩立岩：《企业共生模式下定向降准政策的激励机制》，载于《系统工程》2018 年第 3 期。

② 黎齐：《中国央行定向降准政策的有效性——基于双重差分模型的实证研究》，载于《财经论丛》2017 年第 4 期。

③ 陈萍：《央行“定向降准”面面观》，载于《国际金融》2014 年第 7 期。

④ 马方方、谷建伟：《中国定向调控货币政策效应研究》，载于《首都经济贸易大学学报》2016 年第 1 期。

的实施拓宽了银行获取低成本流动性的渠道，使其增加了对企业的信贷供给，从而实现政策传导①。陈书涵等（2019）研究指出，在定向降准政策实施后，央行通过货币乘数调控商业银行的信用创造，以达到增加小微企业贷款投放的目的②。

对于定向降准政策的有效性，部分学者认为定向降准政策实施后小微企业得到了更多的信贷扶持。郭晔等（2019）引入银行间的竞争因素，发现定向降准政策的结构效应使银行竞争程度增加，而银行之间的竞争能够促进定向降准实现普惠目标的实现，增加银行涉小贷款的发放③。孔东民等（2021）利用断点回归分析定向降准政策前后小微企业贷款增量的变化，研究发现定向降准政策的实施让小微企业获得银行信贷的概率显著提高④。此外，也有一部分学者对定向降准政策能否发挥普惠效应表示怀疑。马理等（2015）肯定了定向降准政策发挥的结构调整作用，但从商业银行的行为出发，在此政策下商业银行信贷发放对象不一定是小微企业，银行在信贷发放对象选择上存在不确定性⑤。黎齐（2017）实证发现定向降准政策所释放的资金流向目标企业存在一定的困难，小微企业贷款增速没有显著高于大中型企业，认为定向降准政策未能发挥增加目标企业信贷可得性的作用⑥。

（二）支小再贷款政策研究现状

2014 年人民银行创设了支小再贷款（Micro Supporting Loan，MSL）货币政策工具，专门用于支持金融机构扩大对小微企业的资金投放，以缓解小微企业“融资难、融资贵”的问题。现有对支小再贷款的研究主要讨论了政策实施的效果，学者认可了支小再贷款的有效性。周师慷（2016）认为支小再贷款能够用于引导资金流向小微企业，帮助小微企业解决流动性问题⑦。但是，仍有不少学者指出支小再贷款在实施过程中存在弊端，抑

---

① 王倩、路馨、曹廷求：《结构性货币政策、银行流动性与信贷行为》，载于《东岳论丛》2016 年第 8 期。

② 陈书涵、黄志刚、林朝颖：《定向降准货币政策传导路径与效果研究》，载于《投资研究》2019 年第 3 期。

③ 郭晔、徐菲、舒中桥：《银行竞争背景下定向降准政策的“普惠”效应——基于 A 股和新三板三农、小微企业数据的分析》，载于《金融研究》2019 年第 1 期。

④ 孔东民、李海洋、杨薇：《定向降准、贷款可得性与小微企业商业信用——基于断点回归的经验证据》，载于《金融研究》2021 年第 3 期。

⑤ 马理、娄田田、牛慕鸿：《定向降准与商业银行行为选择》，载于《金融研究》2015 年第 9 期。

⑥ 黎齐：《中国央行定向降准政策的有效性——基于双重差分模型的实证研究》，载于《财经论丛》2017 年第 4 期。

⑦ 周师慷：《信贷政策支持再贷款使用和管理的效应分析——以江西省某地级市为例》，载于《武汉金融》2016 年第 5 期。

制了政策向小微企业精准发力。马春芬（2016）认为，支小再贷款的实际效果不佳，不能减少小微企业的贷款成本，再加上申请手续烦琐和内部管理程序复杂的问题，造成资金投放渠道不畅①。陈磊等（2020）通过向量自回归（VAR）模型发现，支小再贷款对小微企业贷款的促进作用表现出短期性特征，即政策不具有持续性的影响②。

（三）不同定向调控货币政策的比较研究

在对定向调控货币政策的研究中，部分学者比较了不同定向调控货币政策作用效果的差异。一些研究认为定向降准政策的效果相对更好。成学真等（2018）将数量型和价格型定向调控货币政策进行对比，发现价格型的定向调控货币政策工具效果更胜一筹③。孙少岩和刘芮嘉（2019）利用向量自回归（VAR）模型对比数量型和价格型定向调控货币政策在利率、物价水平、经济增长及股票市值四个方面的影响，发现利率导向型的定向调控政策工具的影响效果相对更大④。杨冰洁（2020）以福建省为例，对比了各个定向调控货币政策对小微企业贷款的影响，发现定向降准政策对小微企业信贷的支持作用比支小再贷款的作用效果更明显，而且定向降准的政策效果要好于其他数量型的定向调控政策工具⑤。

综上所述，多数定向调控货币政策的研究以单一政策为主，较少将定向降准政策与支小再贷款政策置于统一的研究框架，比较分析二者对小微信贷调控的精准性，更少有文献从银行与企业两个维度同时评价定向调控政策下的信贷资金流向问题。本书以支持小微企业为直接政策目标的定向降准政策与支小再贷款为研究对象，比较两类政策工具的支小成效，并针对不同性质的银行以及不同特征的企业细化分析两类定向调控货币政策传导的异质性，从而更加全面客观地对定向调控货币政策信贷调控的精准性加以评价，为货币当局选择宏观调控政策工具提供理论依据。

二、理论分析与假说提出

不论在国内还是国外，小微企业在经济发展中都发挥着无可替代的重

---

① 马春芬：《支小再贷款投放不畅》，载于《中国金融》2016年第2期。

② 陈磊、柯超、姚瑶：《支农支小再贷款政策的基层实施效果研究——以江西省九江市为例》，载于《金融与经济》2020年第10期。

③ 成学真、陈小林、吕芳：《中国结构性货币政策实践与效果评价——基于数量型和利率导向型结构性货币政策的比较分析》，载于《金融经济学研究》2018年第1期。

④ 孙少岩、刘芮嘉：《我国结构性货币政策执行效果的检验》，载于《商业研究》2019年第10期。

⑤ 杨冰洁：《结构性货币政策向小微企业传导的效率及可持续性研究——基于全面FGLS模型》，载于《上海金融》2020年第9期。

要作用。在美国，小企业占所有企业总数的比重超过了99%，创造了大约65%的就业机会。在我国，小微企业数量占全国企业总数99.8%以上，吸纳的就业人数占全部就业人数的79.4%，创造的全年营业收入占比达到全部企业的68.2%①。由此可见，小微企业是国民经济稳步发展的重要支撑。与此同时，小微企业数量仍呈现出快速增长态势，2021年末我国的中小微企业数量已达到4800户，该数值是2012年末的2.7倍，② 随着小微企业规模的逐渐壮大，其对经济社会发展的影响力也日益凸显。

尽管小微企业在经济的发展过程中占据着举足轻重的地位，但是小微企业的发展环境却不容乐观。由于信息不对称，小微企业长期以来受到严重的融资约束问题困扰，难以获得足够的资源支持其快速发展（Beck & Demirguc - Kunt，2006③）。相对于成熟和完善的大中型企业，小微企业在信贷市场中处于弱势。商业银行等存款性金融机构作为市场经济的理性参与者，以效用最大化为目标，追求利润最大化、风险最小化的平衡，因此在银行面临多种选择时，通常将新增贷款发放给大规模企业，以避免银行的不良贷款损失（罗荷花和李明贤，2014④）。同时由于管理体系粗放，人才机制配置受限，资金运作周期长、灵活度低等问题（赵浩等，2019⑤），小微企业在与大企业的市场竞争中常常处于下风，小微企业面临的不确定性更强，在经济大幅波动时破产倒闭的风险更大。在严重的融资约束下，小微企业难以大胆创新。因此，小微企业经营能力的提升和企业规模的扩张将进一步受限。

而定向降准政策可以通过信贷渠道和信号渠道影响小微企业贷款。首先，从信贷渠道来看，定向降准政策会影响银行的信贷偏好，进而影响信贷行为。郭晔等（2019）研究认为央行以定向降准政策的形式释放流动性使商业银行获得了更多超额货币，在追逐利益的目标驱使下会主动向高风险的“三农”和小微企业发放贷款⑥。其次，从信号渠道来看，定向降准

---

① 资料来源：美国贸易代表办公室（Office of the United States Trade Representative）。

② 工业和信息化部：《支持中小企业创新发展，培育更多专精特新企业》，国际科技创新中心，2022年8月30日。

③ Beck T.，Demirguc - Kunt A. Small and medium-size enterprises：Access to finance as a growth constraint [J]. *Journal of Banking and Finance*，2006，30（11）：2943.

④ 罗荷花、李明贤：《不同类型银行为小微企业融资的行为逻辑分析》，载于《经济体制改革》2014年第2期。

⑤ 赵浩、丁韦娜、鲁亚军：《小微企业融资困境分析与国际经验借鉴》，载于《征信》2019年第7期。

⑥ 郭晔、徐菲、舒中桥：《银行竞争背景下定向降准政策的“普惠”效应——基于A股和新三板三农、小微企业数据的分析》，载于《金融研究》2019年第1期。

政策向商业银行传递市场稳定的信号，鼓励商业银行将资金更多地投放给小微企业。刘澜飚等（2017）以事件分析法指出，定向调控货币政策信号渠道的有效性，央行通过对外公布实施定向调控政策的信息，释放政策信号影响金融机构对市场的预期，进而使货币市场与债券市场利率向下调整，最终影响融资成本①。央行对外公告实施定向降准政策，调低以服务小微企业为主的目标银行的存款准备金率，使商业银行产生经济稳定的预期，再加上定向性贷款优惠的引导，商业银行将更多地关注到小微等融资困难部门并为其发放贷款，让小微企业的融资成本明显降低。由此可见，定向降准政策可以产生缓解小微企业融资困境的效果，使小微企业获得更多的贷款。

相比之下，支小再贷款政策存在使用规模、管理程序等方面的短板。杨冰洁（2020）从小微企业贷款量与贷款利率两个角度研究发现，支小再贷款由于使用规模小以及存在贷款的挤出效应，该政策对小微企业信贷投放数量与投放价格的影响均不明显②。在支小再贷款的管理程序方面，烦琐的管理办法难以适应小微企业的临时资金需求。马春芬（2016）指出商业银行在办理支小再贷款时要进行烦琐的质押手续，资金使用需严格记录，耗费较多人力成本和时间成本，降低了政策实施效率，与小微企业短期的资金需求特征不匹配③。总体来看，支小再贷款由于需要逐笔申请审批，使用规模不大，难以产生与定向降准政策相同的支小效应，由此提出以下假说：

假说5.1：比起支小再贷款政策，定向降准政策能够更加精准地影响小微企业贷款，对小微企业的信贷促进作用更强。

定向降准政策旨在为“三农”和小微企业等融资弱势方提供更加集中且精准的信贷支持，降低其信贷获取难度，促进银行为“三农”及小微企业发放信贷。银行的信贷选择主要从价值发现和风险承担考虑，平衡风险与收益的诉求驱使银行在符合政策要求的前提下遵循市场机制来分配信贷资源，因此，定向降准政策对不同目标企业信贷滴灌效应的精准性也不尽相同。从价值发现角度来看，首先，抵押能力强的企业在清算时价值更高，债务担保能力更强，因此银行发放贷款时倾向于抵押能力强的小微企业

① 刘澜飚、尹海晨、张靖佳：《中国结构性货币政策信号渠道的有效性研究》，载于《现代财经》（天津财经大学学报）2017年第3期。

② 杨冰洁：《结构性货币政策向小微企业传导的效率及可持续性研究——基于全面FGLS模型》，载于《上海金融》2020年第9期。

③ 马春芬：《支小再贷款投放不畅》，载于《中国金融》2016年第2期。

(张晖明等，2022①)。其次，企业盈利性也是贷款偿还的重要保障，核心盈利能力是决定企业能否获得银行贷款的关键因素（刘慧凤和杨扬，2012②)。据此，提出以下假说：

假说 5.2 (a)：相对于抵押能力弱的小微企业，定向降准政策能使抵押能力强的小微企业获得更多银行信贷支持。

假说 5.2 (b)：相对于盈利性低的小微企业，定向降准政策能使盈利性高的小微企业获得更多银行信贷支持。

三、研究设计

(一) 样本选取与数据来源

虽然定向调控货币政策的对象主要有“三农”与小微企业，但鉴于农业上市公司不超过 40 家，样本数量太少不具有代表性，因此本章以非农小微企业为研究对象，以非农且非小微企业为参照，研究定向调控货币政策对小微企业的影响。本节选取 2007 ~ 2020 年沪深 A 股和新三板市场的企业为研究样本，并对连续变量进行了 0.5% 的缩尾处理用于减少异常值的影响。定向降准与支小再贷款政策的数据通过手动收集并整理中国人民银行网站公告与《中国货币政策执行报告》得到。存款准备金率数据源自 Wind 数据库，企业数据源自国泰安数据库。本章根据工业和信息化部、国家统计局、国家发展和改革委员会、财政部联合制定的《中小企业划型标准规定》作为小微企业和非小微企业的划分依据。由于定向降准政策于 2014 年开始实施，因此以 2013 年 12 月作为基期筛选小微企业，最终得到 208 家小微企业，采用倾向得分匹配的方法 1 比 1 配对得到与小微企业相对应的 208 家非小微企业作为实证检验样本。

(二) 模型设计和变量定义

为检验定向调控货币政策释放的流动性资金是否精准指向小微企业，鉴别定向调控货币政策对小微企业和非小微企业的作用效果，本书构建如下模型：

$$Loan_{i,t} = \alpha_0 + \alpha_1 \Delta TE_t + \alpha_2 \Delta TE_t \times Small_i + \alpha_3 \Delta SR_t + \alpha_4 \Delta SR_t \times Small_i + \alpha_5 \Delta RRR_t + \lambda Control_{i,t-1} + u_i + \varepsilon_{i,t} \tag{5.1}$$

其中，下标 t 表示时间，i 表示第 i 家企业。本节被解释变量 $Loan$ 采

① 张晖明、刘入嘉、王凯：《信贷市场：“所有制偏好”还是“规模偏好”》，载于《经济学动态》2022 年第 5 期。

② 刘慧凤、杨扬：《公允价值会计信息对银行贷款契约有用吗——基于上市公司数据的实证检验》，载于《财贸经济》2012 年第 1 期。

用贷款融资比例衡量，通过计算企业短期借款与长期借款的总量占期初总负债的比重得到，用来表示企业的银行贷款规模。定向降准政策和支小再贷款政策是本节的核心解释变量，定向降准政策代理变量（ΔTE）的计算方式为当年针对小微企业颁布的所有定向降准政策降准幅度的总和，支小再贷款政策采用当期支小再贷款余额占全国小微企业贷款余额比值较上期比值的增加量（ΔSR）度量。由于市场内的资金流动性很大程度上受总量调控货币政策的影响，进而总量调控货币政策会影响企业获取银行信贷的难易度，所以本节进一步控制了总量性货币政策（ΔRRR），通过当期存款准备金率较上一期存款准备金率的降低幅度衡量货币政策扩张程度。

本书参考 Jiménez & Ongena（2012）①、Lins et al.（2017）②、孔东民等（2021）③ 的文献，控制了如下企业特征作为控制变量（*Control*）：企业资产规模（*Asset*）以期末总资产的对数来衡量；企业年龄（*Age*）采用 ln(1 + 企业成立年限）度量；流动比率（*Liq*）以流动资产在总资产中的占比衡量；企业盈利能力（*Ora*）通过营业利润占总资产的比重衡量；企业经营能力（*Cfo*）通过经营活动现金流净额占总资产的比重衡量。具体如表 5－1 所示。

表 5－1　　主要变量定义

类型	变量名	变量含义	计算方法
被解释变量	*Loan*	贷款融资比例	（短期借款 + 长期借款）/期初总负债
	ΔTE	定向降准	针对小微企业实施的定向降准政策实施幅度
宏观解释变量	ΔSR	支小再贷款	支小再贷款余额占全国小微企业贷款总额之比较上一年的增加量
	ΔRRR	总量性货币政策	法定存款准备金率降低幅度
	TAY	泰勒规则利率	实际利率与使用泰勒规则计算的利率之差

① Jiménez G.，Ongena S. Credit supply and monetary policy: Identifying the bank balance－sheet channel with loan applications [J]. *The American Economic Review*, 2012, 102 (5): 2301－2326.

② Lins K. V.，Servaes H, Tamayo A. Social capital, trust, and firm performance: The value of corporate social responsibility during the financial crisis [J]. *The Journal of Finance*, 2017, 72 (4): 1785－1824.

③ 孔东民、李海洋、杨薇：《定向降准、贷款可得性与小微企业商业信用——基于断点回归的经验证据》，载于《金融研究》2021 年第 3 期。

续表

类型	变量名	变量含义	计算方法
微观解释变量	*Small*	小微企业	小微企业为1，非小微企业为0
	Asset	资产规模	ln(期末总资产)
	Age	企业年龄	ln(1+企业成立年限)
	Liq	企业流动比率	流动资产/总资产
	Ora	企业盈利能力	营业利润/总资产
	Cfo	企业经营能力	经营活动现金流净额/总资产
分组变量	*HighFixed*	企业抵押能力	固定资产占总资产之比高于每年行业中位数的小微企业为1，否则为0
	HighProfit	企业盈利性	资产净利率高于每年行业中位数的小微企业为1，否则为0

（三）描述性统计

从表5-2和表5-3可以看出，小微企业贷款融资比例的标准差为0.4759，与其配对的非小微企业贷款融资比例的标准差为0.4263。由此可见，小微企业的贷款融资比例标准差高于非小微企业的贷款融资比例标准差，说明小微企业在发展过程中得到贷款的波动性比非小微企业更强，即小微企业获取贷款的不确定性更大，而定向调控货币政策能否解决小微企业融资难问题有待进一步论证。

表5-2　　　　小微企业描述性统计

变量	均值	中位数	标准差	最小值	最大值
Loan	0.3170	0.1611	0.4759	0.0000	2.9403
Δ*TE*	0.6239	0.0000	0.8089	0.0000	2.2500
Δ*SR*	0.0022	0.0009	0.0044	-0.0017	0.0152
Δ*RRR*	0.5554	0.5000	1.4180	-3.0000	3.0000
TAY	-2.0607	-1.4017	3.0798	-8.5928	5.3209
Asset	18.9169	18.7042	1.8547	15.1018	24.7273
Age	2.5498	2.6391	0.4772	0.0000	3.4657
Liq	0.6864	0.7473	0.2479	0.0000	0.9960
Ora	0.0253	0.0385	0.1282	-0.5928	0.4053
Cfo	0.0134	0.0174	0.1409	-0.5557	0.5089

表 5-3 配对的非小微企业描述性统计

变量	均值	中位数	标准差	最小值	最大值
Loan	0.2914	0.1588	0.4263	0.0000	2.9403
ΔTE	0.7619	0.5000	0.8347	0.0000	2.2500
ΔSR	0.0027	0.0012	0.0048	-0.0017	0.0152
ΔRRR	0.7807	0.5000	1.2529	-3.0000	2.5000
TAY	-1.5976	-1.4017	2.5485	-8.5928	5.3209
Asset	19.2508	18.9323	2.0319	15.1018	25.9056
Age	2.6785	2.7081	0.4350	0.6931	3.6889
Liq	0.6669	0.6771	0.2060	0.0894	0.9960
Ora	0.0459	0.0501	0.1095	-0.5928	0.4053
Cfo	0.0460	0.0438	0.1261	-0.5557	0.5089

（四）倾向得分匹配效果

为保证实证结果的准确性，使用倾向得分匹配方法处理样本。倾向得分匹配法可以通过一组可观测的匹配变量计算不同个体的倾向得分，然后通过 1∶1 的最邻近匹配来构建与处理组相似的对照组，在一定程度上可解决自选择偏误问题，进而对缓解模型的内生性问题具有一定积极作用（史永东和王谨乐，2014①）。

根据资产规模（*Asset*）、企业年龄（*Age*）、企业权益比率（*Cap*）、企业流动比率（*Liq*）等变量进行匹配，将小微企业作为处理组，以 1 比 1 近邻匹配的方式找到与小微企业倾向得分最为接近的非小微企业作为控制组。平衡性检验结果如表 5-4 所示，匹配后处理组与控制组均值的标准化偏差均小于 20%，说明匹配后小微企业样本和非小微企业样本的变量差异显著减少。其中，企业年龄（*Age*）标准化偏差减少了 72.8%，资产规模（*Asset*）标准化偏差减少了 93.3%，企业权益比率（*Cap*）标准化偏差减少了 88.6%，企业流动比率（*Liq*）的标准化偏差减少了 57.6%。

此外各个变量的 *t* 检验结果表明，匹配后的 *t* 值均在 1% 的显著性水平上不显著，说明 PSM 通过平衡性检验，倾向得分匹配效果良好。

---

① 史永东、王谨乐：《中国机构投资者真的稳定市场了吗?》，载于《经济研究》2014 年第 12 期。

表 5-4　倾向得分匹配的平衡性检验

变量	类型	均值		标准化偏差（%）	标准化偏差减少（%）	T 值	P > |t|
		处理组	控制组				
Age	匹配前	2.4561	2.3067	28.4	72.8	3.51	0.000
	匹配后	2.4561	2.4968	-7.7		-0.92	0.360
Asset	匹配前	18.543	19.412	-41.7	93.3	-5.11	0.000
	匹配后	18.543	18.571	-1.3		-0.16	0.876
Cap	匹配前	0.6446	0.5208	54.9	88.6	7.64	0.000
	匹配后	0.6446	0.6304	6.3		-0.67	0.501
Liq	匹配前	0.7213	0.6635	24.5	57.6	3.52	0.000
	匹配后	0.7213	0.6968	10.4		1.12	0.265

另外，匹配前后处理组和控制组的核密度曲线如图 5-1 和图 5-2 所示。图 5-1 中匹配前处理组和控制组的核密度曲线在倾向得分值 0.1 之前差异明显，存在较大偏差。在图 5-2 中，经过匹配后，处理组和控制组的核密度曲线呈单峰状并且几乎重合，再次说明倾向得分匹配效果较好。

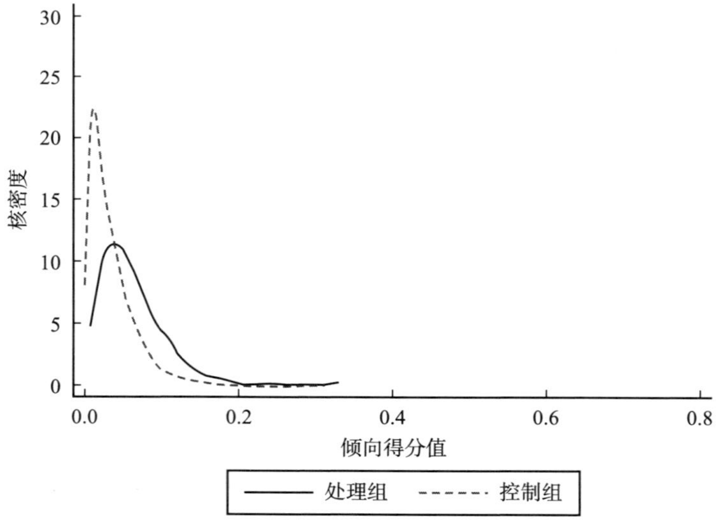

图 5-1　倾向得分匹配前处理组和控制组的核密度曲线

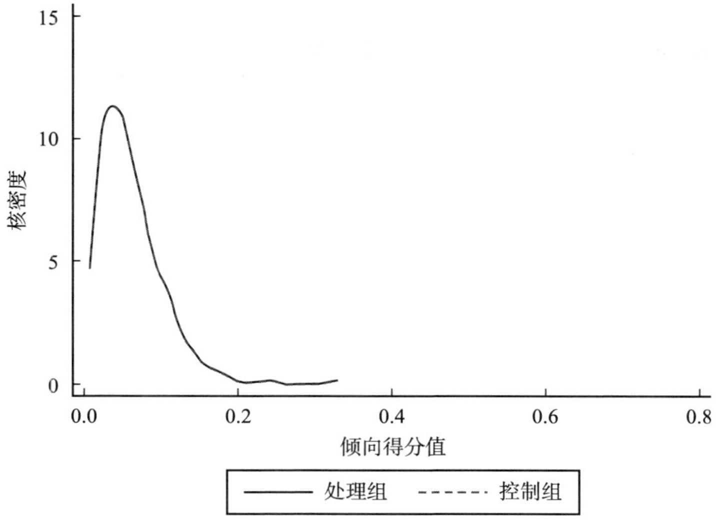

图 5－2　倾向得分匹配后处理组和控制组的核密度曲线

四、实证检验

为比较定向降准政策和支小再贷款政策对企业信贷融资比率的影响效果，将匹配后的小微企业和非小微企业样本代入面板固定效应模型，结果列于表 5－5。表 5－5 列（1）中定向降准政策变量与小微企业的交互项（$\Delta TE \times Small$）系数为 0.0523 且具有 5% 的显著性，表明定向降准政策对小微企业的贷款规模产生了正向影响，即定向降准政策实施后小微企业获得的贷款量较之非小微企业明显增加。ΔTE 系数不显著，说明定向降准政策对非小微企业的贷款没有显著的影响，以上结果反映了定向降准政策有助于引导银行增加小微企业的贷款。然而，$\Delta SR \times Small$ 不显著，并且 ΔSR 系数不显著，表明支小再贷款政策对小微企业和非小微企业的信贷促进作用没有显著差异，该政策难以对小微企业贷款产生政策引导作用，同时也没有显著促进非小微企业贷款。因此，相比于支小再贷款政策，定向降准政策更能精准促进小微企业获得更多信贷。列（2）和列（3）是在列（1）的基础上逐步加入企业和年份固定效应的结果，所得结论与列（1）一致。综上所述，在对小微企业的政策扶持效果上，定向降准政策比支小再贷款政策表现出更强的政策扶持效应，能更精准有效地激励银行增强对小微企业的贷款倾向，推动小微企业的发展，假说 5.1 得证。

表 5-5　　定向调控货币政策对企业贷款的影响

变量	(1) *Loan*	(2) *Loan*	(3) *Loan*
$\Delta TE \times Small$	0.0523 ** (2.5034)	0.0518 ** (2.3670)	0.0482 ** (2.2007)
$\Delta SR \times Small$	-6.3646 (-1.4835)	-5.9797 (-1.5587)	-5.9503 (-1.5520)
ΔTE	-0.0168 (-1.0047)	-0.0168 (-1.0420)	
ΔSR	-0.2987 (-0.0965)	-0.7295 (-0.2559)	
ΔRRR	-0.0127 ** (-2.1006)	-0.0129 ** (-2.1436)	
Asset	0.0168 *** (3.7771)	-0.0365 *** (-3.0613)	-0.0391 *** (-3.1984)
Age	-0.0413 ** (-2.1978)	0.0973 ** (2.3774)	0.0561 (0.8649)
Liq	-0.2575 *** (-7.2546)	-0.0832 (-1.4592)	-0.0900 (-1.5687)
Ora	0.2915 *** (4.3327)	0.4370 *** (6.0835)	0.4272 *** (5.9262)
Cfo	-0.3442 *** (-5.8983)	-0.2221 *** (-3.8879)	-0.2097 *** (-3.6581)
Cons	0.2780 *** (3.0148)	0.8067 *** (4.1609)	0.9464 *** (3.6207)
N	3708	3708	3708
企业固定效应	不控制	控制	控制
年份固定效应	不控制	不控制	控制
R^2	0.0366	0.3143	0.3172

注：***、**、*分别表示在1%、5%、10%水平上显著相关；括号中为 t 统计值。

为了进一步考察定向调控货币政策对不同类型小微企业贷款的影响差异，将研究对象聚焦于小微企业，按照抵押能力对小微企业进行分组。参考 Liberti & Sturgess（2018）①，以固定资产占比即固定资产占总资产的比值衡量企业的抵押能力。表 5－6 列（1）控制了定向调控政策与抵押能力的交互项，结果显示 $HighFixed \times \Delta TE$ 表现出较强的显著性，说明定向降准政策对拥有较多抵押品的小微企业促进作用更强烈，能够引导银行将政策释放的流动性输送给具有良好抵押能力的小微企业。ΔTE 系数不显著则表明定向降准政策对抵押能力较弱的小微企业贷款没有显著影响。可能的原因是企业可抵押能力与企业清算价值呈正相关，高清算价值也意味着企业债务担保能力强，违约风险低，因此银行倾向于向高抵押能力的小微企业贷款。与此同时，$HighFixed \times \Delta SR$ 的系数估计结果表明支小再贷款政策的支小效果在不同抵押能力的小微企业中难以产生异质性影响，政策较难引导银行向抵押能力较好的小微企业发放贷款。ΔSR 系数不显著，则表明支小再贷款政策同样没有显著促进抵押能力较差的小微企业获得贷款。因此，定向降准政策的实施使抵押能力较好的小微企业比抵押能力弱的小微企业获得了更多信贷支持，符合假说 5.2（a）。列（2）是在列（1）的基础上控制年份固定效应的结果，所得结论与列（1）一致。

表 5－6　　定向调控货币政策对异质性小微企业的滴灌效应

变量	(1) 抵押能力交互项 *Loan*	(2) 抵押能力交互项 *Loan*	(3) 盈利性交互项 *Loan*	(4) 盈利性交互项 *Loan*
$HighFixed \times \Delta TE$	0.0947*** (2.8611)	0.0935*** (2.8250)		
$HighFixed \times \Delta SR$	−7.8230 (−1.2967)	−7.9377 (−1.3162)		
$HighFixed$	−0.0444 (−1.4459)	−0.0437 (−1.4196)		
$HighProfit \times \Delta TE$			0.0846** (2.5265)	0.0824** (2.4586)
$HighProfit \times \Delta SR$			−8.7062 (−1.4201)	−8.4066 (−1.3715)
$HighProfit$			−0.0256 (−0.8819)	−0.0225 (−0.7752)
ΔTE	−0.0171 (−0.6787)		−0.0119 (−0.4665)	

① Liberti J. M., Sturgess J. The Anatomy of a Credit Supply Shock: Evidence from an Internal Credit Market [J]. *Journal of Financial and Quantitative Analysis*, 2018, 53 (2): 547－579.

变量	(1) 抵押能力交互项 *Loan*	(2) 抵押能力交互项 *Loan*	(3) 盈利性交互项 *Loan*	(4) 盈利性交互项 *Loan*
ΔSR	-1.7251 (-0.3799)		-1.1910 (-0.2590)	
ΔRRR	-0.0087 (-1.0570)		-0.0088 (-1.0662)	
控制变量	控制	控制	控制	控制
Cons	0.7143 *** (2.7902)	0.8506 ** (2.5748)	0.7218 *** (2.7914)	0.8714 *** (2.6211)
N	2030	2030	2030	2030
企业固定效应	控制	控制	控制	控制
年份固定效应	不控制	控制	不控制	控制
R^2	0.2694	0.2741	0.2685	0.2733

注：括号内为 t 值；* 代表 p 值 <0.1，** 代表 p 值 <0.05，*** 代表 p 值 <0.01。

其次，按照盈利性对小微企业进行分组。参考王曦等（2017）① 以企业资产净利率即净利润占总资产的比重度量小微企业盈利性。表 5-6 列（3）中的 $HighProfit \times \Delta TE$ 系数显著且大于 0，说明定向降准政策的实施使高盈利性的小微企业较之低盈利性的小微企业更容易获得银行贷款。ΔTE 系数不显著，表明定向降准政策对低盈利性的小微企业贷款没有显著影响，该估计结果符合假说 5.2（b）。可能的原因是盈利能力强的小微企业偿还贷款能力更强，在贷款利润率相差不大的情况下，银行承担的风险更低，所以银行倾向于向盈利能力强的小微企业发放贷款。$HighProfit \times \Delta SR$ 的系数不显著，表明支小再贷款没有显著影响高盈利性小微企业贷款融资，同时对于不同盈利性特征的小微企业而言，支小再贷款政策的影响没有显著差异。ΔSR 系数不显著，说明支小再贷款政策同样没有显著促进低盈利性小微企业获得更多贷款。列（4）是在列（3）的基础上控制年份固定效应的结果，所得结论与列（3）一致。

综上所述，定向降准政策的实施将显著提高抵押能力强、盈利性强的

① 王曦、李丽玲、王茜：《定向降准政策的有效性：基于消费与投资刺激效应的评估》，载于《中国工业经济》2017 年第 11 期。

小微企业从银行获取信贷的规模。由此可见，定向降准政策实施后银行基于价值发现和风险承担角度考虑对小微企业发放贷款，银行选择抵押能力强、盈利能力高的小微企业不仅能够降低银行贷款风险，还有利于在实体经济主体中合理筛选出具有发展潜力的小微企业。因此，对于抵押能力强、营利性好的小微企业，定向降准政策信贷调控的精准性更高。

五、稳健性检验

为了避免总量调控货币政策对定向调控货币政策支小功效的影响，采用替换总量调控货币政策和加入总量调控货币政策与是否小微的交互项的方式进行稳健性检验，结果如表 5－7 所示。首先，参考张雪兰和何德旭(2012)①，使用滞后一期泰勒规则利率（TAY）衡量总量性货币政策，将实证式（5.1）中存款准备金率替换成滞后一期泰勒规则利率进行实证检验。表5－7列（1）中，$\Delta TE \times Small$ 与 $\Delta SR \times Small$ 系数的估计结果与主检验结果基本一致。ΔTE 与 ΔSR 的系数不显著则表明定向降准政策与支小再贷款政策对非小微企业没有明显的信贷促进作用。列（2）、列（3）是在列（1）的基础上逐步加入企业和年份固定效应的结果，结论不变。其次，在列（3）的基础上加入总量调控货币政策与是否小微的交互项（$TAY \times Small$），结果如列（4）所示，$\Delta TE \times Small$ 与 $\Delta SR \times Small$ 系数的估计结果依然与主检验结果基本一致。以上结果再次表明原实证结果具有较好的稳健性。

表5－7　　稳健性检验——控制总量调控货币政策的影响

变量	(1) *Loan*	(2) *Loan*	(3) *Loan*	(4) *Loan*
$\Delta TE \times Small$	0.0522** (2.4968)	0.0521** (2.3771)	0.0482** (2.2007)	0.0462** (2.0944)
$\Delta SR \times Small$	－6.3777 (－1.4858)	－5.9991 (－1.5627)	－5.9503 (－1.5520)	－4.7634 (－1.1470)
$TAY \times Small$				0.0041 (0.7439)
ΔTE	－0.0256 (－1.5913)	－0.0247 (－1.5669)		

① 张雪兰、何德旭：《货币政策立场与银行风险承担——基于中国银行业的实证研究(2000—2010)》，载于《经济研究》2012 年第 5 期。

续表

变量	(1) *Loan*	(2) *Loan*	(3) *Loan*	(4) *Loan*
ΔSR	0.2480 (0.0786)	0.6018 (0.2083)		
TAY	-0.0024 (-0.8523)	-0.0009 (-0.3575)		
控制变量	控制	控制	控制	控制
Cons	0.2786*** (3.0099)	0.8760*** (4.5485)	0.9464*** (3.6207)	0.9588*** (3.6606)
N	3708	3708	3708	3708
企业固定效应	不控制	控制	控制	控制
年份固定效应	不控制	不控制	控制	控制
R^2	0.0357	0.3134	0.3172	0.3173

注：括号内为 t 值；* 代表 p 值 <0.1，** 代表 p 值 <0.05，*** 代表 p 值 <0.01。

为了减轻内生性问题对参数估计结果产生的影响，本节参考杜立和钱雪松（2021）① 使用系统 GMM 方法进行稳健性检验，实证结果如表 5-8 所示。列（1）中 $\Delta TE \times Small$ 系数显著为正，ΔTE 的系数不显著，表明定向降准政策的实施使小微企业比非小微企业得到更多信贷支持，反映了定向降准政策能够发挥出较强的支小效果。$\Delta SR \times Small$ 与 ΔSR 系数在 10% 的显著性水平上不显著，表明在支小再贷款政策的影响下小微企业与非小微企业获得的信贷量没有明显差异，该政策的信贷引导作用难以充分发挥。列（2）是在列（1）的基础上加入法定存款准备金率与是否小微企业交互项的结果，$\Delta TE \times Small$ 系数依然显著为正。表 5-8 的实证结果均与原实证结果保持一致，表明主检验结果通过稳健性检验。

表 5-8　　稳健性检验——系统 GMM 方法

变量	(1) *Loan*	(2) *Loan*
$Loan_{-1}$	0.0188 (0.4714)	0.0188 (0.4728)

① 杜立、钱雪松：《影子银行、信贷传导与货币政策有效性——基于上市公司委托贷款微观视角的经验证据》，载于《中国工业经济》2021 年第 8 期。

续表

变量	(1) *Loan*	(2) *Loan*
$\Delta TE \times Small$	0.0495 ** (2.1217)	0.0505 ** (2.1938)
$\Delta SR \times Small$	-4.5987 (-1.3102)	-4.9261 (-1.3870)
$\Delta RRR \times Small$		0.0010 (0.0733)
ΔTE	-0.0182 (-1.4033)	-0.0192 (-1.4703)
ΔSR	0.8871 (0.4167)	1.0867 (0.5057)
ΔRRR	-0.0193 *** (-3.0201)	-0.0199 ** (-2.0671)
控制变量	控制	控制
Cons	0.3627 (1.1547)	0.3711 (1.1610)
N	3274	3274

注：括号内为 t 值；* 代表 p 值 <0.1，** 代表 p 值 <0.05，*** 代表 p 值 <0.01。

此外，为避免因变量度量方式的选择对实证结果的影响，替换因变量为短期借款、长期借款以及一年内到期的长期借款的总和占期初总负债的比重（*Loan*2），实证结果如表 5-9 所示。列（1）表明，定向降准政策和小微企业交互项（$\Delta TE \times Small$）系数显著为正，说明在定向降准政策下小微企业比非小微企业获得更多银行信贷，而支小再贷款政策和小微企业交互项（$\Delta SR \times Small$）系数不显著，这意味着与支小再贷款政策相比，定向降准政策对小微企业贷款规模的促进效果更佳，其支小功效更突出。ΔTE 和 ΔSR 的系数均不显著，则表明定向调控政策没有显现出对非小微企业的溢出效应。列（2）、列（3）是在列（1）的基础上逐步加入企业和年份固定效应的结果，结论不变。因此，上述实证结果表明主检验结果具有稳健性。

表 5-9　　稳健性检验——更换因变量

变量	(1) *Loan*	(2) *Loan*	(3) *Loan*
$\Delta TE \times Small$	0. 0552 ** (2. 5566)	0. 0538 ** (2. 3837)	0. 0501 ** (2. 2152)
$\Delta SR \times Small$	-6. 6843 (-1. 5058)	-6. 2522 (-1. 5807)	-6. 2202 (-1. 5738)
ΔTE	-0. 0193 (-1. 1194)	-0. 0190 (-1. 1405)	
ΔSR	-0. 0017 (-0. 0005)	-0. 3573 (-0. 1215)	
ΔRRR	-0. 0126 ** (-2. 0139)	-0. 0125 ** (-2. 0107)	
控制变量	控制	控制	控制
Cons	0. 2281 ** (2. 3905)	0. 6888 *** (3. 4459)	0. 8579 *** (3. 1838)
N	3708	3708	3708
企业固定效应	不控制	控制	控制
年份固定效应	不控制	不控制	控制
R^2	0. 0458	0. 3256	0. 3287

注：括号内为 t 值；* 代表 p 值 <0. 1，** 代表 p 值 <0. 05，*** 代表 p 值 <0. 01。

最后为了避免新冠疫情冲击对小微贷款的影响，剔除 2020 年的数据，使用主检验中的检验方法验证结论的稳健性，结果如表 5-10 所示。列（1）中 $\Delta TE \times Small$ 的系数在 5% 的显著性水平上显著，而 ΔTE 系数不显著，表明定向降准政策对小微企业贷款的促进作用要大于定向降准政策对非小微企业贷款的调控作用，该政策的信贷引导作用能够有效发挥。$\Delta SR \times Small$ 与 ΔSR 的系数均不显著，表明支小再贷款政策未能体现出对小微企业贷款的政策引导作用。列（2）、列（3）是在列（1）的基础上逐步加入企业和年份固定效应的结果，所得结论与列（1）一致。因此表 5-10 表明实证结果具有稳健性。

表 5-10　　稳健性检验——更换样本

变量	(1) *Loan*	(2) *Loan*	(3) *Loan*
$\Delta TE \times Small$	0.0569** (2.3657)	0.0561** (2.2955)	0.0543** (2.2170)
$\Delta SR \times Small$	5.9891 (0.5598)	6.7829 (0.6555)	6.3023 (0.6085)
ΔTE	-0.0142 (-0.7553)	-0.0130 (-0.7181)	
ΔSR	-6.1177 (-0.7793)	-6.3876 (-0.8639)	
ΔRRR	-0.0124* (-1.8299)	-0.0156** (-2.2877)	
控制变量	控制	控制	控制
Cons	0.3520*** (3.1789)	0.8577*** (3.5695)	1.1040*** (3.4241)
N	2926	2926	2926
企业固定效应	不控制	控制	控制
年份固定效应	不控制	不控制	控制
R^2	0.0339	0.3253	0.3277

注：括号内为 *t* 值；* 代表 p 值 <0.1，** 代表 p 值 <0.05，*** 代表 p 值 <0.01。

六、进一步研究

定向调控货币政策降低了小微企业的信贷获取难度，使得小微企业的信贷量明显增加，而信贷的增长是否有益于提升企业业绩有待论证。参考 Lins et al.（2017）① 选取营业收入增长率衡量企业业绩（*Performance*），并将其作为因变量进行实证检验，结果如表 5-11 所示。列（1）中定向降准政策与小微企业的交互项（$\Delta TE \times Small$）系数在 5% 的显著性水平上显著为正，定向降准政策（ΔTE）的系数则不显著，即与非小微企业相比定向降准政策的实施对小微企业业绩产生了较为显著的促进作用。可能的原因

① Lins K. V., Servaes H., Tamayo A. Social capital, trust, and firm performance: The value of corporate social responsibility during the financial crisis [J]. *The Journal of Finance*, 2017, 72 (4): 1785-1824.

是小微企业在得到定向降准政策的支持后，能够以较低的成本借助更加充裕的信贷资金来提升盈利能力。由于非小微企业并非定向降准政策的目标扶持对象，因而其业绩增长受此政策的影响有限。相比之下，支小再贷款政策与小微企业的交互项（$\Delta SR \times Small$）以及支小再贷款政策（ΔSR）的系数都不显著，表明实施支小再贷款政策仍无法有效提升小微企业的业绩。因此上述结果说明，与支小再贷款政策相比，定向降准政策对小微企业的影响更大，该政策能够通过精准调控信贷资源对小微企业进行扶持，使小微企业摆脱资金困境并快速成长，从而提升小微企业的经营业绩，因此具有较好的政策引导效应。列（2）、列（3）是在列（1）的基础上逐步加入企业和年份固定效应的结果，所得结论与列（1）一致。

表 5－11　　定向调控货币政策对业绩的影响

变量	(1) *Performance*	(2) *Performance*	(3) *Performance*
$\Delta TE \times Small$	0.1439*** (2.5961)	0.1309** (2.2410)	0.1241** (2.1241)
$\Delta SR \times Small$	−13.0987 (−1.2958)	−15.7901 (−1.6022)	−14.9645 (−1.5231)
$\Delta RRR \times Small$	0.0429 (1.5776)	0.0248 (0.8933)	0.0312 (1.0921)
ΔTE	0.0324 (0.7885)	0.0341 (0.8155)	
ΔSR	−8.8606 (−1.2289)	2.0830 (0.2883)	
ΔRRR	−0.0327 (−1.5266)	0.0217 (0.9630)	
控制变量	控制	控制	控制
Cons	1.5664*** (7.4494)	7.2209*** (14.1705)	9.5345*** (14.1306)
N	3692	3692	3692
企业固定效应	不控制	控制	控制
年份固定效应	不控制	不控制	控制
R^2	0.0395	0.1891	0.2001

注：括号内为 t 值；* 代表 p 值 <0.1，** 代表 p 值 <0.05，*** 代表 p 值 <0.01。

七、研究结论与启示

本节通过构建面板固定效应模型，讨论定向调控货币政策对小微贷款的精准滴灌效应，研究发现：第一，从企业层面来看，定向降准政策对小微企业的信贷调控精准性比支小再贷款政策更强，并且它能够明显提升小微企业的融资规模与经营业绩。第二，从定向调控货币政策对小微企业信贷传导的异质性来看，定向降准政策主要对抵押能力较强、盈利性表现较好的小微企业支持力度更大。结合研究结论，本节得到以下启示。

首先，相较于总量调控货币政策以及其他定向调控货币政策，定向降准政策避免了“大水漫灌”的粗放型调控方式，具备发力精准、成效显著等突出优势，在着力解决小微贷款方面富有成效。央行在保持货币政策稳健、灵活精准、合理适度的基础上，应继续针对小微企业实施定向降准政策，对小微企业金融服务予以切实的政策支持。此外，还应根据政策目标和实际需要，合理选用钉住目标贷款或钉住目标银行的定向降准政策，提高定向降准政策在缓解小微企业融资约束过程中的适配性和精准度，以此扩大小微企业信贷规模，改善其经营业绩，进而对提升小微企业发展质量起到推动作用。

其次，目前仍有定向降准政策难以发挥作用的领域。为了对弱势小微企业进行更加精细化的帮扶，在银行层面，一方面应鼓励和推动各类银行大力发展金融科技，进而缓解由银企距离遥远或银企关系疏离所致的信息不对称，从而更加精准地捕捉小微贷款需求，增强政策扶持的“精准滴灌”效应；另一方面应完善风险补偿措施，缓解银行风险承担压力，提高银行向小微企业投放贷款意愿。在企业层面，不仅要为高风险小微企业创造更多获取正规信贷服务的机会，例如支持小微企业在债券市场再融资等，还应增强高风险小微企业自身的管理能力，提高企业经营的数字化程度，这既有助于银行对企业进行信贷资质评估，从而缓解低质量小微企业的融资困境，也有助于提高定向降准政策对上述三类小微企业的扶持力度，促进信贷资源的合理配置，优化定向调控政策“滴灌”小微的时机和力度，进而真正做到精准施策。

再次，应积极完善支小再贷款政策的作用机制。鉴于支小再贷款政策在使用积极性和政策效率上目前尚存在不足，未来在制定定向调控货币政策时需要更加准确地设定支小再贷款政策新增额度，精准对接小微企业融资需求，并加强支小再贷款存量额度与新增额度的统一管理，在风险可控的前提下放宽抵押品要求，扩大抵押品认定范围，以充分发挥政策预期作用。此外央行可以积极利用金融科技手段，简化烦琐的申请手续，在加快审批速度的同时，帮助银行更加高效地监督资金使用情况，提高支小再贷款的投放效率。

最后，应结合实体经济发展需要，适时推出更具市场化、直达性的创新型货币政策工具，将更多愿意参与小微企业贷款的银行纳入政策惠及范围，充分发挥各类银行竞争优势进而提高广大银行向小微企业贷款的积极性，增强政策向小微企业倾斜的力度。在运用定向调控货币政策工具提高扶持精准性的同时，也要吸引更多金融机构发放小微企业贷款，提高扶持强度，抓住扶持时机，从而激励金融机构精准帮扶小微企业解决融资难题，让具有“精准滴灌”效应的定向调控货币政策为小微企业蓬勃发展提供源源不断的资金“活水”，从而确保货币政策精准有力，进而推动实体经济高质量发展政策目标的实现。

第二节　定向调控货币政策对小微企业的风险缓解效应研究

2023 年 7 月 24 日，中共中央政治局召开会议，分析研究当前经济形势和经济工作，强调“发挥总量和结构性货币政策工具作用，大力支持科技创新、实体经济和中小微企业发展”。在我国，小微企业是促进国民经济高质量发展的重要基石，是社会就业的主要渠道，发展小微企业对国计民生有重要的意义。由于传统总量调控货币政策不可避免地存在“一刀切”问题，在商业银行逐利动机影响下，广大小微企业非但难以获得政策支持还极易遭受信贷歧视。尤其对于信息不对称程度更高、合格抵押品数量匮乏的小微企业而言，严重的信贷约束极大程度上限制了小微企业的发展活力，妨碍其发挥对经济发展的推动作用。鉴于传统总量调控货币政策难以有效缓解小微企业融资约束，人民银行快速找准问题症结所在，灵活转变调控思路，使得货币政策从宏观总量“漫灌”转变成为对经济薄弱环节进行定向“滴灌”和“微调”。定向调控货币政策应运而生。它能够引导信贷资金合理流向弱势部门，增强小微企业的信贷支持力度，从而精准助力小微企业高质量发展。多数研究表明定向调控货币政策有助于提高小微企业信贷融资规模，刺激投资增长，进而推动实体经济发展。马理等（2015）认为定向调控货币政策能够在一定程度上引导信贷流向，缓解信贷资源分配不均的状况①。笪哲（2020）研究发现，定向调控货币政策的

① 马理、娄田田、牛慕鸿：《定向降准与商业银行行为选择》，载于《金融研究》2015 年第 9 期。

实施能够有效改善小微企业的融资环境，缓解企业资本约束问题。而信贷资金支持力度的增强既有利于小微企业各项投资活动的开展，也有利于提升企业效益，拉动宏观经济增长①。蒲红美和李进兵（2020）研究发现，定向调控货币政策下，农业企业信贷可得性得到显著提升，企业的投资规模随之扩大②。

上述研究主要围绕定向调控货币政策的信贷传导效果展开分析，多数研究认为定向调控货币政策的实施扩大了目标企业的信贷供给，为目标企业的发展提供了资金支持。而定向调控货币政策能否化解小微企业的风险尚未得证。根据总量调控货币政策的风险承担渠道理论，银行的风险承担水平会受到央行货币政策立场的影响，由货币政策变动所引起的银行风险承担意愿的改变将进一步传导至企业，加剧企业风险。胡育蓉等（2014）提出宽松货币政策会引起企业的逐利行为，容易使企业陷入风险承担过度的窘境，进而使货币政策的最终效果背离货币当局的初衷③。传统的货币政策通常具有风险传导效应，而由此导致的风险积聚严重影响了货币政策的实施效果（林朝颖等，2014④）。定向调控货币政策虽然释放的资金有限，但是信贷投放的领域大多是小微企业、农业企业等风险相对较高的弱势群体，定向调控释放的资金是否与总量调控政策如出一辙会增加银行风险偏好进而提高企业风险承担，还是会缓解小微企业融资约束进而为小微纾解困境？这些问题在现有研究中较难找到现成的答案。

在多种定向调控货币政策工具中，定向降准与支小再贷款两类工具扶持小微的政策指向最为明确，本节沿袭上一节思路，从这两类定向调控货币政策工具入手，研究二者的风险传导效应及其差异，为货币当局选择合理的政策工具提供风险维度的依据。

一、文献回顾

（一）定向调控货币政策对银行信贷的影响研究

定向调控货币政策主要通过信贷渠道引导银行将资源投向实体经济中

---

① 笪哲：《结构性货币政策能纾解小微企业融资困境吗》，载于《金融经济学研究》2020年第2期。

② 蒲红美、李进兵：《定向降准货币政策对农业企业投融资行为的影响研究》，载于《金融理论与实践》2020年第6期。

③ 胡育蓉、朱恩涛、龚金泉：《货币政策立场如何影响企业风险承担——传导机制与实证检验》，载于《经济科学》2014年第1期。

④ 林朝颖、黄志刚、石德金：《货币政策对企业风险管理的影响研究》，载于《财经论丛》2014年第6期。

的重点领域及薄弱环节，实现稳增长、调结构的作用。定向调控货币政策对银行信贷的影响主要表现在信贷总量与信贷结构两方面。部分学者从信贷总量方面研究定向调控货币政策对银行信贷规模增长的影响。王敬锋和张孝鹏（2019）经过研究发现，随着定向降准政策的多次实施，流动性得以释放，银行贷款总量得到了有效的扩张①。因此，在定向降准政策实施后，符合定向降准政策适用条件的商业银行贷款总量增加。部分学者从信贷结构方面关注定向调控货币政策的传导效应。陈书涵等（2019）通过实证得出定向降准政策在直接影响商业银行信贷规模的基础上，还会改变银行信贷结构，引导更多信贷资金流向目标领域，并且政策指引效果随着定向降准政策强度的增加而增强②。

（二）定向调控货币政策对小微企业的影响研究

定向调控货币政策主要通过引导银行信贷流向，提高小微企业信贷规模，缓解小微企业的融资约束，进而对小微企业投资活动的开展、经营业绩的提升产生影响。

在融资约束缓解方面，多数研究认为定向调控货币政策的实施能够有效促进信贷资金结构优化，缓解小微企业融资约束，使政策红利惠及实体经济的薄弱领域，从而推动实体经济的发展（楚尔鸣等，2016③）。温湖炜等（2018）指出，要充分发挥定向调控货币政策的政策功效，引导信贷资源向小微企业倾斜，从而降低小微企业的外部融资成本④。钱水土和吴卫华（2020）用农商行微观数据研究发现，享受定向降准政策优惠的银行等金融机构的风险承担意愿会增强，从而更敢于向小微企业放贷且愿意为其放贷⑤。

随着企业融资约束的缓解，定向调控货币政策对小微企业的投资规模提升与业绩上涨也起到了积极的作用。李科和徐龙炳（2011）提到企业面临的融资约束抑制了企业的投资行为，不利于企业经营业绩的提升。而定

---

① 王敬锋、张孝鹏：《定向降准政策对商业银行信贷行为的影响分析》，载于《商讯》2019年第23期。

② 陈书涵、黄志刚、林朝颖等：《定向降准政策对商业银行信贷行为的影响研究》，载于《中国经济问题》2019年第1期。

③ 楚尔鸣、曹策、许先普：《定向降准对农业经济调控是否达到政策预期》，载于《现代财经》（天津财经大学学报）2016年第11期。

④ 温湖炜、曾裕峰、汤伟：《货币政策对企业债券信用利差的传导机制研究》，载于《统计与信息论坛》2018年第11期。

⑤ 钱水土、吴卫华：《信用环境、定向降准与小微企业信贷融资——基于合成控制法的经验研究》，载于《财贸经济》2020年第2期。

向调控货币政策的颁布有效缓解了小微企业融资约束，促进企业各项投资活动的展开，进而帮助企业成长、壮大①。陈书涵等（2019）研究发现，定向降准政策实施后，小微企业得到信贷的可能性更大、机会更多，并且企业经营业绩也随之提升②。郭晔等（2019）研究表明，我国定向降准政策有助于促进小微企业获取信贷资源，发挥了普惠效应，显著推动了小微企业迅速发展③。从上述分析可知，定向降准政策可以在一定程度上缓解小微企业的融资难问题，促进投资的增长与产出的增加。

（三）总量调控货币政策对小微企业的风险传导微观效应研究

宽松的货币政策通过缓解小微企业的融资约束，提高小微企业风险承担意愿，进而提升了小微企业的风险承担水平。李雪和冯政（2015）通过研究国内货币政策的风险承担渠道，发现宽松的货币政策明显改善了我国企业尤其是小微企业的融资环境，进而提升其风险承担水平。在货币政策宽松的情况下，流动性的放宽增加了银行的贷款供给，利率的下调降低了企业的融资成本，促使国内企业愿意将更多的可贷资金用于较高风险项目的投资，并且具有较强融资约束的小微企业更倾向于承担更多风险，因此其风险承担水平的提升更为显著④。张前程和龚刚（2016）研究了投资者情绪在货币政策向企业传导风险过程中所起的作用，认为金融市场并非是完全理性的，投资者的投资理念和风险偏好往往具有异质性，一旦投资者受到刺激发生情绪波动，金融市场也会随之震荡。因此，货币政策会通过投资者情绪的中介渠道来实现对企业风险承担的传导，宽松的货币政策能够振奋金融市场中的投资者情绪，特别是能够鼓舞投资者对小企业的信心，从而降低小企业的融资约束以提高其风险承担水平⑤。

综上可知，现有文献围绕定向调控货币政策的信贷渠道展开论述。伴随着小微企业信贷融资规模的扩张，定向调控货币政策是会与总量调控货币政策一样会加剧小微企业的风险承担，还是会在缓解小微企业融资约束的同时降低小微的风险承担有待进一步研究。

---

① 李科、徐龙炳：《融资约束、债务能力与公司业绩》，载于《经济研究》2011 年第 5 期。

② 陈书涵、黄志刚、林朝颖等：《定向降准政策对商业银行信贷行为的影响研究》，载于《中国经济问题》2019 年第 1 期。

③ 郭晔、徐菲、舒中桥：《银行竞争背景下定向降准政策的“普惠”效应——基于 A 股和新三板三农、小微企业数据的分析》，载于《金融研究》2019 年第 1 期。

④ 李雪、冯政：《宽松货币政策下我国企业的风险承担》，载于《财经科学》2015 年第 9 期。

⑤ 张前程、龚刚：《货币政策与企业风险承担：投资者情绪的中介效应》，载于《当代经济科学》2016 年第 3 期。

二、理论分析与假说提出

定向降准政策可以按钉住对象分为钉住目标银行和钉住目标贷款两种。对于钉住目标贷款的定向降准政策，只要贷款投向与贷款金额达到定向降准政策要求，银行就有机会获得政策红利，因此定向降准政策的覆盖面较广。定向降准政策实施后，享受政策优惠的银行将减少法定准备金缴纳数量，在政策激励机制作用下银行可贷资金投向发生转变（江振龙，2021①），银行风险偏好上升，小微企业信贷门槛降低，这有助于小微企业通过银行信贷来缓解融资困境，进而疏通了小微企业的融资渠道（楚尔鸣等，2016②），降低了小微企业的融资成本，提高了小微企业的投资收益率，增强了小微企业的现金流稳定性，最终降低了小微企业的违约风险。

相比之下，支小再贷款政策不仅对申请银行的种类作出了严格限定，即只包括城市商业银行、农村商业银行、农村合作银行、村镇银行和民营银行五类银行，还将合格抵押品范围严格限定为国债、央行票据、政策性金融债、高等级的公司信用债等证券资产，因此支小再贷款政策的覆盖面较窄。此外，由于支小再贷款政策还存在利率优惠力度不够、申请流程较烦琐等缺陷，在“先贷后借”的政策模式下，该政策释放的信贷红利较难弥补具备申请资格的银行为满足小微企业信贷要求所付出的合规成本，这导致政策吸引力不足，相关银行申请积极性不高，因此该政策对小微企业贷款的影响效果有限，较难对小微企业风险承担水平产生显著的缓解作用。由此提出如下假说：

假说 5.3：在两类定向调控货币政策中，定向降准政策有助于降低小微企业风险承担，而支小再贷款政策难以对小微企业发挥风险缓解效应。

由于商业银行具有趋利避险的本能，更倾向于将贷款投放给风险承担水平较低且坏账风险较小的借款对象（陈书涵等，2019③）。相对于抵押能力弱的行业中的小微企业，抵押能力强的行业中的小微企业在清算时往往拥有更高的价值，担保能力更强，债务违约风险更低。因此，在定向降

---

① 江振龙：《破解中小企业融资难题的货币政策选择与宏观经济稳定》，载于《国际金融研究》2021 年第 4 期。

② 楚尔鸣、曹策、许先普：《定向降准对农业经济调控是否达到政策预期》，载于《现代财经》（天津财经大学学报）2016 年第 11 期。

③ 陈书涵、黄志刚、林朝颖等：《定向降准政策对商业银行信贷行为的影响研究》，载于《中国经济问题》2019 年第 1 期。

准政策颁布之后，银行会将更多的信贷资金投向抵押能力强的行业中的小微企业，使得其银行信贷融资渠道更加畅通，融资成本降低，进而缓解了小微企业融资约束。在获得定向降准政策资金支持后，抵押能力强的行业中的小微企业发生财务困境的概率有所下降，风险承担水平随着资金充裕程度的上升而逐渐降低。由此提出以下假说5.4。

假说5.4：在定向降准政策颁布后，处于抵押能力强的行业中的小微企业风险承担水平下降幅度相较于抵押能力弱的行业中的小微企业更为显著。

国有小微企业相较于非国有小微企业来说通常拥有更多的资金、技术、人才优势，在企业经营过程中会采取更加稳健的投融资策略，因而其风险管理能力更强。在定向降准政策实施后，银行更有可能将信贷红利投向违约风险更低的国有小微企业（霍源源等，2015①），从而在满足银行盈利要求的前提下尽可能降低小微企业的潜在坏账风险，实现风险与收益的平衡。由于较多的信贷资金流向了国有小微企业，国有小微企业通过构建多元投资组合并推出合理的风险预防机制，既能够有效分散非系统性风险，也能及时避免过度投资所引发的风险积聚。因此定向降准政策可能显著降低了国有小微企业风险承担水平。

假说5.5：在定向降准政策颁布后，国有小微企业的风险承担水平相对于非国有小微企业更显著地下降。

三、研究设计

（一）样本选取与数据来源

鉴于已有文献研究定向调控货币政策下的支农效应且农业上市公司数量较少，本书在进行数据处理时剔除ST企业、金融企业和农林牧渔业企业。沿袭前文思路，本书选取2007～2020年沪深A股和新三板市场的企业作为研究样本，以确保财务数据的可比性，并对连续变量进行上下0.5%的缩尾处理。根据中国人民银行网站公告整理出定向降准政策与支小再贷款政策的数据。存款准备金率数据来源于Wind数据库，企业数据来源于国泰安数据库。小微企业和非小微企业的划分标准参照《中小企业划型标准规定》。由于2014年首次实行定向降准政策，因此本书以2013年末作为基期，划分出208家小微企业，并采用1∶1配对的倾向得分匹

---

① 霍源源、冯宗宪、柳春：《抵押担保条件对小微企业贷款利率影响效应分析——基于双边随机前沿模型的实证研究》，载于《金融研究》2015年第9期。

配法得到与小微企业相对应的非小微企业样本，最终整理得到本书的实证样本观测值总计 2378 个。

（二）变量设定与模型构建

1. 被解释变量

目前关于企业风险承担研究的众多文献中，一般是从实际风险承担水平、风险承担意愿以及风险承担能力三个层面研究企业风险承担。由于风险承担意愿受主观因素影响较大且难以量化，风险承担能力取决于企业个体的财务与经营状况，与定向降准政策没有直接的联系，而实际风险承担水平指企业在实际经营过程中承担的风险水平大小，该指标与定向降准政策相关联且易于测度，因此本书参照前文思路，采用经行业调整的 Roa 标准差度量实际风险承担水平，以此考察定向降准货币政策对企业风险承担的影响。

2. 核心解释变量

目前以支小为主要目标的定向调控货币政策包括定向降准政策与支小再贷款政策，本书以这两类货币政策为对象，研究其对小微企业的风险传导效应。定向降准政策主要有支小与支农两种类型，本书根据人民银行网站公告整理出支小定向降准政策指标，当年实施定向降准政策取 1，否则取 0。支小再贷款政策变量根据中国人民银行网站公告的《中国货币政策执行报告》整理得到，采用支小再贷款余额在人民币小微企业贷款总额中的占比的增加量度量。

3. 控制变量

为研究定向降准是否对小微企业具有更显著的风险加速效应，在参照 Yost（2018）①、Alexander et al.（2017）② 的基础上，本节控制了以下影响企业风险承担的微观变量：企业年龄（企业成立年限加 1 的对数）、营业收入增长率（企业营业收入增长额占上年营业收入的比率）、企业所有者权益比率（企业所有者权益与总资产的比率）、固定资产比率（企业固定资产与总资产的比率）和长期负债率（企业长期负债和总资产的比率）。

（三）模型构建

首先从宏观层面研究不同类型的定向调控货币政策对小微企业风险传导效应的差异，构建如下模型：

---

① Yost B. P. Locked - in: The effect of CEOs' capital gains taxes on corporate risk - taking [J]. *Accounting Review*, 2018, 93 (5): 325 - 358.

② Alexander L., Liandong Z., Luo Z. Sharing Risk with the Government: How Taxes Affect Corporate Risk Taking [J]. *Journal of Accounting Research*, 2017, 55 (3): 669 - 707.

$$Risk_{i,t} = \alpha_0 + \alpha_1 TE_{t-1} + \alpha_2 Small_i + \alpha_3 TE_{t-1} \times Small_i + \alpha_4 \Delta SR_t + \alpha_5 \Delta SR_t \times Small_i + \alpha_6 \Delta RRR_t + \alpha_7 \Delta GdpG_t + \alpha_8 Control_{i,t-1} + u_i + \varepsilon_{i,t} \quad (5.2)$$

其中，*Risk* 为企业风险承担水平，*TE* 为定向降准政策变量，*Small* 表示是否为小微企业，ΔSR 表示支小再贷款政策变量，ΔRRR 表示法定存款准备金率，$\Delta GdpG$ 为国内生产总值增长率。参考以往模型控制了以下影响企业风险承担的微观变量：企业年龄（*Age*），营业收入增长率（*Gsales*），所有者权益比率（*Cap*），固定资产比率（*Fixed*）和长期负债率（*LTDebt*）。i 表示第 i 家企业，t 表示第 t 年，ε 表示随机误差项。我们重点关注式（5.2）中 α_3 系数的显著性与大小，将样本数据代入式（5.2），如果系数 α_3 显著小于0，表明定向降准政策实施之后小微企业的风险承担水平相较于非小微企业明显下降，说明定向降准政策对小微企业有显著的风险缓解效应；反之，则说明定向降准政策对小微企业具有风险加速效应。

综合上述分析，主要变量的定义如表 5－12 所示。

表 5－12　　变量定义与界定

变量名称	符号	变量定义
企业风险承担水平	*Risk*	经行业调整的 *Roa* 滚动标准差
定向降准政策变量	*TE*	当年实施定向降准则取 1，否则取 0
是否为小微企业	*Small*	属于小微企业则取 1，否则取 0
支小再贷款政策变量	ΔSR	支小再贷款余额在人民币小微企业贷款总额中的占比的增加量
法定存款准备金率	ΔRRR	大型金融机构法定存款准备金率本期较之上期的下降幅度
GDP 增长率	$\Delta GdpG$	不变价 GDP 增长率
企业年龄	*Age*	ln(1＋企业成立年限)
营业收入增长率	*Gsales*	营业收入增长额占上年营业收入的比率
企业所有者权益比率	*Cap*	所有者权益/总资产
固定资产比率	*Fixed*	固定资产/总资产
长期负债率	*LTDebt*	长期负债/总资产

（四）描述性统计

从表 5－13 可以看出，小微企业风险承担水平的均值为 1.8160，标准差为 2.3890，非小微企业风险承担水平的均值为 1.1600，标准差为 2.0210，由此可见小微企业的平均风险承担水平高于非小微企业的平均风险承担水平，说明相对于非小微企业而言，小微企业平均风险承担水平更大，定向调控货币政策能否降低小微企业平均风险承担水平还有待进一步论证。

表 5－13　　变量描述性统计

变量名称	小微企业		非小微企业	
	均值	标准差	均值	标准差
Risk	1.8160	2.3890	1.1600	2.0210
TE	0.4030	0.4910	0.4710	0.4990
ΔSR	0.0010	0.0020	0.0010	0.0020
ΔRRR	0.7920	1.4010	1.0110	1.2440
$\Delta GdpG$	7.1950	0.9860	6.9320	0.7950
Age	2.6130	0.3990	2.7230	0.3820
Gsales	0.2860	0.8090	0.2110	0.5160
Fixed	0.1400	0.1650	0.1770	0.1490
Cap	0.6650	0.2080	0.6650	0.1960
LTDebt	0.0220	0.0640	0.0160	0.0530

四、定向调控货币政策对小微企业的风险传导效应检验

为了从企业实际风险承担维度研究定向调控货币政策是否具有风险加速效应，本书根据前文文献分析，将数据代入式（5.2），检验定向调控货币政策对小微企业的风险传导效果，实证检验结果如表 5－14 所示。从列（1）中可以得出，定向降准政策变量（*TE*）和支小再贷款政策变量（ΔSR）系数不显著，表明两项政策的颁布对于大企业平均风险承担水平影响较小。究其原因可能是定向降准政策和支小再贷款政策作为央行常用的定向调控工具，其本身对贷款投向具有明确规定，政策意图在于引导信贷资源流向实体经济的重点领域和薄弱环节，对于大型企业的政策溢出效应较弱，因此上述两类定向调控货币政策并未显著提高大企业的风险承担水平。定向降准政策变量（*TE*）和是否为小微企业（*Small*）的交乘项系数（$TE \times Small$）显著为负，表明定向降准政策能有效降低小微企业的风险承担水平。支小再贷款政策变量（ΔSR）和是否为小微企业（*Small*）的交乘项（$\Delta SR \times Small$）系数的显著性低于 $TE \times Small$ 系数的显著性，这表明相对于支小再贷款政策而言，定向降准政策对小微企业的风险缓解效应更加显著。这可能是因为定向降准政策能够惠及更多种类的银行，而在

风险规避原则以及利益最大化原则的双重约束下，银行更倾向于向还款能力更强、违约概率相对更低的小微企业发放贷款，因此在这种情况下，小微企业会主动降低风险承担水平以增强银行信贷供给意愿。在获得定向降准政策红利之后，小微企业融资约束得到缓解，生产经营能力逐渐提升，抵御风险冲击的能力有所增强，风险承担水平随之下降。而支小再贷款政策的适用对象较窄，合规成本较高，申请效率较低，难以发挥与定向降准相同的政策效应。列（2）、列（3）是在列（1）的基础上控制了行业固定效应、省份固定效应，实证结果与列（1）一致。综上所述，假说 5.3 成立，即在两类定向调控货币政策中，定向降准政策的实施使得小微企业的平均风险承担水平相对于非小微企业会显著下降，而支小再贷款政策难以显著降低小微企业的风险承担。

表 5－14　　　　定向调控货币政策的风险传导微观效应检验

变量	(1) *Risk*	(2) *Risk*	(3) *Risk*
$TE \times Small$	−0.3013*** (−3.1015)	−0.3013*** (−3.1015)	−0.2932*** (−3.0937)
$\Delta SR \times Small$	−52.8637* (−1.8155)	−52.8637* (−1.8155)	−48.8168* (−1.6760)
TE	−0.1231 (−1.1930)	−0.1231 (−1.1930)	−0.1019 (−1.0219)
ΔSR	−22.5192 (−0.7575)	−22.5192 (−0.7575)	−17.8637 (−0.6171)
ΔRRR	0.1570*** (3.3493)	0.1570*** (3.3493)	0.1430*** (3.2199)
$\Delta GdpG$	0.3244*** (2.6525)	0.3244*** (2.6525)	0.2627** (2.2340)
Age	1.0827*** (2.6749)	1.0827*** (2.6749)	0.9479** (2.4215)
$Gsales$	−0.0938 (−1.5534)	−0.0938 (−1.5534)	−0.0879 (−1.6226)
$Fixed$	0.6237 (0.8233)	0.6237 (0.8233)	0.8068 (1.1037)
Cap	−0.4380 (−0.9945)	−0.4380 (−0.9945)	−0.5963 (−1.3359)

续表

变量	(1) *Risk*	(2) *Risk*	(3) *Risk*
LTDebt	1.7243 (1.1406)	1.7243 (1.1406)	1.9105 (1.2517)
企业固定效应	控制	控制	控制
行业固定效应	不控制	控制	控制
省份固定效应	不控制	不控制	控制
企业聚类标准误	是	是	是
Cons	-3.4254* (-1.8704)	-3.4254* (-1.8704)	-3.1895* (-1.8853)
N	2378	2378	2378
R^2	0.0294	0.0294	0.0569

注：括号内为 t 值；* 代表 p 值 <0.1，** 代表 p 值 <0.05，*** 代表 p 值 <0.01。

五、定向调控货币政策对小微企业风险传导的行业异质性检验

为了研究定向调控货币政策对不同抵押能力行业的小微企业风险缓解效应的差异，本书将样本缩小至小微企业，检验定向调控货币政策对处于不同抵押能力中小微企业的风险缓解效果。以固定资产占比即固定资产占总资产的比值衡量企业的抵押能力。将固定资产占比大于所有行业固定资产占比均值的行业定义为抵押能力强的行业，否则为抵押能力弱的行业。回归结果如表 5 - 15 列（1）、列（2）所示，列（1）中定向降准政策（*TE*）的系数显著为负，列（2）中定向降准政策（*TE*）的系数不显著，并且组间系数差异在 1% 的水平上显著，说明定向降准政策颁布后，处于抵押能力强的行业的小微企业风险承担水平相对于抵押能力弱的行业的小微企业更显著地下降，假说 5.4 成立。列（3）与列（4）是在列（1）、列（2）的基础上控制行业、省份固定效应的结果，结论不变。

表 5 - 15　　定向调控货币政策风险传导的行业异质性检验

变量	(1) 抵押能力强 *Risk*	(2) 抵押能力弱 *Risk*	(3) 抵押能力强 *Risk*	(4) 抵押能力弱 *Risk*
TE	-0.6854*** (-4.4575)	-0.1257 (-1.0597)	-0.6347*** (-4.1577)	-0.1430 (-1.2779)

变量	(1) 抵押能力强 *Risk*	(2) 抵押能力弱 *Risk*	(3) 抵押能力强 *Risk*	(4) 抵押能力弱 *Risk*
ΔSR	-109.5681 *** (-2.8798)	-37.7707 (-1.3220)	-99.6362 *** (-2.6414)	-28.9402 (-1.0740)
ΔRRR	0.3166 *** (4.2071)	0.1160 ** (2.0128)	0.2930 *** (3.9265)	0.1127 ** (2.0745)
$\Delta GdpG$	0.6263 *** (5.1992)	0.2289 ** (2.1207)	0.5468 *** (4.5268)	0.1102 (1.0520)
Age	1.6049 *** (3.4253)	0.2456 (0.7405)	1.4262 *** (3.0637)	-0.0226 (-0.0709)
Gsales	-0.0478 (-0.7245)	-0.2031 *** (-4.6513)	-0.0665 (-1.0111)	-0.1544 *** (-3.6964)
Fixed	0.6225 (1.1707)	-0.8446 (-1.3329)	0.9251 * (1.7302)	-0.7793 (-1.3065)
Cap	-0.1204 (-0.2927)	-0.2204 (-0.6395)	-0.4590 (-1.0806)	0.0183 (0.0560)
LTDebt	0.2159 (0.1884)	-3.8862 (-1.6040)	0.4035 (0.3558)	-3.5437 (-1.5537)
企业固定效应	控制	控制	控制	控制
省份固定效应	不控制	不控制	控制	控制
行业固定效应	不控制	不控制	控制	控制
Cons	-6.5364 *** (-3.2554)	-0.9200 (-0.6118)	-5.2287 *** (-2.5897)	0.1471 (0.0970)
N	918	435	918	435
R^2	0.0478	0.0851	0.0738	0.1940
Chi-square	7.38 **		6.38 **	
Prob > chi-square	0.0051		0.0116	

注：括号内为 t 值；* 代表 p 值 <0.1，** 代表 p 值 <0.05，*** 代表 p 值 <0.01。

六、定向调控货币政策对小微企业风险传导的企业异质性检验

为了研究定向调控货币政策对不同类型小微企业风险的缓解效应差异，将小微企业样本数据代入模型，检验定向调控货币政策对不同所有权

性质小微企业的风险传导效果。回归结果如表5－16所示，定向降准对国有小微企业与非国有小微企业的影响如表5－16中列（1）、列（2）所示，列（1）中定向降准政策（*TE*）的系数在5%水平上显著为负，列（2）中定向降准政策（*TE*）的显著性低于列（1）中*TE*的显著性，并且组间系数差异在5%的水平上显著，说明定向降准政策颁布后，国有小微企业风险承担水平相对于非国有小微企业下降得更显著，假说5.5成立。列（3）、列（4）是在列（1）、列（2）的基础上控制行业、省份固定效应的结果，结论不变。

表5－16　定向调控货币政策对小微企业风险传导的企业异质性检验

变量	(1) 国有 *Risk*	(2) 非国有 *Risk*	(3) 国有 *Risk*	(4) 非国有 *Risk*
TE	-0.6913** (-2.3354)	-0.0362 (-0.1944)	-0.6453** (-2.4718)	-0.0390 (-0.2146)
Δ*SR*	-114.7094* (-1.8371)	2.5828 (0.0718)	-90.0085 (-1.7301)	6.6645 (0.1735)
Δ*RRR*	0.3585* (1.8714)	0.0322 (0.3789)	0.3397* (1.9179)	0.0301 (0.3531)
Δ*GdpG*	0.9942*** (3.1227)	-0.1306 (-0.5993)	0.8465*** (3.5229)	-0.1827 (-0.7467)
Age	1.4173 (0.6247)	0.3784 (0.8726)	0.8818 (0.4243)	0.2958 (0.6324)
Gsales	-0.0737 (-0.5238)	-0.1755 (-1.3523)	-0.0701 (-0.5281)	-0.1506 (-1.3136)
Fixed	0.8034 (0.5224)	-0.4242 (-0.5443)	1.3770 (0.9197)	-0.5267 (-0.7364)
Cap	0.3747 (0.3266)	-0.4547 (-1.0140)	-0.2390 (-0.1485)	-0.4630 (-1.1573)
LTDebt	-0.3951 (-0.2638)	0.3012 (0.1016)	-0.1378 (-0.1016)	0.5383 (0.1763)
企业固定效应	控制	控制	控制	控制
省份固定效应	不控制	不控制	控制	控制
行业固定效应	不控制	不控制	控制	控制
行业聚类标准误	是	是	是	是

续表

变量	(1) 国有 *Risk*	(2) 非国有 *Risk*	(3) 国有 *Risk*	(4) 非国有 *Risk*
Cons	-8.5140 (-1.0489)	1.9109 (0.8155)	-5.5532 (-0.7801)	2.5273 (0.9587)
N	183	1044	183	1044
R^2	0.1716	0.0410	0.2027	0.0661
Chi-square	3.87**		3.87**	
Prob > chi-square	0.0491		0.0491	

注：括号内为 t 值；* 代表 p 值 <0.1，** 代表 p 值 <0.05，*** 代表 p 值 <0.01。

七、稳健性检验

为避免总量调控货币政策度量误差对本节研究结论的影响，采用加权银行间回购定盘利率变化值作为总量调控货币政策代理变量代入式（5.2）进行稳健性检验，结果如表 5-17 所示。从列（1）中可以得出，定向降准政策变量（*TE*）与是否为小微企业（*Small*）的交乘项（*TE* × *Small*）显著为负，并且支小再贷款政策变量（ΔSR）和是否为小微企业（*Small*）的交乘项（$\Delta SR \times Small$）系数不显著，这表明定向降准政策的实施使得小微企业风险承担水平相对于非小微企业而言显著下降，而支小再贷款政策的实施难以显著降低小微企业风险承担。列（2）与列（3）是在列（1）的基础上控制了行业固定效应、省份固定效应，结果与列（1）一致。综上所述，假说 5.3 依然成立。

表 5-17　　替换总量性货币政策代理变量的稳健性检验

变量	(1) *Risk*	(2) *Risk*	(3) *Risk*
TE × *Small*	-0.2937** (-2.6669)	-0.2937** (-2.6669)	-0.2862** (-2.6939)
$\Delta SR \times Small$	-74.2259 (-1.5120)	-74.2259 (-1.5120)	-68.1358 (-1.4027)
TE	-0.0326 (-0.3089)	-0.0326 (-0.3089)	-0.0143 (-0.1345)

续表

变量	(1) *Risk*	(2) *Risk*	(3) *Risk*
ΔSR	22.9002 (0.5635)	22.9002 (0.5635)	23.9979 (0.6062)
$\Delta FR007$	−0.1933 ** (−2.4862)	−0.1933 ** (−2.4862)	−0.1691 ** (−2.0425)
$\Delta GdpG$	0.2665 *** (3.1262)	0.2665 *** (3.1262)	0.2061 ** (2.2585)
Age	1.2661 *** (3.6497)	1.2661 *** (3.6497)	1.0991 *** (3.2424)
Gsales	−0.0985 (−1.3787)	−0.0985 (−1.3787)	−0.0927 (−1.4040)
Fixed	0.5996 (0.7507)	0.5996 (0.7507)	0.7883 (1.0260)
Cap	−0.4785 (−0.9909)	−0.4785 (−0.9909)	−0.6336 (−1.2709)
LTDebt	1.6526 (0.9899)	1.6526 (0.9899)	1.8452 (1.1260)
企业固定效应	控制	控制	控制
行业固定效应	不控制	控制	控制
省份固定效应	不控制	不控制	控制
行业聚类标准误	是	是	是
Cons	−3.4206 ** (−2.4760)	−3.4206 ** (−2.4760)	−3.0945 ** (−2.2942)
N	2378	2378	2378
R^2	0.0272	0.0272	0.0549

注：括号内为 t 值；* 代表 p 值 <0.1，** 代表 p 值 <0.05，*** 代表 p 值 <0.01。

八、结论与建议

本节在货币政策承担渠道理论基础上论证定向调控货币政策对小微企业的风险传导效应，结果发现：（1）定向调控货币政策的实施有助于缓解小微企业的风险承担。（2）在宏观政策层面上，定向降准政策对降低小微企业风险承担水平具有更显著的调控效应，支小再贷款政策在缓解小微企业风险方面难以与定向降准政策相媲美。（3）在中观行业层面上，相对于处于抵押能力弱的行业中的小微企业而言，定向降准的实施对于降低抵押能力强的行业中的小微企业风险承担水平具有更显著的影响作用。（4）在微观企业层面上，定向降准政策实施后，国有小微企业相较于非国有小微企业的风险承担水平的下降幅度更为显著。基于上述结论，得出如下启示与建议。

首先，定向降准政策可以在促进小微信贷增长的同时控制风险承担水平，避免风险积聚导致的系统性风险爆发问题，但是作为定向调控类的政策，定向降准不宜长期实施，否则其定向调控功能将会向“大水漫灌”转变，难以实现预期效果。从长远来看，经济质量的提升还是要依靠市场这一“看不见的手”发挥作用，因此需将宏观调控的着力点置于催生薄弱经济体内生机制的发育。在结构调整的初期通过定向降准之类的“看得见的手”在“三农”、小微等薄弱环节发挥积极的示范效应，通过政策磁力场打造财政、金融和社会多元投入的引擎系统，通过“四两拨千斤”带动市场中无数“看不见的手”共同推动经济质量的提升，实现经济的可持续长远发展。

其次，要健全支小再贷款政策的配套政策体系，促进支小再贷款政策功效得以充分发挥。支小再贷款政策仅覆盖五类金融机构，政策规定这五类金融机构使用支小再贷款时必须有相应的抵押品进行抵押，而且抵押品种类被严格限定，这抬高了支小再贷款的准入“门槛”，加之金融机构在利用支小再贷款政策给小微企业发放贷款时，自身需要承担的风险与其获得的回报不相匹配，因此目前支小再贷款政策发挥的作用有限。建议实施支小再贷款政策时增加合格抵押品的种类范围，降低支小再贷款使用门槛。此外，政府应当推行风险补偿政策，发挥统筹引导的作用，吸引更多担保公司、风险基金等第三方金融机构助力支小再贷款政策的推广实施，有效分担小微企业的贷款违约风险。

再次，与处于抵押能力强的行业中的小微企业相比，抵押能力弱的行业中的小微企业偿债能力较弱、违约风险较高，在银行趋利避险的本能动机下难以获得定向降准政策优惠。对于抵押能力弱但是有助于解决“卡脖子”难题的“专精特新”小微企业而言，应协同政府、行业协会、政策性金融机构、地方金融机构的力量，扶持培育“专精特新”小微企业实现创新发展，推动我国制造业向全球价值链中高端攀升。

最后，非国有小微企业相对于国有小微企业而言，经营不确定性较大、风险管理水平较低，难以受到银行信贷资金青睐。非国有小微企业的融资困境问题相较于国有小微企业更加显著，发生财务危机的概率更高，为了推动定向调控政策落实到“最后一公里”，需要推动非国有小微企业建立更加成熟的风险管理体系，制定更为健全的风险预警机制，从而缩小与国有小微企业之间风险管理水平的差距，进而提升定向调控货币政策对全体小微企业的风险调控能力。

第六章　系统性风险视角下的定向调控与总量调控货币政策比较研究

微观风险承担水平的上升是宏观系统性风险形成与演变的首要诱因。宽松货币政策在加剧银行和企业微观风险的同时是否会加剧宏观系统性风险的爆发尚待研究。本章首先阐述系统性风险的内涵、成因及其测度方法，将系统性风险细分为银行系统、金融系统以及实体经济系统三个层面的风险外溢，拓宽了系统性风险的外延；其次从总量调控与定向调控货币政策工具箱中选取传导机制类似且操作频率较高的两类政策（即定向降准与普遍降准政策）为代表，分析二者的系统性风险溢出机制；最后检验两类货币政策工具对银行系统性风险外溢以及企业系统性风险回流的影响差异，从而弥补了以往文献大多从单一主体出发关注货币政策对银行抑或是企业风险的单向传导机制，而忽略金融与实体经济之间风险双向传导的缺陷，为防御微观风险的共振引致系统性风险的爆发提供有益的政策参考。

第一节　文献综述

一、货币政策和金融稳定的关系研究

随着经济发展模式由高速增长向高质量发展转变，我国货币政策操作的思路由促增长、稳通胀的总量调控转向补短板、精准灌溉为目标的定向调控模式。定向调控货币政策具有一定的“调结构”功能（王曦等，2017①），它增加了市场的流动性，改善了信贷环境，优化了银行的资产负债结构，促进了资产配置向农业、小微等弱势群体倾斜（郭晔

---

① 王曦、李丽玲、王茜：《定向降准政策的有效性：基于消费与投资刺激效应的评估》，载于《中国工业经济》2017 年第 11 期。

等，2019①）。但是农业、小微贷款一直处于坏账高发地带。据统计，2018 年初农林牧渔业的不良贷款率为 4.40%②，小微企业的不良贷款率为 2.75%③，二者均超过大型企业不良贷款率的两倍，然而增加的“三农”与小微企业贷款是否增加了金融系统的不稳定性尚未得证。银行的贷款风险将通过信贷渠道与资产价格渠道产生外部性，金融风险的互相传染最终将影响实体经济的发展。如何在定向调控与总量调控货币政策之间有效取舍，在结构优化与化解风险之间取得权衡决定着宏观调控的成败。

已有的货币政策风险承担渠道理论关注重点在于总量调控货币政策对银行、企业等微观个体风险的影响：总量宽松货币政策提升了银行的信贷水平（张强等，2013④），催生了资产价格泡沫（Galí，2014⑤），激发了银行的冒险动机（Jiménez et al.，2014⑥），提升了金融中介的杠杆水平从而导致风险的过度承担（Acharya and Naqvi，2012⑦）。总量调控货币政策对微观企业也存在风险传导效应，在宽松货币政策下规模越小的企业风险承担水平上升越快（林朝颖等，2014⑧）。

2008 年金融危机后，越来越多的学者意识到货币政策对金融稳定具有至关重要的作用。关于货币政策对金融稳定的影响方面，Klingelhofer & Sun（2019）基于中国人民银行政策书面文件评估 2000～2015 年中国的货币政策立场，结果表明中央银行在维护金融稳定方面可以通过存款准备金率、窗口引导等货币政策工具有效应对信贷泡沫，抑制信贷周期性波动，从而维护金融稳定⑨。Sui et al.（2022）研究了中国货币政策与宏观经济、

① 郭晔、徐菲、舒中桥：《银行竞争背景下定向降准政策的“普惠”效应——基于 A 股和新三板三农、小微企业数据的分析》，载于《金融研究》2019 年第 1 期。

② 资料来源：国泰安的中国银行体系数据库。

③ 中国人民银行行长易纲在第十届陆家嘴论坛上公布的数据显示。

④ 张强、乔煜峰、张宝：《中国货币政策的银行风险承担渠道存在吗?》，载于《金融研究》2013 年第 8 期。

⑤ Galí J. Monetary policy and rational asset price bubbles [J]. *The American Economic Review*, 2014, 104 (3): 721 – 752.

⑥ Jiménez G., Ongena S., Peydró J. L., et al. Hazardous Times for Monetary Policy: What Do Twenty – Three Million Bank Loans Say About the Effects of Monetary Policy on Credit Risk – Taking? [J]. *Econometrica*, 2014, 82 (2): 463 – 505.

⑦ Acharya V., Naqvi H. The seeds of a crisis: A theory of bank liquidity and risk taking over the business cycle [J]. *Journal of Financial Economics*, 2012, 106 (2): 349 – 366.

⑧ 林朝颖、黄志刚、杨广青：《基于微观视角的货币政策风险传导效应研究》，载于《国际金融研究》2014 年第 9 期。

⑨ Klingelhofer J., Sun R. R. Macroprudential policy, central banks and financial stability: Evidence from China [J]. *Journal of International Money and Finance*, 2019, 93: 19 – 41.

宏观审慎政策和金融稳定之间的时变因果关系，结果表明中央银行可以通过实施扩张性货币政策应对产出下滑，或实施紧缩性货币政策维持价格稳定，此外还指出实施紧缩性的数量型货币政策或扩张性的价格型货币政策能够有效防止金融震荡①。

银行部门的经济行为是决定货币政策与金融稳定关系的重要因素。部分学者从影子银行视角研究货币政策对金融稳定的影响机制。吴智华和杨秀云（2018）通过动态随机一般均衡模型对影子银行与货币政策以及金融稳定的关系进行研究，得出影子银行规模在紧缩性货币政策冲击下会出现逆周期扩张，影响金融稳定，使经济产生滞胀风险②。蓝天（2020）构建了包含影子银行和企业异质性的动态随机一般均衡模型，发现与传统的具有单一考量因素的货币政策相比，综合考虑信贷规模和资产价格因素的货币政策更加有利于维护金融稳定③。也有学者从银行风险偏好的角度研究货币政策与金融稳定的关系。吴迪（2018）采用一般均衡模型来探究货币政策对金融稳定的影响，发现银行类型的不同会使其结果有所差别，即在宽松的货币政策冲击下，风险偏好型银行会增加杠杆率，从而不利于维持金融稳定④。

另一些学者在已有研究基础上探究货币政策影响金融稳定的路径，从而论证了货币政策维护金融稳定的有效性。童中文等（2017）考虑了系统性金融风险的情况，采用动态随机一般均衡模型分析了货币政策与宏观审慎政策的协同效应，指出高风险状态下货币政策意外变动所造成的负面影响会被“逆周期缓冲”机制削弱，从而使经济波动更加平缓，有利于维护金融稳定⑤。邓创等（2021）指出相较于紧缩的数量型货币政策而言，扩张的数量型货币政策可以通过调节货币缺口，更加有效地实现维持金融稳定和物价稳定的双重政策目标⑥。

货币政策会影响金融稳定，反过来金融稳定也会对货币政策目标制定

---

① Sui J., Liu B., Li Z., et al. Monetary and macroprudential policies, output, prices, and financial stability [J]. *International Review of Economics and Finance*, 2022: 213-233.

② 吴智华、杨秀云：《影子银行、金融稳定与货币政策》，载于《当代财经》2018 年第 9 期。

③ 蓝天：《货币政策与宏观审慎政策的协调——基于影子银行治理的视角》，载于《上海金融》2020 年第 10 期。

④ 吴迪：《货币政策与金融稳定——基于异质性商业银行的宏观经济模型研究》，载于《江苏社会科学》2018 年第 1 期。

⑤ 童中文、范从来、朱辰等：《金融审慎监管与货币政策的协同效应——考虑金融系统性风险防范》，载于《金融研究》2017 年第 3 期。

⑥ 邓创、徐曼、许志伟：《兼顾金融稳定的最优货币政策规则及其在中国的检验》，载于《经济学报》2021 年第 3 期。

以及工具选取造成影响。首先，在货币政策目标制定层面，马勇（2016）认为若央行在制定货币政策时仅仅考虑短期物价走势而忽视了金融波动，这会导致金融体系的结构性失衡，增加金融体系的波动。因此在制定政策时要同时兼顾价格稳定和金融稳定①。徐国祥和郭建娜（2017）在产出和通货膨胀的基础上论证了金融稳定在货币政策目标中的重要性，研究表明忽视金融稳定因素的货币政策规则会引发金融过度繁荣而导致潜在风险积聚②。

其次，在金融稳定影响货币政策工具选取的层面上，朱波和卢露（2016）表明在金融市场不确定性加剧时，相比于法定存款准备金率工具，短期内选取以利率为主的货币政策工具更有益于抵御金融异常波动，维护金融稳定③。Kitney（2018）基于金融加速器理论评估了金融和经济稳定性，认为央行在金融稳定性受到威胁时应将当前资产价格或信贷利差纳入货币政策规则，并通过上述两种途径平抑金融异常波动④。

二、货币政策对系统性风险影响的研究

现有文献除了研究货币政策对银行风险承担的影响，还将货币政策与银行系统性风险联系起来研究二者的关系。本部分主要梳理国内外文献中关于货币政策对系统性风险影响的研究脉络，为后文研究总量调控与定向调控两类货币政策对系统性风险的影响做铺垫。

宽松货币政策在放松银行信贷风险审查、增加银行与企业微观风险承担水平的同时，必然影响到金融系统的稳定性，进而导致风险外溢。大部分文献研究表明宽松的货币政策会催生系统性风险，而紧缩性货币政策会降低系统性风险。Altunbas et al.（2010）认为货币政策影响系统性风险至少有三个途径：首先，货币政策通过杠杆和投资风险组合影响个别银行的风险承担，进而影响银行总体的风险；其次，随着利率降低，银行会增加对其他银行的资金依赖性，这增加了银行之间资金的相互关联性，也加剧了违约的多米诺骨牌效应；最后，当利率降低时，追逐利益行为导致了银行投资于相同风险级别的资产，银行间持有资产在风险上的共振性、互联

---

① 马勇：《金融稳定与宏观审慎：理论框架及在中国的应用》，中国金融出版社 2016 年版。

② 徐国祥、郭建娜：《金融稳定目标下中国货币政策规则研究》，载于《财经研究》2017 年第 10 期。

③ 朱波、卢露：《不同货币政策工具对系统性金融风险的影响研究》，载于《数量经济技术经济研究》2016 年第 1 期。

④ Kitney P. Financial factors and monetary policy: Determinacy and learnability of equilibrium [J]. *Journal of Economic Dynamics and Control*, 2018, 90: 194 - 207.

性增加了风险交叉感染的可能性，导致了银行集体恐慌的概率上升①。Gang & Qian（2015）为研究我国货币政策与系统性风险之间的因果关系，建立了结构向量自回归模型进行分析。研究发现扩张性货币政策加剧了由全球金融危机爆发而导致的系统性风险。因此除货币政策以外还应采取更审慎、有效的政策防止金融风险的积累②。Colletaz et al.（2018）基于因果关系视角研究了欧元区系统性风险承担渠道（SRTC）的存在性。结果表明，货币政策与系统性风险之间的因果关系在长期上是显著的，过于宽松的货币政策立场可能有助于系统性风险的积累③。柯孔林（2018）对 2008 ~ 2017 年中国上市银行的季度数据进行分析，考察了货币政策与商业银行系统性风险之间的联系，探究了货币政策对上市银行系统性风险承担的影响，结果表明宽松货币政策会提高系统性风险，而紧缩货币政策会抑制系统性风险，并且宽松货币政策对系统性风险的促进作用弱于紧缩货币政策对系统性风险的抑制作用④。陈国进等（2020）从银行系统层面研究了货币政策风险承担渠道，认为银行系统性风险承担水平在宽松的货币政策下显著提高⑤。王妍和王继红（2021）基于中国 15 家上市影子银行的数据从风险承担的角度分析了货币政策与金融摩擦对系统性风险的影响机制，结果表明当金融体系内流动性风险较高时货币政策冲击更易引发系统性风险⑥。

然而，有些学者认为，宽松货币政策会导致系统性风险下降，紧缩性货币政策反而会导致系统性风险上升。朱波和马永谈（2018）探究不同货币政策立场对金融业和非金融业系统性风险的影响，指出采用紧缩性货币政策所导致的系统性风险会高于宽松性货币政策时期的系统性风险⑦。张琳等（2022）以中国 A 股 32 家上市银行的面板数据为基础，分析了商业

---

① Altunbas Y., Gambacorta L., Marques - Ibanez D. Does monetary policy affect bank risk - taking? [R]. ECB Working Paper, No. 1166, 2010.

② Gang J., Qian Z. China's Monetary Policy and Systemic Risk [J]. *Emerging Markets Finance and Trade*, 2015, 51 (4): 701 - 713.

③ Colletaz G., Levieuge G., Popescu A. Monetary Policy and Long - Run Systemic Risk - Taking [J]. *Journal of Economic Dynamics and Control*, 2018, 86: 165 - 184.

④ 柯孔林：《货币政策对商业银行系统性风险的影响——来自中国上市银行的经验证据》，载于《浙江社会科学》2018 年第 11 期。

⑤ 陈国进、蒋晓宇、赵向琴：《货币政策、宏观审慎监管与银行系统性风险承担》，载于《系统工程理论与实践》2020 年第 6 期。

⑥ 王妍、王继红：《结构性货币政策、同业业务与系统性金融风险》，载于《金融经济学研究》2021 年第 4 期。

⑦ 朱波、马永谈：《行业特征、货币政策与系统性风险——基于"经济金融"关联网络的分析》，载于《国际金融研究》2018 年第 4 期。

银行系统性风险与政策连续性之间的联系。研究表明，货币政策连续性对银行系统性风险的影响最大，且在宽松货币政策时期政策连续性对系统性风险的降低效应更大①。

此外，还有部分学者认为货币政策对系统性风险的影响具有不确定性，资本水平、经济景气度、金融开放程度等因素会影响货币政策对系统性风险的传导。方意等（2012）指出当银行系统整体的资本充足率处在较低水平时，紧缩货币政策可能提高银行的系统性风险承担水平，加剧银行系统性风险，而当资本充足率处在较高水平时，紧缩的货币政策会降低银行系统性风险承担水平，从而减少银行系统性风险②。Laséen et al.（2017）在新凯恩斯模型中引入时变系统性风险来探究逆风而行的货币政策是否能够降低系统性风险以及改善福利水平。研究表明利率的增加会降低产出、通胀和资产价格，但却不能从根本上缓解系统性金融风险③。路妍和李爽（2021）探究金融开放在国际货币政策对中国系统性风险冲击的过程中所起到的中介作用，结论表明此中介效应存在，但其对系统性风险的影响比较复杂且不可预测④。

对于货币政策影响系统性风险的原因，学者们也展开了广泛而深入的探讨。Acharya & Naqvi（2012）从流动性的角度构建理论模型解释了扩张性货币政策会加剧泡沫的产生，并且提出在宏观经济风险很高时，这一现象可能会持续下去，扩张性货币政策促使银行释放更多的流动性，助长信贷繁荣和资产价格泡沫，加剧风险的发生⑤。张庆君等（2020）从杠杆率的视角研究了货币政策对系统性风险的影响，研究结果表明实行宽松货币政策会提高银行杠杆率从而增加银行系统性风险，这一结论在常规货币政策与非常规货币政策下都是成立的。此外随着银行杠杆率的升高，货币政策对银行系统性风险的作用会变得更大⑥。王妍和王继红（2021）基于16

---

① 张琳、廉永辉、方意：《政策连续性与商业银行系统性风险》，载于《金融研究》2022年第5期。

② 方意、赵胜民、谢晓闻：《货币政策的银行风险承担分析——兼论货币政策与宏观审慎政策协调问题》，载于《管理世界》2012年第11期。

③ Laséen S. A. , Pescatori A. B. , Turunen J. B. Systemic risk: A new trade - off for monetary policy? [J]. *Journal of Financial Stability*, 2017, 32: 70 - 85.

④ 路妍、李爽：《国际货币政策变动、金融开放与中国系统性金融风险研究》，载于《投资研究》2021年第3期。

⑤ Acharya V. , Naqvi H. The seeds of a crisis: A theory of bank liquidity and risk taking over the business cycle [J]. *Journal of Financial Economics*, 2012, 106 (2): 349 - 366.

⑥ 张庆君、马红亮、岳媛：《杠杆率视角下货币政策与银行系统性风险防范》，载于《会计与经济研究》2020年第4期。

家上市商业银行的数据研究结构性货币政策对系统性金融风险的影响，结果显示结构性货币政策可能会通过增加银行同业业务规模、提高金融系统风险关联性的方式加剧系统性金融风险①。Jarrow & Lamichhane（2022）构建了一个具有异质性的动态一般均衡资产定价模型，用于研究货币政策与价格、风险溢价、资产价格泡沫和金融稳定之间的关系，结果表明宽松的货币政策可能会导致交易受约束代理人之间的分歧更加严重，从而引发更大的泡沫，并增加了系统性风险②。

第二节　系统性风险的内涵界定与测度方法

一、系统性风险的内涵

系统性风险是风险管理的重要内容，它是由外部冲击引发的、扰乱整个金融系统正常运转的不确定性，具有波及面广、不可分散、负外部性强等特点。2008 年的美国次贷危机和 2011 年的欧洲债务危机正是由于触发了系统性风险，才使得最初仅在个别金融机构或地区出现的危机很快演变为国际金融体系的大幅震荡，最终对实体经济造成了巨大冲击。国内外学者根据系统性风险的特征，从金融系统性风险与银行系统性风险两个维度对系统性风险的内涵展开了细致的讨论。

关于金融系统性风险的内涵，Rochet & Tirole（1996）把金融系统性风险定义为一个代理人通过金融交易将经济困境传播给其他有联系的代理人的过程③。Dow（2000）指出尽管金融系统性风险一直是政策制定者感兴趣的内容，但是目前并没有一个固定的、被普遍接受的定义④。Benoit et al.（2017）将金融系统性风险看作许多市场参与者同时受到严重损失之后将这种损失蔓延至整个宏观经济系统的风险⑤。欧阳资生等（2019）

---

① 王妍、王继红：《结构性货币政策、同业业务与系统性金融风险》，载于《金融经济学研究》2021 年第 4 期。

② Jarrow R.，Lamichhane S. Risk premia，asset price bubbles，and monetary policy [J]. *Journal of Financial Stability*，2022，60.

③ Rochet J. C.，Tirole J. Interbank Lending and Systemic Risk [J]. *Journal of Money*，*Credit and Banking*，1996，28（4）：733 – 762.

④ Dow J. What Is Systemic Risk? Moral Hazard，Initial Shocks，and Propagation [J]. *Monetary and Economic Studies*，2000，18（2）：1 – 24.

⑤ Benoit S.，Colliard J.，Hurlin C. Where the Risks Lie：A Survey on Systemic Risk [J]. *Review of Finance*，2017，21（1）：109 – 152.

认为金融系统性风险是金融市场间产生内部溢出效应，并且通过外部渠道对宏观经济造成冲击乃至引爆金融危机的风险①。林玉婷等（2021）将金融系统性风险定义为某突发事件传染至其他金融机构或者市场，对金融均衡形成冲击，最终造成宏观经济瘫痪的风险②。蒋坤良等（2022）认为金融系统性风险是指金融系统全面或局部受损而导致金融服务中断乃至严重影响实体经济的风险③。此外，还有一些权威金融监管机构也对金融系统性风险的内涵进行了界定。国际清算银行在2009年将金融系统性风险定义为金融系统内部某些机构遭受损失后不能履行其合同责任，从而引起其他参与者违约，对实体经济产生严重负面影响的可能性。欧洲中央银行则将金融系统性风险看作广泛存在并能影响金融系统正常运转的风险。

关于银行系统性风险的内涵，Benston & Kaufman（1996）指出银行系统性风险是银行系统内部某个银行违约从而导致其他银行陷入困境所形成的连续损失的可能性④。包全永（2005）认为银行系统性风险可以有广义和狭义之分。广义的银行系统性风险是整个银行体系丧失基本功能的可能性；而狭义的银行系统性风险指的是由于主要银行破产倒闭而给其他银行带来的负外部效应，以及导致其他银行乃至整个银行体系失去基本功能的可能性⑤。Hu et al.（2012）将银行系统性风险与网络系统性风险进行区分，把银行系统性风险定义为一家银行的经济困境对同一银行系统中其他银行的影响，即银行系统中银行间交互关联带来的风险⑥。张晓玫和毛亚琪（2014）指出银行系统性风险是指银行体系部分或全部受到损害导致大范围金融服务中断并给实体经济造成严重影响的风险⑦。方意和荆中博（2022）将银行系统性风险界定为外部冲击被银行体系自身的特征所放大，

---

① 欧阳资生、李虹宣、刘凤根：《中国系统性金融风险对宏观经济的影响研究》，载于《统计研究》2019年第8期。

② 林玉婷、陈创练、刘悦吟：《基于国际资本多重动机的全球系统性风险传染路径识别》，载于《统计研究》2021年第12期。

③ 蒋坤良、王洁、宋加山：《基于动态权重-混合Copula的行业系统性风险度量》，载于《统计与决策》2022年第4期。

④ Benston G. J., Kaufman G. G. The Appropriate Role of Bank Regulation [J]. *Economic Journal*, 1996, 106 (436): 688-697.

⑤ 包全永：《银行系统性风险的传染模型研究》，载于《金融研究》2005年第8期。

⑥ Hu D., Zhao J. L., Hua Z. Network-Based Modeling and Analysis of Systemic Risk in Banking Systems [J]. *MIS Quarterly*, 2012, 36 (4): 1269-1291.

⑦ 张晓玫、毛亚琪：《我国上市商业银行系统性风险与非利息收入研究——基于LRMES方法的创新探讨》，载于《国际金融研究》2014年第11期。

进而导致银行体系整体崩溃并对实体经济具有较大负外部性的可能性①。

从上述相关文献来看，国内外学者对系统性风险的定义虽未达成一致意见，但包含以下共性因素：一是系统性风险具有传染效应。银行体系中各银行之间形成了相互交织、彼此联系的庞大网络，倘若其中一家银行面临危机，风险便会迅速传染给其他银行，最终可能引发整个银行系统的崩溃；二是系统性风险具有负外部性。银行体系内部如果出现风险，那么可能会对实体经济产生溢出效应，导致实体经济遭受损失；三是系统性风险的产生由某个冲击所致，最终可能会影响整个金融体系乃至实体经济系统的稳定性。

综上所述，本书认为系统性风险是由某一事件或者宏观冲击导致的危机，是按照风险传染的路径，经由银行体系至金融系统乃至实体经济系统的风险外溢之后，反过来又由实体经济再度回流至金融系统所构成的风险传染闭环。倘若无法妥善应对，系统性风险最终可能威胁宏观经济的整体安全。

二、系统性风险的成因

对于银行系统性风险的成因，众多国内外学者已经取得了丰硕的研究成果。一些国内外学者从货币政策、宏观经济环境不确定性、银行微观层面、银行与监管机构之间的信息不对称以及金融创新等角度对银行系统性风险成因展开了丰富的研究。

在货币政策方面，Borio & Zhu（2008）认为货币政策通过影响银行的风险认知和风险承受能力，直接或间接地影响银行风险承担，进而引起银行系统性风险的变动②。Farhi & Tirole（2012）认为宽松的利率政策除了将资源从消费者转移到有再融资需求的银行之外，还有可能增加不值得的项目融资或导致机构未来的流动性不足和信誉丧失，从而引致过度风险承担，引发金融危机③。牛晓健和裘翔（2013）利用固定效应模型和差分广义矩估计方法，验证了低利率的政策环境会催生商业银行的过度风险承担行为，增加中国上市银行的系统性风险④。Laséen et al.（2017）通过构建

---

① 方意、荆中博：《外部冲击下系统性金融风险的生成机制》，载于《管理世界》2022 年第 5 期。

② Borio C. , Zhu H. Capital regulation, risk - taking and monetary policy: A missing link in the transmission mechanism? [R]. BIS Working Paper, 2008.

③ Farhi E. , Tirole J. Collective Moral Hazard, Maturity Mismatch, and Systemic Bailouts [J]. *The American Economic Review*, 2012, 102 (1): 60 - 93.

④ 牛晓健、裘翔：《利率与银行风险承担——基于中国上市银行的实证研究》，载于《金融研究》2013 年第 4 期。

DSGE 模型发现非预期的货币政策收紧并不一定会降低系统性风险，尤其是在金融部门脆弱的情况下。非预期的紧缩货币政策对产出、通货膨胀、资产价格以及金融中介机构融资成本带来了负面影响，从而导致金融部门的盈利能力下降，但不会改变其风险承担行为①。汪莉（2017）研究表明在非完全垄断的市场结构下，当银行资本高于临界水平时，低利率的货币环境可以通过银行杠杆的“顺周期”调整效应增加银行系统性风险②。郭娜等（2020）分别研究了国内外货币政策对系统性金融风险的影响，分析得到国内货币政策对系统性金融风险产生重要影响，数量型货币供给量的冲击效应更加直接；国外货币政策在金融危机期间对系统性金融风险的冲击较强，但冲击在不断减弱③。张蕊等（2021）利用门限自回归模型得到宽松货币政策、资产价格和经济的快速增长都会进一步增大系统性金融风险④。

在宏观经济环境方面，Festić et al.（2010）认为有利的宏观经济环境与更好的贷款偿还能力、较低的违约概率以及较低的不良贷款率密切相关。在不利的宏观经济环境下，银行系统性风险可能会增强⑤。Smaga（2014）认为系统性金融风险源于金融体系中各类风险的积累，风险过度积聚会影响金融体系稳定，诱发灾难性金融危机⑥。郭立仑（2020）认为经营环境不确定会引发系统性风险，业务结构脆弱的银行机构在面临较大冲击的时候内部管理无法有效缓释和化解风险，那么系统性风险暴露的可能性将大幅增加⑦。

在银行微观层面，Allen & Gale（2000）指出系统性风险的形成依赖于银行之间的直接联系，一旦一家银行违约，并将资金压力传递到其他债权银行，其他银行就会蒙受损失⑧。Freixas & Rochet（2013）认为即使绝大多数银行都有偿付能力，当一家银行资不抵债时，该事件对系统其他部

---

① Laséen S. A., Pescatori A. B., Turunen J. B. Systemic risk: A new trade - off for monetary policy? [J]. *Journal of Financial Stability*, 2017, 32: 70 - 85.

② 汪莉：《隐性存保、“顺周期”杠杆与银行风险承担》，载于《经济研究》2017 年第 10 期。

③ 郭娜、祁帆、李金胜：《中国系统性金融风险度量与货币政策影响机制分析》，载于《金融论坛》2020 年第 4 期。

④ 张蕊、郭潇蔓、马瑞婷：《资产价格变动对系统性金融风险影响的门限效应检验》，载于《统计与决策》2021 年第 11 期。

⑤ Festić M., Kavkler A, Repina S. The macroeconomic sources of systemic risk in the banking sectors of five new EU member states [J]. *Journal of Banking and Finance*, 2010, 35 (2): 310 - 322.

⑥ Smaga P. The Concept of Systemic Risk [J]. *Economic Studies*, 2014, 23 (1): 36 - 63.

⑦ 郭立仑：《商业银行系统性风险：类别、机制与管理》，载于《经济与管理》2020 年第 5 期。

⑧ Allen F., Gale D. Bubbles and crises [J]. *The Economic Journal*, 2000, 110 (460): 236 - 255.

分产生的连锁反应也将使银行间市场乃至整个系统陷入僵局均衡①。Laeven et al.（2016）研究表明系统性风险不仅会随着银行规模的扩大而增加，还与银行资本呈负相关，并且这种影响超出了银行规模和资本对单个银行风险的影响②。方意和荆中博（2022）指出银行之间的同业业务使得资金在各银行之间相互持有，当单家银行的风险发生改变时，相互间的关联性会通过传染和放大机制加剧银行业的系统性风险③。蒋海等（2021）从经济政策不确定性和网络关联性的角度讲述银行业系统性风险的成因，认为越来越多的银行会对经济政策做出相同资产配置反应，银行之间的决策行为会更具"同质性"，从而导致银行网络关联程度提高并形成螺旋效应，进而放大了风险的传染，提高了系统性金融风险爆发的概率④。

在银行与监管机构之间的信息不对称方面，Pais & Stork（2013）认为系统性风险的主要驱动因素之一是"大而不倒"困境造成的"道德风险"。当金融系统的发展导致系统崩溃，从而对实体经济产生负面影响时，就会发生系统性风险。银行部门普遍存在的信息不对称以及银行资产负债表的错配问题导致银行业更容易发生系统性风险⑤。陈国进等（2021）在经典银行道德风险模型的基础上引入关联性，从资产透明度和监管套利的视角分析银行系统性风险累积的内在机理，证明了资产的不透明、监管套利行为的增加会提高银行的系统性风险水平⑥。

在金融创新方面，邹静和王洪卫（2017）认为互联网金融发展可以通过影响商业银行的资产负债结构，进而影响商业银行的成本收入比，最后可能转变为商业银行的系统性风险，且它对银行系统性风险的影响存在"期限结构效应"，即互联网金融在短期内会使银行系统性风险增加，但中长期对我国银行系统性风险的影响并不大⑦。吴文洋等（2022）对系统性

---

① Freixas X., Rochet J. Taming Systemically Important Financial Institutions [J]. *Journal of Money, Credit and Banking*, 2013, 45: 37-58.

② Laeven L., Ratnovski L., Tong H. Bank size, capital, and systemic risk: Some international evidence [J]. *Journal of Banking and Finance*, 2016, 69: 25-34.

③ 方意、荆中博：《外部冲击下系统性金融风险的生成机制》，载于《管理世界》2022年第5期。

④ 蒋海、王溢凡、吴文洋：《经济政策不确定性、网络关联性与银行业系统性风险——基于中国上市银行的实证检验》，载于《金融经济学研究》2021年第6期。

⑤ Pais A., Stork P. A. Bank Size and Systemic Risk [J]. *European Financial Management*, 2013, 19 (3): 429-451.

⑥ 陈国进、蒋晓宇、刘彦臻等：《资产透明度、监管套利与银行系统性风险》，载于《金融研究》2021年第3期。

⑦ 邹静、王洪卫：《互联网金融对中国商业银行系统性风险的影响——基于SVAR模型的实证研究》，载于《财经理论与实践》2017年第1期。

风险起源做出两种解释，一是认为系统性风险可能始于金融机构之间的风险传染，二是认为另一种触发机理是金融创新工具，一旦金融创新工具出问题，金融体系中的绝大部分甚至整个金融体系都会面临破产风险，由金融创新引发的系统性金融风险危害更严重，影响更大，因此对待此类系统性风险需要更加警惕①。

综上所述，系统性风险的成因主要包括宏观层面和微观层面两个部分。宏观层面主要有宏观经济环境的不确定性、货币政策过度宽松等因素，而微观层面主要有银行强关联性与强同质性、银行规模过大、银行与监管部门信息不对称严重、金融创新过度等因素。本书从总量调控货币政策与定向调控货币政策两个层面同时研究金融系统以及实体经济系统风险的来源，从而拓宽了系统性风险理论研究的外延。

三、系统性风险的测度方法

系统性风险可视为由某种经济因素或外部金融冲击引起的，导致整个金融体系出现强烈动荡的可能性。这种风险会危及整个金融体系且具有一定的隐蔽性和传染性，致使金融市场无法有效运转，进而对全球的实体经济造成巨大负外部性和损失。目前为止，系统性风险的测度方法大致可以分成三类，分别是基于银行资产负债表数据的测度方法、基于股票和债券市场数据的度量方法和基于多市场数据的系统性风险度量方法。

（一）基于银行资产负债表数据的度量模型综述

1. 指标法

指标法是对各个子系统指标建立一种综合指数，该指数能够在一定程度上代表金融体系系统性风险的状况，进而通过对这些经济指标的监视检测来预警系统性风险产生的概率。构建指标法有两步，首先是选择能够对系统性风险产生影响的指标，其次是运用统计方法对这些指标进行加总处理得到综合指数，以代表当前金融系统风险的综合状况。确定指标后，要选择合适的加权方法对指标进行加权，例如 AHP 层次分析法、主成分分析等权重选择都是较为常用的加权方法。Illing & Liu（2006）加权各个子系统的变量构建金融压力指数（FSI）分析各金融系统的风险水平情况②。郭红兵和杜金岷（2014）通过构建中国综合金融稳定指数（AFSI）来测

---

① 吴文洋、卢翠平、唐绅峰：《金融创新与银行系统性风险：敏感性、异质性及可接受性》，载于《世界经济研究》2022 年第 7 期。

② Illing M., Liu Y. Measuring financial stress in a developed country: An application to Canada [J]. *Journal of Financial Stability*, 2006, 2 (3): 243 – 265.

度我国金融稳定水平。指数法具有简单容易操作、结果清晰、历史数据易取得的特点，而且该方法灵活且具有连续性，无论该国是否发生过经济金融危机都适用。但是它同样存在局限性，因为这些数据的取得是基于历史数据，结果不能有效地反映金融机构之间的相关性，指标选择以及权重的设定主观性比较强，精确程度有待商榷①。

2. 网络模型法

网络模型法将整个银行体系看成复杂的网络，根据银行的资产负债表数据，建立矩阵模型形成网络，通过计算机模拟的方式检验一家银行的破产给其他银行带来损失的程度，这种在银行之间的传染性会在整个银行体系内形成多轮的多米诺效应，增大系统性风险。马君潞等（2007）采用银行同行业拆借数据构造矩阵，通过破产的数量和资产损失数额来测度银行的相互传染性②。范小云等（2012）构建网络模型，用我国银行间市场数据识别系统重要性银行，得出应更加关注银行间负债关联度而不仅仅是规模的结论③。Demirer et al.（2018）采用 LASSO 方法选择 2003 ~ 2014 年世界上最大的 150 家银行的公开交易数据，通过构建高维网络模型并使用全样本估计静态网络连通性，采用滚动窗口估计动态网络连通性，发现在静态方面全球银行的股权有很强的地理成分④。网络模型法比较适合发展中国家的央行来测评自身金融系统的状况，也有助于识别金融机构与市场的相互关联性，主要缺陷在于数据获取比较困难，对于业务类型繁多和复杂的银行构建矩阵也比较困难。网络模型是在较多的假说条件上构建的，有可能导致模型估计结果不准确。

（二）基于股票和债券市场数据的时间序列模型综述

基于股票和债券市场数据的时间序列模型是将金融机构的市场数据作为测量的基础，市场数据能在一定程度上反映出单个机构的风险状况对整个系统的边际风险贡献以及金融体系的系统性风险的大小。

1. 多元 GARCH 模型法

多元 GARCH 模型法是波动率预测的变形，在描述金融数据的相关性

---

① 郭红兵、杜金岷：《中国综合金融稳定指数（AFSI）的构建、应用及政策含义》，载于《金融经济学研究》2014 年第 1 期。

② 马君潞、范小云、曹元涛：《中国银行间市场双边传染的风险估测及其系统性特征分析》，载于《经济研究》2007 年第 1 期。

③ 范小云、王道平、刘澜飚：《规模、关联性与中国系统重要性银行的衡量》，载于《金融研究》2012 年第 11 期。

④ Demirer M., Diebold F. X., Liu L., et al. Estimating global bank network connectedness [J]. *Journal of Applied Econometrics*, 2018, 33 (1): 1 – 15.

和波动性方面有更长远的意义。在相关性方面的最新研究模型是由 Engle（2002）提出的动态条件相关模型 DCC - GARCH 模型①，这个模型是在 CCC - GARCH 模型的基础上改进的。该模型具有单变量 GARCH 的灵活性，但不具有多元 GARCH 的复杂性。这些模型直接将条件相关性参数化，通常分成两步进行。第一步是一元 GARCH 方程的估计，第二步是根据上一步的结果估计出方程的参数。方意等（2012）利用 DCC - GARCH 模型对中国金融机构的系统性风险进行度量，并由此分析影响我国金融机构系统性风险的因素②。

另一个模型是由 Hamilton & Susmel（1994）提出的状态转换 ARCH 模型（即 SWARCH 模型）③。这个模型弥补了 ARCH 和 GARCH 不能很好地处理不连续且波动较大数据的缺陷。González - Hermosillo & Hesse（2011）使用 SWARCH 模型分别对欧洲美元外汇互换、芝加哥期权交易所波动率指数和三个月期泰德价差进行分析，发现这三个指标在次贷危机中有很大波动，并说明 SWARCH 模型可以作为判断央行和政府改善市场行为效果的一个有效工具④。多元 GARCH 模型法能较好地分析银行之间的风险联合变动，但不能够描述导致银行发生系统性风险的因素和发生特征。

2. CoVaR 模型

CoVaR 模型是在 VaR 的基础上发展而来的。传统的 VaR 方法不能有效地估计尾部风险，现实中收益率存在尖峰肥尾等特点而不满足正态性的假说条件，同时不能很好地预测未来的风险状况。因此基于以上的种种缺陷，Adrian & Brunnermeier 于 2016 年创新性地提出了用 CoVaR 来测量系统性风险的大小。CoVaR 是描述在单个既定金融机构发生困难的情况下总体金融系统的 VaR，而此金融机构的系统性风险贡献值（ΔCoVaR）能够用此金融机构破产倒闭时与正常情况下的 CoVaR 之差来描述⑤。

---

① Engle R. F. Dynamic Conditional Correlation [J]. *Journal of Business and Economic Statistics*, 2002, 20 (3): 339 - 350.

② 方意、赵胜民、王道平：《我国金融机构系统性风险测度——基于 DGC - GARCH 模型的研究》，载于《金融监管研究》2012 年第 11 期。

③ Hamilton J. D., Susmel R. Autoregressive conditional heteroskedasticity and changes in regime [J]. *Journal of Econometrics*, 1994, 64: 307 - 333.

④ González - Hermosillo B., Hesse H. Global market conditions and systemic risk [J]. *Journal of Emerging Market Finance*, 2011, 10 (2): 227 - 244.

⑤ Adrian T., Brunnermeier M. K. CoVaR [J]. *The American Economic Review*, 2016, 106 (7): 1705 - 1741.

目前国内外文献中计算 CoVaR 的方法大部分采用以下三种方法。第一种是采用分位数回归的方法来计算 CoVaR。这也是大部分学者所采用的方法。肖璞等（2012）使用上市金融机构的股权收益率数据，将分位数回归技术与 CoVaR 方法相结合来研究上市银行对于银行系统的风险贡献率①。Lopez - Espinosa et al.（2012）采用非对称的分位数回归计算大型跨国银行的 CoVaR，得出短期的批发融资是导致系统性风险升高的决定性因素②。陈守东和王妍（2014）采用极端分位数回归技术计算 ΔCoVaR，分析单个金融机构对整个金融体系的风险贡献度，研究还表明在考虑极端情况下的尾部风险关联度时，股份制银行对金融体系的风险贡献度有所增加③。张瑞和刘立新（2018）构建了非对称 CoVaR 模型，采用尾部极端分位数回归方法测度我国上市银行对金融系统整体的风险贡献度④。

第二种计算 CoVaR 的方法是采用 GARCH - CoVaR 模型。高国华和潘英丽（2011）基于沪深股市数据，建立 GARCH 模型来对我国 14 家上市银行计算动态 CoVaR 并分析影响系统性风险的因素⑤。张蕊等（2015）基于 EVT - GARCH - CoVaR 模型，利用 2008 ~ 2013 年股票市场数据来动态测算极端市场条件下单个金融机构（包括银行、证券公司和保险公司）对中国金融体系系统性风险的贡献度及其随时间变动的趋势⑥。

第三种计算 CoVaR 的方法是采用 Copula - CoVaR 模型。Hakwa et al.（2011）在收益率为正态分布的前提条件下，利用 Copula 方法来计算各个金融机构的 CoVaR⑦。刘晓星等（2011）为研究美国股市的系统性风险贡献度，将 EVT - Copula 模型和 CoVaR 模型相结合，分析该方法测度的有

---

① 肖璞、刘轶、杨苏梅：《相互关联性、风险溢出与系统重要性银行识别》，载于《金融研究》2012 年第 12 期。

② Lopez - Espinosa G., Moreno A., Rubia A. Short - term wholesale funding and systemic risk: A global CoVaR approach [J]. *Journal of Banking and Finance*, 2012, 36 (12): 3150 - 3162.

③ 陈守东、王妍：《我国金融机构的系统性金融风险评估——基于极端分位数回归技术的风险度量》，载于《中国管理科学》2014 年第 7 期。

④ 张瑞、刘立新：《中国上市银行系统性风险溢出效应研究——基于极端分位数回归的非对称 CoVaR 模型》，载于《数量经济研究》2018 年第 2 期。

⑤ 高国华、潘英丽：《银行系统性风险度量——基于动态 CoVaR 方法的分析》，载于《上海交通大学学报》2011 年第 12 期。

⑥ 张蕊、贺晓宇、戚逸康：《极端市场条件下我国金融体系系统性风险度量》，载于《统计研究》2015 年第 9 期。

⑦ Hakwa B., Jäger - Ambrożewicz M., Rüdiger B. Measuring and Analysing Marginal Systemic Risk Contribution using CoVaR: A Copula Approach [J]. *Quantitative Finance*, 2012: 1 - 26.

效性，发现该方法有利于金融监管部门掌握系统性风险的变化趋势①。Reboredo & Ugolini（2014）利用 Copula – CoVaR 模型研究希腊债务危机爆发前后欧洲主权债务市场的系统性风险，发现债务危机前所有国家系统性风险相似，危机后非危机国家的系统性风险上升幅度不大，危机国家的风险贡献度大幅提高②。张家臻（2018）用三种计算 CoVaR 的方法从横截面及时间两个角度对比分析这三种 ΔCoVaR 模型对我国银行业市场的适用程度，并得出 Copula – ΔCoVaR 模型在识别系统重要性银行时有更好效果的观点③。

3. 系统性期望损失和边际期望损失法

系统性期望损失（Systemic Expected Shortfall，SES）和边际期望损失（Marginal Expected Shortfall，MES）模型是由 Acharya、Pedersen、Philippon 和 Richardson 在 2017 年提出来的。这个模型是在传统 ES（Expected Shortfall）模型的基础上发展起来的。传统的 ES 模型只能衡量单个金融机构或整个金融系统自身存在的风险，而不能衡量单个金融机构对整个金融系统的风险贡献度。尤其在 2008 年金融危机发生以后，为了弥补 ES 方法的缺陷，Acharya 等提出了 SES 和 MES 模型。

我国采用 MES 方法进行测度银行系统性风险的文献较少，近几年才逐步发展起来。张晓玫和毛亚琪（2014）运用长期边际期望损失 LRMES 方法来度量金融机构的系统性风险，且该值与非利息收入负相关，与实际情况相符④。张瑞和熊巍（2017）用恒生综合指数金融成分股作为研究对象，并使用 MES 和 CoVaR 这两种方法分别分析 12 家金融机构的系统性风险溢出效应以及动态特征⑤。宋清华和胡世超（2018）使用上市银行年度数据，采用 DCC – GARCH 模型估计 MES 来度量系统性风险，全方位分析了资产证券化对银行系统性风险的影响程度和作用渠道⑥。

---

① 刘晓星、段斌、谢福座：《股票市场风险溢出效应研究：基于 EVT – Copula – CoVaR 模型的分析》，载于《世界经济》2011 年第 11 期。

② Reboredo，Ugolini. Systemic risk in European sovereign debt markets：A CoVaR – copula approach［J］. *Journal of International Money and Finance*，2014，51：214 – 244.

③ 张家臻：《论三种 ΔCoVaR 模型度量中国银行业系统性风险的最佳选择》，载于《广西大学学报》（哲学社会科学版）2018 年第 3 期。

④ 张晓玫、毛亚琪：《我国上市商业银行系统性风险与非利息收入研究——基于 LRMES 方法的创新探讨》，载于《国际金融研究》2014 年第 11 期。

⑤ 张瑞、熊巍：《金融市场的稳健系统风险测定——基于 CoVaR 与 MES 的恒生综合指数分析》，载于《管理现代化》2017 年第 5 期。

⑥ 宋清华、胡世超：《资产证券化、信用风险与系统性风险——基于中国上市银行的实证研究》，载于《广西大学学报》（哲学社会科学版）2018 年第 3 期。

4. SRISK 模型

在 MES 的基础上，Brownlees & Engle（2016）提出了系统性风险指数 SRISK（Systemic Risk Index）作为测度金融机构系统性风险度量的方法，该方法认为金融实体的预期资本短缺取决于长期存在的市场衰落。SRISK 是金融机构规模、杠杆率以及市场下跌情况下的长期预期缺口（LRMES）的函数。SRISK 可以作为金融危机发生前的预警指标①。梁琪等（2013）采用改进的系统性风险指数 SRISK 测算 34 家金融机构的资本短缺程度，并得出系统重要性金融机构界定标准和排名的方法。马亚芳和蒋达（2017）结合市场数据和资产负债表数据运用 MES - SRISK 模型测算我国上市银行的系统性风险贡献度，实证结果表明我国大型国有商业银行的系统性风险最高，股份制商业银行紧随其后，城市商业银行系统性风险最低②。

（三）基于多市场数据的系统性风险度量模型综述

Copula 函数可以把单个变量的边缘分布合成多个变量联合分布函数，而联合分布的分布曲线形状以及函数的关键值（标准差、峰度、偏度等）均是由边缘分布决定的，并且它能灵活地捕捉变量的线性和非线性关系，因而常常被用于测算偏峰及厚尾的风险。学者们基于 Copula 函数相关性分析法提出两种跨市场相关性分析模型：一是未定权益分析（CCA）模型；二是联合危机概率（JPoD）模型。

1. 未定权益分析（CCA）模型

未定权益分析（CCA）模型是基于资产负债表和金融市场数据构建的。这个模型是由 Lehar（2005）③ 提出，并由 Dale & Jobst（2009）④ 发展起来。其主要思想在于将资产定义为权益和风险债务的总和，也就是将权益价值加债务账面价值，再减去债务担保得到的价值。而后根据公司价值构建结构化模型，将权益当作一种看涨期权，债务担保可当作一种看跌期权。根据资产回报率协方差矩阵的分解结果对所要预警事件对应变量的变动做蒙特卡洛模拟，如果破产的银行资产总值超过一定比例，就可视为出现系统性事件。通过重复模拟能取得每一时刻 t 的系统性风险指标。该模型可通过债

---

① Brownlees C., Engle R. F. SRISK: a conditional capital shortfall measure of systemic risk [J]. *ESRB Working Paper*, 2016, 30 (1): 48 - 79.

② 马亚芳、蒋达：《中国上市银行系统性风险贡献及其影响因素研究——基于 MES - SRISK 方法》，载于《浙江金融》2017 年第 10 期。

③ Lehar A. Measuring systemic risk: A risk management approach [J]. *Journal of Banking and Finance*, 2005, 29 (10): 2577 - 2603.

④ Dale G., Jobst A. A. Tail Dependence Measures of Systemic Risk Using Equity Options Data - Implications for Financial Stability [J]. *IMF Working Papers*, 2009.

务和资产差额的现值来计算预期缺口以及各家银行对缺口的贡献度。

我国将CCA方法应用于系统性风险测度的文献研究颇多。宫晓琳（2012）利用CCA方法，编制了国民经济机构部门层面的风险财务报表，对我国的宏观金融风险进行测度①。田娇和王擎（2015）使用CCA模型得到宏观金融风险指标，该指标的持续下降反映出近年来我国金融风险的持续上升②。苟文均等（2016）以CCA模型为基础分析债务杠杆与系统性风险传染之间的内在联系，研究结果表明债务杠杆会显著影响系统性风险的生成与传递③。李程等（2020）基于CCA模型对系统性风险进行测度，并研究商业银行杠杆对系统性风险的影响过程④。

此外，系统性未定权益分析模型（SCCA）方法是对CCA方法的有效扩展，是一个前瞻性的对系统性风险进行研究的模型，以衡量基于市场隐含的金融机构预期损失的系统性偿付能力风险，并在金融部门风险管理和自上而下压力测试中的全系统资本评估中具有实际应用。该方法最大的优点是对个体违约主体的相依结构内生到模型中，有助于量化金融部门在压力时期对系统性风险和或有负债的单独贡献，从而能够更好地对系统性风险进行度量（Jobst & Gray，2013⑤）。巴曙松等（2013）基于SCCA方法，综合考虑了极端时期各个机构之间违约的尾部风险和相依结构，以便更准确地度量我国金融部门的系统性风险⑥。张炜和童中文（2017）使用基于时变多元Copula函数的SCCA方法测度我国上市银行的系统性风险，该方法能很好地体现银行系统性风险的整体性和时变性⑦。

2. 联合危机概率（JPoD）模型

联合危机概率（JPoD）模型是由Goodhart & Basurto在2009年提出的方法，考虑了系统中银行之间的困境依赖，基于银行系统的多元密度函数

---

① 宫晓琳：《未定权益分析方法与中国宏观金融风险的测度分析》，载于《经济研究》2012年第3期。

② 田娇、王擎：《银行资本约束、银行风险外溢与宏观金融风险》，载于《财贸经济》2015年第8期。

③ 苟文均、袁鹰、漆鑫：《债务杠杆与系统性风险传染机制——基于CCA模型的分析》，载于《金融研究》2016年第3期。

④ 李程、杨盈、祝诗梦：《基于风险溢出效应的银行杠杆监管差异化研究》，载于《西安财经大学学报》2020年第5期。

⑤ Jobst A. A., Gray D F. Systemic Contingent Claims Analysis: Estimating Market - Implied Systemic Risk [J]. *IMF Working Papers*, 2013, 13 (54).

⑥ 巴曙松、居姗、朱元倩：《我国银行业系统性违约风险研究——基于Systemic CCA方法的分析》，载于《金融研究》2013年第9期。

⑦ 张炜、童中文：《中国上市商业银行系统性风险测度——基于SCCA方法的分析》，载于《金融与经济》2017年第2期。

（Banking System's Multivariate Density function，BSMD）来度量整个银行系统的风险大小。他们把银行危机分成三个类别，分别是银行系统共同的危机、部分银行危机和单个银行引起的危机，同时计算银行违约概率、银行系统稳定指数、银行危机关联矩阵和银行间瀑布级联效应四个变量，构造出联合违约概率模型（JPoD 模型）。该模型能够更好地刻画银行间的风险依赖的非线性性①。

部分学者对 JPoD 模型给予评价与拓展，朱元倩和苗雨峰（2012）认为银行 JPoD 模型具有传统的风险模型所没有的优势，它考虑了银行间的线性和非线性依赖度，并且考虑到了银行间依赖度在整个经济周期中的变化，而传统的风险模型中将银行间相关性在整个经济周期中被设置为常量②。李汉东等（2018）基于 JPoD 方法提出一种新的资产组合优化方法，既可以避免模型对参数的敏感性，又可以降低投资组合的系统性违约风险。经过实证分析后发现，利用该方法选出的投资组合的系统风险显著小于马科维茨理论组合及随机选择组合的系统风险③。王辉和梁俊豪（2020）使用 JPoD 模型衡量不同时期同时发生尾部风险事件的概率，以此衡量银行系统中风险整体水平大小。从时间趋势上分析发现，联合违约概率能够较好地反映我国银行业系统性风险整体水平④。

（四）系统性风险测算方法的选取

综上所述，目前关于系统性风险的主流方法有两种：一种采用 Adrian & Brunnermeier（2016）⑤ 的方法测算条件在险价值之差（ΔCovar），另一种采用 Acharya et al.（2016）⑥ 的边际预期损失（MES）来度量系统性风险。前者考察单个金融机构在极端情况下对整体系统的风险溢出，风险冲击的方向是自下而上的，而后者用于分析整体金融系统极端情况下对应的金融机构预期损失，冲击的方向是自上而下的。本书试图分析不同部门对系统

---

① Goodhart C. A. E.，Basurto M. S. Banking Stability Measures?［R］. IMF Working Papers，2009.

② 朱元倩、苗雨峰：《关于系统性风险度量和预警的模型综述》，载于《国际金融研究》2012 年第 1 期。

③ 李汉东、张吟、张瑞：《基于联合违约概率的资产组合投资优化方法》，载于《系统工程理论与实践》2018 年第 3 期。

④ 王辉、梁俊豪：《基于动态因子 Copula 模型的我国银行系统性风险度量》，载于《金融研究》2020 年第 11 期。

⑤ Adrian T.，Brunnermeier M. K. CoVaR［J］. *The American Economic Review*，2016，106（7）：1705－1741.

⑥ Acharya V. V.，Pedersen L. H.，Philippon T.，et al. Measuring Systemic Risk［J］. *Review of Financial Studies*，2016，30（1）：2－47.

自下而上的风险溢出效应，因此采用前者的思想计算系统性风险。但是 Adrian & Brunnermeier（2016）所指的系统性风险是整体股票市场的损失，研究的机构也局限于金融相关部门，而银行等金融部门所致的宏观经济的风险不能代表系统性风险的全部，真正的系统性风险不仅包括金融风险，更重要的是实体经济的风险①。本书以所有金融与非金融上市公司为研究对象，将系统性风险分为银行系统、金融系统以及实体经济系统三个层面，有助于厘清两类货币政策对系统性风险外溢的路径，比较定向调控与总量调控货币政策对系统性风险冲击的强度与方向。系统性风险外溢的具体计算步骤如下：

首先，采用股票市场的周数据估计如下分位数回归模型：

$$Loss_{it} = \alpha_{it}^{q} + \gamma_{it}^{q} M_{t-1} + \varepsilon_{it} \tag{6.1}$$

其中，$Loss_{it}$是上市公司 i 在第 t 周的股价损失率（%）。M 是滞后一期的状态变量，状态变量参考选取如下变量：第 t 周三个月期国债利率与第 $t-1$ 周三个月期国债利率之差（*Dbond*），十年期国债到期收益率与三个月期国债到期收益率之差（*Ts*），三个月期上海银行间同业拆放利率 Shibor 与三个月期国债利率之差（*Lr*），考虑现金红利再投资的周市场回报率（*Sr*），房地产市场周收益率与沪深 300 市场周收益率之差（*Bsr*），以及股票市场波动率（*Vol*）。根据式（6.1）50% 分位数回归的系数，推算每家公司 *Loss* 的拟合值 $Var_{it}^{50\%}$，即正常状态下股票的最大损失率。由式（6.1）99% 分位数回归的系数估算每家公司 *Loss* 的拟合值，即在极端状态下股票的最大损失率 $Var_{it}^{99\%}$。

其次，根据每家公司的周个股市值权重加权平均计算不同系统的损失率均值（$Loss_t^{system \mid i}$）：银行系统的损失率（$Loss_t^{Bank \mid i}$）根据每家上市银行的损失率乘以银行市值占所有上市银行总市值的比重加权平均测算，金融系统的损失率（$Loss_t^{Finance \mid i}$）根据每家金融上市公司的损失率与其市值占所有金融上市公司总市值的权重加权平均推算，实体经济系统的损失率（$Loss_t^{Economy \mid i}$）根据非金融上市公司的损失率与其市值占非金融上市公司总市值的比重计算。

再次，使用如下分位数回归模型估算每家上市公司股票损失率对不同系统的风险外溢：

$$Loss_t^{system \mid i} = \beta_{it}^{99\%} + \varphi_{it}^{99\%} M_{t-1} + \delta_{it}^{99\%} Loss_{it} + \varepsilon_{it} \tag{6.2}$$

---

① Adrian T., Brunnermeier M. K. CoVaR [J]. *The American Economic Review*, 2016, 106 (7): 1705 – 1741.

将 $Var_{it}^{50\%}$ 和 $Var_{it}^{99\%}$ 分别代入式（6.2）中的 $Loss_{it}$，根据分位数回归系数得出因变量的拟合值 $Covar^{50\%}$ 和 $Covar^{99\%}$，分别代表系统在公司处于正常状态与极端状态时的条件在险价值。将二者相减，求得公司 i 在时间 t 对系统性风险的贡献。

$$Covar_{it}^{99\%} = Covar_{it}^{99\%} - Covar_{it}^{50\%} \tag{6.3}$$

式（6.2）中的 $Loss_t^{system \mid i}$ 代表着三个系统的平均损失率，当式（6.2）的因变量选取银行系统的损失率（$Loss_t^{Bank \mid i}$）时，式（6.3）计算出来的 $\Delta Covar$ 是公司 i 对银行系统的风险外溢（*sysbank*）；类似地，当因变量选取金融系统的损失率（$Loss_t^{Finance \mid i}$）时，$\Delta Covar$ 是公司 i 对金融系统的风险外溢（*sysfinance*）；当因变量选取实体经济系统的损失率（$Loss^{Economy \mid i}$）时，得到的 $\Delta Covar$ 是公司 i 对实体经济系统的风险外溢（*syseconomy*）。

最后，为了与公司季度财务数据的时间相匹配，将公司对银行系统、金融系统以及实体经济系统的周风险溢出数据按照年份与季度归集平均后分别得到 *Sysbank*、*Sysfinance* 与 *Syseconomy*，与公司季度数据合并为最终研究样本。

第三节　定向降准与普遍降准政策的系统性风险溢出机制分析

一、收益追逐机制

作为理性的经济人，银行以追求利润最大化为首要目标。普遍降准货币政策增加了银行的流动性，随着资金充裕程度逐步提高，银行对借款人进行风险审查的动机下降，追逐收益的动机开始膨胀，主观风险偏好的上升带动了实际风险水平的增加（Neuenkirch & Nöckel，2018①），因而银行信贷结构中信用不佳、风险较高的企业贷款比例显著上升（Colletaz et al.，2018②）。银行在金融体系以及实体经济的发展中发挥着至关重要的作用，是其他金融机构赖以存在的基础，也是连接经济活动中各个部门的

① Neuenkirch M.，Nöckel M. The risk – taking channel of monetary policy transmission in the euro area［J］. *Journal of Banking and Finance*，2018，93（8）：71 –91.

② Colletaz G.，Levieuge G.，Popescu A. Monetary Policy and Long – Run Systemic Risk – Taking［J］. *Journal of Economic Dynamics and Control*，2018，86：165 –184.

关键枢纽。由于金融系统自身与实体经济之间是相互联结、密不可分的有机整体，银行自身风险的攀升将通过金融市场与信贷市场传导至金融系统以及实体经济系统，最终造成对上述系统的风险外溢（Faia and Karau，2019①）。

与普遍降准货币政策不同，并非所有银行均能获得定向降准的政策红利，只有当银行按照定向降准政策要求将贷款发放给“三农”或者小微企业，满足了定向降准的考核门槛时，银行才能获得降低存款准备金率的政策优惠。在收益追逐机制的驱动之下，银行改变了原有的信贷结构，增加了“三农”、小微企业贷款在资产配置中的比例。陈书涵等（2019）的研究发现倘若定向降准货币政策释放的流动性给商业银行带来的收益超过其向高风险借款人提供贷款可能产生的损失，那么银行就会调整信贷结构以达到定向降准的要求，从而获得降低存款准备金率的政策红利②。张人中和马威（2022）也指出定向降准货币政策能增加商业银行的整体收益，带动商业银行的利润上升，这诱发了银行追逐收益的动机，银行会将资金更多地投向“三农”、小微企业，使自身满足定向降准的考核条件③。然而“三农”、小微企业贷款属于贷款对象中的弱势群体（郭晔等，2019④），其先天的弱质性和生产经营的不确定性增加了银行与借款对象之间的信息不对称，加剧了坏账风险爆发的概率。银行的风险通过信贷市场与证券市场传染至金融以及实体经济系统，导致对二者的风险外溢。但是从规模上来看，定向降准货币政策覆盖的银行范围不如普遍降准货币政策广泛，对银行系统性风险的冲击力度也难以企及普遍降准货币政策的风险冲击力度。因此，收益追逐机制加剧了银行向金融系统以及实体经济部门的风险外溢，但是相较于普遍降准货币政策，定向降准货币政策在收益追逐机制作用下导致的系统性风险外溢效应更小。

二、风险收益权衡机制

在不同经济周期下银行与企业的风险偏好不同，风险容忍度也不一

---

① Faia E.，Karau S. Systemic Bank Risk and Monetary Policy [R]. CEPR Discussion Paper, No. DP13456, 2019.

② 陈书涵、黄志刚、林朝颖等：《定向降准政策对商业银行信贷行为的影响研究》，载于《中国经济问题》2019 年第 1 期。

③ 张人中、马威：《定向降准的传导机制与传导效果研究》，载于《经济与管理研究》2022 年第 1 期。

④ 郭晔、徐菲、舒中桥：《银行竞争背景下定向降准政策的“普惠”效应——基于 A 股和新三板三农、小微企业数据的分析》，载于《金融研究》2019 年第 1 期。

致。销售、产出的顺周期性导致企业风险承担水平呈现逆周期增长趋势，即经济衰退时期风险上升，经济繁荣时期风险下降（Bloom et al.，2018①）。在“金融加速器”机制的作用下，信贷市场状况的恶化会放大经济的逆向冲击（Bernanke et al.，1996②）。在经济衰退时期实施普遍降准政策将改变微观主体对于风险的感知（包括对违约概率、违约损失、波动性的顺周期估计），随着风险敏感度的降低，管理者提高了对风险的容忍度（Borio and Zhu，2012③），进一步加剧风险的交叉传染与外溢。

然而，定向降准政策与普遍降准在经济周期的不同阶段引发的系统性风险溢出效应有所差异。定向降准的扶持对象为“三农”、小微企业等高风险部门，经济衰退时期这些高危弱势企业首当其冲，经济环境的恶化使得银行冒险的成本迅猛上升，银行必须在风险与收益之间做出权衡。为了避免“三农”、小微企业贷款导致的坏账成本超过定向降准货币政策所释放的政策红利，银行对弱势群体的信贷审查将会更趋谨慎，其风险承担水平将有所下降，对整体金融系统与实体经济的风险外溢也更小；反之，在经济繁荣时期，随着资产价格的上升与经济环境的改善，银行对弱势群体的贷款偏好回升，此时定向降准所释放的政策红利以及小微、“三农”企业贷款的收益可弥补银行放贷给小微、“三农”企业贷款所引致的坏账成本。因此，在风险收益权衡机制的作用下，定向降准货币政策引发的系统性风险溢出效应在经济繁荣时期强于经济衰退时期。

三、风险回流机制

金融系统与实体经济系统之间是一个相互联结、密不可分的有机整体。普遍降准提高了商业银行的可贷资金规模，激励银行追逐风险，银行的信贷门槛逐渐放宽，促进了银行的系统性风险外溢，此风险经由信贷市场、金融市场溢出至实体经济部门，激发了企业的风险承担意愿，助推企业风险承担水平的攀升（李力等，2020④）。与此同时，由于银企之间、企业上下游之间金融业务关联密切，信贷约束的缓解激发了企业的冒险动机，

---

① Bloom N.，Floetotto M.，Jaimovich N.，et al. Really uncertain business cycles [J]. *Econometrica*，2018，86 (3)：1031 – 1065.

② Bernanke B. S.，Gertler M.，Gilchrist S. The financial accelerator and the flight to quality [J]. *The Review of Economics and Statistics*，1996，78 (1)：1 – 15.

③ Borio C.，Zhu H. Capital regulation，risk – taking and monetary policy：A missing link in the transmission mechanism? [J]. *Journal of Financial Stability*，2012，8 (4)：236 – 251.

④ 李力、温来成、唐遥等：《货币政策与宏观审慎政策双支柱调控下的地方政府债务风险治理》，载于《经济研究》2020 年第 11 期。

开始逐步提升风险承担水平，企业风险水平的攀升又将进一步通过信贷市场、金融市场回流溢出至银行体系，导致银行体系内的风险积聚，最终将诱发系统性风险回流。因此，风险回流机制进一步放大了普遍降准货币政策所引致的系统性风险。相比之下，定向降准政策优惠的主要目标是“三农”和小微企业，但是在银行趋利避害的心理驱动下，银行主要对具有成长性更高、抵押能力更强、盈利性更佳等特征的优质目标企业提供资金支持，以达到获取定向降准政策红利的同时控制银行坏账风险的目的，因此在定向降准政策下，优质目标企业向银行的风险回流较小。

第四节　研究设计

一、样本选取与数据来源

本书选取A股上市公司2003年1月1日至2019年3月31日的市场交易周数据作为初始研究对象，其中包括30家上市银行、64家非银行金融机构以及3581家非金融上市公司，合计1644324个初始样本观测值，以此计算每家公司对不同系统的风险外溢，而后将其与公司季度报表数据合并，删除缺失或不合理的观测值后，最终得到890个银行观测值与123821个非金融企业观测值。文中微观数据源自国泰安数据库，宏观数据取自Wind数据库。前文研究的两类定向调控货币政策中定向降准对小微企业的信贷扶持效应较好，而支小再贷款的信贷扶持功效不显著，因此本书选取定向降准政策为研究对象，并选取与之传导机制类似的普遍降准政策为参照，研究总量调控与定向调控货币政策对系统性风险的影响差异。定向降准数据根据中国人民银行颁布的定向降准通知公告计算，总量降准数据源自Wind数据库。在稳健性检验中，本书进一步选取银行间7天期债券回购定盘利率（FR007）以及存款类机构间以利率债为质押的7天期回购利率（DR007）度量价格型货币政策，数据源自Wind数据库，所有财务数据按照0.5%水平进行上下缩尾处理。

二、实证模型与变量选择

本书根据信贷市场风险传导的方向将银行向金融系统以及实体经济系统的风险传导定义为系统性风险外溢，将企业向银行系统以及金融系统的风险传导界定为系统性风险回流。在面板回归模型中控制了不随时间变化的个体固定效应和不随个体变化的时间固定效应，可以较为有效地解决遗漏变量的缺陷，缓解由于个体异质性与时间异质性所引发的内生性问题（韦庄禹，2022①）。因此，借鉴 Anginer et al.（2018）② 的研究设计构建如下面板固定效应模型检验定向降准与普遍降准对银行系统性风险外溢的影响差异：

$$Sysrisk_{i,t} = \beta_i + \beta_1 TTE_t + \beta_2 Rate_t + \gamma Controls_{i,t} + \mu_t + \varepsilon_{i,t} \tag{6.4}$$

其中，因变量 *Sysrisk* 表示系统性风险，在本书中包括对银行系统、金融系统以及实体经济系统三个层面的风险溢出，分别用 *Sysbank*、*Sysfinance* 与 *Syseconomy* 度量。*TTE* 是当季定向降准幅度，*Rate* 表示金融机构普遍降准的幅度。本书的实证检验包括两个部分，先是以银行为研究对象，分析不同货币政策下银行对金融系统以及实体经济系统的风险溢出机制；接着再进一步研究部分以非金融上市公司为对象，分析不同货币政策下非金融企业对银行系统以及金融系统的风险回流机制。下面分别进行阐述。

首先选取上市银行为样本，分别研究银行对金融系统风险外溢（因变量为 *Sysfinance*）以及对实体经济系统风险外溢（因变量为 *Syseconomy*）受定向降准政策与普遍降准政策影响的差异。由于本书研究的上市银行 2018 年资产规模达到 158.07 万亿元，占银行业总资产的 58.93%，对银行业具有一定的代表性。当选取金融系统性风险 *Sysfinance* 作为因变量时，β_1 表示银行向金融系统的风险外溢受定向降准的影响程度，β_2 表示银行对金融系统的风险外溢受普遍降准的影响程度；当采用实体经济系统性风险 *Syseconomy* 作为因变量时，β_1 表示定向降准对银行向实体经济风险外溢程度的影响系数，β_2 表示普遍降准对银行向实体经济风险溢出的影响系数。控制变量 *Controls* 包括如下变量：所有权比例（*Capital*）、资产规模（*Logasset*）、市净率（*Mb*）、资产收益率（*Roa*）、流动性（*Liquidity*）、成长性（*Growth*）、托宾 *q* 值（*Tobinq*）、企业年龄（*Age*）以及宏观经济状况（*Gdpgrowth*）。

其次研究普遍降准与定向降准政策在不同周期下对系统性风险冲击的非对称效应。在货币政策的风险承担渠道下，银行、企业等经济主体在不同周期下的风险态度是不同的（Borio & Zhu，2012③）。为了研究定向降

---

① 韦庄禹：《数字经济发展对制造业企业资源配置效率的影响研究》，载于《数量经济技术经济研究》2022 年第 3 期。

② Anginer D.，Demirgüç – Kunt A.，Mare D. S. Bank capital，institutional environment and systemic stability［J］. *Journal of Financial Stability*，2018，37（3）：97 – 106.

③ Borio C.，Zhu H. Capital regulation，risk – taking and monetary policy：A missing link in the transmission mechanism?［J］. *Journal of Financial Stability*，2012，8（4）：236 – 251.

准政策与普遍降准政策在经济衰退时期是否加速经济主体的风险外溢，扩大了周期的波动，本书在式（6.4）的基础上进一步研究定向降准与普遍降准在不同经济周期下对银行系统性风险的溢出效应差异，构建如下模型：

$$Sysrisk_{i,t} = \varphi_i + \varphi_1 TTE_t + \varphi_2 Rate_t + \varphi_3 TTE_t \times Cycle_t + \varphi_4 Rate_t \times Cycle_{i,t} + \gamma Controls_{i,t} + \mu_t + \varepsilon_{i,t} \quad (6.5)$$

其中，*Cycle* 表示经济周期，本书沿用多数文献的做法，使用 HP 滤波测度 t 时期 GDP 环比增长率对其长期趋势的偏离，偏离值为负说明宏观经济处于衰退周期，*Cycle* 取 1；偏离值为正说明宏观经济处于繁荣周期，*Cycle* 取 0。倘若货币政策与经济周期的交乘项系数 φ_3 或者 φ_4 显著大于零，则表明该类货币政策在经济衰退时期的风险溢出效应更明显。

式（6.4）、式（6.5）均控制了银行层面的固定效应（分别是 β_i，φ_i）、年份与季度的时间固定效应 μ_t。为了剔除银行层面聚类效应导致的偏差，考虑了银行层面的聚类稳健标准差。具体变量定义见表 6 - 1。

表 6 - 1　　主要变量定义

变量符号	变量名称	变量定义
Sysfinance	银行向金融系统的风险外溢	银行对金融系统性风险的贡献 $\Delta Covar$
Syseconomy	银行向实体经济的风险外溢	银行对实体经济系统性风险的贡献 $\Delta Covar$
TTE	定向降准	当季央行颁布的定向降准幅度（%）
Rate	普遍降准	大型金融机构存款准备金率的下降幅度（%）
Capital	所有权比例	所有者权益占总资产的比重
Logasset	资产规模	Log(总资产)
Mb	市净率	每股市价/每股净资产
Roa	资产收益率	净利润/总资产
Liquidity	流动性	流动资产/总资产
Growth	成长性	(当季度资产 - 上一季度资产)/上一季度资产
Q	托宾 q 值	(股票市值 + 负债账面值)/资产账面值
Age	企业年龄	Log(1 + 成立年限)
Cycle	经济周期	衰退期取 1，繁荣期取 0
Prosperity	宏观经济景气指数	衰退期取 1，繁荣期取 0
Gdpgrowth	宏观经济状况	剔除季节波动后的 GDP 环比增长率

第五节　实证检验结果

一、总量与定向调控货币政策对银行系统性风险外溢的影响差异检验

本书采用全体银行数据研究不同货币政策下银行对金融系统性风险的外溢效应，结果如表6-2列（1）所示。定向降准（*TTE*）对银行金融系统性风险（*Sysfinance*）的冲击系数为0.0324，在1%的水平上显著为正，这表明定向降准会导致银行对金融系统的风险外溢。将此系数与普遍降准（*Rate*）的风险传导系数相比较发现，普遍降准政策实施之后也会增加银行对金融系统的风险外溢，而且普遍降准的风险传导系数在1%的水平上显著为正，取值为0.0633，其接近定向降准风险传导系数的两倍，这说明定向降准对金融系统的风险冲击小于普遍降准。将因变量替换为实体经济的系统性风险（*Syseconomy*）代入式（6.4）研究定向降准政策实施之后银行对实体经济系统性风险的外溢，实证检验结果如表6-2列（2）所示，定向降准（*TTE*）的系数为0.0553，普遍降准（*Rate*）的系数为0.1080，两者都在1%的显著性水平上显著。不论是总量宽松还是定向宽松货币政策都会增加银行对实体经济系统的风险外溢，但是从风险冲击的幅度来看定向降准对实体经济系统的风险冲击远不及普遍降准带来的冲击强。这可能是因为在收益追逐机制作用下，不论是普遍降准政策还是定向降准政策都能够向金融系统释放流动性，此时银行更有可能降低信贷门槛，由于受到利润最大化目标的驱使，银行的收益追逐动机更加强烈，会选择更多高风险且高收益的企业进行贷款，由此引致银行对金融系统性风险的溢出效应。并且在银行宽松的信贷审批条件下，企业风险承担意愿增强，企业风险承担水平也随之提高，因而这两种货币政策都对实体经济产生了系统性风险外溢。但由于政策覆盖范围、使用规模存在差异，定向降准政策的系统性风险溢出效应弱于普遍降准政策的系统性风险溢出效应。

表6-2　定向降准与普遍降准政策对银行系统性风险外溢的影响差异检验

变量	(1) 上市银行 *Sysfinance*	(2) 上市银行 *Syseconomy*
TTE	0.0324*** (0.0022)	0.0553*** (0.0038)

续表

变量	(1) 上市银行 *Sysfinance*	(2) 上市银行 *Syseconomy*
Rate	0. 0633 *** (0. 0048)	0. 1080 *** (0. 0082)
Capital	0. 0714 (0. 4176)	0. 1218 (0. 7124)
Logasset	0. 0058 (0. 0073)	0. 0099 (0. 0124)
Mb	-0. 0094 * (0. 0051)	-0. 0160 * (0. 0086)
Roa	21. 4503 *** (6. 6417)	36. 5949 *** (11. 3310)
Liquidity	0. 1041 (0. 0685)	0. 1776 (0. 1168)
Growth	0. 1301 * (0. 0743)	0. 2219 * (0. 1267)
Q	-0. 0614 (0. 0978)	-0. 1048 (0. 1668)
Age	-0. 0104 (0. 0127)	-0. 0177 (0. 0217)
Gdpgrowth	0. 7868 *** (0. 0268)	1. 3423 *** (0. 0457)
企业固定效应	控制	控制
时间效应	控制	控制
Cons	1. 5604 *** (0. 1804)	2. 6621 *** (0. 3078)
N	890	890
Adj. R^2	0. 719	0. 719

注：括号内为 *t* 值；* 代表 *p* 值 <0. 1， ** 代表 *p* 值 <0. 05， *** 代表 *p* 值 <0. 01。

二、宏观经济周期对货币政策系统性风险溢出机制的影响

为了从宏观环境层面分析两类政策的传导机制差异，本书将定向降

准、普遍降准分别与经济周期系数交乘，分析不同经济周期下银行的系统性风险受不同货币政策的影响差异。表6-3列（1）与列（2）中，*Rate* × *Cycle* 的系数都在1%的显著性水平上显著，取值分别为0.1325和0.2261，这都表明相对于经济繁荣期，普遍降准政策在经济衰退期对金融系统以及实体经济系统的风险外溢效应更强，这与货币政策的风险承担渠道有一定关系，经济衰退时期银行的风险承担水平上升，普遍降准政策通过银行的风险承担渠道进一步放大了风险，导致银行风险的外溢。而定向降准政策则相反，*TTE* × *Cycle* 的系数都在1%的显著性水平上显著，取值分别为-0.3821和-0.6519，这都表明其在经济衰退期产生的系统性风险的外溢效应弱于经济繁荣期，这与定向降准政策的目标对象有一定的关系。定向降准政策主要指向农业、小微企业等高危贷款对象，在经济衰退期，倘若银行再进一步放宽对农业贷款的信贷审核标准，很可能导致获取的降准收益无法弥补坏账损失的成本，金融机构得不偿失，因此在风险收益权衡机制下，推出定向降准有助于缓解高危银行在衰退期的资金压力，抑制其向金融系统与实体经济系统的风险外溢，因此不仅不会提升系统性风险，反而会对系统性风险起到显著的抑制作用。

为了进一步验证此结论的稳健性，本书根据人民银行公布的宏观经济景气指数界定经济繁荣期与经济衰退期。使用HP滤波测度宏观经济景气指数偏离该指数长期趋势的程度，偏离值为负说明宏观经济处于衰退周期，*Prosperity* 取1；偏离值为正说明宏观经济处于繁荣周期，*Prosperity* 取0。将其与定向降准以及普遍降准分别交乘，结果如表6-3列（3）与列（4）所示。*Rate* × *Propensity* 的系数分别为0.1113和0.1900，都在1%的显著性水平上显著。*TTE* × *Propensity* 的系数同样都在1%的显著性水平上显著，取值分别为-0.1623和-0.2769。实证结果依然表明，在经济衰退时期，定向降准会对冲银行向金融系统与实体经济系统的风险外溢，而普遍降准会加强银行对金融系统与实体经济系统的风险外溢。究其原因可能是定向降准政策的扶持对象限定在“三农”和小微企业之中，当经济处于衰退期时，银行对上述两类企业提供贷款的成本以及贷款收益之间进行权衡，为避免信贷违约带来的高昂成本，银行更有可能选择抬高信贷门槛，严格进行贷款审批。因此，在经济衰退时期，定向降准政策较难引起显著的系统性风险溢出效应。而经济衰退时期实施普遍降准政策会有效地促使银行形成对风险的乐观预期，趋于宽松的融资环境也会缓解银行的风险厌恶情绪，提高风险容忍度，进而更加积极地提高风险承担水平，银行风险偏好上升引发了更大规模的系统性风险外溢，因此在经济衰退时期，普遍降准政策的系统性风险溢出效应更强。

表 6－3　　经济周期对两类货币政策风险溢出机制的影响

变量	(1) *Sysfinance*	(2) *Syseconomy*	(3) *Sysfinance*	(4) *Syseconomy*
TTE × *Cycle*	－0. 3821 *** (0. 0237)	－0. 6519 *** (0. 0405)		
Rate × *Cycle*	0. 1325 *** (0. 0075)	0. 2261 *** (0. 0128)		
Cycle	0. 0783 *** (0. 0143)	0. 1336 *** (0. 0244)		
Rate	0. 0456 *** (0. 0054)	0. 0778 *** (0. 0092)	0. 0539 *** (0. 0059)	0. 0919 *** (0. 0100)
TTE	0. 0684 *** (0. 0031)	0. 1166 *** (0. 0052)	0. 0699 *** (0. 0046)	0. 1193 *** (0. 0078)
TTE × *Propensity*			－0. 1623 *** (0. 0086)	－0. 2769 *** (0. 0147)
Rate × *Propensity*			0. 1113 *** (0. 0116)	0. 1900 *** (0. 0198)
Propensity			－0. 0826 *** (0. 0056)	－0. 1410 *** (0. 0095)
Liquidity	0. 0457 (0. 0532)	0. 0780 (0. 0908)	0. 1025 (0. 0637)	0. 1748 (0. 1086)
Capital	－0. 1999 (0. 3904)	－0. 3410 (0. 6661)	0. 2074 (0. 4100)	0. 3539 (0. 6996)
Logasset	0. 0036 (0. 0070)	0. 0062 (0. 0119)	0. 0067 (0. 0079)	0. 0114 (0. 0135)
Mb	－0. 0066 (0. 0045)	－0. 0113 (0. 0076)	－0. 0116 ** (0. 0048)	－0. 0198 ** (0. 0082)
Roa	26. 4392 *** (4. 2768)	45. 1061 *** (7. 2963)	22. 9740 *** (5. 2977)	39. 1944 *** (9. 0380)
Growth	0. 1355 (0. 0947)	0. 2312 (0. 1615)	0. 1644 * (0. 0957)	0. 2805 * (0. 1633)

续表

变量	(1) *Sysfinance*	(2) *Syseconomy*	(3) *Sysfinance*	(4) *Syseconomy*
Q	-0.1242 (0.0933)	-0.2118 (0.1591)	-0.1011 (0.0923)	-0.1725 (0.1575)
Age	-0.0118 (0.0110)	-0.0202 (0.0187)	-0.0113 (0.0134)	-0.0193 (0.0229)
Gdpgrowth	0.8230*** (0.0606)	1.4040*** (0.1033)	0.7451*** (0.0300)	1.2711*** (0.0512)
企业固定效应	控制	控制	控制	控制
时间效应	控制	控制	控制	控制
Cons	1.6398*** (0.1722)	2.7976*** (0.2938)	1.5643*** (0.2094)	2.6687*** (0.3572)
N	890	890	890	890
Adj. R^2	0.752	0.752	0.741	0.741

注：括号内为 *t* 值；* 代表 *p* 值<0.1，** 代表 *p* 值<0.05，*** 代表 *p* 值<0.01。

第六节　稳健性检验

在本章主检验中选取数量型的总量调控与定向调控货币政策对比两类货币政策系统性风险溢出效应的差异。货币政策工具除了数量型还有价格型，为此在稳健性检验中首先选取银行间 7 天期债券回购定盘利率（*FR*007）的加权平均值作为价格型总量性货币政策代理变量，*FR*007 越小说明总量性货币政策越宽松。一年期银行存款利率与支小再贷款利率的差额（*Relend*）作为价格型定向调控货币政策的代理变量，*Relend* 越大说明定向调控货币政策越宽松。分析两类货币政策对银行系统性风险外溢的影响差异，结果如表 6-4 列（1）所示。*FR*007 的系数为 -0.1140，*Relend* 的系数为 0.0569，两者都在 1% 的显著性水平上显著，而且价格型总量性货币政策 *FR*007 的系数绝对值超过价格型定向调控货币政策 *Relend* 的两倍，表明价格型总量性货币政策下银行对金融系统的风险冲击远大于价格型定向调控货币政策。这与主检验结论一致，表明检验结果具有稳健性。

表 6－4　价格型总量调控与定向调控货币政策的系统性风险溢出效应检验

变量	(1) *Sysfinance*	(2) *Sysfinance*	(3) *Syseconomy*	(4) *Syseconomy*
*FR*007	−0.1140*** (0.0048)		−0.1944*** (0.0082)	
*DR*007		−0.1079*** (0.0041)		−0.1841*** (0.0070)
Relend	0.0569*** (0.0086)	0.0541*** (0.0084)	0.0971*** (0.0146)	0.0923*** (0.0143)
Capital	0.2539 (0.5493)	0.3135 (0.5517)	0.4331 (0.9371)	0.5349 (0.9411)
Logasset	0.0027 (0.0101)	0.0037 (0.0101)	0.0046 (0.0172)	0.0062 (0.0172)
Mb	−0.0164** (0.0067)	−0.0159** (0.0066)	−0.0279** (0.0114)	−0.0271** (0.0113)
Roa	10.0667 (9.2209)	10.1872 (9.1843)	17.1741 (15.7312)	17.3796 (15.6688)
Liquidity	0.1322** (0.0524)	0.1342** (0.0550)	0.2255** (0.0894)	0.2289** (0.0938)
Assetgrowth	0.1159 (0.0864)	0.1226 (0.0868)	0.1977 (0.1474)	0.2091 (0.1482)
Tobinq	−0.2847** (0.1300)	−0.2714** (0.1296)	−0.4857** (0.2218)	−0.4629** (0.2211)
Age	−0.0083 (0.0109)	−0.0070 (0.0107)	−0.0141 (0.0186)	−0.0119 (0.0183)
Gdpgrowth	0.3739*** (0.0294)	0.4011*** (0.0311)	0.6379*** (0.0501)	0.6843*** (0.0531)
Cons	1.9810*** (0.3162)	1.9274*** (0.3103)	3.3797*** (0.5395)	3.2883*** (0.5294)
N	890	890	890	890
Adj. R^2	0.720	0.718	0.720	0.718

注：括号内为 t 值；* 代表 p 值 <0.1，** 代表 p 值 <0.05，*** 代表 p 值 <0.01。

其次将总量性货币政策代理变量替换为存款类机构间以利率债为质押的7天回购利率加权平均值（*DR*007），估计结果如表6-4列（2）所示，*DR*007的系数为-0.1079，*Relend*的系数为0.0541，两者都在1%的显著性水平上显著，而且价格型总量性货币政策*DR*007的系数绝对值接近价格型结构性货币政策*Relend*的两倍，表明价格型总量性货币政策对银行系统的风险冲击强于价格型结构性货币政策对银行系统的风险冲击。

最后将因变量替换为实体经济的系统性风险（*Syseconomy*）研究价格型宽松货币政策实施之后银行对实体经济系统性风险的外溢，实证检验结果如表6-4列（3）和列（4）所示，列（3）*FR*007的系数为-0.1944，*Relend*的系数为0.0971，都在1%的显著性水平上显著，列（4）*DR*007的系数为-0.1841，*Relend*的系数为0.0923，都在1%的显著性水平上显著，实证结果表明价格型总量性货币政策下银行对实体经济的系统性风险外溢超过价格型结构性货币政策。原因可能是定向调控货币政策覆盖的银行范围不如总量调控货币政策广，在风险收益权衡机制的作用下，银行通常选择贷款给低风险的小微企业以避免风险损失成本超过支小再贷款政策带来的利率优惠，高风险的小微企业较难获得银行贷款，因此定向宽松货币政策下银行对实体经济系统的风险溢出效应弱于总量宽松货币政策。

第七节　进一步研究：不同货币政策下的系统性风险回流

上述研究以银行为对象，分析定向降准与普遍降准对银行系统性风险的传导机制与外溢效应。宽松货币政策产生的风险除了可以通过银行传播至金融系统与实体经济系统，还可以通过非金融企业反向回流至银行系统。为此选取非金融上市公司数据研究两类货币政策下企业对银行系统性风险的回流机制，结果如表6-5列（1）所示。定向降准（*TTE*）的系数为0.0238，在1%的显著性水平上显著，普遍降准（*Rate*）的系数为0.0581，也在1%的显著性水平上显著。实证结果表明在定向降准政策颁布后，企业向银行系统的风险回流效应远小于普遍降准政策之下企业向银行系统的风险回流效应。原因可能在于定向降准政策所释放的信贷资金更有可能流向发展迅速、业绩更好的优质小微企业，而这些企业相对而言发展更为稳定且风险承担意愿更弱，在获得信贷支持后不会盲目投资，风险承担水平也不会出现显著提高，因此相比于普遍降准政策，定向降准政策较难引发由企业向银行系统的风险回流。表6-5列（2）检验了不同经济周期下货币政策对系统性风险回流的影响，*Rate* × *Cycle* 的系数在1%的显著性水平上显著为正，取值为0.1159，结果表明普遍降准政策放大了衰退时期非金融企业向银行的系统性风险回流，而 *TTE* × *Cycle* 的系数在1%的显著性水平上显著为负，取值为-0.3299，表明定向降准政策削弱了非金融企业向银行的系统性风险回流，减小了系统性风险的周期性波动幅度。这可能是因为在经济下行时，银行盈利能力受到冲击，银行的风险规避意愿逐渐增强，由于定向降准政策相较于普遍降准政策而言，贷款约束条件更多、政策监管更严，银行为了平衡定向降准政策红利和高风险企业信贷供给成本之间的风险与收益，通常会在发放贷款时更加谨慎，并且对企业经营状况以及信用资质的审查会更加严格。在银行信贷资金的支持下与有效的风险监控下，企业风险承担动机受到抑制，违约破产的概率有所降低，进而使得企业不仅没有加剧对银行的系统性风险冲击，反而降低了对银行的系统性风险回流。

表6-5　　两类货币政策对企业系统性风险回流的影响

变量	(1) 非金融企业 *Sysbank*	(2) 非金融企业 *Sysbank*
TTE	0.0238*** (0.0003)	0.0485*** (0.0003)
Rate	0.0581*** (0.0005)	0.0407*** (0.0003)
TTE × *Cycle*		-0.3299*** (0.0031)
Rate × *Cycle*		0.1159*** (0.0009)
Cycle		0.0787*** (0.0013)
Capital	-0.0087*** (0.0019)	-0.0110*** (0.0018)
Logasset	-0.0096*** (0.0005)	-0.0111*** (0.0005)
Mb	-0.0002* (0.0001)	-0.0003*** (0.0001)

续表

变量	(1) 非金融企业 *Sysbank*	(2) 非金融企业 *Sysbank*
Roa	-0.0033 (0.0135)	0.0034 (0.0136)
Growth	-0.0084 *** (0.0025)	-0.0040 * (0.0023)
Q	-0.0069 *** (0.0004)	-0.0077 *** (0.0004)
Age	-0.0069 *** (0.0013)	-0.0043 *** (0.0014)
Gdpgrowth	0.6711 *** (0.0066)	0.7172 *** (0.0078)
企业固定效应	控制	控制
时间效应	控制	控制
Cons	1.5337 *** (0.0107)	1.5011 *** (0.0103)
N	123821	123821
Adj. R^2	0.696	0.733

注：括号内为 *t* 值；* 代表 p 值 <0.1，** 代表 p 值 <0.05，*** 代表 p 值 <0.01。

第八节　主要结论与启示

货币政策风险承担渠道理论自次贷危机以来得到了广泛深入的研究，该理论关注的焦点在于总量调控货币政策对银行微观主体的风险传导效应，却未将总量调控与定向调控货币政策置于统一的框架深入研究不同货币政策对系统性风险的外溢机制与传导效应。根据上一章的结论，两类定向调控货币政策中定向降准政策的微观风险传导效应较强，而支小再贷款政策的风险传导效果不显著，本章选取定向降准政策以及与其传导机制类似的普遍降准政策为对象，比较定向调控与总量调控货币政策在系统性风险溢出效应上的差异，结果发现定向宽松货币政策下系统性风险外溢与风险回流的程度远不及总量宽松货币政策。在经济衰退期普遍降准加剧了系统性风险溢出效应，而定向降准则对系统性风险外溢具有一定的缓冲作用。

基于上述结论，得出如下启示：从系统性风险外溢的角度来看，定向调控货币政策对系统的风险冲击较小，政策颁布后不论是对银行系统、金融系统还是实体经济系统的风险外溢均小于总量调控货币政策，尤其是经济衰退时期，逆风而行的定向调控有助于避免总量宽松下风险的螺旋上升，对维护金融系统乃至宏观经济系统的稳定性起到了重要的作用。

从系统性风险回流的角度来看，定向调控货币政策能够引导信贷资金流向成长性较高、抵押能力较强、盈利性表现较好的优质小微企业，而此类企业通常信贷风险不高，银行向其贷款的过程中坏账损失的概率较低，因此在定向调控货币政策下企业向银行系统的风险回流效应较小，既有利于缓解企业违约风险在银行系统、金融系统之间的传染与外溢，也有利于防止风险同频共振所诱发的系统性风险。

此外，筑牢银行与企业之间的风险“防火墙”有助于从源头上防范系统性风险的溢出与回流。金融监管部门须借助区块链、大数据、云计算等金融科技工具，对经济系统和金融系统中的经营主体进行穿透式的智慧监管。金融监管部门应搭建区块链风险预警平台促进银行和企业数据整合上链，充分发挥区块链技术可追溯、防篡改的优势，有效监控各类金融机构的风险联动，对市场中的过度风险承担予以精准预警与有效监督。在金融科技赋能下金融监管部门能够及时地阻断微观风险的外溢与回流，降低宽松货币政策下微观风险承担向宏观系统性风险升级的概率，从而为宏观经济的平稳发展保驾护航。

第七章　结论、启示与展望

第一节　主要结论

本书通过理论建模与实证检验相结合的方式研究总量调控与定向调控货币政策的风险传导效应，得出如下主要结论：

（1）总量调控货币政策通过信贷传导渠道对企业风险承担水平产生影响：宽松货币政策会促进企业的风险承担，紧缩货币政策会抑制企业的风险承担。

（2）总量调控货币政策对企业的风险传导具有差异性，具体表现为：

①不同货币政策对企业的风险传导效应存在差异。

首先，宽松货币政策环境下货币政策对企业的风险传导效应强于紧缩货币政策环境下货币政策对企业的风险传导效应。

其次，价格型货币政策工具对企业的风险传导效应强于数量型货币政策工具对企业的风险传导效应。

②货币政策对不同企业的风险传导效应存在差异。

首先，货币政策对不同时期企业的风险传导效应存在差异：经济衰退时期货币政策对企业的风险传导效应强于经济繁荣时期货币政策对企业的风险传导效应。

其次，货币政策对不同区域企业的风险传导效应存在差异：货币政策对处于经济发达区域企业的风险传导效应强于经济欠发达区域企业的风险传导效应。

再次，货币政策对不同行业企业的风险传导效应存在差异：货币政策对处于行业衰退时期企业的风险传导效应强于货币政策对处于行业繁荣时期企业的风险传导效应。

最后，货币政策对不同特性企业的风险传导效应存在差异：货币政策对小企业的风险传导效应强于对大企业的风险传导效应；对高成长企业的风险传导效应强于对低成长企业的风险传导效应。

（3）定向调控货币政策中以扶持小微企业发展为直接政策目标的主要有定向降准政策与支小再贷款政策，从货币政策类型、小微企业类型以及银行类型考察定向调控货币政策信贷调控的精准性，结果发现：定向降准货币政策对小微企业的信贷扶持效应较明显，信贷调控精准性较高；而支小再贷款政策难以对小微企业精准释放政策红利。从企业层面来看，定向降准政策实施之后有助于促进银行将信贷资源向成长性较高、抵押能力较强、盈利性表现较好的小微企业倾斜，而成长性较差、抵押能力受限和盈利性较弱的小微企业依旧难以获得银行的信贷青睐。从银行层面考察定向调控货币政策的精准性，结果发现定向降准政策的实施有效激励了股份制商业银行和城市商业银行对小微企业的信贷投放，而支小再贷款政策对小微企业的信贷传导渠道受阻，对小微的信贷扶持效果不佳。

（4）从微观风险维度比较不同货币政策的传导效应差异，结果发现总量调控货币政策会加速小微企业风险承担，而定向调控货币政策中的定向降准政策对小微企业风险承担具有显著的缓解效应，支小再贷款政策在缓解小微企业风险方面难以与定向降准政策媲美。从宏观政策组合调控效果来看，总量调控货币政策与定向调控货币政策的搭配组合会弱化定向调控货币政策对小微企业的风险缓解效应。从中观行业层面的异质性来看，定向降准政策对高盈利行业的小微企业风险缓解效应高于低盈利性行业的小微企业。从微观企业层面的异质性来看，在定向降准政策实施后国有小微企业风险承担水平的下降幅度较之非国有企业更显著。

（5）从系统性风险角度比较两类货币政策的传导效应，结果发现定向调控货币政策下银行向实体经济的系统性风险外溢以及企业向银行的系统性风险回流程度远不及总量调控货币政策。在经济衰退时期普遍降准加剧了系统性风险溢出效应，而定向降准则对系统性风险外溢具有一定的缓冲作用。

第二节　政 策 启 示

由于统一货币政策难以兼顾不同企业的风险承受能力，需要中央银行、财政部门、商业银行以及企业共同构建四位一体的风险管理体系，避免货币政策引发微观企业风险取向趋同而升级为宏观系统性风险。

首先从中央银行角度出发，应高度警惕总量调控货币政策带来的风险加速效应。从宏观层面来看，总量调控货币政策在经济衰退时期具有较强的风险加速作用，从中观层面来看，总量调控货币政策对处于行业衰退时期企业的风险传导效应较强，从微观层面来看，总量调控货币政策对高风险企业（小规模、非国有或者高成长企业）的风险传导效应更加显著，倘若宏观、中观、微观三个层面的风险互相叠加，对系统性风险的冲击不容小觑。相比较而言，定向调控货币政策具有风险缓解效应，对系统性风险的冲击不如总量调控货币政策，尤其在风险积聚的经济衰退期，实施定向降准政策有助于避免总量宽松所致的风险升级。因此从风险维度考察，定向调控货币政策对维护金融与经济系统的稳定性起到了积极的作用。货币政策制定者应充分发挥不同货币政策调控的优势，在总量调控货币政策难以奏效的时期或者领域，采用“精准灌溉”的定向宽松货币政策，巧妙解决总量调控货币政策下促增长与控风险的两难困境，为经济的高质量发展打下坚实的基础。

其次从财政部门角度，一方面应出台与货币政策协调配合的财政政策，对总量调控货币政策风险敏感性强但符合国家发展战略和产业发展规划方向的小企业、非国有企业以及高成长企业给予财政补贴，为其发展提供动力支持，促进财政政策与货币政策的协同发力；另一方面可将中央银行宏观审慎管理的理念融入会计准则的制定中，要求企业在经济繁荣时提取更高的资产减值准备作为缓冲，以备经济衰退时使用这些缓冲来吸收损失，使企业在宏观审慎理念指引的会计准则框架下更主动采取逆周期的风险管理行动，避免系统风险的爆发。

再次从商业银行角度，总量调控与定向调控货币政策都是通过银行信贷渠道影响企业风险承担，因此商业银行在风险传导的过程中发挥着重要的中介作用。在总量宽松的货币政策下，商业银行不能因为流动性充裕而放松警惕，应加强对企业的贷前风险审查与贷后风险监控，避免系统性风险的爆发。对于获得定向调控政策优惠的银行应加强风险管理体系建设，健全信贷风险的定价与评估机制，权衡定向降准后流动性增加与贷款风险加大的成本与收益，避免为了追求收益引发风险的过度承担威胁至金融与实体经济系统的安全。

最后从小微企业角度来看，总量宽松货币政策引发高风险企业的风险加速效应，增加了经济系统的脆弱性；即使在定向宽松货币政策下，成长性较差、抵押能力受限和盈利性较弱的小微企业依旧难以获得银行的信贷青睐。倘若弱势企业的风险通过供应链系统传递至上下游企业甚至金融体系，很可能引发宏观经济的“蝴蝶效应”。因此，一方面，应从微观审慎角度构建与总量调控货币政策相协调的企业风险管理体系，在经济衰退时降低企业的风险偏好与风险容忍度，将宏观经济与政策的不确定性纳入企业风险识别与评估的范畴，设计与货币政策相协调的风险管理策略，以应对宏观环境不确定性的风险。对于货币政策风险敏感性较强的小微企业，在投资区域选择上应尽量选择投资风险较低的地区投资，以避免区域风险与企业风险的叠加共振。另一方面，定向调控货币政策不宜长久持续实施，该政策只是在经济结构调整初期人民银行为了引导信贷资金流向经济薄弱环节而颁布的激励政策，目标是通过政策磁力场发挥“四两拨千斤”的作用，带动市场中无数“看不见的手”共同推动小微企业的发展。而小微企业振兴最重要的原动力还得靠内生机制的发展，小微企业应抓住定向调控政策扶持的契机，提高自身的抗风险能力，通过内生发力实现可持续健康发展。

第三节　研究展望

第一，本书主要从风险维度分析总量调控与定向调控货币政策的传导效应，从金融与经济体系的安全稳定角度出发提出相应的政策建议。但是经济增长、物价稳定、充分就业、国际收支平衡等也是货币政策的目标，因篇幅有限尚未涉及。货币政策的正确选择须建立在多重目标权衡的基础之上，后续可围绕上述货币政策目标探讨总量调控与定向调控货币政策在不同目标实现过程中的优势与不足，研究多目标约束下的最优货币政策及其组合的选择问题。

第二，定向降准与支小再贷款是以扶持小微企业为直接目标的定向调控货币政策，因此本书以定向降准与支小再贷款为研究对象，分析二者对小微企业信贷传导渠道的顺畅性。2021 年以后定向调控货币政策的辐射范围不断扩大，人民银行将定向调控货币政策的目标体系从普惠金融向绿色发展、科技创新方向拓展，陆续创设了碳减排支持工具、支持煤炭清洁高效利用专项再贷款、科技创新再贷款等定向调控政策工具，此类政策工具由于推行时间较短，研究样本数据不足，难以开展深入的研究。未来可沿着上述方向研究定向调控货币政策在绿色发展、科技创新方面的调控功效，从而使得定向调控货币政策的研究更加完整。

第三，本书主要以微观企业为主要研究对象，探讨总量调控与定向调控货币政策风险传导的宏微观效应。微观经济主体除了企业还有个人，货币政策对个人、家庭是否也具有风险传导微观效应，不同特性的个人、家庭对货币政策的风险敏感性是否相同，总量调控与定向调控货币政策对个体的风险传导是否存在差异，这些问题尚待深入研究。

参考文献

[1] Bernanke B. S., Gertler M. Inside the black box: the credit channel of monetary policy transmission [J]. *Journal of Economic Perspectives*, 1995, 9 (4): 27-48.

[2] Bernanke B. S., Gertler M., Gilchrist S. The financial accelerator and the flight to quality [J]. *The Review of Economics and Statistics*, 1996, 78 (1): 1-15.

[3] Mishkin F. S. Is Monetary policy effective during financial crises? [J]. *The American Economic Review*, 2009, 99 (2): 573-577.

[4] Kapetanios G., Mumtaz H., Stevens I., et al. Assessing the Economy-wide Effects of Quantitative Easing [J]. *The Economic Journal*, 2012, 122 (564): 316-347.

[5] Joyce M., Miles D., Scott A., et al. Quantitative easing and unconventional monetary policy—an introduction [J]. *The Economic Journal*, 2012, 122 (564): 271-288.

[6] Taylor J. B. The financial crisis and the policy responses: An empirical analysis of what went wrong [R]. NBER Working Paper, No. 14631, 2009.

[7] Borio C., Zhu H. Capital regulation, risk-taking and monetary policy: a missing link in the transmission mechanism? [R]. BIS Working Paper, 2008.

[8] Valencia F. Monetary policy, bank leverage, and financial stability [R]. IMF Working Papers, 2011.

[9] Jiménez G., Ongena S., Peydró J. L., et al. Hazardous times for monetary policy: What do twenty-three million bank loans say about the effects of monetary policy on credit risk-taking? [J]. *Econometrica*, 2014, 82 (2): 463-505.

[10] Paligorova T., Santos J. A. C. Monetary policy and bank risk-taking: Evidence from the corporate loan market [J]. *Journal of Financial Intermediation*, 2017, 30: 35-49.

[11] Adrian T., Estrella A., Shin H. S. Risk-taking channel of monetary policy [J]. *Financial Management*, 2019, 48 (3): 725-738.

[12] 于一、何维达：《货币政策、信贷质量与银行风险偏好的实证检验》，载于《国际金融研究》2011 年第 12 期。

[13] 张雪兰、何德旭：《货币政策立场与银行风险承担——基于中国银行业的实证研究（2000—2010）》，载于《经济研究》2012 年第 5 期。

[14] 金鹏辉、张翔、高峰：《货币政策对银行风险承担的影响——基于银行业整体的研究》，载于《金融研究》2014 年第 2 期。

[15] 李华威：《银行资本与货币政策风险承担渠道：理论模型与中国实证研究》，载于《金融经济学研究》2014 年第 3 期。

[16] 权飞过、王晓芳、刘柳：《银行表外业务、货币政策传导与银行风险承担》，载于《财经论丛》2018 年第 8 期。

[17] 刘生福、杨兴哲、韩雍：《利率市场化、货币政策与银行风险承担》，载于《经济经纬》2018 年第 4 期。

[18] 郭田勇、杨帆、李丹：《基于 DSGE 模型的货币政策对银行风险承担影响研究——兼论货币政策的应对》，载于《经济理论与经济管理》2018 年第 9 期。

[19] 江曙霞、陈玉婵：《货币政策、银行资本与风险承担》，载于《金融研究》2012 年第 4 期。

[20] Jiménez G., Ongena S. Credit supply and monetary policy: Identifying the bank balance-sheet channel with loan applications [J]. *The American Economic Review*, 2012, 102 (5): 2301-2326.

[21] Gertler M., Gilchrist S. Monetary policy, business cycles, and the behavior of small manufacturing firms [J]. *The Quarterly Journal of Economics*, 1994, 109 (2).

[22] 肖争艳、郭豫媚、潘璐：《企业规模与货币政策的非对称效应》，载于《经济理论与经济管理》2013 年第 9 期。

[23] De Haan L, Sterken E. The impact of monetary policy on the financing behaviour of firms in the Euro area and the UK [J]. *The European Journal of Finance*, 2006, 12 (5): 401-420.

[24] Leary M. T. Bank loan supply, lender choice, and corporate capital

structure [J]. *The Journal of Finance*, 2009, 64 (3): 1143 - 1185.

[25] 杨兴全、尹兴强:《谁受到了货币政策的有效调控?——基于上市公司投资行为的研究》,载于《会计研究》2017 年第 4 期。

[26] 汪勇、马新彬、周俊仰:《货币政策与异质性企业杠杆率——基于纵向产业结构的视角》,载于《金融研究》2018 年第 5 期。

[27] 何运信、贾富成、耿中元:《货币政策冲击、银行风险承担与企业研发创新》,载于《财经论丛》2020 年第 2 期。

[28] 张超、刘星、田梦可:《货币政策传导渠道、宏观经济增长与企业投资效率》,载于《当代财经》2015 年第 8 期。

[29] 郭平:《经济周期波动中的货币政策效力变动——基于 39 个工业行业数据的实证研究》,载于《上海金融》2015 年第 2 期。

[30] 叶康涛、祝继高:《银根紧缩与信贷资源配置》,载于《管理世界》2009 年第 1 期。

[31] 饶品贵、姜国华:《货币政策对银行信贷与商业信用互动关系影响研究》,载于《经济研究》2013 年第 1 期。

[32] 楚有为:《公司战略与银行借款融资》,载于《上海金融》2020 年第 6 期。

[33] 张成思、孙宇辰、阮睿:《宏观经济感知、货币政策与微观企业投融资行为》,载于《经济研究》2021 年第 10 期。

[34] Mojon B., Smets F., Vermeulen P. Investment and monetary policy in the euro area [J]. *Journal of Banking and Finance*, 2002, 26 (11): 2111 - 2129.

[35] 李志军、王善平:《货币政策、信息披露质量与公司债务融资》,载于《会计研究》2011 年第 10 期。

[36] 郑军、林钟高、彭琳:《货币政策、内部控制质量与债务融资成本》,载于《当代财经》2013 年第 9 期。

[37] 赵振洋、王丽琼、杨建平:《宏观货币政策、会计稳健性与债务融资成本——基于中国 A 股上市公司的实证研究》,载于《会计与经济研究》2017 年第 6 期。

[38] 潘晓影、张长海、胡秀群:《货币政策、政治关联与债务结构——来自民营上市公司的经验证据》,载于《金融发展研究》2017 年第 5 期。

[39] 饶品贵、姜国华:《货币政策波动、银行信贷与会计稳健性》,载于《金融研究》2011 年第 3 期。

［40］黄志忠、谢军：《宏观货币政策、区域金融发展和企业融资约束——货币政策传导机制的微观证据》，载于《会计研究》2013 年第 1 期。

［41］李连军、戴经纬：《货币政策、会计稳健性与融资约束》载于《审计与经济研究》2016 年第 1 期。

［42］战明华、李帅、罗诚剑：《货币政策冲击、银行信贷渠道传导与传统行业融资约束——以纺织产业为例》，载于《金融论坛》2020 年第 1 期。

［43］肖健：《货币政策、信贷资源配置与企业融资约束问题的实证研究》，载于《预测》2020 年第 3 期。

［44］马骁、张梅兰、赵玮璇：《影子银行、货币政策与企业融资——基于 2017 ~ 2020 年中国非金融上市企业数据的实证研究》，载于《新金融》2021 年第 6 期。

［45］马文超、胡思玥：《货币政策、信贷渠道与资本结构》，载于《会计研究》2012 年第 11 期。

［46］李连发、辛晓岱：《银行信贷、经济周期与货币政策调控：1984—2011》，载于《经济研究》2012 年第 3 期。

［47］马红、王元月：《宏观经济政策、融资约束与企业融资结构调整——基于我国上市公司的经验数据》，载于《财经论丛》2017 年第 1 期。

［48］Stiglitz J. E., Weiss A. Credit rationing in markets with imperfect information ［J］. *The American Economic Review*, 1981, 71 (3): 393 – 410.

［49］Kashyap A. K., Stein J. C., Wilcox D. W. Monetary policy and credit conditions: Evidence from the composition of external finance: Reply ［J］. *The American Economic Review*, 1996, 86 (1): 310 – 314.

［50］韩东平、张鹏：《货币政策、融资约束与投资效率——来自中国民营上市公司的经验证据》，载于《南开管理评论》2015 年第 4 期。

［51］高歌、何启志：《央行沟通、宏观经济环境与企业投资——利率渠道、信贷渠道与预期渠道货币政策的对比分析》，载于《金融论坛》2021 年第 6 期。

［52］Tobin J. A general equilibrium approach to monetary theory ［J］. *Journal of Money, Credit and Banking*, 1969, 1 (1): 15 – 29.

［53］扈文秀、王锦华、黄胤英：《美联储量化宽松货币政策实施效果及对中国的启示——基于托宾 Q 理论的货币政策传导机制视角》，载于

《国际金融研究》2013 年第 12 期。

[54] Meltzer A. H. Monetary, credit and (other) transmission processes: a monetarist perspective [J]. *The Journal of Economic Perspectives*, 1995, 9 (4): 49 –72.

[55] Breitenlechner M., Georgiadis G., Schumann B. What goes around comes around: How large are spillbacks from US monetary policy? [J]. *Journal of Monetary Economics*, 2022 (131): 45 –60.

[56] Goodhart C. A. E. Financial innovation and monetary control [J]. *Oxford Review of Economic Policy*, 1986, 2 (4): 79 –102.

[57] Sellon G. H. Expectations and the monetary policy transmission mechanism [J]. *Economic Review*, 2004, 89 (4): 5 –41.

[58] Gilchrist S., Zakrajsek E. Investment and the cost of capital: New evidence from the corporate bond market [R]. NBER Working Paper, No. 13174, 2007.

[59] 彭方平、王少平:《我国货币政策的微观效应——基于非线性光滑转换面板模型的实证研究》, 载于《金融研究》2007 年第 9 期。

[60] Ghossoub E. A., Reed R. R. The cost of capital, asset prices, and the effects of monetary policy [J]. *Journal of Macroeconomics*, 2014 (42): 211 –228.

[61] Abuka C., Alinda R. K., Minoiu C., et al. Monetary policy and bank lending in developing countries: Loan applications, rates, and real effects [J]. *Journal of Development Economics*, 2019, 139: 185 –202.

[62] Ioannidou V. P., Ongena S, Peydró – Alcalde J. L. Monetary policy, risk-taking, and pricing: Evidence from a quasi-natural experiment [R]. 9th Jacques Polak Annual Research Conference Discussion Paper, 2008.

[63] Kishan R. P., Opiela T. P. Monetary Policy, Bank Lending, and the Risk – Pricing Channel [J]. *Journal of Money, Credit and Banking*, 2012, 44 (4): 573 –602.

[64] 毛德勇、杜亚斌、李鹏:《经济增长、货币政策与银行理财产品风险溢价》, 载于《经济问题》2021 年第 10 期。

[65] Keeley M. C. Deposit insurance, risk, and market power in banking [J]. *The American Economic Review*, 1990, 80 (5): 1183 –1200.

[66] Thakor A. V. Capital requirements, monetary policy, and aggregate bank lending: Theory and empirical evidence [J]. *The Journal of finance*,

1996, 51 (1): 279 - 324.

[67] Rajan R. G. Has finance made the world riskier? [J]. *European Financial Management*, 2006, 12 (4): 499 - 533.

[68] Cociuba S., Shukayev M., Ueberfeldt A. Do Low Interest Rates Sow the Seeds of Financial Crises? [R]. Bank of Canada Working Papers, 2011.

[69] 赵雯、谢星、封思贤：《负实际利率对银行风险行为的影响研究——基于银行风险承担渠道的分析》，载于《统计与信息论坛》2020 年第 7 期。

[70] Gervais S., Heaton J. B., Odean T. Overconfidence, compensation contracts, and capital budgeting [J]. *The Journal of Finance*, 2011, 66 (5): 1735 - 1777.

[71] Campbell J. Y., Cochrane J. H. By force of habit: A consumption-based explanation of aggregate stock market behavior [J]. *Journal of Political Economy*, 1999, 107 (2): 205 - 251.

[72] 陈玉婵、钱利珍：《货币政策与银行风险承担》，载于《金融论坛》2012 年第 4 期。

[73] 张迎春、王璐、邓菊秋：《货币政策、管理者心理偏差与银行风险承担》，载于《财经科学》2019 年第 1 期。

[74] 王璐、张迎春、余丽霞：《经济不确定、银行管理者乐观主义与银行风险承担》，载于《经济理论与经济管理》2020 年第 1 期。

[75] 刘琦、何启志：《我国央行沟通的货币政策工具效力研究——基于银行风险承担视角的分析》，载于《上海经济研究》2015 年第 12 期。

[76] 付英俊、夏仕龙：《央行预期管理与银行风险承担：理论分析与经验研究》，载于《云南财经大学学报》2019 年第 10 期。

[77] 汪莉、王先爽：《央行预期管理、通胀波动与银行风险承担》，载于《经济研究》2015 年第 10 期。

[78] 张炜、景维民、姜旭男：《中国定向货币政策效果与货币调控方式转型》，载于《财经论丛》2019 年第 11 期。

[79] 郭克莎：《防范通货紧缩及通缩预期对经济增长的影响》，载于《财贸经济》2016 年第 2 期。

[80] 欧阳志刚、薛龙：《新常态下多种货币政策工具对特征企业的定向调节效应》，载于《管理世界》2017 年第 2 期。

[81] 潘伟：《我国结构性货币政策的传导效果及其时变差异性》，载

于《中国流通经济》2022 年第 5 期。

［82］姜旭、金成晓：《新型货币政策工具对中小微企业的普惠效应与影响机制》，载于《财经科学》2022 年第 7 期。

［83］马理、刘艺、何梦泽：《定向调控类货币政策的国际比较与我国的对策》，载于《经济纵横》2015 年第 10 期。

［84］Forbes K., Reinhardt D., Wieladek T. The spillovers, interactions, and (un) intended consequences of monetary and regulatory policies [J]. *Journal of Monetary Economics*, 2017, 85: 1 – 22.

［85］Swanson E. T. Let's twist again: A high-frequency event-study analysis of operation twist and its implications for QE2 [J]. *Brookings Papers on Economic Activity*, 2011: 189 – 207.

［86］Mcandrews J., Sarkar A., Wang Z. The effect of the term auction facility on the London interbank offered rate [J]. *Journal of Banking and Finance*, 2017, 83: 135 – 152.

［87］La'O J. Predatory trading, Stigma and the Fed's term auction facility [J]. *Journal of Monetary Economics*, 2014, 65: 57 – 75.

［88］Taylor J. B., Williams J. Further results on a black swan in the money market [J]. *Physical Review B*, 2008, 90 (12): 125433 – 125468.

［89］In F. H., Cui J., Mahraj A. The impact of a new term auction facility on Libor – OIS spreads and volatility transmission between money and mortgage markets during the subprime crisis [J]. *Journal of International Money and Finance*, 2012, 31 (5): 1106 – 1125.

［90］Wu T. The U. S. Money market and the term auction facility in the financial crisis of 2007—2009 [J]. *The Review of Economics and Statistics*, 2011, 93 (2): 617 – 631.

［91］Agarwal S., Chomsisengphet S., Mahoney N., et al. Do banks pass through credit expansions? The marginal profitability of consumer lending during the great recession [R]. NBER Working Paper, No. 21567, 2015.

［92］Andreeva D. C., García – Posada M. The impact of the ECB' s targeted long-term refinancing operations on banks' lending policies: The role of competition [J]. *Journal of Banking and Finance*, 2021, 122: 1 – 29.

［93］Benetton M, Fantino D. Targeted monetary policy and bank lending behavior [J]. *Journal of Financial Economics*, 2021, 142 (1): 404 – 429.

［94］卢岚、邓雄：《结构性货币政策工具的国际比较和启示》，载于

《世界经济研究》2015 年第 6 期。

［95］彭俞超、方意：《结构性货币政策、产业结构升级与经济稳定》，载于《经济研究》2016 年第 7 期。

［96］成学真、陈小林、吕芳：《中国结构性货币政策实践与效果评价——基于数量型和利率导向型结构性货币政策的比较分析》，载于《金融经济学研究》2018 年第 1 期。

［97］许光建、许坤、卢倩倩：《经济新常态下货币政策工具的创新：背景、内容与特点》，载于《宏观经济研究》2019 年第 4 期。

［98］林朝颖、林楠、黄志刚等：《基于企业微观视角的定向降准惠农精准性研究》，载于《中国农村观察》2020 年第 6 期。

［99］林朝颖、黄志刚、杨广青等：《基于企业视角的定向降准政策调控效果研究》，载于《财政研究》2016 年第 8 期。

［100］刘琦、董斌：《定向降准政策有效吗——来自股票市场的经验证据》，载于《金融经济学研究》2019 年第 6 期。

［101］郭晔、徐菲、舒中桥：《银行竞争背景下定向降准政策的“普惠”效应——基于 A 股和新三板三农、小微企业数据的分析》，载于《金融研究》2019 年第 1 期。

［102］蒲红美、李进兵：《定向降准货币政策对农业企业投融资行为的影响研究》，载于《金融理论与实践》2020 年第 6 期。

［103］刘琦、董斌：《定向降准政策的调控效果——基于 PSM – DID 方法的实证分析》，载于《金融论坛》2020 年第 9 期。

［104］刘惠好、焦文妞：《基于企业债务融资的定向降准政策效果研究——兼论宏观经济不确定性的影响》，载于《现代经济探讨》2021 年第 7 期。

［105］张人中、马威：《定向降准的传导机制与传导效果研究》，载于《经济与管理研究》2022 年第 1 期。

［106］宋全云、吴雨、钱龙：《存款准备金率与中小企业贷款成本——基于某地级市中小企业信贷数据的实证研究》，载于《金融研究》2016 年第 10 期。

［107］魏晓云、韩立岩：《企业共生模式下定向降准政策的激励机制》，载于《系统工程》2018 年第 3 期。

［108］钱水土、吴卫华：《定向降准能否有效缓解小微企业融资难？——来自银行微观数据准自然实验设计的证据》，载于《浙江社会科学》2020 年第 11 期。

[109] 江振龙：《破解中小企业融资难题的货币政策选择与宏观经济稳定》，载于《国际金融研究》2021 年第 4 期。

[110] 孔东民、李海洋、杨薇：《定向降准、贷款可得性与小微企业商业信用——基于断点回归的经验证据》，载于《金融研究》2021 年第 3 期。

[111] 楚尔鸣、曹策、许先普：《定向降准对农业经济调控是否达到政策预期》，载于《现代财经：天津财经大学学报》2016 年第 11 期。

[112] 黎齐：《中国央行定向降准政策的有效性——基于双重差分模型的实证研究》，载于《财经论丛》2017 年第 4 期。

[113] 陈杰：《防止资金“变道”流入楼市——引导定向宽松资金真正助力小微企业》，载于《人民论坛》2018 年第 30 期。

[114] 马春芬：《支小再贷款投放不畅》，载于《中国金融》2016 年第 2 期。

[115] 邓晓：《支小再贷款投放不畅》，载于《中国金融》2017 年第 15 期。

[116] 陈磊、柯超、姚瑶：《支农支小再贷款政策的基层实施效果研究——以江西省九江市为例》，载于《金融与经济》2020 年第 10 期。

[117] 杨冰洁：《结构性货币政策向小微企业传导的效率及可持续性研究——基于全面 FGLS 模型》，载于《上海金融》2020 年第 9 期。

[118] 曹佩茹：《让支农再贷款成为绿色农业的催化剂》，载于《中国金融》2008 年第 21 期。

[119] 王宗祥：《发挥支农再贷款在西部的政策效应——基于甘肃省临夏回族自治州的实证调查》，载于《中国金融》2009 年第 20 期。

[120] 万里鹏、曹国俊、翁炀杰：《结构性货币政策有效吗？——基于支农再贷款的实证研究》，载于《投资研究》2019 年第 7 期。

[121] 申琳：《“利率走廊”能降低短期市场利率波动吗》，载于《财贸经济》2015 年第 9 期。

[122] 胡岳峰：《关于中国新兴货币政策工具“常备借贷便利”的解析与国际比较》，载于《金融经济》2015 年第 2 期。

[123] 汪川：《“新常态”下我国货币政策转型的理论及政策分析》，载于《经济学家》2015 年第 5 期。

[124] 马理、刘艺：《借贷便利类货币政策工具的传导机制与文献述评》，载于《世界经济研究》2014 年第 9 期。

[125] 孙国峰、蔡春春：《货币市场利率、流动性供求与中央银行流

动性管理——对货币市场利率波动的新分析框架》，载于《经济研究》2014 年第 12 期。

［126］蒋先玲、赵一林：《基于 SVAR 的常备借贷便利工具传导机制有效性研究》，载于《国际商务》（对外经济贸易大学学报）2016 年第 4 期。

［127］唐文进、丁赛杰：《结构性货币政策、渠道识别与特征企业融资约束》，载于《投资研究》2020 年第 5 期。

［128］潘敏、刘姗：《中央银行借贷便利货币政策工具操作与货币市场利率》，载于《经济学动态》2018 年第 3 期。

［129］王倩、路馨、曹廷求：《结构性货币政策、银行流动性与信贷行为》，载于《东岳论丛》2016 年第 8 期。

［130］徐忠：《中国稳健货币政策的实践经验与货币政策理论的国际前沿》，载于《金融研究》2017 年第 1 期。

［131］笪哲：《结构性货币政策能纾解小微企业融资困境吗》，载于《金融经济学研究》2020 年第 2 期。

［132］史本叶、王晓娟、冯叶：《流动性管理视角下中国货币政策工具有效性研究》，载于《世界经济》2020 年第 9 期。

［133］邓伟、宋敏、刘敏：《借贷便利创新工具有效影响了商业银行贷款利率吗?》，载于《金融研究》2021 年第 11 期。

［134］邢天才、王再丰：《中期借贷便利工具对国债利率期限结构的影响——基于主成分分析和 VEC 模型的实证检验》，载于《金融论坛》2021 年第 7 期。

［135］李成、李一帆、刘子扣等：《新形势下中国新型货币政策工具的传导机制与调控效应》，载于《金融经济学研究》2019 年第 3 期。

［136］王少林、符号亮：《融资成本能评价新型货币政策工具的有效性吗》，载于《南方经济》2022 年第 4 期。

［137］姜汝楠、程逸飞：《对央行创设 PSL 货币政策工具的思考》，载于《价格理论与实践》2014 年第 8 期。

［138］余振、顾浩、吴莹：《结构性货币政策工具的作用机理与实施效果——以中国央行 PSL 操作为例》，载于《世界经济研究》2016 年第 3 期。

［139］张克菲、吴晗：《结构性货币政策工具如何影响利率传导机制？——基于 SLF、MLF 和 PSL 的实证研究》，载于《金融与经济》2018 年第 11 期。

[140] 白晶洁、许道文：《我国结构性货币政策实践及效果》，载于《金融发展评论》2017 年第 6 期。

[141] Cover J. P. Asymmetric effects of positive and negative money-supply shocks [J]. *The Quarterly Journal of Economics*, 1992, 107 (4): 1261 - 1282.

[142] Thoma M. A. Subsample instability and asymmetries in money-income causality [J]. *Journal of Econometrics*, 1994, 64 (1): 279 - 306.

[143] 刘金全、隋建利、李楠：《基于非线性 VAR 模型对我国货币政策非对称作用效应的实证检验》，载于《中国管理科学》2009 年第 3 期。

[144] 王立勇、张代强、刘文革：《开放经济下我国非线性货币政策的非对称效应研究》，载于《经济研究》2010 年第 9 期。

[145] 石柱鲜、邓创：《基于自然利率的货币政策效应非对称性研究》，载于《中国软科学》2005 年第 9 期。

[146] 赵进文、闵捷：《央行货币政策操作效果非对称性实证研究》，载于《经济研究》2005 年第 2 期。

[147] 郑挺国、刘金全：《我国货币—产出非对称影响关系的实证研究》，载于《经济研究》2008 年第 1 期。

[148] 李成、吕昊旻、李文乐：《经济发展周期中货币政策调控的非对称性》，载于《山西财经大学学报》2019 年第 3 期。

[149] 马勇、王莹曼：《货币政策及其稳定性对银行风险承担的影响》，载于《金融评论》2022 年第 2 期。

[150] 陈创练、单敬群、林玉婷：《中国金融风险周期监测与央行货币政策非对称性效果识别》，载于《统计研究》2020 年第 6 期。

[151] 解瑶姝、吴丽燕：《金融周期下中国货币政策时变反应特征与调控效应研究》，载于《统计与信息论坛》2019 年第 11 期。

[152] 袁卫秋、王海姣、于成永：《货币政策、企业生命周期与银行信用》，载于《南京审计大学学报》2017 年第 3 期。

[153] 王怀明、桑宇、虞晨阳：《中国货币政策信贷渠道周期时变效应研究——基于 MS - VAR 模型的分析》，载于《金融经济学研究》2016 年第 4 期。

[154] 孔丹凤、Bienvenido S. Cortes、秦大忠：《中国货币政策省际效果的实证分析：1980 - 2004》，载于《金融研究》2007 年第 12 期。

[155] 戴金平、金永军、刘斌：《资本监管、银行信贷与货币政策非对称效应》，载于《经济学》（季刊）2008 年第 2 期。

［156］申俊喜、曹源芳、封思贤：《货币政策的区域异质性效应——基于中国 31 个省域的实证分析》，载于《中国工业经济》2011 年第 6 期。

［157］谢冰、蔡洋萍、戴盛：《基于湘粤两省货币政策效应的差异性研究》，载于《财经理论与实践》2012 年第 1 期。

［158］余华义、黄燕芬：《货币政策效果区域异质性、房价溢出效应与房价对通胀的跨区影响》，载于《金融研究》2015 年第 2 期。

［159］潘海英、史梦、汪欣：《货币政策的城市房价传导异质性及房价溢出效应研究》，载于《河海大学学报》（哲学社会科学版）2021 年第 1 期。

［160］蒋益民、陈璋：《SVAR 模型框架下货币政策区域效应的实证研究：1978 ~ 2006》，载于《金融研究》2009 年第 4 期。

［161］杨晓、杨开忠：《中国货币政策影响的区域差异性研究》，载于《财经研究》2007 年第 2 期。

［162］张文彬：《中国货币政策的区域经济稳定效应分析——基于 2000 ~ 2008 年省份月度数据的实证研究》，载于《财经研究》2010 年第 10 期。

［163］何丽娜：《我国统一货币政策调控下区域效应非对称性问题分析》，载于《郑州大学学报》（哲学社会科学版）2012 年第 3 期。

［164］蔡婉华、叶阿忠：《统一货币政策的区域差异化效应研究——基于 GVAR 模型的实证检验》，载于《云南财经大学学报》2016 年第 5 期。

［165］黄佳琳、秦凤鸣：《中国货币政策效果的区域非对称性研究——来自混合截面全局向量自回归模型的证据》，载于《金融研究》2017 年第 12 期。

［166］张朝洋、胡援成：《货币政策调整、公司融资约束与宏观审慎管理——来自中国上市公司的经验证据》，载于《中国经济问题》2017 年第 5 期。

［167］邓创、徐曼、汪洋：《货币政策房价调控效应的非对称性与区域差异分析》，载于《统计与决策》2016 年第 17 期。

［168］彭飞、朱道林、谢保鹏等：《货币政策对住宅地价影响的区域异质性研究》，载于《干旱区资源与环境》2016 年第 8 期。

［169］徐虹、林钟高、陈洁：《经济发展水平影响同属管辖并购吗——基于货币政策区域异质性效应视角的研究》，载于《财贸研究》2016 年第 5 期。

［170］丁攀、胡宗义：《中国货币政策对收入不平等的区域效应——

基于 MCSGVAR 模型的实证分析》，载于《系统工程》2018 年第 10 期。

［171］温博慧、郭娜、苟尚德：《企业家信心与货币政策区域非对称效应——来自动态非线性面板模型的证据》，载于《现代财经》（天津财经大学学报），2019 年第 4 期。

［172］梁斯、郭红玉：《日本货币政策对中韩两国的溢出效应研究》，载于《亚太经济》2015 年第 5 期。

［173］楚尔鸣、王真：《中国货币政策溢出效应的异质性研究——基于 51 个国家的面板数据分析》，载于《国际金融研究》2018 年第 10 期。

［174］崔百胜、葛凌清：《中国货币政策对世界主要经济体溢出效应的异质性分析——基于 GVAR 模型的实证研究》，载于《华东经济管理》2019 年第 8 期。

［175］谭小芬、邵涵：《美国货币政策对新兴市场国家的溢出效应：资本流动视角》，载于《经济社会体制比较》2020 年第 6 期。

［176］尤阳、马理、何云：《以邻为壑：为什么“吃亏”的总是发展中国家——美国货币政策转向的差异化溢出效应与风险防范研究》，载于《金融经济学研究》2020 年第 4 期。

［177］朱孟楠、周禹、郑莉：《中国货币政策对“一带一路”沿线国家或地区经济外溢效应研究》，载于《世界经济研究》2020 年第 6 期。

［178］刘凌、张晶晶：《美国货币政策溢出效应中新兴国家资本管制的非线性影响分析——基于 PSTR 模型》，载于《经济问题探索》2021 年第 7 期。

［179］邵军、司增绰：《收入不平等视角下美国货币政策的国际溢出效应研究》，载于《学海》2021 年第 1 期。

［180］常科、周念利：《欧盟成员国货币政策传导机制的非对称性研究》，载于《生产力研究》2009 年第 5 期。

［181］瞿红艳：《统一货币政策与区域经济发展的不均衡性——欧元区的实践及其对我国的启示》，载于《经济体制改革》2011 年第 3 期。

［182］邹宗森、刘庆林、张永亮：《成员国异质性与欧洲央行的货币政策困境》，载于《财经科学》2016 年第 7 期。

［183］Ganley J.，Salmon C. The industrial impact of monetary policy shocks：some stylised facts［R］. Bank of England Working Paper，No. 68，1997.

［184］Dornbusch R.，Favero C. A.，Giavazzi F. Immediate challenges for the ECB［J］. *Economic Policy*，1998，13（26）：15－52.

［185］ Hayo B.，Uhlenbrock B. Industry effects of monetary policy in Germany ［R］. ZEI Working Paper，1999.

［186］ Dedola L，Lippi F. The monetary transmission mechanism：Evidence from the industries of five OECD countries ［J］. *European Economic Review*，2005，49（6）：1543－1569.

［187］ Lucio J. J. D.，Izquierdo M. Local responses to a global monetary policy：The regional structure of financial systems ［J］. *Journal of Economic Studies*，2002，29：205.

［188］ Arnold I. J. M.，Vrugt E. B. Regional Effects of Monetary Policy in the Netherlands ［J］. *International Journal of Business and Economics*，2002，1（2）：123－134.

［189］ Ibrahim M H. Sectoral Effects of Monetary Policy：Evidence from Malaysia ［J］. *Asian Economic Journal*，2005，19（1）：83－102.

［190］ Alam T.，Waheed M. The monetary transmission mechanism in Pakistan：a sectoral analysis ［J］. *The Pakistan Development Review*，2006，45（4）.

［191］ 曹永琴：《中国货币政策行业非对称效应研究——基于 30 个行业面板数据的实证研究》，载于《上海经济研究》2011 年第 1 期。

［192］ 吴伟军、刘万晴：《我国货币政策行业异质性效应的存在性及实证分析——基于面板数据模型及 VAR 模型的检验》，载于《金融与经济》2015 年第 1 期。

［193］ 师磊、赵志君：《我国货币政策的产业非对称效应——基于要素替代弹性视角》，载于《上海经济研究》2018 年第 7 期。

［194］ 徐涛：《中国货币政策的行业效应分析》，载于《世界经济》2007 年第 2 期。

［195］ 张淑娟、王晓天：《货币政策产业效应的双重非对称性研究——基于 STVEC 模型的非线性分析》，载于《金融研究》2016 年第 7 期。

［196］ 龙薇、颜铭佳：《我国货币政策行业效应的非对称性研究——来自服务业的实证》，载于《价格理论与实践》2017 年第 4 期。

［197］ 杨真、崔雁冰：《货币政策的行业非对称效应研究：以制造业为例》，载于《宏观经济研究》2018 年第 8 期。

［198］ 毛玲玲：《货币政策传导机制中的行业非对称性研究——基于上市公司财务数据》，载于《贵州财经大学学报》2018 年第 1 期。

［199］ 杨柳勇、王礼月：《货币政策、行业异质性与债券信用价差》，

载于《湖北社会科学》2018 年第 1 期。

［200］顾海峰、高水文：《盈余管理促进了商业银行流动性创造吗？——外部审计质量和货币政策的调节作用》，载于《国际金融研究》2020 年第 9 期。

［201］王曦、金钊：《同业市场摩擦、银行异质性与货币政策传导》，载于《经济研究》2021 年第 10 期。

［202］张晓明、贾江帆、孙士猛：《货币政策与银行系统流动性风险：基于时变流动性错配指数（LMI）的研究》，载于《财经科学》2021 年第 3 期。

［203］Christiano L. J.，Eichenbaum M.，Evans C. The effects of monetary policy shocks：Evidence from the flow of funds［J］. *The Review of Economics and Statistics*，1996，78（1）：16－34.

［204］叶蓁：《中国货币政策产业异质性及其决定因素——基于上市公司面板数据的实证分析》，载于《财经论丛》2010 年第 1 期。

［205］Fazzari S，Hubbard R，Petersen B. Financing constraints and corporate investment［J］. *Brookings Papers on Economic Activity*，1988（1）：141－206.

［206］Bougheas S.，Mizen P.，Yalcin C. Access to external finance：Theory and evidence on the impact of monetary policy and firm-specific characteristics［J］. *Journal of Banking and Finance*，2006，30（1）：199－227.

［207］孙大超、王博、Wang Gang：《银行业垄断是导致货币政策抑制中小企业的原因吗》，载于《金融研究》2014 年第 4 期。

［208］舒长江、洪攀、张良成：《货币政策冲击对异质性企业杠杆率的微观效应》，载于《金融论坛》2020 年第 8 期。

［209］Adrian T.，Brunnermeier M. K. CoVaR［J］. *The American Economic Review*，2016，106（7）：1705－1741.

［210］张康之、李淑英：《风险社会中的风险认知与预测》，载于《浙江学刊》2022 年第 4 期。

［211］Haynes J. Risk as an economic factor［J］. *The Quarterly Journal of Economics*，1895，9（4）：409－449.

［212］〔美〕弗兰克·N. 马吉尔：《经济学百科全书》（下卷），中国人民大学出版社 2009 年版。

［213］〔美〕约翰·道恩斯、〔美〕乔丹·艾略特·古特曼：《金融与投资辞典》（第 6 版），上海财经大学出版社有限公司 2008 年版。

［214］舒新城：《辞海》，上海辞书出版社 1999 年版。

［215］于惠春：《风险的内涵与企业的风险防范》，载于《数量经济技术经济研究》2000 年第 9 期。

［216］冯必扬：《社会风险：视角、内涵与成因》，载于《天津社会科学》2004 年第 2 期。

［217］李翀：《论国家金融风险的内涵、起因和度量》，载于《学术研究》2000 年第 2 期。

［218］赵其宏：《商业银行风险管理》，经济管理出版社 2001 年版。

［219］Williams C. A. , Young P. C. , Smith M. L. *Risk Management and Insurance* [M]. McGraw – Hill Publishing Co. , 1998.

［220］平新乔：《微观经济学十八讲》，北京大学出版社 2001 年版。

［221］〔美〕克利斯托夫·帕斯、〔美〕布赖恩·洛斯、〔美〕莱斯利·戴维斯著，罗汉译：《科林斯经济学辞典》（第三版），上海财经大学出版社 2008 年版。

［222］Knight F H. *Risk*, *Uncertainty and Profit* [M]. Boston: Houghton Mifflin Co. , 1921.

［223］张亦春、许文彬：《风险与金融风险的经济学再考察》，载于《金融研究》2002 年第 3 期。

［224］〔英〕约翰·伊特韦尔、〔英〕默里·米尔盖特、〔英〕彼得·纽曼：《新帕尔格雷夫经济学大辞典》（第四卷），经济科学出版社 1996 年版。

［225］〔英〕约翰·梅纳德·凯恩斯：《就业利息和货币通论》（1983 年版），商务印书馆 1983 年版。

［226］〔美〕克劳德·艾尔伍德·香农：《通信的数学理论》，上海市科学技术编译馆 1978 年版。

［227］白钦先、谭庆华：《论金融功能演进与金融发展》，载于《金融研究》2006 年第 7 期。

［228］叶艳鸣、刘金玲、金婷等：《信息不对称现象的成因分析》，载于《情报杂志》2007 年第 4 期。

［229］吴梅兰、刘勤志：《关于信息不对称问题的研究》，载于《情报杂志》2006 年第 6 期。

［230］周耿、阮东喆、范从来：《信息不对称下信贷市场的惜贷与挤出效应》，载于《金融论坛》2021 年第 1 期。

［231］Akerlof G. A. The market for lemons: Quality uncertainty and the market mechanism [J]. *The Quarterly Journal of Economics*, 1970, 84 (3): 488 – 500.

[232] 陈寰、林晓慧:《商业银行大宗商品国际贸易融资的风险防范——基于信息不对称理论的视角》,载于《财会月刊》2017 年第 17 期。

[233] 鲍星、李巍、李泉:《金融科技运用与银行信贷风险——基于信息不对称和内部控制的视角》,载于《金融论坛》2022 年第 1 期。

[234] 唐洋、钟秋月:《中国特色下的逆向选择及信贷配给》,载于《中国经贸导刊》2009 年第 23 期。

[235] Diamond D. W. Financial intermediation and delegated monitoring [J]. *The Review of Economic Studies*, 1984, 51 (3): 393 – 414.

[236] 范方志:《金融监管、信息不对称与道德风险》,载于《宁夏社会科学》2009 年第 6 期。

[237] 常罡:《浅析信息不对称条件下银行信贷风险的防范》,载于《金融理论与实践》2007 年第 6 期。

[238] Boot A. W. A., Thakor A. V., Udell G. F. Credible commitments, contract enforcement problems and banks: Intermediation as credibility assurance [J]. *Journal of Banking and Finance*, 1991, 15 (3): 605 – 632.

[239] 邵翠丽:《信息不对称对中小企业融资影响分析》,载于《财会通讯》2011 年第 20 期。

[240] 尹志超、甘犁:《信息不对称、企业异质性与信贷风险》,载于《经济研究》2011 年第 9 期。

[241] 龚强、班铭媛、张一林:《区块链、企业数字化与供应链金融创新》,载于《管理世界》2021 年第 2 期。

[242] 王菁华、茅宁:《企业风险承担研究述评及展望》,载于《外国经济与管理》2015 年第 12 期。

[243] Wright P., Ferris S. P., Sarin A., et al. Impact of corporate insider, blockholder, and institutional equity ownership on firm risk taking [J]. *Academy of Management Journal*, 1996, 39 (2): 441 – 463.

[244] 余明桂、李文贵、潘红波:《管理者过度自信与企业风险承担》,载于《金融研究》2013 年第 1 期。

[245] Lumpkin G. T., Dess G. G. Clarifying the entrepreneurial orientation construct and linking it to performance [J]. *The Academy of Management Review*, 1996, 21 (1): 135 – 172.

[246] 刘志远、王存峰、彭涛等:《政策不确定性与企业风险承担:机

遇预期效应还是损失规避效应》，载于《南开管理评论》2017 年第 6 期。

［247］李文贵、余明桂：《所有权性质、市场化进程与企业风险承担》，载于《中国工业经济》2012 年第 12 期。

［248］李燕平、牛丹辰：《生命周期对企业风险承担的影响研究——基于研发创新的中介效应检验》，载于《东岳论丛》2019 年第 7 期。

［249］李秉成、肖翰、阮佩婷：《企业风险承担研究的文献回顾与展望》，载于《统计与决策》2017 年第 13 期。

［250］Fiegenbaum A. , Thomas H. Attitudes toward risk and the risk-return paradox：Prospect theory explanations ［J］. *Academy of Management Journal*，1988，31 (1)：85 – 106.

［251］何威风、刘巍、黄凯莉：《管理者能力与企业风险承担》，载于《中国软科学》2016 年第 5 期。

［252］胡育蓉、朱恩涛、龚金泉：《货币政策立场如何影响企业风险承担——传导机制与实证检验》，载于《经济科学》2014 年第 1 期。

［253］许友传：《信息披露、市场约束与银行风险承担行为》，载于《财经研究》2009 年第 12 期。

［254］邹美凤、张信东、申亚静：《经济政策不确定性、内部控制与企业风险承担》，载于《统计与决策》2021 年第 5 期。

［255］孙凤娥：《模块化网络组织租金分配研究》，载于《中国工业经济》2013 年第 11 期。

［256］John K. , Litov L. , Yeung B. Corporate Governance and Risk – Taking ［J］. *The Journal of Finance*，2008，63 (4)：1679 – 1728.

［257］Faccio M. , Marchica M. , Mura R. Large shareholder diversification and corporate risk-taking ［J］. *Review of Financial Studies*，2011，24 (11)：3601 – 3641.

［258］龚光明、曾照存：《公司特有风险、管理者风险特质与企业投资效率——来自中国上市公司的经验数据》，载于《经济与管理研究》2013 年第 11 期。

［259］张传奇、孙毅、芦雪瑶：《现金流不确定性、管理者风险偏好和企业创新》，载于《中南财经政法大学学报》2019 年第 6 期。

［260］肖翰、全晓雨、李秉成：《产业政策、企业风险承担能力与企业价值》，载于《财会通讯》2018 年第 27 期。

［261］朱波、卢露：《不同货币政策工具对系统性金融风险的影响研究》，载于《数量经济技术经济研究》2016 年第 1 期。

［262］ Kleymenova A., Tuna A. I. Regulation of Compensation and Systemic Risk: Evidence from the UK ［J］. *Journal of Accounting Research*, 2021, 59 (3): 1123－1175.

［263］ Borio C., Zhu H. Capital regulation, risk-taking and monetary policy: A missing link in the transmission mechanism? ［J］. *Journal of Financial Stability*, 2012, 8 (4): 236－251.

［264］ Carey M. Credit risk in private debt portfolios ［J］. *The Journal of Finance*, 1998, 53 (4): 1363－1387.

［265］ Adrian T., Shin H S. The Shadow Banking System: Implications for Financial Regulation ［R］. Federal Reserve Bank of New York, Staff Reports 382, 2009.

［266］ 高智贤、李成、刘生福：《货币政策与审慎监管的配合机制研究》，载于《当代经济科学》2015 年第 1 期。

［267］ 项后军、郜栋玺、陈昕朋：《基于“渠道识别”的货币政策银行风险承担渠道问题研究》，载于《管理世界》2018 年第 8 期。

［268］ 申琳、马丹、张苏珊：《金融周期与货币政策交互作用下的银行风险承担渠道——来自中国微观企业的经验证据》，载于《经济社会体制比较》2019 年第 3 期。

［269］ 郭田勇、贺雅兰：《宏观审慎背景下我国货币政策传导的银行风险承担渠道研究》，载于《河北经贸大学学报》2019 年第 2 期。

［270］ 曹源芳、殷一笑：《货币政策、利率联动效应与银行风险承担》，载于《审计与经济研究》2022 年第 3 期。

［271］ 谭春枝、梁翠云、耿晓旭：《货币政策对流动性风险的影响——基于银行信贷行为视角》，载于《金融监管研究》2020 年第 1 期。

［272］ 顾海峰、杨立翔：《互联网金融与银行风险承担：基于中国银行业的证据》，载于《世界经济》2018 年第 10 期。

［273］ 李双建、田国强：《银行竞争与货币政策银行风险承担渠道：理论与实证》，载于《管理世界》2020 年第 4 期。

［274］ 顾海峰、杨月：《货币政策、流动性创造与银行风险承担——银行业竞争度与景气度的调节作用》，载于《上海经济研究》2020 年第 11 期。

［275］ 唐文进、黄玲：《结构性货币政策的银行风险承担渠道——一个银行竞争视角的考察》，载于《江汉论坛》2021 年第 8 期。

［276］ 徐明东、陈学彬：《货币环境、资本充足率与商业银行风险承

担》，载于《金融研究》2012 年第 7 期。

［277］李琪、代斌、胡德宝：《银行异质性下货币政策调控与风险承担研究》，载于《中央财经大学学报》2016 年第 12 期。

［278］Delis M. D.，Kouretas G. P. Interest rates and bank risk-taking［J］. *Journal of Banking and Finance*，2011，35（4）：840－855.

［279］Dell'ariccia G.，Laeven L.，Marquez R. Real interest rates，leverage，and bank risk-taking［J］. *Journal of Economic Theory*，2014，149（1）：65－99.

［280］陈艳：《经济危机、货币政策与企业投资行为——基于中国上市公司数据》，载于《经济与管理研究》2012 年第 11 期。

［281］Delis M. D.，Hasan I.，Mylonidis N. The Risk－Taking Channel of Monetary Policy in the U. S.：Evidence from Corporate Loan Data［J］. *Journal of Money，Credit and Banking*，2017，49（1）：187－213.

［282］陈诗一、王祥：《融资成本、房地产价格波动与货币政策传导》，载于《金融研究》2016 年第 3 期。

［283］Bluhm M.，Faia E.，Krahnen J. P. Monetary policy implementation in an interbank network：Effects on systemic risk［J］. SAFE Working Paper，2014（46）.

［284］童中文、范从来、朱辰等：《金融审慎监管与货币政策的协同效应——考虑金融系统性风险防范》，载于《金融研究》2017 年第 3 期。

［285］杨光、李力、郝大鹏：《零利率下限、货币政策与金融稳定》，载于《财经研究》2017 年第 1 期。

［286］王妍、王继红：《结构性货币政策、同业业务与系统性金融风险》，载于《金融经济学研究》2021 年第 4 期。

［287］顾海峰、张盈盈：《内部控制质量、资本结构与银行风险承担——货币政策与股权集中度的调节作用》，载于《经济与管理研究》2021 年第 11 期。

［288］朱波、马永谈：《行业特征、货币政策与系统性风险——基于"经济金融"关联网络的分析》，载于《国际金融研究》2018 年第 4 期。

［289］方意、王晏如、黄丽灵等：《宏观审慎与货币政策双支柱框架研究——基于系统性风险视角》，载于《金融研究》2019 年第 12 期。

［290］李天宇、孟宪春、冯叶：《信贷扭曲下系统性风险形成和"双支柱"政策协调问题研究——基于异质性企业的视角》，载于《中国管理科学》2021 年第 1 期。

[291] 胡利琴、王艺、郭微微：《金融系统性风险的演化与监管研究——基于实体经济视角》，载于《当代经济科学》2022 年第 5 期。

[292] Bekaert G., Hoerova M., Lo Duca M. Risk, uncertainty and monetary policy [J]. *Journal of Monetary Economics*, 2013, 60 (7): 771 - 788.

[293] 张维迎：《博弈论与信息经济学》，上海人民出版社 1996 年版。

[294] Freixas X., Rochet J. *Microeconomics of Banking* [M]. Cambridge: MIT press, 2008.

[295] Tirole J. *The Theory of Corporate Finance* [M]. Princeton: Princeton University Press, 2010.

[296] 林朝颖、黄志刚：《定向降准的微观效应——风险加速亦或质量回归?》，载于《经济管理》2020 年第 5 期。

[297] 马理、娄田田、牛慕鸿：《定向降准与商业银行行为选择》，载于《金融研究》2015 年第 9 期。

[298] 马理、何梦泽、刘艺：《基于适应性预期的货币政策传导研究》，载于《金融研究》2016 年第 8 期。

[299] 胡育蓉、范从来：《结构性货币政策的运用机理研究》，载于《中国经济问题》2017 年第 5 期。

[300] Bernanke B. S., Gertler M., Gilchrist S. *The Financial Accelerator in a Quantitative Business Cycle Framework* [M]. Handbook of Macroeconomics, New York: Elsevier, 1999: 1341 - 1393.

[301] Christiano L., Motto R., Rostagno M. Financial factors in economic fluctuations [R]. ECB Working Paper, No. 1192, 2010.

[302] Petersen M. A., Rajan R. G. The benefits of lending relationships: Evidence from small business data [J]. *The Journal of Finance*, 1994, 49 (1): 3 - 37.

[303] Calvo G. A. Staggered prices in a utility-maximizing framework [J]. *Journal of Monetary Economics*, 1983, 12 (3): 383 - 398.

[304] Christiano L. J., Eichenbaum M., Evans C. L. Nominal rigidities and the dynamic effects of a shock to monetary policy [J]. *Journal of Political Economy*, 2005, 113 (1): 1 - 45.

[305] 孙国峰、何晓贝：《存款利率零下限与负利率传导机制》，载于《经济研究》2017 年第 12 期。

[306] Kolasa M., Wesolowski G. International spillovers of quantitative

easing [J]. *Journal of International Economics*, 2020, 126.

[307] Wang R. Evaluating the unconventional monetary policy of the bank of Japan: A DSGE approach [J]. *Journal of Risk and Financial Management*, 2021, 14 (6).

[308] Kulish M., Morley J., Robinson T. Estimating DSGE models with zero interest rate policy [J]. *Journal of Monetary Economics*, 2017, 88: 35-49.

[309] 吴化斌、许志伟、胡永刚等:《消息冲击下的财政政策及其宏观影响》,载于《管理世界》2011 年第 9 期。

[310] Milani F., Treadwell J. The effects of monetary policy "news" and "surprises" [J]. *Journal of Money, Credit and Banking*, 2012, 44 (8): 1667-1692.

[311] 王曦、王茜、陈中飞:《货币政策预期与通货膨胀管理——基于消息冲击的 DSGE 分析》,载于《经济研究》2016 年第 2 期。

[312] 庄子罐、贾红静、刘鼎铭:《货币政策的宏观经济效应研究:预期与未预期冲击视角》,载于《中国工业经济》2018 年第 7 期。

[313] Taylor J. B. The monetary transmission mechanism: An empirical framework [J]. *The Journal of Economic Perspectives*, 1995, 9 (4): 11-26.

[314] Obstfeld M., Rogoff K. The mirage of fixed exchange rates [J]. *Journal of Economic Perspectives*, 1995, 9: 73-96.

[315] 徐亚平:《公众学习、预期引导与货币政策的有效性》,载于《金融研究》2009 年第 1 期。

[316] Low A. Managerial risk-taking behavior and equity-based compensation [J]. *Journal of Financial Economics*, 2009, 92 (3): 470-490.

[317] Bargeron L. L., Lehn K. M., Zutter C. J. Sarbanes - Oxley and corporate risk-taking [J]. *Journal of Accounting and Economics*, 2010, 49 (1): 34-52.

[318] Coles J. L., Daniel N. D., Naveen L. Managerial incentives and risk-taking [J]. *Journal of Financial Economics*, 2006, 79 (2): 431-468.

[319] Acharya V. V., Amihud Y., Litov L. Creditor rights and corporate risk-taking [J]. *Journal of Financial Economics*, 2011, 102 (1): 150-166.

[320] 曾进:《企业风险倾向的跨国比较——基于前景理论视角》,载于《科学学与科学技术管理》2009 年第 5 期。

[321] 陈强:《高级计量经济学及 Stata 应用(第二版)》,高等教育

出版社 2014 年版。

［322］刘洪钟、杨攻研、尹雷：《政府债务、经济增长与非线性效应》，载于《统计研究》2014 年第 4 期。

［323］徐国祥、张正：《我国对外直接投资如何影响出口增加值——基于我国 - 东道国（地区）产业结构差异的视角》，载于《统计研究》2020 年第 10 期。

［324］Acemoglu D.，Zilibotti F. Was Prometheus unbound by chance? Risk，diversification，and growth［J］. *Journal of Political Economy*，1997，105（4）：709 – 751.

［325］Hilary G.，Hui K. W. Does religion matter in corporate decision making in America?［J］. *Journal of Financial Economics*，2009，93（3）：455 – 473.

［326］Harvey C. R.，Lins K. V.，Roper A. H. The effect of capital structure when expected agency costs are extreme［J］. *Journal of Financial Economics*，2004（1）.

［327］白重恩、刘俏、陆洲等：《中国上市公司治理结构的实证研究》，载于《经济研究》2005 年第 2 期。

［328］Anderson R. C.，Reeb D. M.，Upadhyay A.，et al. The economics of director heterogeneity［J］. *Financial Management*，2011，40（1）：5 – 38.

［329］邵小快、胡怀国：《经济增长实证研究中的内生性》，载于《经济学动态》2013 年第 3 期。

［330］白俊红、卞元超：《要素市场扭曲与中国创新生产的效率损失》，载于《中国工业经济》2016 年第 11 期。

［331］宋敏、周鹏、司海涛：《金融科技与企业全要素生产率——“赋能”和信贷配给的视角》，载于《中国工业经济》2021 年第 4 期。

［332］张一林、樊纲治：《信贷紧缩、企业价值与最优贷款利率》，载于《经济研究》2016 年第 6 期。

［333］周晨、田昆儒：《债务契约与企业风险承担：影响效果及机制检验》，载于《财经理论与实践》2021 年第 2 期。

［334］张梓靖、邢天才、苑莹：《CEO 自信度与企业风险承担——金融衍生品交易策略的中介作用》，载于《东北大学学报（社会科学版）》2020 年第 6 期。

［335］王遥、王文蔚：《环境灾害冲击对银行违约率的影响效应研

究：理论与实证分析》，载于《金融研究》2021 年第 12 期。

［336］ Segev N. Identifying the risk – Taking channel of monetary transmission and the connection to economic activity ［J］. *Journal of Banking and Finance*, 2020, 116.

［337］ 凌珑：《就业质量与居民主观福利——基于中国劳动力动态调查的实证研究》，载于《统计研究》2022 年第 10 期。

［338］ Aghion P., Hemous D., Kharroubi E. Cyclical fiscal policy, credit constraints, and industry growth ［J］. *Journal of Monetary Economics*, 2014, 62 (2): 41 – 58.

［339］ Calvo G., Vegh C. Inflation Stabilization and BOP Crises in Developing Countries ［R］. NBER Working Paper, No 6925, 1999.

［340］ Alesina A., Barro R. J. Currency unions ［J］. *The Quarterly Journal of Economics*, 2002, 117 (2): 409 – 436.

［341］ 马文涛：《货币政策的数量型工具与价格型工具的调控绩效比较——来自动态随机一般均衡模型的证据》，载于《数量经济技术经济研究》2011 年第 10 期。

［342］ 周浩：《通货膨胀预期管理的有效性——价格型货币政策工具与数量型货币政策工具比较》，载于《财经科学》2012 年第 7 期。

［343］ 林朝颖、黄志刚、石德金：《货币政策对企业风险管理的影响研究》，载于《财经论丛》2014 年第 6 期。

［344］ Pesaran M. H., Schuermann T., Treutler B., et al. Macroeconomic dynamics and credit risk: A global perspective ［J］. *Journal of Money, Credit and Banking*, 2006: 1211 – 1261.

［345］ 林朝颖、黄志刚、杨广青：《基于微观视角的货币政策风险传导效应研究》，载于《国际金融研究》2014 年第 9 期。

［346］ Hansen B. E. Threshold effects in non-dynamic panels: Estimation, testing, and inference ［J］. *Journal of Econometrics*, 1999, 93 (2): 345 – 368.

［347］ 余泳泽：《FDI 技术外溢是否存在“门槛条件”——来自我国高技术产业的面板门限回归分析》，载于《数量经济技术经济研究》2012 年第 8 期。

［348］ 樊明太：《金融结构及其对货币传导机制的影响》，载于《经济研究》2004 年第 7 期。

［349］ 林木材、牛霖琳：《基于高频收益率曲线的中国货币政策传导

分析》，载于《经济研究》2020 年第 2 期。

[350] 刘海明、李明明：《货币政策对微观企业的经济效应再检验——基于贷款期限结构视角的研究》，载于《经济研究》2020 年第 2 期。

[351] 陈良源、林建浩、王少林等：《央行沟通对于货币政策实际干预的预测能力研究》，载于《统计研究》2021 年第 1 期。

[352] Altman E. I. Financial ratios, discriminant analysis and the prediction of corporate bankruptcy [J]. *The Journal of Finance*, 1968, 23 (4): 589 - 609.

[353] 钱先航、徐业坤：《官员更替、政治身份与民营上市公司的风险承担》，载于《经济学》（季刊）2014 年第 4 期。

[354] 郭瑾、刘志远、彭涛：《银行贷款对企业风险承担的影响：推动还是抑制?》，载于《会计研究》2017 年第 2 期。

[355] Goodhart C. A. E., Sunirand P., Tsomocos D. P. The optimal monetary instrument for prudential purposes [J]. *Journal of financial stability*, 2011, 7 (2): 70 - 77.

[356] Borio C., Furfine C., Lowe P. Procyclicality of the financial system and financial stability: issues and policy options [R]. Bank for International Settlements Working Paper, 2001.

[357] Bachmann R., Bayer C. "Wait-and - See" business cycles? [J]. *Journal of Monetary Economics*, 2013, 60 (6): 704 - 719.

[358] Bloom N., Floetotto M., Jaimovich N., et al. Really uncertain business cycles [J]. *Econometrica*, 2018, 86 (3): 1031 - 1065.

[359] Weise C. L. The asymmetric effects of monetary policy: A nonlinear vector autoregression approach [J]. *Journal of Money, Credit and Banking*, 1999: 85 - 108.

[360] Garcia R., Schaller H. Are the effects of monetary policy asymmetric? [J]. *Economic Inquiry*, 2002, 40 (1): 102 - 119.

[361] Kuzin V., Tober S. Asymmetric monetary policy effects in Germany [R]. DIW Discussion Papers, No. 397, 2004.

[362] Lo M. C., Piger J. Is the response of output to monetary policy asymmetric? Evidence from a regime-switching coefficients model [J]. *Journal of Money, Credit and Banking*, 2005, 37 (5): 865 - 886.

[363] 应惟伟：《经济周期对企业投资影响的实证研究——基于投资

现金流敏感性视角》，载于《财政研究》2008 年第 3 期。

[364] Altman E. I. Multidimensional graphics and bankruptcy prediction: A comment [J]. *Journal of Accounting Research*, 1983: 297 - 299.

[365] Bae K., Kang J., Lim C. The value of durable bank relationships: Evidence from Korean banking shocks [J]. *Journal of Financial Economics*, 2002, 64 (2): 181 - 214.

[366] 曹永琴、李泽祥：《中国货币政策效应非对称性的实证研究》，载于《经济评论》2007 年第 6 期。

[367] Garcia R., Schaller H. Are the Effects of Monetary Policy Asymmetric? [J]. *Carleton Economic Papers*, 1999.

[368] Wilson T. C. Portfolio credit risk [J]. *Economic Policy Review*, 1998, 4 (3): 71 - 82.

[369] Nickell P., Perraudin W., Varotto S. Stability of rating transitions [J]. *Journal of Banking and Finance*, 2000, 24 (1): 203 - 227.

[370] Kahneman D., Tversky A. Prospect theory: An analysis of decision under risk [J]. *Econometrica: Journal of the Econometric Society*, 1979, 47 (2): 263 - 291.

[371] 郑挺国、王霞：《中国经济周期的混频数据测度及实时分析》，载于《经济研究》2013 年第 6 期。

[372] Scott I. O. The regional impact of monetary policy [J]. *The Quarterly Journal of Economics*, 1955, 69 (2): 269 - 284.

[373] Carlino G., Defina R. The differential regional effects of monetary policy: Evidence from the US states [J]. *Journal of Regional Science*, 1999, 39 (2): 339 - 358.

[374] Cecchetti S. G. Legal structure, financial structure, and the monetary policy transmission mechanism [R]. NBER Working Paper, No. 7151, 1999.

[375] Georgopoulos G. Measuring regional effects of monetary policy in Canada [J]. *Applied Economics*, 2009, 41 (16): 2093 - 2113.

[376] Massa M, Zhang L. Monetary policy and regional availability of debt financing [J]. *Journal of Monetary Economics*, 2013, 60 (4): 439 - 458.

[377] 宋旺、钟正生：《我国货币政策区域效应的存在性及原因——基于最优货币区理论的分析》，载于《经济研究》2006 年第 3 期。

［378］常海滨、徐成贤：《我国货币政策传导机制区域差异的实证分析》，载于《经济科学》2007 年第 5 期。

［379］邱崇明、黄燕辉：《通货膨胀预期差异与货币政策区域效应——基于我国 31 个省份面板数据的实证分析》，载于《吉林大学社会科学学报》2014 年第 2 期。

［380］邵翠丽：《我国货币政策区域效应与产业结构升级的动态效应》，载于《商业研究》2019 年第 11 期。

［381］李鹏飞、黄丽君：《我国货币政策的区域非对称效应研究》，载于《学术探索》2016 年第 3 期。

［382］汪平安、郭晓蕾：《中国货币政策区域差异的非对称性与应对策略》，载于《理论探讨》2015 年第 5 期。

［383］张前程：《金融发展、货币政策与企业投资——来自中国上市公司的经验证据》，载于《上海金融》2014 年第 1 期。

［384］陈守东、杨东亮、赵晓力：《区域金融发展与区域经济增长——基于中国数据的实证分析》，载于《财贸经济》2008 年第 2 期。

［385］姜春：《时滞、回归及预调：区域金融发展与经济增长的实证研究》，载于《金融研究》2008 年第 2 期。

［386］沈红波、寇宏、张川：《金融发展、融资约束与企业投资的实证研究》，载于《中国工业经济》2010 年第 6 期。

［387］周立、王子明：《中国各地区金融发展与经济增长实证分析：1978 – 2000》，载于《金融研究》2002 年第 10 期。

［388］Peersman G., Smets F. The industry effects of monetary policy in the Euro area［J］. *The Economic Journal*, 2005, 115 (503): 319 – 342.

［389］Tena J. D., Tremayne A R. Modelling monetary transmission in UK manufacturing industry［J］. *Economic Modelling*, 2009, 26 (5): 1053 – 1066.

［390］王剑、刘玄：《货币政策传导的行业效应研究》，载于《财经研究》2005 年第 5 期。

［391］戴金平、金永军：《货币政策的行业非对称效应》，载于《世界经济》2006 年第 7 期。

［392］闫红波、王国林：《我国货币政策产业效应的非对称性研究——来自制造业的实证》，载于《数量经济技术经济研究》2008 年第 5 期。

［393］杨小军：《中国货币政策传导的行业效应研究——基于利率政策的经验分析》，载于《上海财经大学学报》2010 年第 4 期。

[394] 张利兵、王楚明、张云：《行业景气循环与最优 IPO 时机》，载于《中国管理科学》2009 年第 4 期。

[395] Habib A., Hasan M. M. Firm life cycle, corporate risk-taking and investor sentiment [J]. *Accounting and Finance*, 2017, 57 (2): 465 - 497.

[396] 薛爽：《经济周期、行业景气度与亏损公司定价》，载于《管理世界》2008 年第 7 期。

[397] 陈武朝：《经济周期、行业景气度与盈余管理——来自中国上市公司的经验证据》，载于《审计研究》2013 年第 5 期。

[398] Whited T M. Debt, liquidity constraints, and corporate investment: Evidence from panel data [J]. *The Journal of Finance*, 1992, 47 (4): 1425 - 1460.

[399] Horváth R. Financial Accelerator Effects in the Balance Sheets of Czech Firms [R]. University of Michigan Business School Working Papers, 2006.

[400] 林朝颖、黄志刚、石德金：《危机前后企业风险管理及其价值增值效应比较研究》，载于《科技管理研究》2014 年第 17 期。

[401] 龚光明、孟澌：《货币政策调整，融资约束与公司投资》，载于《经济与管理研究》2012 年第 11 期。

[402] 周泽将、胡刘芬、马静等：《商誉与企业风险承担》，载于《会计研究》2019 年第 7 期。

[403] 杨羽：《公司治理、多元化经营与公司成长性》，载于《财会通讯》2017 (36): 71 - 76.

[404] 李建红、周婷媛：《公司治理、内部审计质量与企业成长性》，载于《财会通讯》2019 年第 9 期。

[405] Bernanke B. S., Blinder A. S. Credit, money, and aggregate demand [J]. *The American Economic Review*, 1988, 78 (2): 435 - 439.

[406] 段军山、丁志强：《基于商业银行微观特征的货币政策信贷反应研究》，载于《国际金融研究》2015 年第 8 期。

[407] 陈雄兵、邓伟：《商业银行表外业务与货币政策信贷传导》，载于《国际金融研究》2016 年第 8 期。

[408] 祝梓翔、高然、邓翔：《内生不确定性、货币政策与中国经济波动》，载于《中国工业经济》2020 年第 2 期。

[409] 刘海明、曹廷求：《信贷供给周期对微观企业风险的双向效应研究》，载于《经济科学》2017 年第 4 期。

[410] 邵帅、尹俊雅、王海等：《资源产业依赖对僵尸企业的诱发效应》，载于《经济研究》2021 年第 11 期。

[411] 曾海舰、罗蓝君、林灵：《信贷扩张与违约风险——来自“四万亿”经济刺激计划的经验证据》，载于《经济学（季刊）》2022 年第 5 期。

[412] 卢馨、郑阳飞、李建明：《融资约束对企业 R&D 投资的影响研究——来自中国高新技术上市公司的经验证据》，载于《会计研究》2013 年第 5 期。

[413] 马光荣、刘明、杨恩艳：《银行授信、信贷紧缩与企业研发》，载于《金融研究》2014 年第 7 期。

[414] Bernanke B. S. , Blinder A. S. The federal funds rate and the channels of monetary transmission [J]. *The American Economic Review*, 1992, 82 (4): 901 – 921.

[415] 盛天翔、张勇：《货币政策、金融杠杆与中长期信贷资源配置——基于中国商业银行的视角》，载于《国际金融研究》2019 年第 5 期。

[416] 温忠麟、张雷、侯杰泰等：《中介效应检验程序及其应用》，载于《心理学报》2004 年第 5 期。

[417] 田国强、李双建：《经济政策不确定性与银行流动性创造：来自中国的经验证据》，载于《经济研究》2020 年第 11 期。

[418] 张敦力、李四海：《社会信任、政治关系与民营企业银行贷款》，载于《会计研究》2012 年第 8 期。

[419] 于泽、钱智俊、方庆等：《数量管制、流动性错配和企业高额现金持有——来自上市公司的证据》，载于《管理世界》2017 年第 2 期。

[420] 刘贯春、张军，叶永卫：《银行贷款及其所有制结构的投资治理效应》，载于《财贸经济》2022 年第 6 期。

[421] 温忠麟、叶宝娟：《中介效应分析：方法和模型发展》，载于《心理科学进展》2014 年第 5 期。

[422] 潘彬、金雯雯：《货币政策对民间借贷利率的作用机制与实施效果》，载于《经济研究》2017 年第 8 期。

[423] 李姝、翟士运、古朴：《非控股股东参与决策的积极性与企业技术创新》，载于《中国工业经济》2018 年第 7 期。

[424] 张三峰、魏下海：《信息与通信技术是否降低了企业能源消耗——来自中国制造业企业调查数据的证据》，载于《中国工业经济》

2019 年第 2 期。

［425］郭晔、黄振、姚若琪：《战略投资者选择与银行效率——来自城商行的经验证据》，载于《经济研究》2020 年第 1 期。

［426］朱喜安、张秀、李浩：《中国高新技术产业集聚与城镇化发展》，载于《数量经济技术经济研究》2021 年第 3 期。

［427］于泽、陆怡舟、王闻达：《货币政策执行模式、金融错配与我国企业投资约束》，载于《管理世界》2015 年第 9 期。

［428］沈永建、徐巍、蒋德权：《信贷管制、隐性契约与贷款利率变相市场化——现象与解释》，载于《金融研究》2018 年第 7 期。

［429］马勇、陈点点：《宏观审慎政策如何影响企业金融化?》，载于《国际金融研究》2020 年第 3 期。

［430］解维敏、桑凌：《市场环境、参股银行业与企业银行贷款》，载于《系统工程理论与实践》2020 年第 4 期。

［431］何剑、魏涛：《数字金融削弱了货币政策有效性吗？——来自上市公司投资行为的证据》，载于《财贸研究》2022 年第 3 期。

［432］饶品贵、姜国华：《货币政策，信贷资源配置与企业业绩》，载于《管理世界》2013 年第 3 期。

［433］Dow S. C. Horizontalism：A critique［J］. *Cambridge Journal of Economics*，1996，20（4）：497.

［434］Liberti J. M.，Sturgess J. The anatomy of a credit supply shock：Evidence from an internal credit market［J］. *Journal of Financial and Quantitative Analysis*，2018，53（2）：547 –579.

［435］潘攀、邓超：《企业异质性与货币政策信贷传导渠道有效性》，载于《财经理论与实践》2020 年第 2 期。

［436］张景智：《新型货币政策工具总量与结构效应比较研究——基于定向降准的实证》，载于《上海金融学院学报》2016 年第 4 期。

［437］陈萍：《央行“定向降准”面面观》，载于《国际金融》2014 年第 7 期。

［438］马方方、谷建伟：《中国定向调控货币政策效应研究》，载于《首都经济贸易大学学报》2016 年第 1 期。

［439］陈书涵、黄志刚、林朝颖：《定向降准货币政策传导路径与效果研究》，载于《投资研究》2019 年第 3 期。

［440］向志容：《定向降准与企业融资约束——基于 A 股上市公司的经验证据》，载于《南方金融》2020 年第 1 期。

[441] 冯明、伍戈：《定向降准政策的结构性效果研究——基于两部门异质性商业银行模型的理论分析》，载于《财贸经济》2018 年第 12 期。

[442] 邱洪涛：《互联网金融冲击与央行流动性支持渠道建设》，载于《金融发展研究》2015 年第 2 期。

[443] 周师慷：《信贷政策支持再贷款使用和管理的效应分析——以江西省某地级市为例》，载于《武汉金融》2016 年第 5 期。

[444] 孙少岩、刘芮嘉：《我国结构性货币政策执行效果的检验》，载于《商业研究》2019 年第 10 期。

[445] 张炜、景维民、李海伟等：《中国货币政策进入了"流动性陷阱"吗——基于预期与货币政策有效性视角》，载于《财经科学》2019 年第 2 期。

[446] Beck T., Demirguc - Kunt A. Small and medium-size enterprises: Access to finance as a growth constraint [J]. *Journal of Banking and Finance*, 2006, 30 (11): 2943.

[447] Kerr W. R., Nanda R. *Financing Constraints and Entrepreneurship* [M]. Handbook of Research on Innovation and Entrepreneurship, Cheltenham, U. K.: Edward Elgar Publishing, 2011: 88 - 103.

[448] 王剑锋、吴京、徐万肖：《小微企业融资难：合约逻辑、政策评析与完善建议》，载于《金融理论与实践》2020 年第 1 期。

[449] 罗荷花、李明贤：《不同类型银行为小微企业融资的行为逻辑分析》，载于《经济体制改革》2014 年第 2 期。

[450] 赵浩、丁韦娜、鲁亚军：《小微企业融资困境分析与国际经验借鉴》，载于《征信》2019 年第 7 期。

[451] 陈书涵、黄志刚、林朝颖等：《定向降准政策对商业银行信贷行为的影响研究》，载于《中国经济问题》2019 年第 1 期。

[452] 刘澜飚、尹海晨、张靖佳：《中国结构性货币政策信号渠道的有效性研究》，载于《现代财经》（天津财经大学学报）2017 年第 2 期。

[453] 邓晓：《支小再贷款的问题与分析——对湖北省法人金融机构支小再贷款使用情况的调查》，载于《北京金融评论》2018 年第 1 期。

[454] 张杰、吴海涛：《黑龙江省金融机构申请和使用支小再贷款情况分析》，载于《黑龙江金融》2019 年第 11 期。

[455] 张晖明、刘入嘉、王凯：《信贷市场："所有制偏好"还是"规模偏好"》，载于《经济学动态》2022 年第 5 期。

[456] 刘慧凤、杨扬：《公允价值会计信息对银行贷款契约有用吗——

基于上市公司数据的实证检验》，载于《财贸经济》2012 年第 1 期。

[457] Lins K. V.，Servaes H.，Tamayo A. Social capital，trust，and firm performance：The value of corporate social responsibility during the financial crisis [J]. *The Journal of Finance*，2017，72 (4)：1785 - 1824.

[458] 史永东、王谨乐：《中国机构投资者真的稳定市场了吗?》，载于《经济研究》2014 年第 12 期。

[459] 王曦、李丽玲、王茜：《定向降准政策的有效性：基于消费与投资刺激效应的评估》，载于《中国工业经济》2017 年第 11 期。

[460] 杜立、钱雪松：《影子银行、信贷传导与货币政策有效性——基于上市公司委托贷款微观视角的经验证据》，载于《中国工业经济》2021 年第 8 期。

[461] 王敬锋、张孝鹏：《定向降准政策对商业银行信贷行为的影响分析》，载于《商讯》2019 年第 23 期。

[462] 温湖炜、曾裕峰、汤伟：《货币政策对企业债券信用利差的传导机制研究》，载于《统计与信息论坛》2018 年第 11 期。

[463] 张青：《实施定向降准政策缓解小微企业融资难问题的研究——基于普惠金融视角》，载于《中国市场》2018 年第 2 期。

[464] 李琦斓：《浅谈央行定向降准对小微企业融资的影响》，载于《山西农经》2018 年第 10 期。

[465] 钱水土、吴卫华：《信用环境、定向降准与小微企业信贷融资——基于合成控制法的经验研究》，载于《财贸经济》2020 年第 2 期。

[466] 李科、徐龙炳：《融资约束、债务能力与公司业绩》，载于《经济研究》2011 年第 5 期。

[467] 欧阳志刚、薛龙：《货币政策、融资约束与中小企业投资效率》，载于《证券市场导报》2016 年第 6 期。

[468] 李雪、冯政：《宽松货币政策下我国企业的风险承担》，载于《财经科学》2015 (9)：25 - 34.

[469] 张前程、龚刚：《货币政策与企业风险承担：投资者情绪的中介效应》，载于《当代经济科学》2016 年第 3 期。

[470] 霍源源、冯宗宪、柳春：《抵押担保条件对小微企业贷款利率影响效应分析——基于双边随机前沿模型的实证研究》，载于《金融研究》2015 年第 9 期。

[471] Yost B. P. Locked-in：The effect of CEOs' capital gains taxes on corporate risk-taking [J]. *Accounting Review*，2018，93 (5)：325 - 358.

［472］ Alexander L.，Liandong Z.，Luo Z. Sharing risk with the government：How taxes affect corporate risk taking ［J］. *Journal of Accounting Research*，2017，55（3）：669－707.

［473］ 张强、乔煜峰，张宝：《中国货币政策的银行风险承担渠道存在吗?》，载于《金融研究》2013 年第 8 期。

［474］ Galí J. Monetary policy and rational asset price bubbles ［J］. *The American Economic Review*，2014，104（3）：721－752.

［475］ Acharya V.，Naqvi H. The seeds of a crisis：A theory of bank liquidity and risk taking over the business cycle ［J］. *Journal of Financial Economics*，2012，106（2）：349－366.

［476］ 乔木子、宋玉臣：《发达经济体货币政策对我国系统性金融风险的外部冲击效应研究》，载于《经济纵横》2018 年第 3 期。

［477］ Klingelhofer J.，Sun R. R. Macroprudential policy，central banks and financial stability：Evidence from China ［J］. *Journal of International Money and Finance*，2019，93：19－41.

［478］ 王学龙、石振宇：《汇率波动、金融不稳定与货币政策调控》，载于《经济与管理》2021 年第 5 期。

［479］ Sui J.，Liu B.，Li Z.，et al. Monetary and macroprudential policies，output，prices，and financial stability ［J］. *International Review of Economics and Finance*，2022：213－233.

［480］ 刘翠：《影子银行体系对我国货币政策目标规则选择的影响——基于 IS－Philips 模型的分析》，载于《江西社会科学》2016 年第 12 期。

［481］ 吴智华、杨秀云：《影子银行、金融稳定与货币政策》，载于《当代财经》2018 年第 9 期。

［482］ 蓝天：《货币政策与宏观审慎政策的协调——基于影子银行治理的视角》，载于《上海金融》2020 年第 10 期。

［483］ 胡利琴、文怀玲、黄琨：《货币政策、影子银行扩张与金融稳定》，载于《统计与决策》2021 年第 24 期。

［484］ 吴迪：《货币政策与金融稳定——基于异质性商业银行的宏观经济模型研究》，载于《江苏社会科学》2018 年第 1 期。

［485］ 李天宇、张屹山、张鹤：《扩展型货币政策与宏观审慎监管的金融稳定作用分析》，载于《经济评论》2016 年第 3 期。

［486］ 邓创、徐曼、许志伟：《兼顾金融稳定的最优货币政策规则及其在中国的检验》，载于《经济学报》2021 年第 3 期。

［487］马勇：《金融稳定与宏观审慎：理论框架及在中国的应用》，中国金融出版社 2016 年版。

［488］徐国祥、郭建娜：《金融稳定目标下中国货币政策规则研究》，载于《财经研究》2017 年第 10 期。

［489］马勇、张靖岚、陈雨露：《金融周期与货币政策》，载于《金融研究》2017 年第 3 期。

［490］Kitney P. Financial factors and monetary policy：Determinacy and learnability of equilibrium ［J］. *Journal of Economic Dynamics and Control*，2018，90：194－207.

［491］Altunbas Y.，Gambacorta L.，Marques-Ibanez D. Does monetary policy affect bank risk-taking? ［R］. ECB Working Paper，No. 1166，2010.

［492］马勇：《基于金融稳定的货币政策框架：理论与实证分析》，载于《国际金融研究》2013 年第 11 期。

［493］Gang J.，Qian Z. China's monetary policy and systemic risk ［J］. *Emerging Markets Finance and Trade*，2015，51（4）：701－713.

［494］钱宗鑫、刚健华：《中国货币政策对金融稳定和主权债务风险的影响》，载于《经济理论与经济管理》2015 年第 6 期。

［495］Lamers M.，Mergaerts F.，Meuleman E.，et al. The trade-off between monetary policy and bank stability ［R］. National Bank of Belgium，Working Paper Research 308，2016.

［496］宋玉臣、乔木子：《货币政策对我国系统性金融风险的动态影响机制研究》，载于《学术研究》2018 年第 3 期。

［497］Colletaz G.，Levieuge G.，Popescu A. Monetary policy and long-run systemic risk-taking ［J］. *Journal of Economic Dynamics and Control*，2018，86：165－184.

［498］柯孔林：《货币政策对商业银行系统性风险的影响——来自中国上市银行的经验证据》，载于《浙江社会科学》2018 年第 11 期。

［499］Faia E.，Karau S. Systemic bank risk and monetary policy ［R］. CEPR Discussion Paper，No. DP13456，2019.

［500］陈国进、蒋晓宇、赵向琴：《货币政策、宏观审慎监管与银行系统性风险承担》，载于《系统工程理论与实践》2020 年第 6 期。

［501］赵胜民、张博超：《“双支柱”调控与银行系统性风险——基于 SRISK 指标的实证分析》，载于《国际金融研究》2022 年第 1 期。

［502］刘晓星、李北鑫、刘骏斌等：《货币、资本循环与金融安全——

基于美元货币政策冲击的视角》，载于《东南大学学报》（哲学社会科学版）2022 年第 1 期。

［503］马胜利、刘希瑶：《系统性风险与创新要素市场扭曲——“双支柱”调控框架的调节作用》，载于《华东经济管理》2022 年第 7 期。

［504］张琳、廉永辉、方意：《政策连续性与商业银行系统性风险》，载于《金融研究》2022 年第 5 期。

［505］方意、赵胜民、谢晓闻：《货币政策的银行风险承担分析——兼论货币政策与宏观审慎政策协调问题》，载于《管理世界》2012 年第 11 期。

［506］星焱：《宏观波动、市场冲击与银行业系统性风险：基于中国 92 家银行的面板数据分析》，载于《金融评论》2014 年第 6 期。

［507］Laséen S. A. , Pescatori A. B. , Turunen J. B. Systemic risk: A new trade-off for monetary policy? [J]. *Journal of Financial Stability*, 2017, 32: 70 – 85.

［508］路妍、李爽：《国际货币政策变动、金融开放与中国系统性金融风险研究》，载于《投资研究》2021 年第 3 期。

［509］Yang Z. , Zhou Y. Quantitative easing and volatility spillovers across countries and asset classes [J]. *Management Science*, 2016, 63 (2): 333 – 354.

［510］梁斯、郭红玉：《货币政策、商业银行杠杆与系统性金融风险》，载于《学术论坛》2017 年第 4 期。

［511］张庆君、马红亮、岳媛：《杠杆率视角下货币政策与银行系统性风险防范》，载于《会计与经济研究》2020 年第 4 期。

［512］Jin X. , De Simone F. N. Monetary policy and systemic risk-taking in the Euro Area investment fund industry: A Structural Factor – Augmented Vector Autoregression Analysis [J]. *Journal of Financial Stability*, 2020, 49.

［513］Jarrow R. , Lamichhane S. Risk premia, asset price bubbles, and monetary policy [J]. *Journal of Financial Stability*, 2022, 60.

［514］Rochet J. C. , Tirole J. Interbank lending and systemic risk [J]. *Journal of Money, Credit and Banking*, 1996, 28 (4): 733 – 762.

［515］Bartholomew, Whalen. Fundamentals of systemic risk [J]. *Research in Financial Services: Banking, Financial Markets, and Systemic Risk*, 1995, 7: 3 – 18.

［516］Minsky H. P. Financial factors in the economics of capitalism [J].

Journal of Financial Services Research, 1995, 9: 197 – 208.

[517] Dow J. What is systemic risk? Moral hazard, initial shocks, and propagation [J]. *Monetary and Economic Studies*, 2000, 18 (2): 1 – 24.

[518] Kaufman G. G., Scott K. E. What is Systemic Risk, and Do Bank Regulators Retard or Contribute to It? [J]. *Independent Review*, 2003, 7 (3): 371.

[519] 隋聪、迟国泰、王宗尧：《网络结构与银行系统性风险》，载于《管理科学学报》2014 年第 4 期。

[520] Benoit S., Colliard J., Hurlin C. Where the risks lie: A survey on systemic risk [J]. *Review of Finance*, 2017, 21 (1): 109 – 152.

[521] 欧阳资生、李虹宣、刘凤根：《中国系统性金融风险对宏观经济的影响研究》，载于《统计研究》2019 年第 8 期。

[522] 林玉婷、陈创练、刘悦吟：《基于国际资本多重动机的全球系统性风险传染路径识别》，载于《统计研究》2021 年第 12 期。

[523] 蒋坤良、王洁、宋加山：《基于动态权重 – 混合 Copula 的行业系统性风险度量》，载于《统计与决策》2022 年第 4 期。

[524] 杨晓光、王云：《系统性金融风险再认知》，载于《系统管理学报》2022 年第 6 期。

[525] Benston G. J., Kaufman G. G. The appropriate role of bank regulation [J]. *Economic Journal*, 1996, 106 (436): 688 – 697.

[526] Loretan M. Economic models of systemic risk in financial systems [J]. *North American Journal of Economics and Finance*, 1996, 7 (2): 147 – 152.

[527] Crockett A. Why is financial stability a goal of public policy? [J]. *Economic Review*, 1997, 82 (4): 5.

[528] 翟金林：《银行系统性风险的成因及防范研究》，载于《南开学报》2001 年第 4 期。

[529] 汤凌霄：《跨国银行系统性风险监管研究》，厦门大学博士学位论文，2003 年。

[530] 包全永：《银行系统性风险的传染模型研究》，载于《金融研究》2005 年第 8 期。

[531] 万阳松：《银行间市场风险传染机制与免疫策略研究》，上海交通大学博士学位论文，2007 年。

[532] 董青马：《开放条件下银行系统性风险生成机制研究》，西南

财经大学博士学位论文，2008 年。

[533] Goodhart C. A. E. , Basurto M. S. Banking Stability Measures? [R]. IMF Working Papers，2009.

[534] Acharya V. V. A theory of systemic risk and design of prudential bank regulation [J]. *Journal of Financial Stability*，2009，5 (3)：224 - 255.

[535] Hu D. , Zhao J. L. , Hua Z. Network-based modeling and analysis of systemic risk in banking systems [J]. *MIS Quarterly*，2012，36 (4)：1269 - 1291.

[536] 邓晶、张加发、李红刚：《银行系统性风险研究综述》，载于《系统科学学报》2013 年第 2 期。

[537] 张晓玫、毛亚琪：《我国上市商业银行系统性风险与非利息收入研究——基于 LRMES 方法的创新探讨》，载于《国际金融研究》2014 年第 11 期。

[538] 方意、荆中博：《外部冲击下系统性金融风险的生成机制》，载于《管理世界》2022 年第 5 期。

[539] Farhi E. , Tirole J. Collective moral hazard，maturity mismatch，and systemic bailouts [J]. *The American Economic Review*，2012，102 (1)：60 - 93.

[540] Michalak T. C. , Uhde A. Credit risk securitization and bank soundness in Europe [J]. *The Quarterly Review of Economics and Finance*，2012，52 (3)：272 - 285.

[541] 牛晓健、裘翔：《利率与银行风险承担——基于中国上市银行的实证研究》，载于《金融研究》2013 年第 4 期。

[542] 汪莉：《隐性存保、“顺周期”杠杆与银行风险承担》，载于《经济研究》2017 年第 10 期。

[543] 郭娜、祁帆、李金胜：《中国系统性金融风险度量与货币政策影响机制分析》，载于《金融论坛》2020 年第 4 期。

[544] 张蕊、郭潇蔓、马瑞婷：《资产价格变动对系统性金融风险影响的门限效应检验》，载于《统计与决策》2021 年第 11 期。

[545] 温博慧、牛英杰：《美国货币政策对中国系统性风险产生溢出效应吗——基于反事实分析和因果中介效应检验》，载于《广东财经大学学报》2021 年第 3 期。

[546] Festić M. , Kavkler A. , Repina S. The macroeconomic sources of

systemic risk in the banking sectors of five new EU member states [J]. *Journal of Banking and Finance*, 2010, 35 (2): 310 - 322.

[547] Smaga P. The concept of systemic risk [J]. *Economic Studies*, 2014, 23 (1): 36 - 63.

[548] 郭立仑:《商业银行系统性风险:类别、机制与管理》,载于《经济与管理》2020 年第 5 期。

[549] Allen F., Gale D. Bubbles and crises [J]. *The economic journal*, 2000, 110 (460): 236 - 255.

[550] Freixas X., Rochet J. Taming systemically important financial institutions [J]. *Journal of Money, Credit and Banking*, 2013, 45: 37 - 58.

[551] Calmès C., Théoret R. Bank systemic risk and macroeconomic shocks: Canadian and U. S. evidence [J]. *Journal of Banking and Finance*, 2014, 40: 388 - 402.

[552] 吴卫星、邵旭方、吴锟:《中国商业银行流动性风险传染特征分析——基于商业银行同业负债的时间序列数据》,载于《国际商务》(对外经济贸易大学学报) 2016 年第 4 期。

[553] Laeven L., Ratnovski L., Tong H. Bank size, capital, and systemic risk: Some international evidence [J]. *Journal of Banking and Finance*, 2016, 69: 25 - 34.

[554] 蒋海、张锦意:《商业银行尾部风险网络关联性与系统性风险——基于中国上市银行的实证检验》,载于《财贸经济》2018 年第 8 期。

[555] Varotto S., Zhao L. Systemic risk and bank size [J]. *Journal of International Money and Finance*, 2018, 82: 45 - 70.

[556] 蒋海、王溢凡、吴文洋:《经济政策不确定性、网络关联性与银行业系统性风险——基于中国上市银行的实证检验》,载于《金融经济学研究》2021 年第 6 期。

[557] Pais A., Stork P. A. Bank size and systemic risk [J]. European Financial Management, 2013, 19 (3): 429 - 451.

[558] 陈国进、蒋晓宇、刘彦臻等:《资产透明度、监管套利与银行系统性风险》,载于《金融研究》2021 年第 3 期。

[559] 邹静、王洪卫:《互联网金融对中国商业银行系统性风险的影响——基于 SVAR 模型的实证研究》,载于《财经理论与实践》2017 年第 1 期。

［560］吴成颂、王超、倪清：《互联网金融对商业银行系统性风险的影响——基于沪深股市上市商业银行的证据》，载于《当代经济管理》2019 年第 2 期。

［561］吴文洋、卢翠平、唐绅峰：《金融创新与银行系统性风险：敏感性、异质性及可接受性》，载于《世界经济研究》2022 年第 7 期。

［562］Illing M.，Liu Y. Measuring financial stress in a developed country：An application to Canada［J］. *Journal of Financial Stability*，2006，2（3）：243 – 265.

［563］陈雨露、马勇：《构建中国的“金融失衡指数”：方法及在宏观审慎中的应用》，载于《中国人民大学学报》2013 年第 1 期。

［564］郭红兵、杜金岷：《中国综合金融稳定指数（AFSI）的构建、应用及政策含义》，载于《金融经济学研究》2014 年第 1 期。

［565］马君潞、范小云、曹元涛：《中国银行间市场双边传染的风险估测及其系统性特征分析》，载于《经济研究》2007 年第 1 期。

［566］Chan – Lau J. A.，Espinosa M，Giesecke K，et al. Assessing the systemic implications of financial linkages［J］. *International Finance*，2009.

［567］范小云、王道平、刘澜飚：《规模、关联性与中国系统重要性银行的衡量》，载于《金融研究》2012 年第 11 期。

［568］Demirer M.，Diebold F. X.，Liu L.，et al. Estimating global bank network connectedness［J］. *Journal of Applied Econometrics*，2018，33（1）：1 – 15.

［569］邓向荣、曹红：《系统性风险、网络传染与金融机构系统重要性评估》，载于《中央财经大学学报》2016 年第 3 期。

［570］Engle R. F. Dynamic conditional correlation［J］. *Journal of Business and Economic Statistics*，2002，20（3）：339 – 350.

［571］Brownlees C T，Engle R F. Volatility，correlation and tails for systemic risk measurement［J］. *SSRN Electronic Journal*，2011.

［572］方意、赵胜民、王道平：《我国金融机构系统性风险测度——基于 DGC – GARCH 模型的研究》，载于《金融监管研究》2012 年第 11 期。

［573］Hamilton J. D.，Susmel R. Autoregressive conditional heteroskedasticity and changes in regime［J］. *Journal of Econometrics*，1994，64：307 – 333.

［574］González – Hermosillo B.，Hesse H. Global market conditions and systemic risk［J］. *Journal of Emerging Market Finance*，2011，10（2）：227 –

244.

［575］谢福座：《基于 CoVaR 方法的金融风险溢出效应研究》，载于《金融发展研究》2010 年第 6 期。

［576］毛菁、罗猛：《银行业与证券业间风险外溢效应研究——基于 CoVaR 模型的分析》，载于《新金融》2011 年第 5 期。

［577］肖璞、刘轶、杨苏梅：《相互关联性、风险溢出与系统重要性银行识别》，载于《金融研究》2012 年第 12 期。

［578］Lopez - Espinosa G，Moreno A，Rubia A. Short-term wholesale funding and systemic risk：A global CoVaR approach［J］. *Journal of Banking and Finance*，2012，36（12）：3150 - 3162.

［579］陈守东、王妍：《我国金融机构的系统性金融风险评估——基于极端分位数回归技术的风险度量》，载于《中国管理科学》2014 年第 7 期。

［580］邱兆祥、王丝雨：《银行业系统性风险与资本补充行为研究——来自 16 家上市银行的证据》，载于《云南财经大学学报》2016 年第 5 期。

［581］张瑞，刘立新：《中国上市银行系统性风险溢出效应研究——基于极端分位数回归的非对称 CoVaR 模型》，载于《数量经济研究》2018 年第 2 期。

［582］高国华、潘英丽：《银行系统性风险度量——基于动态 CoVaR 方法的分析》，载于《上海交通大学学报》2011 年第 12 期。

［583］张蕊、贺晓宇、戚逸康：《极端市场条件下我国金融体系系统性风险度量》，载于《统计研究》2015 年第 9 期。

［584］Hakwa B.，Jäger - Ambrożewicz M.，Rüdiger B. Measuring and analysing marginal systemic risk contribution using CoVaR：A Copula Approach［J］. *Quantitative Finance*，2012：1 - 26.

［585］刘晓星、段斌、谢福座：《股票市场风险溢出效应研究：基于 EVT - Copula - CoVaR 模型的分析》，载于《世界经济》2011 年第 11 期。

［586］沈悦、戴士伟、罗希：《中国金融业系统性风险溢出效应测度——基于 GARCH - Copula - CoVaR 模型的研究》，载于《当代经济科学》2014 年第 6 期。

［587］王周伟、吕思聪、茆训诚：《基于风险溢出关联特征的 CoVaR 计算方法有效性比较及应用》，载于《经济评论》2014 年第 4 期。

［588］Reboredo，Ugolini. Systemic risk in European sovereign debt markets：A CoVaR-copula approach［J］. *Journal of International Money and Fi-*

nance, 2014, 51: 214 - 244.

［589］王培辉、尹成远、袁薇:《我国保险业系统性风险溢出效应研究——基于时变 Copula - CoVaR 模型》, 载于《南方金融》2017 年第 2 期。

［590］张家臻:《论三种 ΔCoVaR 模型度量中国银行业系统性风险的最佳选择》, 载于《广西大学学报 (哲学社会科学版)》2018 年第 3 期。

［591］范小云、王道平、方意:《我国金融机构的系统性风险贡献测度与监管——基于边际风险贡献与杠杆率的研究》, 载于《南开经济研究》2011 年第 4 期。

［592］宋清华、姜玉东:《中国上市银行系统性风险度量——基于 MES 方法的分析》, 载于《财经理论与实践》2014 年第 6 期。

［593］卜林、李政:《我国上市金融机构系统性风险溢出研究——基于 CoVaR 和 MES 的比较分析》, 载于《当代财经》2015 年第 6 期。

［594］张瑞、熊巍:《金融市场的稳健系统风险测定——基于 CoVaR 与 MES 的恒生综合指数分析》, 载于《管理现代化》2017 年第 5 期。

［595］宋清华, 胡世超:《资产证券化、信用风险与系统性风险——基于中国上市银行的实证研究》, 载于《广西大学学报》(哲学社会科学版) 2018 年第 3 期。

［596］吴敏灵:《我国上市银行系统性风险度量实证研究》, 载于《大连理工大学学报》(社会科学版) 2018 年第 2 期。

［597］Brownlees C., Engle R. F. SRISK: A conditional capital shortfall measure of systemic risk [J]. *ESRB Working Paper*, 2016, 30 (1): 48 - 79.

［598］梁琪、李政、郝项超:《我国系统重要性金融机构的识别与监管——基于系统性风险指数 SRISK 方法的分析》, 载于《金融研究》2013 年第 9 期。

［599］马亚芳、蒋达:《中国上市银行系统性风险贡献及其影响因素研究——基于 MES - SRISK 方法》, 载于《浙江金融》2017 年第 10 期。

［600］Lehar A. Measuring systemic risk: A risk management approach [J]. *Journal of Banking and Finance*, 2005, 29 (10): 2577 - 2603.

［601］Dale G., Jobst A. A. Tail dependence measures of systemic risk using equity options data-implications for financial stability [J]. *IMF Working Papers*, 2009.

［602］宫晓琳:《未定权益分析方法与中国宏观金融风险的测度分析》, 载于《经济研究》2012 年第 3 期。

［603］吴恒煜、胡锡亮、吕江林:《我国银行业系统性风险研究——

基于拓展的未定权益分析法》，载于《国际金融研究》2013 年第 7 期。

[604] 毛建林、张红伟：《基于 CCA 模型的我国银行系统性金融风险实证研究》，载于《宏观经济研究》2015 年第 3 期。

[605] 田娇、王擎：《银行资本约束、银行风险外溢与宏观金融风险》，载于《财贸经济》2015 年第 8 期。

[606] 苟文均、袁鹰、漆鑫：《债务杠杆与系统性风险传染机制——基于 CCA 模型的分析》，载于《金融研究》2016 年第 3 期。

[607] 张超、张梦婷、韩扬：《房价波动对银行业系统性风险的影响研究——来自我国 14 家上市商业银行的经验证据》，载于《经济问题》2020 年第 9 期。

[608] 李程、杨盈、祝诗梦：《基于风险溢出效应的银行杠杆监管差异化研究》，载于《西安财经大学学报》2020 年第 5 期。

[609] 郑立君、黄友逵：《债务杠杆与部门间风险传染机制的研究——基于国家资产负债表的未定权益分析（CCA）》，载于《上海金融》2020 年第 7 期。

[610] Jobst A. A. , Gray D. F. Systemic Contingent Claims Analysis: Estimating Market-Implied Systemic Risk [J]. *IMF Working Papers*, 2013, 13 (54).

[611] 巴曙松、居姗、朱元倩：《我国银行业系统性违约风险研究——基于 Systemic CCA 方法的分析》，载于《金融研究》2013 年第 9 期。

[612] 王征洋：《我国银行业系统性违约风险测度——基于系统性或有权益分析模型》，载于《经济问题》2017 年第 4 期。

[613] 张炜、童中文：《中国上市商业银行系统性风险测度——基于 SCCA 方法的分析》，载于《金融与经济》2017 年第 2 期。

[614] 龚明华、宋彤：《关于系统性风险识别方法的研究》，载于《国际金融研究》2010 年第 5 期。

[615] 朱元倩、苗雨峰：《关于系统性风险度量和预警的模型综述》，载于《国际金融研究》2012 年第 1 期。

[616] 李汉东、张呤、张瑞：《基于联合违约概率的资产组合投资优化方法》，载于《系统工程理论与实践》2018 年第 3 期。

[617] 王辉、梁俊豪：《基于动态因子 Copula 模型的我国银行系统性风险度量》，载于《金融研究》2020 年第 11 期。

[618] Acharya V. V. , Pedersen L H, Philippon T, et al. Measuring systemic risk [J]. *Review of Financial Studies*, 2016, 30 (1): 2 -47.

［619］ Neuenkirch M. , Nöckel M. The risk-taking channel of monetary policy transmission in the euro area ［J］. *Journal of Banking and Finance*, 2018, 93 (8): 71 -91.

［620］ 周彬蕊、刘锡良、张琳：《货币政策冲击、金融市场化改革与企业风险承担》，载于《世界经济》2017 年第 10 期。

［621］ 李力、温来成、唐遥等：《货币政策与宏观审慎政策双支柱调控下的地方政府债务风险治理》，载于《经济研究》2020 年第 11 期。

［622］ 韦庄禹：《数字经济发展对制造业企业资源配置效率的影响研究》，载于《数量经济技术经济研究》2022 年第 3 期。

［623］ Anginer D. , Demirgüç - Kunt A. , Mare D. S. Bank capital, institutional environment and systemic stability ［J］. *Journal of Financial Stability*, 2018, 37 (3): 97 -106.

［624］ Brunnermeier M. K. , Rother S. C. , Schnabel I. Asset price bubbles and systemic risk ［R］. NBER Working Paper, No. 25775, 2019.

后　　记

本书是作者主持的国家社科基金后期资助项目“基于风险维度的货币政策总量与定向调控效应研究”（20FGLB030）的成果。感谢以下作者对本书的支持：王政杰、李永建、朱明轩、缪邑晨、阮雨晴、陈艺云、陈阳辉、杨雨婷。福州大学的黄志刚教授、纽约州立大学杰纳苏分校的何乐融教授在本书的写作过程中提出了许多宝贵意见，在此表示真诚的感谢！从书稿写作至著作出版历经十三年，感谢家人的默默付出坚定了我前进的信念，让我在每个挑灯夜读的夜晚，心中充满着前进的力量！

图书在版编目（CIP）数据

基于风险维度的总量与定向调控货币政策传导效应研究/林朝颖等著．--北京：经济科学出版社，2024.3

ISBN 978-7-5218-5800-6

Ⅰ.①基…　Ⅱ.①林…　Ⅲ.①货币政策-关系-企业管理-风险管理-研究-中国　Ⅳ.①F822.0②F279.23

中国国家版本馆 CIP 数据核字（2024）第 070546 号

责任编辑：孙丽丽　撤晓宇
责任校对：郑淑艳
责任印制：范　艳

基于风险维度的总量与定向调控货币政策传导效应研究

The Transmission Effect of Broad-based and Targeted Monetary Policy on Risk Dimension

林朝颖　等著

经济科学出版社出版、发行　新华书店经销

社址：北京市海淀区阜成路甲 28 号　邮编：100142

总编部电话：010-88191217　发行部电话：010-88191522

网址：www.esp.com.cn

电子邮箱：esp@esp.com.cn

天猫网店：经济科学出版社旗舰店

网址：http://jjkxcbs.tmall.com

北京季蜂印刷有限公司印装

710×1000　16 开　18.5 印张　325000 字

2024 年 3 月第 1 版　2024 年 3 月第 1 次印刷

ISBN 978-7-5218-5800-6　定价：70.00 元

（图书出现印装问题，本社负责调换。电话：010-88191545）